発展途上世界の
観光と開発

D. J. テルファー・R. シャープリー著

阿曽村 邦昭・鏡 武訳

古今書院

Tourism and Development in the Developing World

by David J. Telfer and Richard Sharpley

Copyright©2008 David J. Telfer and Richard Sharpley
All Rights Reserved. Authorized translation from the English language edition published by Routledge, a member of the Taylor & Francis Group.

Japanese translation rights arranged with Taylor & Francis Group, Abingdon through Tuttle-Mori Agency, Inc., Tokyo.

目　次

日本語版へのまえがき　　　　　　　　　　　　　　　　　　　　　　　　v
まえがき　　　　　　　　　　　　　　　　　　　　　　　　　　　　　　vii
　写真リスト　　　　　　　　　　　　　　　　　　　　　　　　　　　　viii
　図リスト　　　　　　　　　　　　　　　　　　　　　　　　　　　　　x
　表リスト　　　　　　　　　　　　　　　　　　　　　　　　　　　　　x
　コラムリスト　　　　　　　　　　　　　　　　　　　　　　　　　　　xi
　謝辞　　　　　　　　　　　　　　　　　　　　　　　　　　　　　　　xii

第1章　序説：発展途上諸国における観光　　　　　　　　　　　　　1
　1.1　学習の目標　　　　　　　　　　　　　　　　　　　　　　　　　1
　1.2　問題の核心と定義　　　　　　　　　　　　　　　　　　　　　　5
　1.3　低開発と開発　　　　　　　　　　　　　　　　　　　　　　　　10
　1.4　なぜ観光なのか？　　　　　　　　　　　　　　　　　　　　　　20
　1.5　観光の需要　　　　　　　　　　　　　　　　　　　　　　　　　26
　1.6　観光の供給　　　　　　　　　　　　　　　　　　　　　　　　　31
　1.7　観光と開発　　　　　　　　　　　　　　　　　　　　　　　　　33
　1.8　議論のための設問　　　　　　　　　　　　　　　　　　　　　　36
　1.9　さらに勉強するための参考文献　　　　　　　　　　　　　　　　36

第2章　観光と持続可能な開発　　　　　　　　　　　　　　　　　　38
　2.1　学習の目標　　　　　　　　　　　　　　　　　　　　　　　　　38
　2.2　持続可能な開発：定義を求めて　　　　　　　　　　　　　　　　41
　2.3　持続可能な開発：原則と目的　　　　　　　　　　　　　　　　　44
　2.4　持続可能な開発：原則から実践へ　　　　　　　　　　　　　　　47
　2.5　持続可能な観光開発　　　　　　　　　　　　　　　　　　　　　51
　2.6　持続可能な観光開発：弱点と難問　　　　　　　　　　　　　　　58

2.7	持続可能な観光開発の実践	65
2.8	持続可能な観光とグローバル化	72
2.9	議論のための設問	73
2.10	さらに勉強するための参考文献	74

第3章　グローバル化と観光　75

3.1	学習の目標	75
3.2	グローバル化の過程（processes）	77
3.3	観光とグローバル化の経済的側面	84
3.4	観光とグローバル化の政治的側面	93
3.5	観光とグローバル化の文化的側面	98
3.6	むすび	104
3.7	議論のための設問	105
3.8	さらに勉強するための参考文献	105

第4章　観光の企画と開発の過程　107

4.1	学習の目標	107
4.2	観光と開発過程	109
4.3	価値観と権力	112
4.4	開発過程に登場する当事者	115
4.5	政策、企画および政治という濾過器	124
4.6	観光目的地の環境の中で生まれてくる観光：その形態と機能	131
4.7	観光開発の成果：より多くのつながりと参加の必要性	148
4.8	開発のための企画と規制	151
4.9	議論のための設問	152
4.10	さらに勉強するための参考文献	153

第5章　地域社会の観光に対する反応　154

5.1	学習の目標	154
5.2	地域社会の性質	156
5.3	観光と地域社会との間の相互作用	158
5.4	観光に対する地域社会の反応	161
5.5	観光における持続可能な開発と地域社会の関与	164

5.6　地域社会に根ざした観光　　　　　　　　　　　　*167*
5.7　参加　　　　　　　　　　　　　　　　　　　　　*174*
5.8　観光に対する参加の限界　　　　　　　　　　　　*175*
5.9　能力開発　　　　　　　　　　　　　　　　　　　*176*
5.10　観光に直面する地域社会の力　　　　　　　　　*178*
5.11　地域社会観光における NGO の役割　　　　　　*183*
5.12　観光における公正な取引　　　　　　　　　　　*186*
5.13　貧しい人々のためになる観光　　　　　　　　　*188*
5.14　ボランティアー観光　　　　　　　　　　　　　*194*
5.15　ジェンダーと地域社会開発　　　　　　　　　　*196*
5.16　むすび　　　　　　　　　　　　　　　　　　　*199*
5.17　議論のための設問　　　　　　　　　　　　　　*200*
5.18　さらに勉強するための参考文献　　　　　　　　*201*

第 6 章　観光の消費　　　　　　　　　　　　　　　*202*
6.1　学習の目標　　　　　　　　　　　　　　　　　　*202*
6.2　観光需要のプロセス　　　　　　　　　　　　　　*205*
6.3　観光客の動機　　　　　　　　　　　　　　　　　*208*
6.4　価値観と観光消費　　　　　　　　　　　　　　　*216*
6.5　観光と消費者文化　　　　　　　　　　　　　　　*217*
6.6　観光に対する需要：傾向と変化　　　　　　　　　*219*
6.7　グリーンな観光客なる者は存在するのだろうか？　*227*
6.8　観光客の行動に影響を与える：観光目的地の視点　*231*
6.9　国内観光　　　　　　　　　　　　　　　　　　　*237*
6.10　議論のための設問　　　　　　　　　　　　　　*240*
6.11　さらに勉強するための参考文献　　　　　　　　*240*

第 7 章　観光の影響評価　　　　　　　　　　　　　*242*
7.1　学習の目標：　　　　　　　　　　　　　　　　　*242*
7.2　観光の影響：枠組み　　　　　　　　　　　　　　*243*
7.3　観光の影響：概観　　　　　　　　　　　　　　　*249*
7.4　議論のための設問　　　　　　　　　　　　　　　*280*
7.5　さらに勉強するための参考文献　　　　　　　　　*281*

第 8 章　結論：観光開発のディレンマ　　282
　　8.1　学習の目標　　282
　　8.2　至上命令としての開発と観光　　283
　　8.3　持続可能性という至上命令と観光　　293
　　8.4　観光開発のディレンマの枠組み　　297
　　8.5　むすび　　315
　　8.6　議論のための設問　　318
　　8.7　さらに勉強するための参考文献　　319

参考文献　　321
訳者あとがき　　345

0 日本語版へのまえがき

　本書は、元来、ルートレッジ（Routledge）社から英語で出版されたものであるが、その目的は、観光目的地における社会的および経済的な開発に対して観光が果たし得るかも知れない貢献の可能性に関連する困難な課題、チャンスおよび過程を探究することにある。

　もっと具体的にいえば、とりわけ発展途上世界において、観光は、開発を達成する上で、重要な手段であり、そして、場合によっては、うまくいく見込みのある唯一の手段であるが、しかし、同時に、多くの国々が「観光・開発ディレンマ」とわれわれが呼んでいる問題に直面しているのであって、本書はこのような事実認識に立脚している。

　換言すれば、観光は、疑いもなく、観光目的地に利益をもたらし、開発を促進するかも知れないが、しかし、マイナスの結果を生じて、当該地の開発の潜在的な可能性を減らしてしまうこともあるだろう。こうして、多くの観光目的地がディレンマに直面している。つまり、観光の開発上の利益を最善のものとするために、観光をどのように管理すれば良い成果を収められるのか、ということであって、これが、本書の中心課題である。

　本書に対して日本で関心が抱かれているのは嬉しいことであり、また、テキストを日本語に翻訳する労を取られた阿曽村邦昭および鏡武の両教授に対し感謝の意を表したい。本書には発展途上諸国における観光と開発に関連する複雑な概念が多数含まれており、われわれとしては、この訳書によって、こういった欧米に根ざした概念とモデルの一部について、一層の説明がなされることを希望している。さらに、本書が、観光と開発に関する他の文献を補完するのみならず、読者を鼓舞、刺激して、観光と開発の分野に関する論考をもっと読み進むよすがとなるよう願っている。

　　　2011 年　4 月記

　　　　　　　　　　　　　　　　　　David J.Telfer および　Richard Sharpley

Preface to Japanese translation

Originally published in English by Routledge, the purpose of this book is to explore the challenges, opportunities and processes related to the potential contribution of tourism to social and economic development in destination areas. More specifically, it recognises that, particularly in the developing world, tourism represents an important and, in some cases, the only viable means of achieving development but that, at the same time, many countries face what we term a 'tourism development dilemma'. In other words, tourism undoubtedly brings benefits to destinations that may stimulate development, but may also have negative consequences that reduce its developmental potential. Thus, the dilemma facing many destinations is how to manage tourism effectively in order to optimise its developmental benefits. It is upon this that the book primarily focuses.

We are very pleased to see that there is interest in this book in Japan and we are grateful to Professors Kuniaki Asomura and Takeshi Kagami for their work in translating the text into Japanese. The book contains a number of complicated concepts related to tourism and development in developing countries, and we hope that this translation will further explain some of these Western-based concepts and models. In addition, we hope that this book will not only complement other books on tourism and development but also that it will encourage and inspire readers to do more reading in the area of tourism and development.

David J. Telfer and Richard Sharpley
April, 2011

0 まえがき

　発展途上世界の多くの地域において、観光が開発の上での魅力のある選択枝と見なされる度合いは、ますます大きくなるばかりである。発展途上国の中には、実際問題として、開発を促進する上で見込みのありそうな手段は観光しかないのかも知れないというような国々も存在する。しかし、発展途上諸国がこの産業を選択すると、本書において観光・開発ディレンマと呼んでいる問題に直面することになる。

　発展途上諸国が観光に秘められているかも知れない利益として求めているのは、例えば、所得、外貨、雇用の増加や経済をもっと多角化することである。にもかかわらず、このような開発上の利益は、実際には、実現しないかも知れないのだ。地球規模での競争の激しいこの産業に参入してみて、発展途上諸国は、観光の利益が自国のエリートとか多国籍企業だけを潤し、あるいはその利益を得るためのコストが経済的、社会的にまたは環境上かなり高くつくということを思い知らされることもあるだろう。そこで、このディレンマに際して何が困難な課題なのかと言えば、観光によって長期的な利益が将来得られるかも知れないのを見込んで観光・開発の現実過程で生ずるマイナスの結果をどのように受け入れ、あるいは管理するのか、ということになる。

　本書の目的は、開発上の一つの選択枝として観光に腐心している発展途上諸国が直面している困難な課題とチャンスを調査することを通じて観光・開発ディレンマの本質を探究することにある。本書は、手はじめに発展途上諸国の特質とこれらの国々が優先順位の高い開発手段としてこのような変動しやすい産業に心を惹かれる理由を検討する。広義の定義による全般的な開発に観光がどの程度貢献し得るのかを考察するのは、大事なことである。そこで、第1章では開発思想の進化—これによって開発を評価する基準は、もはや経済的なものだけに限定されなくなった—をも検討している。第2章では、持続可能な開発の特質とその観光との関係を検討している。持続可能な開発の特質とその観光との関係は、未だに論争の的となっているとはいえ、環境の物的側面のみならず経済的、社会的、文化的側面をも重要な対象とする概念となっている。この章は、観光に及ぼすグローバル化の影響（第3章）、観光の企画と開発過程（第4章）、観光に対する地域社会の反応（第5章）、観光の消費（第6章）

および観光の影響分析（第7章）などの重要な諸問題を提起することを通じて、本書の残り全体にとっての舞台装置を設定している。「結論」の章は本書で扱った主要問題を一緒にまとめ、観光・開発ディレンマの枠組みを提示しているが、この枠組みでは観光を開発手段として利用する際に働く、複雑でしばしば相互に関連している様々な力が明らかにされている。開発は至上命令であり、また、持続可能な開発も至上命令であると論じられている。しかし、その一方で、発展途上諸国で観光産業がおかれている現実の状況の中で持続可能性の理想を推し進めることは極めて困難な課題であって、これを認識するのも重要である。

　本書の主目的は観光と開発との関係を研究する入門書的な程度のテキストを提供することであるが、また一つには、元来、Routledge 社の開発入門シリーズの一つとして刊行された John Lea 著の『第三世界における観光と開発』（*Tourism and Development in the Third World*, 1988）の後を継ぐべき本にしようと志したものである。

写真リスト

1.2　キューバの Veradero：ホテルの建設
1.2　チュニジアの Monastir 近郊：ホテルの建設
1.3　インドネシアのジョクジャカルタ（Yogyakarta）：昔ながらの市場から帰路に着く女性（家族が小さなホテルを所有し、運営している）
1.4　中国：万里の長城での観光客
2.1　南アフリカ、プレトリア近くの Dikhololo リゾート：野生動物観察のための遠出の支度をする観光客
2.2　ロシア、サンクト・ペテルブルグ：ピョートルとポールの要塞を訪れる観光客用の注意事項
3.1　バハマのナッソー（Nassau）：港に停泊している多くのクルーズ船
3.2　インドネシアのロンボク（Lombok）：将来ホリデーインホテルが建設される場

所を示す標識
4.1 キューバの Veradero: ビーチのリゾート
4.2 南アフリカのサンシティ（Sun City）リゾート：リゾート地の人工ビーチで水浴する観光客
4.3 チュニジアの Monastir：アミールパレス・ホテルの豪華なビーチリゾート
4.4 インドネシアのロンボク：漁師転じて供給者となった者が国際的なホテル用に地元の魚市場で魚を買っている
4.5 インドネシアのロンボク：零細な地元の青果物業者が Sengiggi ビーチのシェラトン・ホテルに配達している
4.6 タイのバンコック：グランドパレス（Grand Palace）地区を訪れる観光客
4.7 チュニジアの El Jem: ローマ時代のコロセウム（Colosseum 闘技場）
5.1 アルゼンチンのブエノスアイレス近郊の Estancia Santa Susana: 歴史的な大牧場で昔の用具を見せている観光ガイド
5.2 インドネシアの Bagunkerto 村：地域社会に根ざした農業観光（agritourism）プロジェクト
5.3 キューバの La Moka エコロッジ（Ecolodge）
5.4 キューバの Las Terrazas：エコロッジに隣接しており、リゾートで働いている人々の中には Las Terrazas 地域社会の住民となっている者もいる
5.5 南アフリカのプレトリア近郊の黒人居住地域（township）：この地域を訪れる観光客
5.6 インドネシアのロンボク：昔ながらの Sasak 織りを見せる若い女性
6.1 チュニジアの Matmata 近郊：観光客を乗せるための駱駝の群れ
6.2 キューバのハバナ：地元市民の交通手段と好対照をなす観光客用の馬車
6.3 バハマのナッソー：プリンス・ジョージ波止場地区をぶらつく観光客
6.4 南アフリカのプレトリア近郊：観光客に土産品を売る店
7.1 インドネシア、バリ（Bali）：染物を作っている地元の企業家
7.2 アルゼンチン、イグアスの滝：世界遺産
7.3 アルゼンチンのブエノスアイレス近郊での Estancia Santa Susana: 歴史的な大牧場における文化的な出し物
7.4 インドネシア、バリ：伝統的な文化的儀式
8.1 インドネシアのロンボク：主要リゾート地域に極めて近い場所にある地元の村落
8.2 インドネシア、バリ Kuta ビーチ：ビーチでのバリの人々の伝統的な儀式

図リスト

1.1 観光による開発に対する様々な影響
4.1 観光開発の過程
6.1 観光需要のプロセス
6.2 Cohen の観光客の類型論（1972 年）
6.3 観光客のための倫理規範
7.1 観光の影響：分析のための枠組み
7.2 観光客による観光目的地の環境体験
7.3 観光の経済的影響を左右する要因
7.4 観光の乗数効果過程
7.5 観光の物的影響を評価するモデル
7.6 観光の影響に対する地元社会の反応
7.7 持続可能な観光開発のための基準項目と指標
8.1 観光開発のディレンマの枠組み

表リスト

1.1 世界全体の輸出所得額、2002 年
1.2 一人当たり GNI（国民総所得）による国々の分類
1.3 項目別の該当総人数（百万人単位）による生活水準指標、2000 年
1.4 開発理論の進化
1.5 国際観光客到着数および収入の増加率、1950 〜 2000 年
1.6 国際観光客到着数および収入、1950 〜 2000 年
1.7 世界の国際観光目的地上位 10 ヵ国、2003 年
1.8 世界の国際観光収入上位 10 ヵ国、2003 年
1.9 支出基準による国際観光推進国の世界上位 10 ヵ国
1.10 国際観光到着客数の地域別占有率（％）、1960 〜 2003 年
2.1 持続可能な開発：原則と目的
2.2 大衆観光と代替的な観光の特徴

2.3 持続可能な観光開発：諸原則の要約
2.4 持続可能な観光にとっての課題
3.1 スターアライアンス（Star Alliance）、ワンワールド（Oneworld）およびスカイチーム（Sky Team）の加盟航空会社、2006 年
3.2 発展途上国と体制移行経済国におけるハードロック・カフェ（Hard Rock Cafes）の所在地
4.1 インドネシアにおける観光企画の例
5.1 発展途上諸国における観光の相互作用に関する懸念と地域社会に対する影響
7.1 GDP（国内総生産）総額に占める旅行および観光経済の割合
8.1 環境活動の領域と持続可能な観光開発のための設問

コラムリスト

1.1	国連ミレニアム・プロジェクト	*8*
1.2	キルギスタンにおける観光と開発	*20*
2.1	ブータンにおける観光と持続可能な開発	*48*
2.2	ナミビアの Damaraland　キャンプ	*53*
2.3	ガンビアにおける観光と開発	*60*
3.1	グローバル化とメキシコのカンクーン（Cancún）	*85*
3.2	グローバル化とクルーズ船産業	*88*
4.1	Fonatur とメキシコにおける観光開発	*117*
4.2	国連世界観光機関と観光企画コンサルタント	*121*
5.1	キューバにおける地域社会に根ざしたエコツーリズム	*170*
5.2	南アフリカにおける貧しい人々のためになる観光	*191*
6.1	全費用込みのリゾート―ジャマイカの Sandals の場合―	*212*
6.2	ドバイにおける観光開発	*225*
6.3	ベリーズ（Belize）におけるエコツーリスト	*230*
7.1	ネパールのヒマラヤにおけるトレッキングの影響	*262*
7.2	スリランカにおける舞踊用仮面の商品化	*271*
8.1	観光開発と人権	*287*

謝辞

　著者二人は、Andrew Mould と彼の Routledge 社の同僚に対して本プロジェクトに関する彼らのあらゆる忍耐と助力について感謝の念を表明したい。校正に関する助力については Sandra Notar に、写真 1.4 については Hui Di Wang に、写真 5.1, 7.2 および 7.3 については Tom と Hezel Telfer にも感謝の意を表したい。最後に、いつものことではあるが、本書執筆中に様々な支援をしていただいた Julia Sharpley と Atsuko Hashimoto に対しも感謝を捧げたい。

　表紙の写真（キューバにおけるビーチの物売り　訳者注：本邦訳では裏表紙の写真となっている）は Richard Sharpley の手になるものであるが、他の写真は特記しない限り David J. Telfer の撮影による。

1 序説：発展途上諸国における観光

1.1 学習の目標

本章を読み終えると、諸君は以下のことができるようになるはずである：
- 発展途上諸国における低開発（underdevelopment）の特徴を理解する；
- 開発の手段にはいろいろある中で、発展途上諸国（developing countries）はなぜ観光を選ぶのかということを理解する；
- グローバルな観光市場の占有率（share）と変化の過程にある観光の性質をはっきりとつかむ；
- 観光と開発に対する異なるアプローチの仕方に通暁する。

過去半世紀にわたって観光は世界で最も強力な社会・経済的な力の一つへと発展を遂げたが、同時に、最高度に論議の的となっている問題でもある。旅行をする能力、資力と自由を手に入れた人々の数がどんどん増加するにつれて、観光はますます民主化されてきた（Urry 2001）だけではなく、観光の規模と範囲が野放図に大きくなってきた。例えば、1950年には記録された国際観光到着客数は世界全体で2,500万人をわずかに上回ったにすぎない。ところが、2004年を迎える頃には英国だけで既に毎年同じ数の海外からの観光客を迎え入れていた。他方、世界観光機関（the World Tourism Organization；WTO）によれば（WTO 2005a）、同年の国際観光客到着数の総計は7億6,000万人とこれまでにない記録的な数であった。さらに、国内観光(すなわち、自国の中の観光目的地を訪れる人々）をも含めるならば、グローバルな観光客の行う旅行のグローバルな量の総計は、この数字の6倍から10倍の間にも達するであろうと推定されている。こういう訳で、観光が「人々が文化的な境界を越えて行う世界史上最大規模の平和的な移動」（Lett 1989: 265）と言われるのも無理はない。

観光を行う人々が増えるにつれて、観光客を迎え入れる国々の数も増えてきた。国際観光客到着数のほぼ半ばを依然として10カ国（主として先進諸国—developed nations—）だけで受け入れているものの、多くの新たな観光目的地が国際観光地図

の上に自らの地名・場所を書き加えて欲しいと主張するようになり、他方、これまでよりも遠隔のエキゾチックな場所が、近年、数多く観光面で急速にのし上がってきた。実際に、過去 10 年間を通じて、東アジア・太平洋地域と中東地域はグローバルに見て観光客到着数の増加が最も大きく、また最も長く続いたが、他方、特に、カンボジア、ミャンマー、サモア、タンザニアをはじめとする多数の後発発展途上諸国（訳者注：原文は least developed countries で、「最も開発が遅れている国々」の意。 略称 LDCs）では観光の伸びが世界の平均を上回った（UNCTAD 2001）。グローバルな観光の規模がこのように大きいので、WTO は現在約 200 カ国について毎年観光統計を刊行している。

観光が規模と範囲の点でこのように目覚しい発展を遂げたことを反映して、グローバルな観光の経済的貢献度もますます重要性を増してきた。国際観光だけを取り上げても、その創出金額は 2003 年に 5,230 億米ドルを上回り、もしも、現在行われている予測が正しいとすれば、この数字は 2020 年を迎える頃には 2 兆米ドルに増加している可能性がある（WTO 1998）。20 世紀の終わり頃には、観光は世界で最も金額の大きな輸出品目でもあった。もっとも、最近では観光は第 4 位に落ち、現在、世界全体の財貨・サービス輸出の 7%を占めている（表 1.1）。世界旅行・観光評議会（the World Travel and Tourism Council）によれば、国内観光を加えるならば、観光全体として毎年 4 兆米ドルを創出しており、それはグローバルな GDP（国内総生産）と雇用の約 10%に相当する。

このような顕著な成長と経済的な重要性を目の当たりにすれば、観光が、長い間、

表 1.1　世界全体の輸出所得額（export earnings）、2002 年

		十億米ドル	%
	財貨・サービス輸出総計	7,903	100.0
1.	化学品	660	8.4
2.	自動車関連製品（automotive products）	621	7.6
3.	燃料	615	7.3
	- 国際観光収入（receipts）	474	6.0
	- 国際運賃収入（recipts）	104	1.3
4.	国際観光総計	578	7.3
5.	コンピューター / 事務機器	491	6.2
6.	食料品	468	5.9
7.	繊維 / 衣料品	353	4.5
8.	通信機器	347	4.4

出所：WTO 資料より作成（www.world-tourism.org/facts/trends/economy.htm

観光の目的地となる地域における経済、社会開発のための効果的な手段として考えられてきたのは何ら驚くべきことではない。全くのところ、観光を促進しようとする際の最もありふれた理由づけは、観光が開発、とりわけ、発展途上諸国の開発に役に立つ潜在的な可能性があるということなのだ。すなわち、観光は多くの工業諸国にとっても重要な経済の一部門であり、しばしば農村および都会双方の再生をもたらす手段であるけれども、開発上の触媒として観光が最も頻繁に注目の対象となるのは発展途上世界である。このような国々の多くにおいて、観光は国家開発戦略の不可欠な要素となっているばかりではなく（Jenkins 1991）―もっとも、他にうまく行きそうな手段がないということもあって、「最後の手段」（last resort）として観光を選択するしかない（Lea 1988）ことが少なくないのだが―、経済のますます重要な部門になってきており、雇用、所得、外貨の極めて重要な源泉であるとともに世界の富裕諸国の富を再配分する可能性を秘めた手段となっている。例えば、2001年の国連貿易開発会議は、「観光開発はグローバルな経済におけるLDCsが限界地域化する（marginalization）のを弱める最も価値のある方途の一つである」と述べた（UNCTAD 2001: 1）。

　しかし、ここが肝心なのだが、観光を取り入れればかならずその国が開発の軌道に乗るかといえば、そうでもない。換言すれば、多くの発展途上諸国は、一見したところでは、観光客の来訪が増加し、その結果として外貨収入を得られるという利益に恵まれる。しかしながら、観光は社会的、経済的な活動として独特の特徴を備えており、また国際観光システムの様々な要素とこの国際観光システム自体をも巻き込んでいるグローバルな政治絡みの経済（political economy 訳者注：「政治的な影響の下にある経済」の意）に生ずる変化との間には複雑な関係が存在するため、こういうこと全てが原因となって、国際観光が開発の上で貢献する潜在的な可能性を減少させる方向に働くのである。観光は政治的激変(例：フィジー。数多くの軍事クーデターが起こった。ごく最近では2006年12月)、自然災害（例：2004年12月に起こったインド洋の津波）、テロリストによる攻撃（例：2002年および2005年のインドネシア・バリ島とか米国における2001年9月のテロの後の旅行の減少あるいは健康上の恐怖(例：2003年のSARS)のような外部の力や事件によって左右される度合いが高いのみならず、多くの国々が経済部門としての観光にますます依存するようになってきており、しかも、この観光たるや依然として富裕な工業諸国の支配下に置かれたままである（Reid 2003）。さらに、発展途上諸国の内部における政治的、経済的、社会的構造自体が観光開発によって得られるはずの利益を限られたものにする原因になっていることが少なくない。観光が開発に寄与し得る潜在的な可能性に影響を与える諸要因を要

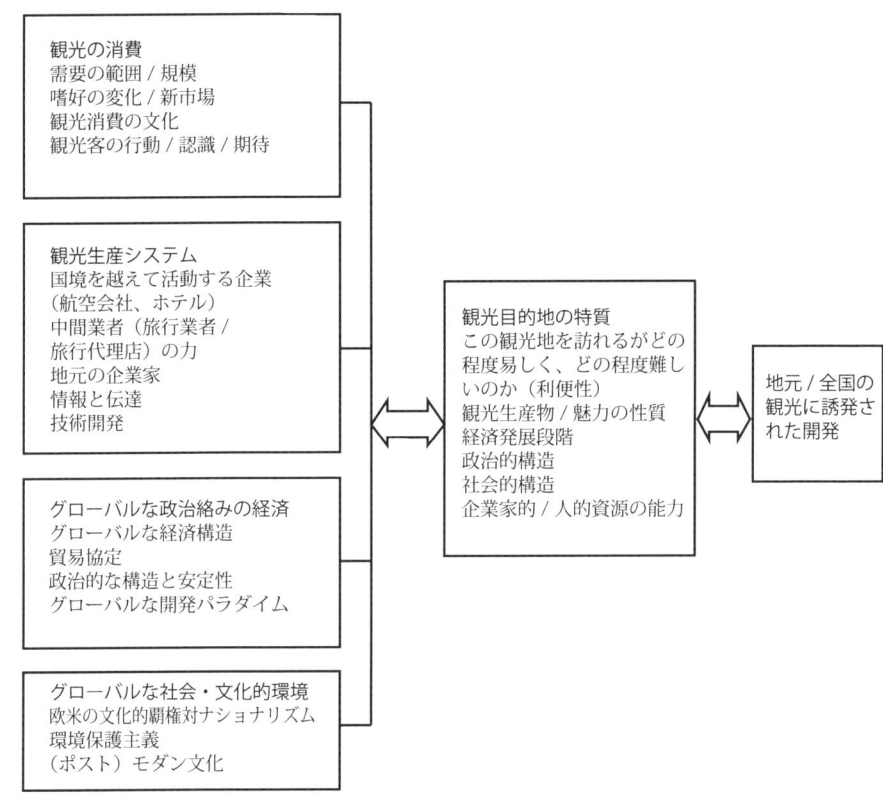

図 1.1 観光による開発に対する様々な影響

約すれば、図 1.1 の通りである。

　このような問題の多くは本書全体を通じて取り扱われるであろう。しかし、根本的な問題は、観光・開発ディレンマとでも言っていいかも知れないものが存在することにある。すなわち、観光の目的地となる地域や国々にとって、観光が社会的、経済的な開発を刺激する魅力的な（そして、よくあることだが、唯一見込みのありそうな）手段としての可能性を秘めていることには疑いの余地はない。にもかかわらず、そのような開発が実現されないとか、地元のエリートだけを潤すとか、開発が実現しても地元の地域社会にとってかなりの経済的、社会的あるいは環境上のコストがかかることが少なくない。観光開発を行えば長期的利益がもたらされる可能性が潜在的にあるかも知れないが、他方においてマイナスになるような結果が生まれることもあるだろう。従って、多くの発展途上諸国にとってのディレンマとは、長期的な利益について

の潜在的な可能性の対価としてこのようなマイナスの帰結を受け入れるか、あるいは管理するという困難な課題にどう取り組むかということである。

　本書の目的は、観光を開発の手段として選択し（development option）、推進する発展途上諸国が直面する困難な問題と機会を探求することにある。このような探求を推し進めながら、本書は観光と開発、とりわけ、圧倒的に有力な観光開発パラダイムとしての持続可能な観光開発に関して、現在どのような見方がなされているかについて批判的に評価を行う。しかし、最初の課題としては、低開発（underdevelopment）／開発（development）の概念を検討し、さらに、様々な選択肢の中で観光が開発手段として妥当性を有するのかということを検討する。本章はこの後でもっぱらこの問題を取り扱う。

1.2　問題の核心と定義

　上述の通り、本書の主たる関心事は、発展途上諸国における観光である。「発展途上国」（developing country）という言葉には、勿論、様々な解釈が幅広く存在するし、「第三世界」とか「後進国」（less developed country 訳者注：発展なり開発の程度がより少ない国々のこと）あるいは「もっと一般的に「南」というような他の専門用語と互換性のある言葉として用いられることが少なくない。この言葉は、「発展を遂げた」（developed）先進諸国とある国または国々のグループ（「発展途上世界」—developing world—）を対比させるときに役に立つ。もっとも、「発展途上国」の場合と同じように、ある国を以て「先進国」と定義づける際の確立した取り決めなど何もない。にもかかわらず、世界の先進諸国—技術的、経済的に進んでおり、比較的高い生活水準を享受し、近代的な社会・政治的構造と制度を有する国々—と一般に考えられている国々の中には、大洋州では日本、オーストラリア、ニュージーランド、北米ではカナダと米国、それに以前西ヨーロッパを構成していた国々が入っている。論者の中には、イスラエル、シンガポール、香港、韓国を先進諸国に含める者もいる。

　勿論、世界の各国を「先進国」か「発展途上国」かのいずれかに分類するならば、複雑でグローバルな政治絡みの経済をあまりにも単純化する愚を犯すこととなろう。発展途上世界の中には経済的、社会的発展の点で非常な隔たりのある国々が含まれており、ブラジル、東南アジアの「虎」経済諸国、それに勿論、中国やインドのようにグローバルな経済における地位がぐんぐん向上している国々も入っている。しかし、貿易上のあるいは政治的な新しい結びつきが先進国対発展途上国という二分法的な仕分けをぶち破る。例えば、1999年に設立されたG-20、つまり、20カ国グルー

プが促進するのは、工業諸国とグローバルな経済的な討議とガバナンスに十分に参加していないが頭角を現しつつある市場諸国（emerging market economy）との間の対話である（www.g20.org 参照）。このグループ 20 に入っているのは、アルゼンチン、オーストラリア、ブラジル、カナダ、中国、フランス、ドイツ、インド、インドネシア、イタリア、日本、メキシコ、ロシア、サウジアラビア、南アフリカ、韓国、トルコ、英国、米国で、グローバルな GDP の 90%および世界貿易の 80%を占めている国々である（訳者注：以上 19 カ国に EU が入って G20 となる）。

　にもかかわらず、本書の目的上、「発展途上国」という言葉には以前の「第二世界」に属する体制移行経済諸国と現在の中央計画経済諸国をも含めて先進国（being developed）であると一般に認識されていない全ての国民国家を包含させている。この言葉は途方もなく多様な諸国をカバーしており、「発展途上国」の中でのもう一つ下位の分類を必要とするかも知れないほどであるが、問題のとらえ方をこのように絞るのは Britton（1982）の中心部／周辺的な政治・経済モデルを反映しているのであって、議論の余地はあるにせよ、国際観光の構造がどのような特徴を有するのかをはっきりさせているのは依然としてこのモデルである。確かに、国際観光客到着数と国際観光による受け取り金額（receipts）双方の点において先進世界の支配が続いていることは、最近の統計数字に反映されている。つまり、2002 年に先進諸国は全体として国際観光客到着数のおよそ 54%と収入のおよそ 61%を占めたが、後者の数字は工業諸国が国際観光総収入の 63%を手にした 1997 年以降ほとんど変化していない。

　「観光」という用語と「開発」という用語もそれぞれ定義が必要である。観光に関しては、大部分の入門書的な著作においてこの問題がなにがしかは論じられている一方で（例えば、Sharpley 2002; Cooper 他 2005 を参照）、一般に数多くの定義が提案されてきた。しかし、数が多いと言っても、このような定義は二つの主な標題の下に分類できるかも知れない。

- **技術的定義**　この種の定義は、統計的あるいは立法上の目的のために観光客を様々な異なるカテゴリーに分別して捉えようとするものである。観光客を定義するために様々なパラメーターが設けられてきており、例えば、滞在期間の最低限（1 日）と最高限（1 年）、自宅からの旅行最短距離（160km）、「休暇」（holiday）とか「用務」（business）のような目的などがこれである（WTO/UNSTAT 1994）。ただし、定義として包括的であって有益なのは、英国観光協会の提案になる下記の定義である。

観光とは、人々が通常生活し、勤労している場所以外の目的地への一時的で短期的な人々の移動および目的地における滞在中にこのような場所で人々が行う活動のことである。つまり、観光にはあらゆる目的をもった移動および日帰りの旅とか遠足が含まれている。

- **概念的定義** この種の定義は、社会的にかなり制度化された特別の慣習としての観光の意味なり機能を明らかにしようとするものである（Burns and Holden 1995; Sharpley 2003）。このような定義の典型的なやり方では、観光の本質を日常生活とは対照的なレジャー活動として強調し（おそらく、これが観光とは何なのかということについて最も広く抱かれている通念であろう）、これを基として観光客の行動と態度を評価する。

開発はもっと複雑な概念であって、「定義のしようがないような」概念である（Cowen and Shenton 1996: 3）。加えて、ポスト開発学派（post-development school）によれば、開発とは過去半世紀にわたってその目的を果たし得なかったグローバルな観念であって、それ故に放棄されてしかるべきなのだ（Rahnema and Bawtree 1997）。にもかかわらず、開発という言葉は、いろいろな国が経験する過程とそのような過程の目標または成果の双方に関連して依然として一般に用いられている—すなわち、ある国における開発の過程は、結果として、発展の状態（state）あるいは発展の状況（condition）を実現するかも知れないからである。開発という用語は、通例、発展途上諸国との絡みで考慮される対象であるけれども、世界のあらゆる国に関連する用語でもある。換言すれば、先進国も絶えず変化ないし進歩しているのだ。もっとも、このような変化は低開発諸国における変化とは質的に異なるかも知れない。

伝統的に、開発を測る尺度は経済的なものであって、その代表をあげれば、GNP（国民総生産）とか一人当たりのGDP（国内総生産）である。実際に、1950年代および1960年代の間には、開発と経済成長は同じ意味なのだと考えられていた（Mabogunje 1980）。しかし、Seers（1969）が論ずるところでは、このようなやり方では富の配分がどのように改善されたのか（あるいは改善されなかったのか）、貧困の削減、雇用および教育、住居、保健ケア等のような他の要因について何一つ分からない。こうして、開発は、少なくとも下記の5つの側面を包含するもっと幅の広い概念となるに至った（Goulet 1992 参照）。

- **経済的構成要素**—富の創造ならびに各種資源への公平なアクセス；
- **社会的構成要素**—保健、住居、教育および雇用における改善；

- **政治的側面**—人権の主張、適切な政治体制；
- **文化的側面**—文化的アイデンティおよび自尊心の保護ないし肯定；
- **生活全般に及ぶパラダイム**—社会（あるいは国）の象徴、信念およびそこで何を意味するのかという社会的な体系の保存と強化。

　以上の5項目に生態系を構成要素として加えるのがおそらく妥当であろう。というのは、こうすれば、開発に対する現代的アプローチの上での一つの基本的なパラメーターとして環境の持続可能性が登場したことばかりではなく、第2章で論ずるように、持続可能な観光開発の概念の基盤も反映されることになるからである。以上の各項目は全体として概ね国連ミレニアムプロジェクトの目標（goals）と具体的目標（targets）に反映されている（コラム1.1参照）。他方、今日、開発を測る尺度として最も広汎に受け入れられているのは、毎年UNDPが公表する人間開発指数（Human Devdelopment Index；HDI）であって、この中の様々の経済的、社会的指数に従って国々の格付けが行われている（Dasgupta and Weale 1992をも参照）。

　開発は、こうして、人間が置かれた状態の中の経済的、社会的、政治的、文化的側面における継続的でプラスの変化として定義付けられるかも知れないような複雑で多面的な概念であって、それを導くのは選択自由の原則であり、それを限定するのはこのような変化を支える環境の受け入れ能力である。しかし、今や本章で取り上げるべき問題は、「どこの社会ないし国であろうと、それを低開発（underdeveloped）と決める特定の特徴は何なのか？」ということである。

コラム1.1　国連ミレニアム・プロジェクト

　国連のミレニアム・プロジェクトは独立の助言機関であって、全体として260名を越える開発専門家からなる10組のタスクフォースによって行われる調査・研究に依拠しており、その目的は、貧困、飢餓、疾病および環境悪化の軽減などのような国際的に合意された一連の地球規模での開発上の具体的目標（targets）を2015年までに達成するため、適切な戦略に関し国連に助言を与えることにある。もしもこのような目標が達成されるならば、5億の人々が貧困状態から救われるであろうし、さらに2億5千万人の人々がもはや飢餓に苦しむことがなくなるであろう、と言われている。本プロジェクトは8つのミレニアム開発目標（Millenium Development Goals; MDGs）を有し、その各々について2015年までに達成されるべき特定の具体的目

標がある。

目標1：極貧および飢餓の撲滅
　具体的目標1：1日1米ドル未満の収入しかない人々の比率を半減する
　具体的目標2：餓えに苦しむ人々の比率を半減する
目標2：普遍的な初等教育の達成
　具体的目標3：全世界の児童が初等教育の全課程を完全に終えることができる状態を確保する
目標3：男女平等および女性の能力開発を促進する
　具体的目標4：すべての教育レベルで男女の不平等を除去する
目標4：幼児の死亡率を削減する
　具体的目標5：5歳未満の幼児死亡率を3分の1に引き下げる
目標5：妊産婦の健康を改善する
　具体的目標6：妊産婦死亡率を4分の1に引き下げる
目標6：HIV/AIDS、マラリアおよび他の疾病と闘う
　具体的目標7：HIV/AIDSの流行に歯止めをかける／減少させる
　具体的目標8：マラリアおよび他の重大な疾病の発生に歯止めをかける／減少させる
目標7：環境の持続可能性を確保する
　具体的目標9：国家の開発政策に持続可能な開発原則を組みこむ
　具体的目標10：基本的な衛生施設および飲料水を利用できない人々の比率を半減する
　具体的目標11：1億に達するスラム住民の生活をかなりの程度改善する
目標8：開発のためのグローバルな提携関係を発展させる
　具体的目標12：開放的で、差別のない貿易、金融システムを発展させる
　具体的目標13：後発発展途上諸国の特殊なニーズに対処する
　具体的目標14：内陸（landlocked）発展途上諸国および小島嶼発展途上諸国の特殊なニーズに対処する
　具体的目標15：発展途上諸国の債務問題に総合的に取り組む

出所：www.unmilleniumproject.org より作成。

1.3 低開発と開発

　貧困、不平等、劣悪な保健ケア、教育機会の欠如といった発展途上諸国が直面している問題の多くについては極めて多くの人々が認識しており、その結果、このような問題は国連ミレニアム・プロジェクトのような国際的開発計画の目標にも反映されている。加えて、開発は貧困に対する国際的な闘いと現在行われている「貧困を過去の話にする」（*Make Poverty History*）キャンペーンに盛り込まれ、国際政治の中での支配的な地位を―議論の余地がない訳ではないが―取り戻す過程にある。しかし、低開発の特定の特徴が何なのかということは、かならずしも明確ではない。すなわち、発展途上諸国が直面している問題の多くは、低開発の結果であって、その原因ではないからだ。その結果として、観光のような特定の開発手法が、このような問題と困難な課題に対処する手段としてどの程度実効性があるのかということもよくわからない。

　これも重要なので指摘しておくが、本書の目的に即して定義された発展途上世界を構成する国々の間には途方もないほどの多様性が存在する。地理的、政治的、歴史的、経済的、社会・文化的特徴と構造が全て当該国の発展段階なり発展のスピードに影響を与える（Todaro 2000）のであって、これはその国の観光開発上の潜在的可能性についても同様である。しかし、前述の通り、発展途上諸国の分類は、典型的な例を挙げると、国民所得および（あるいは）一人当たり所得、平均寿命とか識字率、あるいは環境上の諸要因のような非経済的開発指標、またはこれら二種の指標の組み合わせに従って行われている。例えば、世銀は、所得水準はかならずしも発展上の地位を反映していないということを認めながら、全ての国々を一人当たり国民総所得に従って分類している（表1.2参照）。その結果、高所得国に分類されている56カ国に入っている国であっても一般的な見方では先進諸国グループに入っていない国も結構ある。

　後発発展途上諸国（LDCs）という言葉も総数で約160カ国に上る発展途上諸国から世界最貧の諸国を区分するために用いられている。LDCsのリスト（2003年の調

表1.2　一人当たり国民総所得（GNI）による分類

	低所得経済国	中位ながら低めの所得経済国	中位ながら高めの所得経済国	高所得経済国
一人当たりGNI	$735ないしそれ以下	$736-$2,935	$2,936-$9,075	$9,076ないしそれ以上
当該グループ所属国数	64	54	34	56

出所：世銀（2005）

査では全部で 50 カ国からなる）に加えられるためには、当該国の一人当たり所得は750 米ドル以下でなくてはならず、また、「経済的脆弱性（economic vulnerability）および「人的資源の弱体性」（human resource weakness）という複雑な基準を満たさなくてはならない。de Rivero（2001）はこのような国々の多くを指して NNEs、つまり 'non-viable national economies'（先行き見込みのない国民経済諸国）と呼んでいるが、その言わんとするところは、これら諸国はいかなる意味においても「発展途上」（developing）とみなすことができない、ということである。興味深いのは、LDCs の多くが観光部門を設立したか、あるいは創生期の観光部門を育成しようとしていることで、このような観光部門は国際的な基準からすれば小規模であるにせよ、当該国の経済の観点からすればかなりなものなのだ。モルディブに例をとると、2002 年には 48 万 5 千人の観光客が訪れ、観光はこの島国の GDP の約 75％を占めた。同じように、西アフリカの国であるガンビアとセネガルでは、観光部門は観光客到着数の点では小規模であるものの（各々 7 万 5 千人と 42 万人）、両国とも観光収入が輸出総額のおよそ半ばに達している。しかし、これらの事例において、観光は開発戦略とは相容れない経済的な生き残りの方策と見なしていいのかも知れない。

1.3.1 低開発の特徴

発展途上諸国では、低開発の状態を特徴付ける幾多の特色が共通して存在するのが極めて一般的である。

- **大規模な伝統的農業部門と第一次産品輸出への経済的依存**　発展途上諸国の経済は、雇用、所得、外貨収入について農業生産と農産品の輸出に依存している。逆に、工業 / 製造業の分野は規模が小さく、技術的に劣っているかも知れない。特徴として挙げられるのは、農業で雇用されている労働人口は先進諸国では 5％以下であるのに比べて、発展途上諸国では 6 割を上回っていることである。同時に、低生産性と国際的な価格支持メカニズムによって、地球規模での一次産品市場における発展途上諸国の競争力には制約が課せられている。
- **低い生活水準**　様々な要因が相まって低い生活水準をもたらしている。平均所得からは当該諸国内の所得不平等（income inequality）について何ら学び得ないことを指摘するのは重要ではあるにせよ、低所得水準（一人当たり所得）については既に言及したところである。「貧困線（poverty line）以下の生活をしている人々が自国の人口の 2 割を下回っているなどという贅

沢を楽しんでいる国は発展途上諸国の中にはほとんどない」と評されている（de Rivero 2001: 64）。そして、上の方と下の方との違いが極めてはっきりと目立つ国々もある。インドでは人口の 5 割以上が貧困な生活（1 日に 1 米ドル未満の収入）をしているが、他方、経済の伸びが世界で最も急速な国である中国ではこれに相当する数字は約 3 割である。さらに、多くの発展途上諸国において、平均所得水準は低下してる。具体的に言うと、1990 年の時点よりも現在の方が一層貧しくなった国の数は 46 カ国もあり（UNDP 2004）、他方、当該国の貧困線（national poverty line）以下の生活をしている人口の比率が増大した国々も存在する。例えば、ハンガリーでは、1993 年～ 1997 年の間に貧困な生活をしている人々の数が 2.8%増加した。低所得に加えて、それ以外の生活水準指標には、保健、幼児死亡率、教育 / 識字率水準、浄水を利用できるかどうか（access）などが含まれている。表 1.3 には、発展途上世界の各地域について選定されたいくつかの指標が詳細に示されている。

- **急速な人口増加と高い失業率／不完全雇用率**　　世界の人口の 8 割以上が発展途上諸国で暮しているが、先進諸国の平均出生率（毎年約 0.5%）よりも発展途上諸国の平均出生率の方が高い（毎年約 2%）ということを前提にする限り、この比率はもっと大きくなり続けるであろう。1995 年～ 2025 年の間に、多くの発展途上諸国において人口は倍増するであろう。その結果として、平均して労働人口の 8 ～ 15%（もっとも、15 ～ 24 歳の年齢層につ

表 1.3　数総計による生活水準指標（百万人）、2000 年

	1 日$1 未満で暮す人々	栄養不良人口総数	5 歳未満幼児の年間死亡数	未就学の初等教育年齢児童	水の供給が改善されても、利用できない
サハラ以南アフリカ	323	185	5	44	273
アラブ諸国	8	34	1	7	42
東アジアおよび太平洋	261	212	1	14	453
南アジア	432	312	4	32	225
ラテン・アメリカ / カリブ海	56	53	0	2	72
中 / 東ヨーロッパおよび CIS	21	33	0	3	29
総計	1,100	831	11	104	1,197

出所：UNDP 資料（2004）より作成。

いてみれば、この数字は倍になることが少なくない）に達する発展途上諸国の不完全雇用（underemployment）と失業はかなりの程度増加するであろう。

- **経済的脆弱性（fragility）**　多くの発展途上諸国の経済は弱体であって、その特徴として金融準備額（financial reserves 訳者注：外貨準備など）が少なく、国際収支の赤字が著しく、対外債務が高水準であることが挙げられる。自然資源に乏しく、工業生産も振るわないので、基本的なニーズ（basic needs）を満たすために高水準の輸入が必要になるが、それなのに、輸出で賄えるのは発展途上諸国の輸入支払額の約3分の2にすぎないのがごく当たり前のことである。この結果、対外債務と利子の支払いが積み重なり、多くの発展途上諸国が債務の罠に捕らえられるという結末を迎える。こうして、西側の債権国に対して債務を帳消しにしてもらいたいという要求が頻繁に生ずることとなる。

- **いびつな、あるいは不安定な社会・政治構造**　低開発は経済・政治上の権力配分がグローバルな規模で不平等に行われていることから生ずるのだとしばしば主張されている（かなり多くの人々の考えでは、国際観光はこのような不平等をはっきりと示すものである）。しかし、開発がどの程度まで進められるかは発展途上諸国内部における政治・社会構造によっても決定されるかも知れない。過去4分の1世紀にわたって民主化が劇的に拡大したものの（Potter 2000）―もっとも、それに相応するだけ開発が進んだ訳ではかならずしもないが―、発展途上諸国における権力の配分は、傾向として、少数の強力なエリートに有利に働いている。多くの場合、エリート層の地位が一見合法的な民主的過程によって強化され、正当化されるかも知れない。こういうことが国全体のレベルであれ（Din 1892）、地元のレベルであれ（Southgate 2006）、一般的にも観光という特定の脈絡においても開発の性質を決定することとなるかも知れない。

　当然のことながら、このような低開発についての特徴が全ての発展途上諸国で同じようにはっきりと現れている訳ではないし、他方、ジェンダー関連問題（Momsen 2004）、人権を行使する能力とか身の安全と安全保障のような他の指標も開発を測る尺度として含まれなくてはならない。さらに、先進諸国の多くも「後進的な」（less developed）地域を抱えており、環境面であれ、社会面（犯罪、不平等、教育、保健）あるいは経済面（貧困、失業）であれ、数多くの困難な開発上の課題に直面している。にもかかわらず、発展途上世界の内部では観光を以て不完全雇用に対処する手段とみ

なす傾向が強くなっているが、その意味するところは、観光が上述したような特定の困難な課題の全てに、あるいは全てとまではいかなくても一部に、プラスの影響を与えてくれることもあるのではないかという考えである。こういうことが実際にどの程度起こるのかは、勿論、本書で取り上げる問題である。

1.3.2 開発パラダイム

　以上で低開発の特徴を紹介した訳だが、もう一つ大事なのは、開発理論（すなわち、開発についてのイデオロギー的「目的」とそのような目的を達成するための戦略的「手段」が結びついたもの）が時の流れにつれてどのように展開してきたのかを手短に概観することである。開発理論に関する詳細な考察を調べたければ、開発文献（例えば、Hettne 1995; Preston 1996; Todaro 2000; Desai and Potter 2002）でも観光文献（例えば、目下印刷中のTelfer 2002a）でも本書以外の文献に当たってみれば良い。しかし、重要なのは、過去半世紀の間に開発の意味が変わってきたのと全く同じように、開発はどうすれば促進され、あるいは達成されるのかということについての支配的な見方なりパラダイムも変わってきたということである。このような変化は、とりわけ観光開発理論の展開過程に色濃く反映されている。もっとも、本章において後述するように、開発理論と観光開発（理論と実践の双方）の間にどの程度因果関係があるのかはかならずしも明確ではない。

　注目すべきなのは、準理論（sub-theories）とでも言っていいかも知れないようなものも多数存在するということである。これは何かと言えば、実際には、世界全体の発展法則を示す開発理論とか「壮大な」（grand）開発理論とは対照的な、国のレベルなり地域（regional）なりのレベルで通常行われている特定の開発政策のことである。例えば、1950年代と1960年代においてラテン・アメリカでは輸入代替政策が主流であったが、最近、多くの国々で国家主導ないし「国家万能主義者」的アプローチの復活が見受けられる（Wade 2004; Clancy 1999 をも参照）。しかし、本書の関心対象はもっと幅の広い開発パラダイムとこのようなパラダイムが特に観光開発とどのようなかかわりを有するかということである。

　総じて、開発理論の「物語」（story）とは、伝統的な上意下達型の（top-down）経済成長に基づくモデルから下意上達型の（bottom-up）企画を重視し、人間の基本的ニーズを満たし、持続可能な開発に焦点を合わせるように基層部分の幅をもっと広げたアプローチへと移行した物語である。Telfer（2002a）は、第二次大戦の終結以降年代順に登場した内容の確認可能な4つの開発パラダイムとこれらのパラダイムと観光との関連性を検討した。このような開発パラダイムは、表1.4に要約されている。

1　序説：発展途上諸国における観光

表 1.4　開発理論の展開

年代表示	開発パラダイム／過程	理論的視点および概念
1950年代～1960年代	近代化	成長の諸段階：欧米の発展諸段階を通過 拡散：成長衝動／したたり（trickle-down effect）
1950年代～1960年代	従属	新植民地主義（neo colonialism）：低開発は先進諸国による搾取が原因 二重性：貧困はグローバルな経済成長に便利 構造主義：国内市場、国家の関与、輸入代替
1970年代半ば～1980年代	経済的新自由主義（economic neo-liberalism）	自由市場：自由競争市場／民営化 構造調整：競争的輸出／市場の力 世界は一つ：新世界金融システム、規制緩和（deregulation）
1970年代～1980年代初期	代替型の開発（alternative development 訳者注：在来型の開発手法なり内容に代わる形態の開発を意味する）	基本的ニーズ：食料、住宅、教育、保健中心 草の根：人々を中心とする開発 ジェンダー：開発における女性、ジェンダー関係／能力開発 持続可能な開発：環境管理
1990年代、2000年およびそれ以後	行き詰まりを越えて：新たなパラダイムの探求？	ポスト開発（post-development）：「開発」概念拒否 国家主導の開発：国家の一層積極的な役割 市民社会と社会資本：NGOをはじめとする自発的団体の活動、市民と国家の連携 国境を越えた社会運動：例；環境保護主義者、先住民、フェミニスト、平和運動家等 文化研究：異なる世界観の調整 開発と安全保障：国家解体に伴う紛争と無秩序状態（chaos）

出所：Telfer（2002a：39）および Telfer（印刷中）より作成。

　しかし、この後で論ずるところであるが、開発理論は十字路に差しかかっている。新たなパラダイムの探求が行われており、開発思想がやがて形をなして表現されると甲論乙駁の論議の的となる（Rapley 2002）。Telfer（印刷中）は開発研究において生まれかかっている（emerging）一連の概念を検討したが、このような概念も表1.4に含まれている。これは大事なことで、忘れてはならないのだが、表1.4を検討する際に、生まれかかっているパラダイムはかならずしもそれ以前のパラダイムに取って代わるものではない。つまり、批判はいろいろあるにせよ、各々のパラダイムを構成する要素は今日でも依然として妥当なのだ。あるパラダイムがいつ隆盛を極めたのかについて案内役を勤めるのは年表だけである。

・　**近代化**　　近代化理論は、伝統的社会から近代的社会へと進化する道を全ての国々が不可避的にたどるという考え方に基づいており、この理論の言う進

化の特徴は農業から工業へ、農村から都市へ、そして伝統的価値観と制度から近代的（すなわち、欧米流の）価値観と制度へと変化することである（Harrison 1988）。このような進化の道に沿った進歩は、発展の基盤たる経済成長に依存するのであって、ロストウ（Rostow 1967）によれば、「離陸段階」（take-off stage）―関連部門の成長を誘導するような一つあるいは複数の重要な産業の出現によってはっきりと示される―に達してはじめて当該国の近代化なり発展が開始され得る状態になるのである。近代化パラダイムの奉ずる理論と戦略は多種多様であるが、その核心は通例「成長の柱」（growth pole）――一つの産業なり経済部門―を導入することであって、ここから地域全体に「成長への衝動」（growth impulses）が拡散され、これによって近代化が刺激される、とする。

- **従属**　従属理論は別名を低開発理論と言うこともあるが、1960年代に近代化パラダイムへの批判として現れた。その基本的な主張は、低開発は（近代化理論の考え方とは異なり）後進諸国の特定の社会・経済的特徴から生ずるのではなく、先進諸国との関係において後進諸国を従属的な立場に留め置くような政治的、経済的、制度的な構造が外部にも内部にも存在することから生ずる、と言うのである。換言すれば、グローバルな政治・経済関係では、富と権力において勝っている西側諸国が弱体で周辺的な（peripheral）国々（以前の植民地・宗主国関係を反映していることが少なくない）を搾取し得るような状態になっているので、後進諸国内部における発展上の機会が小さくなってしまう。こうして、発展途上諸国が「経済的な従属状態を脱し、主要な資本主義工業諸国と肩を並べるような経済的な地位を手にいれる」（Palma 1995: 162）ことを不可能としているような不平等な国際的資本主義体制が存在しており、低開発はこのような体制に起因するという説明が可能である、ということになる。従属理論についての理論的な視点は様々であるが、主として西側の企業や観光客によって支配されているグローバルな産業としての観光は、長い間、従属パラダイムをはっきりと示すものであると考えられてきた。

- **経済的新自由主義**　介入主義的なケインズ流の経済政策に対する反動ないし「反革命」として（Brohman 1996a）、経済的自由主義が1980年代のレーガン・サッチャー期に人気を博したが、この経済自由主義は国際貿易が輸出主導の経済発展に役に立つと信じていた。発展途上諸国が直面している諸問題の原因は行き過ぎた国家の介入にあるとして、この主義を支持

する人々は発展への道は市場自由化の促進、国営企業の民営化および国家介入の全般的削減にあると論じた。その結果、世銀やIMFによって行われる国際融資プログラムは、借り手の諸国における経済構造と政治的な政策の調整（adjustments）を条件とした。ここからして、「構造調整貸付政策」（Structural Adjustment Lending Policy；SALP)という用語が生まれた(Moley and Toye 1988)。SALPはこれ以降大幅に信用を失墜したが（Harrigan and Mosley 1991)、構造調整融資は多くの国々の観光開発に裨益した（Inskeep and Kallenberger 1992)。ごく最近、貧困の削減へと流れが変わってきたのにつれて、SALPは貧困削減戦略報告書（Poverty Reduction Strategy Paper）に取って代わられたが、しかし、この報告書にも批判が浴びせられてきた。

- **代替型の開発（Alternative development）** 代替型の開発はこれまでの西側中心の経済成長に基づく開発パラダイムからの乖離（あるいは「それに取って代わる形態の開発」）という意味を有するが、このような開発は資源に基盤を置く、下意上達式のアプローチを用い、主として人間と環境に関する事項を中心課題としている。代替型の開発は開発が経済成長ばかりではなく、もっと広汎な社会的、文化的、政治的および環境上の諸要因を含む複雑で多層的な過程であることを認識しており、開発は内生的であるべきだというのがその根本的な主張である。すなわち、開発は各国の内部において発する過程であり、各国のニーズによって導かれるのであって、他の国々が実施するとか押し付けるべき代物ではない。基本的なニーズを満たし、自立心を励ますことの重要性も強調されている（Galtung 1986）一方で、環境の管理もまた極めて重要な要素である。1980年代末以降、代替型の開発パラダイムは持続可能な開発として一層広汎に採用されるようになったが、この持続可能な開発は概念として激しい論戦の的となってはいるものの、依然としてグローバルな開発政策を支配し続けている。(在来型の観光に取って代わる)「代替型の観光」という1980年代の概念（Smith and Eadington 1992）も観光開発パラダイムの主流となった考え方、すなわち、持続可能な観光開発の根源的な部分を提供したのだが、これはただの偶然ではない。この点については、第2章でより詳細に検討することとする。

- **行き詰まりを越えて：新たなパラダイムの探求？** 1980年代に開発研究は「行き詰まり」(impasse）という名称で呼ばれるような事態に陥入ったが、それは、当時のいろいろな開発理論では発展途上諸国が遭遇しているありと

あらゆる困難をもはや説明し切れなくなったからである。Shuurman の著作『行き詰まりを越えて』(*Beyond the Impasse* 1996) は、この行き詰まりの主な理由を次のように概括している。

1. 富裕諸国と貧困諸国の格差が拡大を続けていた；
2. 発展途上諸国は短期的な政策により関心があり、長期的な政策を実施し得なかった；
3. 経済成長が環境に深刻な影響を与えていたし、持続可能な開発を唱える人々は成長の鈍化を要求していた；
4. 開発に関わる問題を解決する上で、社会主義が正統性があるとか先行き見込みのある政治的手段とはもはや考えられないようになった；
5. グローバル化の進展に伴い国家の権力が縮小し、国家に焦点を当ててきた既存の開発理論がこういう事態と合致しなくなった；
6. 等質的な (homogeneous) 第三世界なるものは存在しないという認識；
7. 社会科学におけるポストモダニズムの台頭に伴って、壮大な物語とか理論は当てはまらなくなった。

開発研究における行き詰まりから生じた結果は、多様な見解とアプローチで、その若干は表 1.4 に掲げてある。しかし、面白いことに、ごく最近出てきた考え方の中には過去の概念と類似点のあるものが存在する。ポスト開発陣営の論客連は、開発を批判するあまり、「開発」という用語自体を拒否してきた。この用語は不公平を増幅する、というのが、その理由である。他の論客連で、自由市場主義的な新自由主義流のアプローチを退け、もっと国家主導型のアプローチを叫んできた者もいる。Clancy (1999) は、観光におけるメキシコの国家主導型アプローチを徹底的に研究した（コラム 4.1 をも参照）。これ以外に、国家の機能が縮小するにつれて、市民社会、民主主義とのつながり、それに社会資本が開発の上で極めて重要な役割を演ずるとし、社会（訳者注：社会一般および地域社会）における信頼醸成—NGO の活動につながってきたのだが—の重要性を強調する者もいる（Rapley 2002）。環境保護運動のような国境を越えた社会運動は、前述の代替型の開発パラダイムと強固なつながりがあり、自由市場主義的な新自由主義流のアプローチに反対しているのが見受けられることが少なくないし、時としては活発に抗議している有様が見受けられる場合もある（Hewlleiner 2006）。表 1.4 の最後の 2 つの概念には、開発に関する異なる世界観を調整することの重要性および開発と安全保障と間のつながりに力点を置く文化研究も含まれてい

る。文化とここでこのようにつながるのは、一つには、開発に関する異なる世界観を調整するためにヨーロッパ中心の開発思考から決別しようという発想に結びついているからである（Hettne 2002）。

　本項で検討する最後の概念は、最近グローバルに注目を浴びてきた問題である安全保障に関連している。観光を成功裡に運営するためには、安全で安定した環境が必要である。開発をめぐる視点やアプローチは実に多種多様であるが、こういう状況の中で、前進への道は何なのだろうか？　Hettine（2002: 11）は次のように述べている。

> 生まれかかっているアプローチは、個別の事例研究を超えて普遍性に到達しようとする「超絶」（transcendence）という観念で言い表すことができよう。これは、つまり、総合的で普遍的に有効な歴史的社会科学の先駆者としての開発研究（development studies）なのであって、異なる開発段階にある各々異なったタイプの 国々の文脈研究（contextual study 下記訳者注参照）に専念し、一つの世界経済および一つの—多層的ではあるが—世界秩序の制約の中で自らのの構造上の地位を改善しようとして苦闘しているのだ。さらに、開発理論は内容の点でも再建される必要がある。

（訳者注：各々の国なり社会がおかれている自然、歴史、文化、社会、政治、経済などの背景を明らかにすることによって研究対象実体を解明する方法を言う。同じような用法に contextual definition—哲学用語で「文脈定義」—があり、これは語や記号をそれが使われている語句や文章を明らかにすることによって定義する方法）

　Hettne（2002）の考えでは、生まれかかっているアプローチ—将来に向かって、グローバルな社会理論を構築するのに役に立つかも知れないのだが—は、国際政治経済、平和・紛争・開発間のつながり、文化についての新たな研究、これまでとは異なる別の内容の発想重視の妥当性、社会から排除されている人々に対する関心および世界秩序の本質についての調査・研究という諸要素から構成される。というのは、もはや開発の枠組みとして国家に焦点を合わせる訳には行かないからである。

　時期別に開発理論を整理したこの簡単な一覧表からわかるように、開発の過程と目的は時の流れにつれて進化してきた。それは、相対的にあまりにも単純化しすぎた経済成長モデルから持続可能な開発というもっと複雑な観念とごく最近提示された多様なアプローチへの進化である。この後ですぐに論ずるところであるが、観光開発に対するアプローチも経済開発の手段としての役割（Diamond 1997）から持続可能な観

光を中心課題とする現在のあり方へと進化したのである。しかし、それにしても、観光がかくも広汎に開発の選択肢として採用されたのはなぜなのだろうか？

1.4 なぜ観光なのか？

　既に述べた通り、世界各国の中で観光目的地とならなかった国はまずほとんどないし、多くの国々にとって観光は国家開発政策の不可分の構成要素になっている。例えば、中国では、観光は中国の総陸地面積のおよそ7割を占める西部諸省の社会・経済的開発促進を目的とする西部地域開発戦略（Western Region Development Strategy）を構成する根本的な要素の一つである（Zhang 他 1999）。中国では建設中の新しいホテルが310あり、そのうち210のホテルが四つ星か五つ星だ。このように急速な建設が続けば、170億米ドルの費用をかけて6万5千室を上回る新しい客室が生まれることとなるであろう（Elegant 2006）。さらに、以前ソ連に属していた中央アジアの国々の中の若干の国々のように観光の歴史が浅い国々にとってさえも、観光は自ら好んで行う開発上の選択肢となっている（コラム 1.2 参照）。

コラム 1.2　キルギスタンにおける観光と開発

　キルギス共和国は、中央アジアに位置し、中国、カザフスタン、タジキスタンおよびウズベキスタンと国境を接している、人口およそ490万人の山がちの国である。この人口のうちの6割がキルギス民族である。

　1990年代はじめ以降、ソ連の支配から解放された訳だが、以前ソ連に属していたこの地域の他の国々と軌を一にして、この解放は神の恵みではあったが、一概にいいことばかりではなかった。一方において、解放されたお陰でこの国は民主的な改革政策を採用することが可能になった。実際のところ、アカーエフ（Akaev）大統領が2005年に打倒される（この事件でキルギスタンははじめて国際的な脚光を浴びた）まで、キルギスタンは経済発展への道を歩んでいる安定した寛容な多文化国家と考えられていた。他方において、政治的に独立するということは、もとより、経済的にも独立するということである。ソ連の投資と貿易からもはや恩恵を受けられなくなって、ソ連の支配が終わってからの数年間に目立ったのは、社会・経済的な発展というよりもむしろ退歩であった。

　ソ連時代の遺産である成人識字率99.6%を誇り得るにせよ、キルギスタンの一人当

たり GDP は 390 米ドルで、世界最貧国の一つである。人口の約 55%は貧困線以下の暮らしで、最貧困層の人々のうちの 8 割以上が農村地域で暮らしている。この国は、高い妊産婦死亡率と幼児死亡率にも悩まされており、それらの比率はヨーロッパの平均死亡率の 2 倍以上に達している。

このような困難な問題に対処するために、政府は「キルギスタン総合開発枠組み」なるもの (a Comprehensive Development Framework for Kyrgyzstan) を実施したが、その目的は 2 つあって、一つは貧困の削減、もう一つは同国の国際的名声を向上させることであった。後者の狙いは、同国の経済が今でも高度に依存している国際援助であった。

しかし、経済成長を達成するために、観光は経済開発の上での優先分野とされ、事実、総合開発枠組みの中での指定プログラムである。観光開発の潜在的可能性を支えているのは同国の自然資源基盤である。つまり、同国の 9 割以上は標高 1,000 メートルを超え、キルギスタンは世界の陸地面積のわずか 0.13%を占めるにすぎないにもかかわらず、世界の植物群種の約 2%と世界の動物群種の 3%以上を所有している。高所にある湖の中で世界で 2 番目に大きな湖である Issyk-Kul 湖も同国の誇りとするところである。ソ連時代に国家が後援する社会観光（social tourism）が推進されたのはこの場所であったが、この湖は今でも同国の観光開発にとって根本的に重要である。すなわち、観光の最優先事項の一つは、主として他の独立国家共同体（Commonwealth of Independent States；CIS）諸国を狙いとした Issyk-Kul 地域でのレクリエーション型観光の開発なのだ。

国際市場も優先順位の高い狙い目であって、登山、トレッキング（trekking 山歩き）、筏くだりに基づく冒険観光（adventure tourism）が観光客を惹き付ける主な名物（attractions）である。1990 年末以降、何がしかの進歩が見られた。例えば、観光客到着数は 1995 年に約 3 万 5 千人であったのが 2003 年には 21 万 1 千人に増加した。

しかし、運の悪いことに、観光に充当される国家予算は予算のわずか 4%にすぎない。その結果、創生期にあるキルギスタンの民間観光部門は観光開発とか観光振興支援の面でほとんど何もしてもらっていない。インフラ開発においてはほとんど進歩がみられず、現在、同国で国際基準を満たすホテルはたった 2 つしかない。同時に、同国が表立って掲げる観光開発目的が実際に積極的な行動に移されたことを感じさせるものはほとんど存在しない。さらに、NGO が最近後援して行っている自然開発に焦点を合わせた地域社会観光プロジェクト（community tourism project）と貧しい農村地域社会の間で行われる文化に根ざしたエコツーリズムが行われたため、観光にかか

わっている様々なグループの間に多種多様な緊張が生まれかけている。従って、他の多くの発展途上諸国でも同じことなのだが、観光が経済、社会開発の担い手として潜在的な可能性を現実のものにできるかどうかは、適切な政策ばかりではなく、観光開発を積極的に支援するような政治的、経済的風土が存在するかどうかにかかっている、ということになる。

出所：Palmer（2000）

　勿論、場合によっては、現実的な開発への道として観光以外に打つ手がないということもあるかも知れない。すなわち、発展途上諸国の中には単純に他に選択の余地がないという国も存在するからである。しかし、もっと前向きに言えば、開発戦略として観光を採用するのっぴきならぬ理由の最たるものは、地元なり国の経済、とりわけ国際収支に対して観光が貢献できるのではないかという潜在的な可能性があるということだ（Opperman and Chon 1997: 109）。発展途上諸国の多くは国際収支の大幅な赤字に苦しんでおり、観光は一種の輸出として大きな外貨収入源になるかも知れない。多くの人々の見るところでは観光は労働集約的産業であり、ここからして、ホテル、レストランなどの直接雇用たると間接 / 非制度的雇用（informal employment）たるとを問わず、観光目的地となる地域における効果的な雇用源と考えられている（Farver 1984; Cukier and Wall 1994 訳者注：informal employment には公式統計などには記載されない路上商人のような非公式の、あるいは、場合によっては法律上は公認されていないいかがわしい雇用も含まれる）。

　しかし、このような基本的な経済的推進力のほかに、開発上の選択肢としての観光の魅力を支える数多くの要因が存在する。

- **観光は成長産業である**　　上述の通り、観光は過去半世紀にわたって終始一

表1.5　国際観光客到着数および収入の増加率、1950-2000

期間（10年）	到着数（平均年間増加率%）	収入（平均年間増加率%）
1950-60	10.6	12.6
1960-70	9.1	10.1
1970-80	5.6	19.4
1980-90	4.8	9.8
1990-2000	4.2	6.5

出所：WTO資料（2005b）より作成。

貫して著しい成長を遂げており、1950年以降の平均年間成長率は6.2%である。しかし、成長率は着実に減少してきた。例えば、1990年代の間に世界全体での観光客到着数の平均年間成長率は4.2%で、1950年代以降最も低い数字であった。ただし、2004年には前年を10%上回り、顕著な成長を示している（表1.5参照）。

それにもかかわらず、観光は依然として世界で成長が最も早い産業の一つであって、グローバルにもこのような成長が続くであろうと予測されている（写真1.1および1.2を参照）。

こうして、観光は本質的に安全な開発上の選択肢であるとみなされている。しかし、重要なので指摘しておくが、若干の時期において観光が低成長なりマイナスの成長を示したこともある。例えば、9.11事件の結果、2001年のグローバルな観光客到着数は2000年よりも0.5%減であった。もっと典型的な事例を挙げると、外部的な影響が及ぼした効果は当該国なり当該国が属する地域に限定されているものの、2004年12月に起こったインド洋の津波はモルディブ、スリランカおよびタイのプーケット（Phuket）の観光産業に壊滅的な影響を及ぼした。それでも、地球規模での観光客到着数総数にはほとんど影響がなかった（Sharpley 2005）。

- **観光は富を再配分する**　　観光は、原則として、直接的な観光客の支出なり観光インフラおよび施設に対する富裕な先進諸国からの国際投資を通じて富を移転する効果的な手段である。国内観光の振興を通じて、観光は一国レベルでの富の再配分を行う可能性をも秘めている——インドを例に取れば、観光客の旅行の観点からすると、国際観光よりも国内観光のほうがかなり規模が大きい（Singh 2001）。しかし、観光客の支出の総価値（gross value）とこの支出から所要の経費などを差し引いて観光目的地にどれだけ残るのかという純保有額（net retention）は、観光目的地の間でかなりの違いがある——多くの観光目的地で観光客のニーズを満たすための財貨の輸入を観光客の支出によって支払うので、「漏れ」（leakages）に苦しむこととなる。他方、海外からの投資はグローバルな政治絡みの観光経済によって左右される（第3章参照）。

- **後方連関（Backward linkages）**　　宿泊施設から観光地の交通の便と土産物に至るまで、観光客の要求する財貨およびサービスの多様性を考えると、ホテルに対する食物の提供のような観光客のニーズを直接満たすものであれ（Telfer 1996）（写真1.3参照）、間接的に、例えば建設業とつながることを

写真 1.1　キューバの Varadero：ホテルの建設

写真 1.2　チュニジアの Monastir 近郊：ホテルの建設

通じてであれ、観光は他の産業よりも地元の経済全般に対して一層大きな後方関連効果を生む機会を提供する可能性を秘めている（下記訳者注参照）。
　繰り返しになるが、このようなつながりをどの程度まで発展させ得るのかということは、金融の手立てがあるのかとか、地元経済の多様性と成熟度と

か地元で生産される財貨の質といった様々の要因に依存している。

(訳者注：backward linkages とは経済学用語で「後方連関」と邦訳されている、聞きなれない用語であるが、要するに、第一次産業以外のあらゆる経済活動が自己の活動に必要な投入物を国内生産によって誘発する関連性のこと）

- **観光は自然の「ただ」のインフラを利用している**　観光の開発は、ビーチ、自然保護地域とか自然・文化遺産所在地（写真 1.4 参照）のような現存の自然または人工の名所・名物（attractions）に基づいていることが少

写真 1.3　インドネシアのジョクジャカルタ：ジョクジャカルタ市の観光地区の一つに小さなホテルを家族で所有．経営している女性が、ホテルのレストラン用の食料品を買った後、昔ながらの市場から三輪自転車タクシーで帰路についているところ。彼女は食料品の大部分を昔ながらの市場で買うので、この行為を通じて観光客が使うお金が地元経済にまわるようになる。

写真 1.4　中国：UNESCO 世界遺産である万里の長城での観光客
　　　　出所：Hui Di Wang

なくない。こういう訳で、観光は他の産業に比べて「立ち上げ」費用（'start-up' costs）が少ないと見られているのかも知れない。というのは、このような資源は、極端に単純化して言えば「ただ」だからだ。しかし、このような基本的な資源の利用に経済的な価値を認めようとする試みがなされている。他方、観光資源全てについてその保護、維持および管理に費用がかかるのも避けることができない。

・　**観光に貿易障壁なし**　　多くの場合、個々の国なり欧州連合（EU）のような貿易ブロックは自らの国内・域内市場を保護するためにあれこれの制約を設ける。国際観光には、原則としてこのような貿易障壁は存在しない。すなわち、観光客を送り出す国々が自国民の海外旅行を行う権利、訪問先および支出金額について制限を設けることは、ほとんどない（もっとも、旅行参考情報は、旅行に関する制限の一形式である。また、ビザの取得に費用がかかったり、制約がある場合もあり得る訳で、これも制限効果の点では同じことである）。しかし、観光目的地がこの「障壁なし」（barrier-free）の市場をどの程度まで利用し得るかということは、勿論、一般的には国際競争なかんずく、国際観光システムの構造と支配力によって決定される。実際に、次の項で示すように、グローバルな観光客到着数と収入で発展途上諸国の占める割合が比較

的少ない状態が続いている。

1.5 観光の需要

本書の当面の狙いからすると、観光に対する需要について2つの視点から検討することが可能である。つまり、
1. 国際観光の過去および現在の動向と流れ（例；統計資料）
2. 観光需要の性質の変化（例；観光のスタイルの変化）

1.5.1 国際観光の動向と流れ

国際観光が1950年代以降目覚しい成長を続けてきたことについては既に言及したところである。このような国際観光の成長は、1991年の湾岸戦争のような国際紛争、1970年代の石油危機、1980年代はじめと1990年代はじめのグローバルな景気後退、健康上の恐怖、自然災害、それに言うまでもなくテロリストの活動などのような様々な特定の事件のせいで時折制約を蒙ってきた。しかし、地域別ではなくグローバルに見ると、観光客到着数が下降したことはまずほとんどない（表1.6）。

表1.6　国際観光客到着数および収入、1950-2004年

年	到着数 （百万人）	収入 （十億米ドル）	年	到着数 （百万人）	収入 （十億米ドル）
1950	25.3	2.1	1994	535.8	356.0
1960	69.3	6.9	1995	550.4	404.6
1965	112.9	11.6	1996	580.2	438.8
1970	165.8	17.9	1997	601.5	442.9
1975	222.3	40.7	1998	621.4	445.2
1980	286.5	105.4	1999	643.3	455.0
1985	328.8	118.0	2000	687.3	473.4
1990	455.9	264.1	2001	684.1	459.5
1991	461.1	277.9	2002	702.6	472.2
1992	502.2	317.1	2003	690.7	523.1
1993	515.3	322.9	2004	760.0	不明

出所：WTO資料（2004a, 2004b）より作成。

これは重要な点なのだが、国際観光はグローバルには成長したといっても、その成長は公平に行われたのではない。すなわち、世界の全ての場所が同じような成長率を経験したのではない。国際観光は依然として工業国世界によって大部分が支配されて

おり、観光客は先進諸国の間で行きかうのが主たる流れであって、その次にくるのが先進諸国から後進諸国への流れである。表1.7の示す通り、国際観光客到着数の約半分はわずか10カ国で記録されており、10カ国全体で2003年のグローバルな到着総数の49%を惹きつけている。観光収入の点でも同じような傾向がはっきりと見受けられるが、これは何ら驚くべきことではない（表1.8）。米国は長期間にわたって国際観光の最大の受益国であったが、2003年にはグローバルな観光収入のほぼ53%が上位10カ国の手に帰した。国際観光目的地として最も人気のある上位10カ国の中の6カ国は、観光客送り出し国としても上位10カ国に入っている（表1.9）。

　国際観光客がどのように流れるのかについての傾向は、観光客到着数と収入の地域

表1.7　国際観光目的地の世界上位10カ国、2003年

		到着数（百万人）	全体に占める比率（%）
1	フランス	75.0	10.9
2	スペイン	51.8	7.5
3	米国	41.2	6.0
4	イタリア	39.6	5.7
5	中国	33.0	4.8
6	英国	24.7	3.6
7	オーストリア	19.1	2.8
8	メキシコ	18.7	2.7
9	ドイツ	18.4	2.7
10	カナダ	17.5	2.5

出所：WTO資料（2004a）より作成。

表1.8　国際観光収入の世界上位10カ国、2003年

		収入（十億米ドル）	全体に占める比率%
1	米国	64.5	12.3
2	スペイン	41.8	8.0
3	フランス	37.0	7.1
4	イタリア	31.2	6.0
5	ドイツ	23.0	4.4
6	英国	22.8	4.3
7	中国	17.4	3.3
8	オーストリア	14.1	2.7
9	トルコ	13.2	2.5
10	ギリシャ	10.7	2.0

出所：WTO資料（2004a）より作成。

表1.9 支出基準による国際観光推進国の世界上位10カ国

		支出（十億米ドル）	全体に占める比率%
1	ドイツ	64.7	12.4
2	米国	56.6	10.8
3	英国	48.5	9.3
4	日本	29.0	5.5
5	フランス	23.6	4.5
6	イタリア	20.5	3.9
7	中国	15.2	2.9
8	オランダ	14.6	2.8
9	カナダ	13.3	2.5
10	ロシア連邦	12.9	2.5

出所：WTO資料（2004a）より作成。

表1.10 国際観光客到着数の地域別占有率（%）、1960年-2003年

	アフリカ	南北アメリカ	EAP（東アジア・太平洋）	南アジア	ヨーロッパ	中東
1960	1.1	24.1	1.1	0.3	72.6	0.9
1970	1.5	25.5	3.2	0.6	68.2	1.1
1980	2.6	21.6	7.4	0.8	65.6	2.1
1990	3.3	20.4	12.0	0.7	61.6	2.2
1995	3.6	19.8	14.8	0.8	58.6	2.5
2000	4.0	18.6	15.9	0.9	57.1	3.5
2001	4.1	17.6	16.6	0.9	57.1	3.5
2002	4.2	16.3	17.9	0.8	56.9	3.9
2003	4.5	16.4	16.3	0.9	57.7	4.2

出所：WTO資料（2004a）より作成。

別占有率（share）に反映されている。ヨーロッパは、長い間、国際観光客到着数での最大の占有率を誇ってきたが、表1.10から明らかなように、国際観光客到着数は年々増加しているものの、グローバルな市場におけるヨーロッパの占有率は着実に縮小を続けている。

これとは逆に、東アジア・太平洋（EAP）地域における観光客到着数の増加には瞠目すべきものがあり、2002年には南北アメリカを抜き、この年に世界で2番目に観光客が訪れた地域となった。実際、1990年代におけるこの地域への各年観光客到着数は倍増し、収入は121%増加したが、この数字は双方共にグローバルな増加率の2

倍であった。EAP における主な観光目的地は中国、香港、タイ、マレーシヤとシンガポールだが、ベトナム、カンボジア、ミャンマー、ラオス、ポリネシアのようなこの地域におけるより新参の観光目的地が観光部門の開発を成功裏に進めてきたのは興味深い。このような発展の多くは、地域内での旅行が増えたことで説明できる。

　世界の他の地域もグローバルな観光市場での占有率を増やしてきた。中東は年間の国際観光客到着数が 1990 年代に倍以上増加したが、エジプト、バーレーン、ヨルダンおよび特にサウジアラビアとアラブ首長国連合（UAE）で急速に増加した。

　こうして見ると、総じて、伝統的な観光目的地たるヨーロッパと北米から世界の他の地域へと観光客が次第に移動してきたと言えよう。実際、WTO（2005c）によれば、1995〜2002 年の間に観光は 30 を上回る国々でグローバルな増加率の倍以上の増率で成長した。このような国々は全て発展途上国であった。もっとも、発展途上世界が受け取っている国際観光収入は、全体として、国際観光総収入の約 3 分の 1 にすぎない。にもかかわらず、観光客到着数／収入データだけを見ても、多くの発展途上諸国の経済にとっての観光の重要性が表に出ておらず、これを理解できない。すなわち、これら諸国における観光客到着数は、数字としてみる限り、傾向として比較的小さいのだが、国民経済に対する観光の貢献度は高い。例えば、世界旅行・観光評議会（the World Trevel and Tourism Council）によって提供されたデータの示すところでは、25 カ国において観光経済の寄与が GDP の 25％以上に及んでいる—観光依存度が最も高い国は英領ヴァージン諸島（British Virgin Islands）で、ここでは観光の GDP 寄与率は 95％である。25 カ国は全て発展途上諸国（および小島嶼諸国）であり、その観光産業の規模は様々に異なっている。従って、開発上の観点からすると、観光が地元経済に対して有する相対的な重要性のほうが、当該観光目的地がグローバルな観光客到着数に占める割合よりも大きな意味がある。

1.5.2　観光需要の性質

　過去 50 年にわたって国際観光は劇的に成長し、普及したが、様々な要因がその原動力となった。代表的な事例を挙げれば、富と自由時間の増加ならびに交通上の技術進歩が観光の発展に主たる影響を与えたと考えられている。もっとも、発展途上世界、とりわけ旧ソ連所属の諸共和国に新たな観光目的地が出現したのは、最近の政治的変革が大きな要因である。同時に、当初は国際旅行に不慣れな大衆市場向けの「パック休暇」（package holiday）を提供していたのがごく最近では「低コスト／余計なサービス抜きの空の旅」からインターネット利用の「ダイナミックなパック旅行」（dynamic packaging：観光客が、異なる業者から飛行機便、宿泊先、レンタカーおよびその他

のサービスを自分で予約することによって、自分自身のパック休暇を作り上げる方式）に至る生産物を開発しているような洗練された観光産業が現れ、これが観光の発展のエネルギーとなった。

　しかし、発展途上諸国に特に関連があるのは、過去20年にわたって観光需要の性質も変化し、進化したということである。紋切り型の太陽・海・砂浜のパック休暇は少なくとも西側の先進世界からの観光客の間では依然として最も人気のある観光形態であるにせよ、もっと幅の広いというかもっと自分を充足できる体験を提供するようなより個人主義的で活動的／参加型の観光形態に対する需要が劇的に増加した。例を挙げると、文化観光、冒険型観光（adventure tourism）、自然・文化遺産観光、エコツーリズムに対する需要の増加であり、もっと一般的に言えばある程度長い時間をかけ、長距離を気にしない型の観光の拡大である。ここから自ずと感じられるのは、観光体験を味わうに当たって観光客の習熟度が増加し、目も肥え、質の良否にうるさくなり、これまでよりも冒険を楽しむようになった、ということである。

　このような問題については第6章でもっと詳細に検討することとする。しかし、重要なポイントとして挙げておきたいのは、いわゆる「新しい観光客」（new tourist）の出現であって、論者によってはこれが観光に対する需要の特徴となったとしている（Poon 1993）。観光客は、今では、これまでよりももっと柔軟で、もっと環境問題に敏感で、もっと冒険心に富み、そして自分にとって意味のある体験を探し出したいと思うようになっており、このため、これまでとは違う、もっと遠い、まだ手垢のついていない、エキゾチックなあるいは新たな観光目的地へますます旅行するのだ、と考えられている。「新しい」観光客の存在がこのような傾向の説明になるかどうかは議論の余地が多々あるが、観光需要の変化が発展途上諸国にとって逸すべからざる好機を意味していることは間違いない。ただ、発展途上諸国がこのような開発に役に立つ可能性を秘めた手段をどの程度まで利用し得るかというのが大問題なのだ。

1.6　観光の供給

　観光客がどの程度旅行体験なり休暇体験を楽しみ得る能力を有するかということは、観光客の求めるモノとサービスを全体として供給している多数の団体・機関に大きく依存している。その代表的な事例として、観光目的地までの交通と観光目的地内部での交通、宿泊施設、食べ物と飲み物、娯楽（観光名所・名物なり観光地での活動）、買い物（shopping）、そして保険や金融のような関連サービスなどを挙げることができよう。同時に、公共部門に属する団体・機関が、例えば、地域または国による売り

込みとか来訪客に対する情報提供サービスを通じて、観光の供給に対して頻繁に支援を与えている。クルーズ船での観光休暇（cruise holidays）のような場合には、観光生産物の核心をなす諸要素（交通の便、宿泊施設、食物、娯楽）が一括して供給されるが、他方、旅行業者が成功するかどうかは様々異なる構成要素を一つの生産物—パック休暇にまとめられるかどうかにかかっている。他の場合に、勿論、観光客が自主的に自分の休暇を手配することもあるが、にもかかわらず、成功の鍵を握る要素は依然として同じである。

しかし、観光がどのように開発に貢献するかは、観光が供給される仕方次第で大きな影響を蒙るかも知れない。換言すれば、観光体験を提供するという点では観光産業は似たり寄ったりの構成要素を供給しているのだが、規模、性質および支配／所有の点でこの供給の特徴にはかなりのばらつきがあるかも知れない。一方の極にある観光目的地の特徴は、例えば、紋切り型で大規模な大衆観光開発であって、かなりの程度海外企業の所有または支配の下にあり、観光の開発上の貢献を限られたものとし、観光目的地を従属状態に陥しいれる可能性が潜んでいる。他方の極にある観光開発は、規模こそ小さいかも知れないが、地元の環境にぴったりで、地元が所有し、支配しているし、これによって地元地域社会に対して最善の開発上の利益をもたらす潜在的な可能性がある。実際、観光開発というのは一方の極から他方の極まで連続してつながっているものだが、今挙げた2つの想定例などは観光開発という連続体の両極端を表しているのかも知れない。

一方の極にあるのが、議論の余地がない訳ではないにせよ、最も望ましくない状況であって、そこでは観光目的地はある意味で富裕な先進諸国の「離れ」的存在になってしまい、観光は近代的形態の植民地的搾取を代表している。この対極（理想的な）にあるのが地元の持続可能な開発に対して有益な貢献を行う観光である。

現実には、大部分の観光開発はこのような2つの柱の間のどこかに位置しているのであるが、観光供給の特徴と開発に対する観光の貢献との関係はもっと複雑である。例えば、過去25年間にわたって、ドミニカ共和国は経済的には成功した観光部門を設立し、この観光部門は毎年およそ280万人の観光客を引き寄せ、現在、直接・間接に同国GDPの25％を生み出し、雇用の22％に相当するおよそ30万人の就職先を提供している。しかし、この成功は、多くの人々が「長続きできない」（unsustainable）丸抱えの大衆観光リゾートとみなす代物の所産なのだ。さらに、多くの事例を見ると、開発に対する観光の貢献は、観光資源の規模と所有ではなく、国際観光産業とか関連団体が実施した斬新な計画によって促進されている。そのような事例の一つが英国に本拠を置く「旅行財団」（the Travel Foundation）で、外国向けの旅行産業と協働して、

観光をもっと長続きできるような内容のものにして運営しようとしている。キプロスのSAVE（Save Abandoned Villages and their Environment：「放棄された村落とその環境を救おう」）プロジェクトの場合も同じことである。このプロジェクトでは、旅行業者のうちの主だった者が現地の提携業者と協働して、島の農村部の村落への遠足（パック旅行客用）を開発したのだが、これは地元の企業にとって貴重な収入源であり、また、同時に、こういう機会がなければ触れることのできないようなキプロスの伝統文化体験を来訪者に対し提供している（www.thetravelfoundation.org.uk）。

ポイントとして大事なのは、適当／不適当という過度に単純化したモデルは、開発をめぐる複雑な状況にふさわしくないということである。換言すれば、観光供給の性質の決め手になるのは、現地の社会的、経済的ないし政治的構造と開発上のニーズなのだ。こうして、ヒマラヤの王国であるブータンは、自国の文化的一体性を維持するために来訪者の数を厳重に管理するなど、観光開発に関する抑制的な政策を長い間続けてきたが、他方、メキシコのカンクーン（Cancún）のような他の観光目的地で、大衆観光企業に対する外国投資を基盤とする一層拡張主義的な観光開発政策を行ってきたところもある（Clancy 1999; Telfer 2002b 参照）。にもかかわらず、多くの人々の見方では、観光の供給に対して総合的で地元地域社会に焦点を合わせたアプローチをするのが最も適切な観光開発形態であって、これは、現在主流となっている持続可能な観光開発パラダイムを反映している（Mann 2000）。

1.7　観光と開発

一般の開発理論が時の流れにつれて進化を遂げてきたの全く同じように、観光開発へのアプローチという個別の問題も進化してきた。さらに、観光理論の進化には、本章のはじめのほうで論じたように、開発理論の進化が大きく反映されている。もっとも、この両者の間の関連性はかならずしもはっきりしてはいない。事実、最近になるまで（例：Sharpley and Telfer 2002; Mowforth and Munt 2003 を参照）この２つの分野の研究の間にはほとんど接点がなかったが、他方、観光開発へのもろもろのアプローチは、観光‐開発の過程についての理解というよりは、むしろ主として観光が社会・環境に及ぼす影響についての関心と結びついてきた（Dowling 1992）。にもかかわらず、Jafari（1989）は、観光文献の分析に基づいて、観光理論の４段階ないし「主要原則」（platforms）の何たるかを明らかにしているが、これは、開発理論にある程度似たところがある。

- **鼓吹（Advocacy）** 1960年代に、観光は国家的および国際的な開発のためにプラスに働く手段とみなされていた。近代化理論を反映して、観光の潜在的可能性はその経済成長に対する寄与にあると考えられており、これを計測するのは所得および雇用の創出ならびに乗数効果のような指標であった。要するに、観光は効果のある開発上の成長の支柱（growth-pole）とみなされていた訳で、今でも地元（現場）の状況によっては同じ見方が続いている。

- **警戒（Cautionary）** 1960年以降、観光開発の範囲、規模および速度ならびに従属パラダイムを反映するような観光経済の政治的側面の出現という2つが原因となって、観光が環境と社会・文化に及ぼすマイナスの結果に対する懸念がますます声高に論じられるようになった。こうして、この段階では、観光理論は観光目的地の環境と社会に対して観光が及ぼす影響を理解することに関心があり、中心部‐周辺の従属モデル（centre-perihery dependency models）が一つの焦点であった（Høivik and Heiberg 1980）。

- **適応（Adaptancy）** 前述の2つの全く相反する立場に対する反応として、1980年代になって、理想主義的ではあるが、これまでの観光に対するアプローチに取って代わる別のアプローチが現れた。「グリーン」、「適切な」「責任を伴う」、「ソフトな」とか「代替的な」観光というように様々な呼称が付けられているが、このようなアプローチは在来型の開発に取って代わる代替型の開発（alternative development）の諸原則を観光に移植しようと試みたもので、地元地域社会が観光をまず発案し、その最大の受益者になるような、適切な規模で地元が所有し支配する開発を提案する。このアプローチは、ある程度、現在のエコツーリズムの概念（論争の的ではあるが）に依然として反映されている。

- **知識（Knowledge）** 観光の開発とのかかわりの過程に関する知識が増えるにつれて、在来型の観光に取って代わる観光という理想主義的な野心は、持続可能な開発の原則と目的を包含しようと試みる一層幅の広い観光開発に対するアプローチに取って代わられてしまった。こうして、観光は、特定の開発のための手段として、現在の開発パラダイムと軌を一にすることとなった。もっとも、第2章で詳細に論ずるところであるが、持続可能な観光開発は、実際の実施面での問題と、この概念を以て西側の帝国主義が継続している証拠とみなす多くの発展途上諸国の受け入れ態度との双方の点で多々問題がある。

こうして、観光開発へのアプローチは、時が経つにつれて、伝統的な近代化主義者的経済成長モデルから抜け出して持続可能なアプローチへと進化してきたのであるが、この持続可能なアプローチが試みているのは、利潤動機の資源欲に燃えた活動としての観光と観光目的地の環境と地域社会の開発上のニーズとのバランスを保たせようということである。世界旅行・観光評議会はこのアプローチを全体として「新しい観光」（New Tourism）と呼んでいるが（WTTC 2003）、これは公共部門と民間部門間の実効的かつ長期間の提携関係を必要とするアプローチである。もっとも、地元の地域社会の参加について明示的な言及が全く行われていないのは、興味深い。換言すれば、「貧しい人々のためになる観光」（pro-poor tourism）のような観光開発に対するごく最近のアプローチでは、重点が国際観光産業の側で行われるべき責任を伴う活動とは何なのかという点へと移ってしまったのだ。

しかし、こんなことは、発展途上世界の観光目的地が直面しているディレンマを軽減する上でほとんど何の役にも立たない。すなわち、多くの発展途上諸国にとって、観光には貴重な開発上の選択肢になる可能性が秘められているのだが、ただ、観光は環境の悪化から国際企業への従属に至る様々なコストなり影響と結びついてもいる。同時に、大規模な観光開発を行う政策を採用するならば、所得と雇用の点で大きな経済的利益をもたらすかも知れないが、それ以上に大きな衝撃をあたえる潜在的な可能性もある。逆に、小規模で適切な観光では衝撃の度合いが小さくなるかも知れないが、開発上の貢献もたいしたことはないかも知れない。

従って、この観光開発のディレンマを解決する方法を捜し求めることが、発展途上諸国にとっての困難な課題なのであって、本書の関心もこの問題にある。次の章では持続的観光開発の吟味を行うが、特に、この概念の有効性に挑戦しあるいは疑問をさしはさむ現行の論争に的をを絞り、また、その後の各章で順次取り扱われる問題の最重要点を取り上げている。このような問題には、グローバル化が発展途上諸国の観光に対して有する関連性と影響力（第3章）ならびに観光の企画および開発過程の検討と様々な観光形態の中からいくつかを選び、これが開発にどのように貢献する潜在的可能性があるのかについての検討（第4章）が含まれている。地域社会の観光に対する関与は依然として持続可能な観光開発の考え方の核心をなしているが、様々な形態の地域社会志向の観光（community-oriented tourism）とともに観光に対する地域社会の反応を第5章において探求する。第6章では観光開発を観光客の視点から考察し、観光の消費に生じた変化が持続可能な観光開発にとってどのような意味合いを有するのかという問題を特に取り上げる。第7章では観光開発のもたらす衝撃を

浮き彫りにし、このような衝撃を最小限に留めるために現在どのような手法があるのかを探求する。最後に、第8章では本書を通じて提起されたテーマと論点をまとめ、観光―開発ディレンマの枠組みを提示するのであるが、観光を開発の手段として用いる場合に働く、しばしば相互に関連している様々な力の複雑さがこの枠組みによって明らかにされる。この章で論じているのは、開発は至上命令であり、また、持続可能な開発も至上命令であるということである。しかし、重要なのは、発展途上諸国の観光産業がおかれている現実の状況の中で、持続可能な開発という理想を実行に移すという困難な課題をはっきり理解することである。

1.8 議論のための設問

1 こんなに多くの発展途上諸国が観光を開発のための手段として選ぶのは、なぜだろうか？
2 発展途上諸国の様々な構造的な側面の中で低開発（underdevelopment）に関係のあるのは何か、また、このような問題に対処する上で観光はどのような役割を果たすことができるのだろうか？
3 新たに生まれかけている観光市場は存在するか？
4 観光に対するアプローチは時が経つにつれてどのように変わってきたのか？

1.9 さらに勉強するための参考文献

Mowforth, M. and Munt, I（2003）*Tourism and Sustainability: Development and New Tourism in the Third World,*（2nd edn）London: Routledge.
　本書は基本書。内容は、開発、グローバル化、権力関係および持続可能性の枠組みの中で観光開発に対して現在行われているアプローチについての包括的で詳細な批判。なかんずく、観光に対する新たな複数のアプローチの側で広汎に抱かれている楽観論に挑戦し、グローバルな政治的影響の下にある経済の中での観光の役割を問う。

Reid, D.（2003）*Tourism, Globalization and Development: Responsible Tourism Plannning.* London: Pluto Press.
　本書は後進諸国における社会的、経済的発展に対して企業支配下の観光開発が貢献する潜在的可能性に疑問を投げかけながら、観光と開発の間の関係を明快に分

析し、とりわけ、地域社会主導の観光企画と観光開発の利益を強調。

Sharpley, R. and Telfer, D.（2002）*Tourism and Development: Concepts and Issues*. Clevedon: Chanell View Publications.
　本書の第一部では観光、開発および開発理論の間の関連を詳細に紹介。それに続いて、観光の開発に対する貢献に関連する重要な諸問題の包括的分析と観光を通ずる持続可能な開発を達成しようとする際に現在直面せざるを得ない困難な問題と障壁をも論じている。

1.9.1　ウエブサイト

貧しい人々のためになる観光の実施と利益についての最新の調査報告と研究：www.propoortourism.org.uk

外国向け旅行産業が観光の運営ををもっと持続可能なものにするように働きかける慈善団体：www.thetravelfoundation.org.uk

発展途上世界の開発過程および進歩一般ならびに特に国連開発計画（UNDP）の活動とプログラム（UNDP の人間開発年次報告書を含む）に関する情報：www.undp.org

後進諸国（less developed countries）における経済、社会開発の目標、過程およびデータに関する有益な情報源：www.worldbank.org

世界観光機構（the World Tourism Organization；UNWTO）、今日の国際観光の傾向、統計、グローバルな観光政策および観光開発ガイドラインについての不可欠な情報源：www.world-tourism.org

世界旅行・観光評議会（the World Travel and Tourism Council；WTTC）、貴重な情報と統計データ源。特に、公刊された全ての WTTC 文書（documents）、調査および政策表明に対するアクセスを可能にする WTTC の Document Resource Centre を通ずるものは貴重：www.wttc.org

2 観光と持続可能な開発

2.1 学習の目標

本章を読み終えると、諸君は以下のことができるようになるはずである：
● 持続可能な開発の概念の展開（evolution）、原則および目的を理解する；
● 持続可能な観光開発の定義、実施および計測をめぐる主要な論点を吟味する；
● 持続可能な観光開発に対して現在どのようなアプローチがとられているかを確認し、かつ評価する；
● 持続可能な開発とグローバル化ならびに政治がらみの経済（political economy 訳者注：政治的な影響の下にある経済の意）の間のつながりを理解する。

1987年に「環境と開発に関する世界委員会」（the World Commission on Environment and Development；WECD　訳者注：国連環境特別委員会ともいう）はその報告書『われら共通の未来』（*Our Common Future*, WCED 1987）を刊行した。一般には Brundtland 報告といった方がおそらく通りがいいのであろうが、この報告書は論じて、「環境保護と経済開発に対する相反する要請を解決するという、いわば円の面積に等しい正方形を作るようなほとんど不可能なことを試みる」（Dresner 2002）には、新たなアプローチ、すなわち、持続可能な開発（sustainable development）の採択を通ずる方法が最も実効的である、としたのであった。この用語は、実際には、WCED の造語ではないのだが—世界保護連合（the World Conservation Union）がこれに先立って刊行した『世界保全戦略』（*World Conservation Strategy*, IUCN 1980）において既に持続可能な開発に言及している—、持続可能な開発の概念がはるかに広汎に人々の注意を喚起するに至ったのは、本報告書の結果である。こうして、1980年代末以降、持続可能な開発がグローバルな開発政策の主流となった。

この概念は1992年のリオデジャネイロにおける「地球サミット」（Earth Summit）から2002年にヨハネスブルグで行われた持続可能な開発に関する世界サミット（「リ

オ・プラス 10」に至る多数の主要な国際的行事の中心的テーマを提供したのみならず、政府関係、民間、ボランティアの各部門にまたがり、国際的、全国的、地方的なレベルで活動している数え切れない程多くの団体がこの原則と目的を掲げるようになったのである。この概念は、1992 年の「地球サミット」の所産である持続可能な開発のための行動計画、「アジェンダ 21」の核心的な部分でもある。

　持続可能な開発の概念が生まれ、ますます一般的に認められるようになったことを反映して、とりわけ、持続可能な「観光」(tourism) 開発の概念が 1980 年代の終わりに向かうころに注目を惹くようになり、次いで「新たな（観光）産業のパラダイムとして事実上グローバルな賛同を得るに至った」（Godfrey 1996: 60）。政府部門と民間部門の双方において、政策ペーパー、計画ガイドライン、「望ましい慣行」についての説明、企業の社会的責任についての声明、事例研究、観光客の行動規範、その他の刊行物が奔流のように続々と生み出されたが、この全てが持続可能な観光開発の問題に概ね関連するものであった。その上、この概念の重要性が 2002 年の持続可能な開発に関する世界サミット（UNEP/WTO 2005　訳者注：ここでの WTO とは「国際観光機関」のこと）で強く主張される一方で、同年、ケベック市は世界エコツーリズム・サミットを主催したのであった―議論の余地がない訳ではないにせよ、エコツーリズム（ecotourism）は持続可能な観光の何たるかをはっきりと具体的な形で示すものである―。要するに、過去 15 年間、観光政策と観光企画は概ね持続可能な観光開発の原則と目的を原動力として推進されてきた。もっとも、後述するように、こういった目的がどの程度達成されたかということについては依然として議論の余地がある。

　これは声を大にして言っていいことだが、持続可能な観光開発の概念に広汎な支持が寄せられていることは何ら驚くに価しない。第 1 章で述べた通り、1960 年代末を迎える頃には、観光開発が破壊的な影響をもたらす可能性を秘めていることについて注意を喚起する批評家が増加するにつれて、国際観光が開発の上で役立つ潜在力を有することについて抱かれた夢は、より慎重なアプローチに既に取って代わられていたのである。はじめに懸念を表明したのは「成長の限界」（Limits to Growth）学派で、この派に属する人々は歯止めのない経済成長に対する当時の批判を反映し（Schumacher 1974; Anderson 1991）、観光開発の抑制を呼びかけた（Mishan 1969; Young 1973）。観光のもたらす結末についてもっと的を絞った特定の研究が 1970 年代末から 1980 年代はじめにかけて次々と行われ（Turner and Ash 1975; Smith 1977; de Kadt 1979; Mathieson and Wall 1982）、観光（あるいは、もっと特定して言えば、大衆観光）は、1990 年代を迎える頃には既に「われらが惑星に取り憑いた

…亡霊」(Croall 1995: 1) といったほとんど黙示録的な言葉で記述されるようになっていた。この結果、持続可能な観光開発の原則―これは大衆観光 (mass tourism) に対する多くの(正当化し得ることが少なくない) 懸念と批判に対処する原則なのだが―は、国全体および観光目的地レベルで広汎に採用され、また、旅行および観光産業に属する若干の部門によっても採用されたのであった。

しかし、持続可能な観光開発は依然として激しい議論の的となっている概念であって、この点ではその親に相当する持続可能な開発パラダイムもまったく同じことである。特に、この概念は、持続可能なあるいは「良き」観光形態と持続不可能な大衆的(あるいは「悪しき」) 観光形態とに議論を両極化するので、物事を黒か白かにはっきりと分けてしまう。加えて、個々の観光開発を取り巻く状況はいろいろ異なっているのに、それに対応できない硬直的な青写真である、と考えられている。もっと一般的に言って、持続可能な開発の広汎な原則と目的に従ってどの程度観光を展開し得るのかということについて多くの人々が疑問を投げかけているのみならず (Sharpley 2000; Berno and Bricker 2001)、「真の」(true) 持続可能な観光開発の実例なるものがほとんどないということも事実として受け入れられている。さらに、最近、諸般の情報の示唆するところでは、この概念に対する理想主義者的な発想に基づく支持は衰えてきており、観光開発に対するもっと実際的で、「責任を伴った」(responsible) アプローチが、貧しい人々のためになる観光 (pro-poor tourism 訳者注: この用語の定訳はないようであるが、要するに貧しい人々の利益になるような観光を意味する) などのような特定の政策となってはっきりと示されるようになってきている。

にもかかわらず、「観光は持続可能な開発に対して行い得る貢献の点で特別の地位を占めている」 (UNEP/WTO 2005: 9) という認識には依然として何ら変わるところがない。換言すれば、多くの国々にとって観光は開発への主要な―場合によっては唯一の―道である。こうして、観光目的地の持続可能な開発に対する観光の貢献の内容をできるだけすぐれたものにするようなやり方で観光が開発されるように、しっかりと見届ける必要がある。本章の目的は、従って、持続可能な観光開発の概念をめぐる論争に立ち入るに先立ち、また、この概念が直面する困難な現代的課題を検討する前に、持続可能な開発の原則と目的を探究することである。こうして、まず取り組むべき問題は、「持続可能な開発とはなんぞや?」ということになる。

2.2　持続可能な開発:定義を求めて

持続可能な開発は多くの人々によって受け入れられてはいるものの、この用語の実

際の意味に関しては未だに一致した見解を見るに至っていない。すなわち、何が持続可能な開発で「ない」のかということを定義するのは比較的容易ではあるものの、それが何で「ある」のかということを言うのにはもっと問題があることが分かっている。持続可能な開発といっても聞く人が違えば、違うことを意味するし、数え切れない程様々な状況（勿論、観光をも含めて）に対して適用される。その結果、定義が数多く存在することになる。例えば、1990年代の初期を迎える頃には、持続可能な開発について提案された定義の数は既に70を越えていたと述べられている（Steer and Wade-Grey 1993）！にもかかわらず、最も人口に膾炙し、かつ長持ちしているのはBrundtland報告の定義で、それは「将来の世代が彼ら自身のニーズを満たす能力を損なうことなしに現在の世代のニーズを満たすような開発」（WCED 1987: 48）というものである。もっとも、この定義は、精々良くて曖昧（vague）で、悪く言えば無意味（meaningless）であるとみなす人々が多い。

　しかし、一般的に認められているところでは、持続可能な開発は「環境保護主義者と開発業者（developers）の接点」を意味している（Dresner 2002: 64）。換言すれば、持続可能な開発は2つの過程、すなわち、開発と持続可能性とが結びついたものであると考えることができるかも知れない（もっとも、持続可能性という用語は持続可能な開発と同じ意味で使われることが良くあり、すっきりしないところもある）。このようなアプローチをすれば、おそらく、事態をあまりにも単純化することとなろう。すなわち、「開発」も「持続可能性」も双方ともに解釈次第で意味が異なってくる──例えば、環境の持続可能性といっても環境中心の（持続可能性のしばりが強い）視点から検討する場合もあれば、技術中心の（持続可能性のしばりが弱い）視点から検討する場合もある。にもかかわらず、持続可能な開発をその2つの構成部分に分割して見ることは、本書の目的からすると、持続可能な開発という概念の展開を探究するために役に立つ基盤となる。

　「開発」一般と特定問題としての開発の意味なり解釈なりの変化については、既に第1章で取り扱った。そこで、持続可能な開発「方程式」の残りの半分、すなわち、持続可能性を検討することが必要になる。

2.2.1　保護から持続可能性へ

　開発についての考え方が狭義の古典的経済成長の視点からもっと幅の広い、在来型の開発に取って代わる代替的な開発（alternative development）と最近見受けられる多様なアプローチへと展開してきたのと全く同様に、環境についての懸念の特徴ないし環境保護主義は数多くの段階を経て保護から持続可能性へと進んできた。

環境に対する人間の影響についての懸念のはじまりはほとんど文明の起源にまで遡ることができるであろうが、他方、人間社会は歴史を通じて過剰人口、資源枯渇、汚染など様々な環境問題に悩まされてきた―現在でもこの悩みは続いている―（McCornick 1995）。しかし、1850年代の辺りになってはじめて表だった組織的な保護運動が現れ始め、これが現行の環境保護主義の到来を告げる標となった。都市と工業の発展、自然界に対する関心と知識の増大、自然空間に対するアクセスの増加を要求する快適運動（amenity movement）の展開をはじめとする多数の要因の影響によって、1889年に創立された英国の王立鳥類保護協会のような特定の生物種を保護するとか、1892年に John Muir によって創立された米国の Sierra クラブのような自然領域保全を目的とする極めて多くの団体が設立された。このような団体には一つの共通した目的があり、それは自然を支配し、徹底的に利用することが正しいとする、優勢で近代主義者的・技術中心主義的な考え方と真っ向から対立する。換言すれば、自然資源保護（および一般大衆が自然資源を愉しめるようにすること）を促進するのがその共通の目的である。

　20世紀の半ばまで圧倒的に優勢だったのは、保護にこのような焦点を当てるということであった。その上、現在では世界保護連合（the World Conservation Union）として通っている国際自然保護連合（the International Union for the Conservation of Nature；IUCN）のような国際機関が創設されたにもかかわらず、環境についての関心領域は通例局地的であり、一国の国境なり国ごとの関心を越えることは滅多になかった。しかし、1960年代から環境保護主義は人気のあるイデオロギーと化したが、このイデオロギーには脅威に曝されている自然領域および生物種を保護するという特定の関心を遙かに越えた一連の固定観念が伴っていた。単に資源の枯渇を問題にするというよりは、むしろ、これまで人類進歩の頼みの綱であると考えられていた現実の科学的、技術的、経済的な変化の過程もまた問題視されるようになった。Rachel Carson の著書『沈黙の春』（Silent Spring 1962）は人造殺虫剤の乱用を特定のテーマとしたものであるが、それにもかかわらず、この著作を以て近代環境保護主義の歴史における画期的事件とみなす人々が多かった。同じように、Hardin の著作である『庶民の悲劇』（Tragedy of the Commons 1968）では、有限の自然資源を個人が過度に消費すれば、結局、どのようにして全員が破滅に至るかということを平易に叙述している。

　同時に、一般に認識されるようになったのは、いわゆる「豊かさの排出物」（effluence of affluence）である工業化の副産物が国境線など毫も顧みることがないということで、つまり、大気や水の汚染といった環境問題は一つの国でしばしば発生するが、他

の国に対して悪影響を与えるのだ。1960年代半ばにBouldingが提唱した「宇宙船地球号」（spaceship earth）の観念に影響を受けて、環境保護運動は国際的な局面に取り組むようになった。地球は、資源に限りがあり、廃棄物の吸収能力に限界のある閉鎖システムであると考えられるようになった。その結果、世界の環境に対する脅威は、グローバルな危機であるとみなされるようになった。こうして見ると、1972年の国連人間環境会議（the United Nations Conference on the Human Environment；UNCHE）のモットーが「ただ一つの地球」（Only One Earth）であったのは偶然とは言い難い。

　環境保護主義は、こういう訳で、それに先立つ保護運動とは2つの点で異なっている。第一に、環境保護主義は、酸性雨、森林破壊、捕鯨のような資源問題のみならず、このような問題を生ずるに至った原因である技術的、経済的な変化の過程をも含む人間の環境全体に取り組んでいる。多くの人々の見方となったところであるが、このような技術的、経済的過程の一つで環境の悪化と今日極めて重要な政治・環境問題となっているもの、すなわち、気候変動の大きな原因となっているのが、国際旅行、とりわけ、空の旅なのだ。第二に、環境保護主義はこれまでよりも公然と政治化し、運動家的になった——環境保護主義者たちはその関心を社会・政治問題に向け、1960年代と1970年代に盛んだった反戦運動、反消費者主義運動、市民権運動をはじめとする他の社会運動を取り込んで行った。にもかかわらず、彼らの主たる関心は人間の存在を支える地球の受け入れ能力であって（この点は今も変わっていない）、これが今日「持続可能性」と言われているものの基盤となったのである。

　要するに、持続可能性とは、生産と消費からなる人間の経済体制はグローバルな生態系（ecosystem）の下位システムであるという観念に基づいている。つまり、グローバルな生態系が自ずから経済的な下位システムへの全ての投入財の源泉となり、その全ての廃棄物の受け皿となる（Goodland 1992）。グローバルな生態系には供給源の機能と廃棄物の受け皿機能があるが、生産/消費のニーズを各々賄い、こういった過程から生ずる廃棄物を吸収する能力には限りがある。こうして、方程式の中の変数は下記の通りとなる。

1　自然（再生不可能な）資源の蓄え（stock）が、代替・再生可能な資源の開発との関連において、使い果たされる（depleted）割合；
2　廃棄物が、環境の吸収能力との関連において、生態系に戻され蓄積される割合；
3　グローバルな人口水準と一人当たりの消費水準。

持続可能性はこれらの変数の間にバランスを保つことにかかわっており、こういうことをどの程度なし遂げ得るかという潜在的な可能性は、生産と消費の過程を決定する政治的、技術的、経済的、社会的制度がどの程度実効的に管理されるか（あるいは「変革されていくか」）に大きく依存する。持続可能性を達成する上で各々の変数が同じ重みを持っているのであるが、1997年の京都議定書の後では、地球温暖化と気候変動が現在最大の関心事項となっている。実際に、2005年末のモントリオールでの国連会議では1参加国（米国）を除いて全ての参加国が京都で合意された措置をスピードアップすることに同意した。この後すぐに論ずるが、これは、観光と特に関係のある問題についての懸念が広汎に存在することを反映している。

2.3　持続可能な開発：原則と目的

　1970年代には、グローバルな生態系にとって過度の負担になると考えられるものを削減するために成長を制限することが関心の的であった。前述の1980年に行われたIUCNの「世界保全戦略」(*World Conservation Strategy*) は「持続可能な開発」という用語をはじめて使用し、軸足をはっきりと保全に置きつつも、開発を保全に組み入れようという試みをなにがしか行った。こうして、持続可能な開発のためにグローバルな戦略の枠内で開発と環境問題を結びつけるのは、Brundtland報告の手に委ねられた。この後に出たのがBrundtland報告ほどの知名度はないが、それに劣らず重要な『地球を大事に』(*Caring for the Earth*) という文書である（IUCN 1995）。Brundtland報告の持続可能な開発戦略は新古典派的経済成長への回帰に基づくところが極めて大きかった（Reid 1995）—すなわち、伝統的な経済成長に基づく開発を持続可能な開発の礎として採択した—のに対して、『地球を大事に』は「持続可能な生活」のための戦略を優先し、重点の置き所は、持続可能な生活様式（lifestyles）の採用であり、本質的に、消費習慣に対する人々の態度の変革であった。この2つの報告書が組み合わさって、持続可能な開発の主要な原則と目的とは何なのか、そして実際に持続可能な開発を達成するための前提条件とは何か、ということを確認する枠組みが形成された。

　開発は、どのような形態で行われるにせよ、環境の限界の枠内で行わなければならないということを前提にすると、持続可能な開発を導くべき原則とは以下の通りである。

- **全体論的（holistic）視野**：開発と持続可能性はグローバルな挑戦である（下

記訳者注参照）；
- **未来性**：将来を長い目で見ることに重点を置くべきである；
- **公正**：開発は各世代内および各世代間で公正かつ公平なるを要する。

(訳者注、全体論—holism—とは、全体は部分の総和としては認識できず、全体はそれ自体としての原理的考察が必要であるとする考え方。平たく言えば、あるプロ野球チームに有名な監督と数名の人気選手がいるとしても、そのチームの存在価値はこれらの人々を含めた個々のチーム・メンバーの価値を単純に合算した総和ではなく、チーム全体としての伝統、評価という総合的なものが存在する、ということであろう。)

　前述の通り、Brundtland 報告は、基本的ニーズを満たすのが望ましいと認める一方で、経済成長が持続可能な開発のための前提条件である、と主張した。これとは反対に、『地球を大事に』の主張は、環境一般、とりわけ消費に対する人々のアプローチに根本的な変革が生じなくてはならない、とする。しかし、この双方ともに持続可能な開発にとって重要な構成部分である。開発を支えるためにはある程度の水準の富の存在が必要であるが、それでも、グローバルに観ると、環境が担わなければならない負担は資源問題なのではない—それは、人間にかかわる問題なのだ（Ludwig 他 1993）。従って、表 2.1 に要約されている通り、持続可能な開発および環境上の目的を達成するためには、多数の要件が満たされなければならない。
　持続可能な開発の全般的な目的は、こうしてみると、下記のようなものだと考えてもいいのかも知れない。

1　**環境の持続可能性**：資源の保全と実効的な管理；
2　**経済的持続可能性**：継続的開発の基盤としての長期的な繁栄；
3　**社会的持続可能性**：貧困軽減を中心課題としつつ、人権、機会均等、政治的自由および自決（self-determination）を促進。

　忘れてならないのは、持続可能な開発の原則と目的に関するこのような論述には、もとより、主流をなしている実務家的／経営者的な視点が反映されているということである。すなわち、ここで論じようとしているのは、世界の資源を保護するために必要であると見なされている原則と過程にかかわっているのである。しかし、開発は、本来政治的な過程でもある—開発について異なる見方をするのは、異なる政治的イデオロギーを反映しているのかも知れない。例えば、新自由主義は個人の私的な自

表 2.1 持続可能な開発：原則と目的

根本的原則：	・全体論的アプローチ：グローバルな社会、経済および環境の脈絡の中に組み込まれた開発と環境問題。 ・未来性：グローバルな生態系―人間の下部システムを含む―の継続を可能とする長期的な能力に焦点を当てる。 ・公正：公平且つ公正で、現在および将来の双方にわたってあらゆる社会の全てのメンバーに対し資源へのアクセスと資源の利用のための機会が提供されるような開発。
開発の目的：	・あらゆる人々にとっての生活の質的改善：教育、平均余命、潜在的可能性を達成する機会。 ・基本的ニーズを満たす：所得に心を労するよりもむしろ神様から授かった現存の自然の摂理に関心を集中する。 ・自恃（self-reliance）：政治的自由と地元のニーズのための地元の意思決定。 ・内発的な（endogenous 訳者注：地元の地域共同体の内部から盛り上がってくるような）開発。
持続可能性の目的：	・持続可能な人口水準。再生不可能な自然資源の消耗を最小限にとどめる。 ・再生可能な資源の持続的利用。 ・環境の吸収能力の範囲内での汚染放出。
持続的開発にとっての必要条件：	・持続可能な生活に適合するような新たな社会的パラダイムの採択。 ・生物多様性の保護。 ・公正な開発と資源利用に専念する国際的および国家的な政治・経済システム。 ・環境問題の新しい解決策を絶えず探求できるような技術体系。 ・地方、国、国際間のレベルで総合的な開発政策を促進するグローバルな同盟。

出所：Streeten（1977）；Pearce 他（1989）；WCED（1987）；IUCN（1991）

由と自由市場的経済成長に基づく開発の双方を信奉しているのだが、これは環境問題の解決は個人的な自由への介入とその制限にあるとする急進的な環境運動とは相容れない（Martell 1994）。同じような意味で、社会主義国での政治的な影響の下にある経済の立場からすれば、資本主義の影響と利潤を求める衝動を減らせば持続可能性を達成できるかも知れないと論じられているが、それ自体、生産と集団的所有制との関係に変革が生ずることを必要とする。開発と持続可能性に関する政治的視点としてはこの他に、マルクス主義的アプローチ（疎外感を克服し、また、人間個人としての自由と充足感をも達成するために人々が自然環境と触れあう必要があると強調することを通じて環境保護主義に積極的に貢献している、と主張する人々もいる）および環境フェミニスト（eco-feminist）的視点の双方が含まれる。後者の主張では、女性らしさ（femininity）と結びつけられている価値観や特徴（相互の関係、バランス、自然

な流れの重視などのような）が持続可能性の基盤となり得るかも知れない、というのである（Martell 1994）。

2.4　持続可能な開発：原則から実践へ

　Dresner（2002: 67）が述べているように、「持続可能な開発は時として曖昧な考え方だとして非難されることもあるが、実際にはそんなものではない」。しかし、持続可能な開発は、主として実際の運営と計測にいろいろ問題がある結果、依然として論争の的である概念に留まっている。その上、前項で述べたように、この概念は異なるイデオロギー的解釈によって内容が変わってくる。換言すれば、持続可能な開発の原則を実践し、それがどれだけの成果を収めたかを評価する（assess）のは双方共に至難の業であることが判明した。この論争を完全に精査することは本章の範囲を越える（例えば、Reid 1995 を参照）が、しかし、主要な疑問点または批判をはっきりさせておくことは、このような疑問や批判の刃が特に持続可能な観光開発の概念に対しても同じように向けられる可能性があるので、重要である。

　持続可能な開発を実際の仕事として実践するに当たっての主要な困難は、つとに認識されているこの概念の曖昧さとその本質に固有の矛盾が存在することである（Redclift 1987）。すなわち、「開発」と「持続可能性」という二重の目的を以て矛盾語法（訳者注：cruel kindness とか laborious idleness のように相反する意味の言葉を続けて用いること）とみなす者が多い。どのようにすれば開発（資源の飽くなき利用を必要とする）が持続可能性（資源の消耗を最小限にする）と同時に達成できるというのだろうか？　その上、この文言自体についての解釈が様々に異なるのと、この文言が２つの構成部分からなっていることが、事態をさらに複雑にする。持続可能な開発とは、文字通り持続することができる開発で、開発（定義如何を問わず）を優先させるのか、それとも、環境の持続可能性（これもまた、定義如何を問わず）によって制約されている開発なのであろうか？　全くのところ、持続可能性についての客観的な評価が行われ得ると仮定しても、開発が主観的概念のままであるのは避け得ない。こうして、例えば、ブータンにおける観光は環境の見地からして持続可能であると多くの人々が考える一方で、それがどの程度ブータンの持続可能な開発に貢献しているかは依然として議論の余地がある（コラム 2.1 参照）。

コラム 2.1　ブータンにおける観光と持続可能な開発

　ヒマラヤ山中の王国であるブータンは、1960年代までは世界の他の国々から比較的孤立した状態を保っていた。実際のところ、少数の旅行客がこの国を訪れ始めたのは、1970年代半ばになってからのことである。もっとも、当時は、所要のビザを手に入れることも、現実にブータンまで旅行することも（唯一の道路による入国はインド経由）複雑で、手間のかかる代物（しろもの）であった。この結果、ブータンを訪れようという観光客の数は比較的わずかで、その数が増加し始めた（ブータン人の目からすれば、ということではあるが）のは、1983年に国際空港が開かれ、その後1990年に滑走路が拡張されてからのことである。

　ブータンにおける観光の導入は、最初から、外貨収入獲得を主要な目的として行われた。地勢は山勝ちであって、経済建設の基盤とすべき自然資源に乏しい（もっとも、水力発電とその電力の隣国インドへの輸出は、GDPのおよそ12％を占めている）。農業と林業が主たる産業であるが、それでも耕作に適した土地は国土のわずか7％にすぎない。さらに、同国は一種の桃源郷として描かれることが少なくないものの、町から遠く離れた山の中の村落では人々の生活には厳しいものがある。もろもろの社会インフラ的サービスへのアクセスがなく、人口の8割は食べていくのがやっとの自給自足農民であって、農村世帯の多くが1日当たり1米ドル以下の収入しかない。実際のところ、人口の32％が貧困のうちに暮らしている。しかし、この国は豊かで多様な文化・自然遺産に恵まれており、これが観光客を呼ぶ主な魅力となっている。ここには滅多にお目にかかることができない多数のヒマラヤ特有の生物種が存在し、壮大な景観を楽しめるし、固有の建築や華やかなお祭りに示される力強い文化がある。

　観光から多額の収入を得られる潜在的な可能性があるにもかかわらず、ブータンにおける開発は、今日に至るまで、一件当たりの収入は大きいが社会に対する影響は少ないような観光に焦点を合わせてきた。地元地域社会および来訪者双方のためにブータンの文化・自然遺産を保護する目的で、到着客数を間接的に制限することを通じ、観光の規模と性質は厳重に統制されてきた。つまり、1日の滞在に対して最低支払額（1991年以降、ハイシーズンには200米ドル、シーズンオフには165米ドル）が設定され、ブータンの旅行業者の数から宿泊設備の供給に至るまで、この国の観光産業のあらゆる面に規制が及んでいる。当初、国際観光客は1年に200人に限って入国を許された。しかし、時が経つにつれて、この数字は次第に増加してきた。1992年には、国際観光客到着数は2,850人を記録した。2000年を迎える頃には、この数

字は 7,559 人に膨れ上がり、1,050 万米ドル（GDP の 7%）にのぼる総収入（gross receipts）を生み出した。2004 年には到着数が 9,000 人を上回ったが、2007 年までにこれを 15,000 人に増やそうというのが目標である。

　ブータン国内における観光客の活動も厳重な統制の下に置かれている。観光産業は「民営化された」ということになっているものの、観光のあらゆる面に観光省の規制が及んでいる。その目的は、観光から生ずるマイナスの影響を最小限に食い止めることである。しかし、このようなやり方の結果として、多くの人々がブータンの観光は成功裡に行われている持続可能な観光の実践例とみなしている一方で、観光が本当にどの程度持続可能な開発に寄与しているのか問題を提起せざるを得ない。特に、次のような点が問題である。

- 規制を行っているため、ブータンの人々が観光産業とかかわる度合いが制約されており、従って、金銭的な利益を得る度合いも制約されている；
- ブータンへの観光は季節によって繁閑が激しいので、常勤雇用と所得水準に影響を及ぼしている；
- 観光活動は、西部および中央部における若干の渓谷に限定されている。このため、ブータン国内でも観光客が行かない地域が多くあり、従って、こういう地域に観光のもたらす利益が直接及ぶことはない；
- 観光業への地元の地域社会の参加が極めて限られている；
- 観光客の数が比較的少ないにもかかわらず、自然環境は大きな影響を蒙った。とりわけ、森林破壊、脆弱な植生への侵食および「ゴミの道」（garbage trails）が目立っている；
- 観光客の増加を可能にするため、免許を取得した旅行業者の数を増やしたが、この結果、業者間の価格競争が始まり、これによって観光一件当たりの収入を大きくして件数は少なくするという政策に困難な問題が生じている。

　こうして、ブータンの経済の中で観光がますます重要な役割を果たすにつれて（観光が GDP の対して占める比率は、2012 年を迎える頃には 25% に達しているであろうと予測されている）、持続可能な開発に対する観光の寄与が確実に改善されるような適切な政策が必要とされるであろう。

出所：Doji（2001）；Burnet 他（2001）。
（訳者注：ブータンは 2008 年に立憲議会制民主主義国となった。前国王および現国王が提唱してきた Gross National Happiness（GNH）は、環境保護、経済的自立、文

化の推進、グッド・ガバナンスを4つの柱とし、健康、教育、地域の活力、環境の多様性など9指標で構成されている。西側の物質的基準では「貧困者」の多いブータンにおいて2005年に行われた国勢調査では97%の回答者が「幸せ」だと答えた。）

　持続可能な開発の概念はグローバルな開発の脈絡において西側の覇権をもう一つ別の形で露呈していると考える人々も一部にはいる訳で、この点からする批判も持続可能な開発の概念に対して向けられている。開発の過程なり目標なりがグローバル化の時代にはもはや実現可能ではないとするならば、それはひょっとすると持続可能な開発は達成できないのだということを匂わせるのだろうか？　一方において、いわゆる新自由主義学派は、経済のグローバル化が自由貿易と資本の移動を通じて達成され、結局は、あらゆる人々に富と繁栄をもたらすのだ、と説く。その反対に、急進派の説くところでは、グローバル化は富裕な「中核」と後進的な「周辺層」（periphery）との間の乖離を増大している。確かなのは、持続可能な開発の概念には問題があるということだ。それはある意味では「貧困の汚染」（pollution of poverty）に苦しんでいる多数の国々にとっては全く手の届かないような贅沢であるばかりではなく、そこから多くの疑問をも生ずるのである。このような疑問を例示すれば、下記の通りである。

- **持続可能な形で開発されるもの（developed sustainably）として、どういうものが考えられているのか？**　個人の富、国富、人類社会、それとも生態学的多様性なのか？
- **持続される期間はどのくらいの長さなのか？**　一世代、一世紀、それとも「永久」なのか？
- **持続可能な開発を評価する際にいかなる目安を用いるのか？**　これ以上の環境悪化を生じないというのが目安になるのか、それとも受け入れ可能な変化の限界を目安とするのか？
- **持続可能な開発の責任者は誰なのか？**　個人、各国政府、それとも国際社会なのか？
- **いかなる政治・経済的条件の下で持続可能な開発は可能なのか？**

　上記の疑問や他の疑問に対する答えはかならずしもはっきりしない。にもかかわらず、持続可能な開発、あるいはもっと一般的に言ってグローバルな環境の持続可能性を達成するのは疑いもなく至難の業であるにせよ、それだからと言ってこれに代わる

他の選択肢（例、unsustainability―非持続的な可能性―）を選べる訳ではないということは認識されている。

2.5 持続可能な観光開発

　本章のはじめの部分で述べた通り、持続可能な観光開発は、代替的な形態の観光（alternative forms of tourism）を発展させようとして 1980 年代に現れた戦略に淵源がある。国際的な大衆観光が急速で野放図な成長を遂げ、そのマイナスの結果―1960 年代から始まって今日に至っているスペイン南部海岸（costas）の開発が恐らくその縮図であろう―についての懸念が深まるにつれて、観光開発についてのこれまでのアプローチに取って代わる別の内容のアプローチ（alternative approaches）が益々注目されることとなった。「グリーン」（訳者注：green tourism とは、都市生活者が農村で滞在型の余暇を過ごそうという旅行形態）、「責任を伴う」、「適切な」、「環境にあまり影響を与えない」(low-impact) ,「ソフト」、あるいは「エコツーリズム」（訳者注：「環境観光」とも訳される。観光を通じて環境保護や自然保護への理解を深め、同時に地元の経済開発との両立を目指す）と銘打たれた様々な観光スタイルは、全体として見れば、大衆観光の発展以外のもう一つの選択肢を文字通り代表している。このような観光スタイルは、観光目的地にできる限り優れた内容の利益をもたらすようにして、観光のマイナスの影響を最小限にとどめようという意図を有するのであるが、全体としてみれば、在来型の大衆観光の特徴と対立する特徴を多々共有している（表 2.2 参照）。

　大衆観光に取って代わる代替的な観光を以て持続可能な観光と同義であると考える人々も一部にはいるし、勿論、このような観光開発が実際に行われている事例が今日数多く存在する。典型的な場合を挙げると、このような事例は大体小規模でその地域に適合しているもので、観光資源の質を保護し、向上させることに重きを置いている。観光開発は、大部分、地元地域社会が所有し、発言権を持っており、観光客、観光目的地の環境、地元の人々が長期的に最善の利益を得るように運営されている（コラム 2.2―ナミビアの Damaraland キャンプ―参照）。

　しかし、代替的な観光も、正に「形こそ変わっているが大衆観光に取って代わる新たな観光」であるという理由で多くの人々から批判されてきた。つまり、これは、大衆観光の「問題」に対する解決策というよりはむしろ目先を変えて大衆観光に取って代わる新種の観光ではあるが、「問題」の解決にはならない、と言うのである。同時に、在来型の観光に取って代わる別の形態の観光開発、とりわけ、エコツーリズム―それ

表 2.2 大衆観光と代替的な観光の特徴比較

在来型の大衆観光	代替的な形態の観光
一般的特徴	
急速な発展	緩慢な発展
極大化	内容を最善のものにする
社会／環境への思いやりに欠ける	社会・環境に思いやりがある
野放し	統制
短期	長期
部門別	全体論的
遠隔地支配	地元支配
開発戦略	
計画性のない開発	最初に計画、次いで開発
プロジェクト主導型の企画	概念（コンセプト）主導型の企画
ところ嫌わずに観光開発	適切な場所での開発
「人気スポット」への集中	圧力と利益の拡散
新しい建物	既存の建物を再利用
よそ者による開発	地元の開発業者（developers）
地元域外出身の従業員	地元の人々を雇用
都会的建築	地元固有の建築
観光客の行動	
大集団	一人旅、家族、友人同士
あらかじめ決まっているプログラム	自発的決定
時間のゆとりがほとんどない	時間のゆとりがたっぷりある
「景色」	「体験」
外から持ち込まれた生活様式	地元の生活様式
快適／受け身	いろいろと大変／能動的
やかましい	静か
買い物	贈り物を持って行く

出所：Lane（1990）;Butler（1990）から作成。

自体論議の的となっている概念ではあるが（Fennell 1999 参照）―に関心が高まり（写真 2.1 参照）、これが大衆的で、暗黙のうちに「悪い」観光（そして、「悪い」観光客）とそれとは別の「良い」形態の観光との間の区別を際立たせるのに役立った。その結果、元来考えられていた持続可能な観光開発の概念において持続可能な開発の原則はもっと一般的に観光に適用されたにもかかわらず、持続可能な観光開発を定義付け、実施

写真 2.1　プレトリア近郊の Dikhololo リゾート：南アフリカ：野生動物観察のための遠出の支度をする観光客

しようという試みは、大衆観光とこれに取って代わる別の観光との二分法が続いたために、最近に至るまで、勢いをそがれてきたのである。これはある批評家の言であるが、観光開発を持続可能にするためには、観光開発が「大衆観光よりも好ましいと考えられる選択肢または戦略」に基盤を置くようにすべきである（Pigram 1990）。

コラム 2.2　ナミビアの Damaraland キャンプ

　Damaraland キャンプのサファリ・ロッジがある場所は、ナミビアの首都から遠く離れた西北部の骸骨海岸（Skelton Coast）からおよそ 90 キロメートル内陸に入った Haub 河渓谷の北岸である。このキャンプは 8 つのウオークイン式のテントから構成されており、各々のテントには設備一式が備わっていて、ここを根城にしてこの地域での様々な自然をベースにした活動に参加するサファリ観光客に豪華版の拠点を提供している。こういった活動とは、自然の中をドライヴするとか、歩くとか、Twyfelfonten を訪れ、古代の人間がそこの岩壁に刻んだ動物や人間の姿を眺め

ることなどである。1990年代半ばに設立されてからこの方、Damaralandキャンプは南部アフリカにおける主要なエコツーリズム・プロジェクトの一つである、と多くの人々によって認められるようにもなった。実際に、観光開発を地元の地域社会との提携関係（partnerships）、環境保護および持続可能な野生生物に結びつけるのに成功したことを反映して、このキャンプは2005年にWTTCの「明日の観光保存賞」(Tourism Tomorrow Conservation Award)を獲得した。1990年代はじめに至るまで、Damaraland地域は保護されておらず、密猟者が横行していた。公的な保存措置は存在せず、野生生物は減少し、地元地域社会の失業率は実質的に100%に達していた。当初、多数の機関の支援を得てではあったが、野生生物がこれ以上減少するのを防ぐために、地元地域社会のメンバーが何人かで狩猟見張り番システムを設けた。何がしかの成功を収めた後で、地域社会のこのグループはDamaraland地域で持続可能な開発を行う方法を検討し、結局、1996年にWilderness Safarisと力を合わせ、Damaraland サファリ・キャンプを地元の地域社会に基盤を置く冒険的観光事業（tourism venture）として発足させた。1998年を迎える頃には、このキャンプは大成功で、その結果、Damaraland地域はナミビアにおける4つの地域社会野生生物保護地域の一つであるTorra保護地域として指定されるまでなった。この保護地域は、現在、自立しており、Wilderness Safarisの所得から歩合をもらって、全ての管理費用と地域社会プロジェクトへの再投資を賄っている。同時に、ロッジの従業員は地元の人々を雇用しており（かっては山羊の牧婦をしていた地元の一女性が今ではロッジの支配人を勤めている）、地域社会は観光から経済的な利益を得ているし、また、このプロジェクトが始まってからの10年の間にTorra保護地域の野生生物の数は倍増した。この結果、観光と保存を通じて貧困が直接的に軽減され、地元の人々は、ある意味では、環境への所有権と自分たちの未来を取り戻し、地元地域社会は繁栄している。

出所：www.namibian.org/travel/lodging/private/damaraland/htm;www.tourismfortomorrow.com

2.5.1 持続可能な観光開発とは何ぞや？

過去15年にわたって、観光の研究と実践の双方において圧倒的に重要な問題であったのは持続可能な観光開発の概念であったと言っても、おそらく嘘にはならないであろう。確かに、この問題についての学術研究書と論文が数え切れないほど量産され、専門誌も2種類生まれた（*Journal of Sustainable Tourism* と *Journal of Ecotourism*）。実際に、WTO刊行の持続可能な観光についての注釈つき文献一覧に

よれば、1999年に至るまでにこの問題に関する96冊の書籍と280の論文が既に存在していた（WTO 1999）！ それでもなお、この問題に対して払われた関心が極めて大きかったにもかかわらず、持続可能な観光開発の定義に関するコンセンサスに到達することは、不可能とは言わないまでも、困難であることが判明した。持続可能な観光開発は、一般的に、「観光産業、観光客、環境および行楽客を受け入れる側の地域社会それぞれの間に生ずる複雑な相互作用によって緊張と摩擦が生み出されるが、このような緊張と摩擦を削減しようという意図を有する前向きのアプローチ」（Bramwell and Lane 1993）であると述べられてきた。しかし、これによって、持続可能な観光の開発上の目的は何なのかということが分かるようになる訳でもなければ、また、そのような緊張と摩擦が削減される過程がどうすれば実現され、計測されるのかという流れも明らかにされていない。

しかし、もしも持続可能な観光開発が持続可能な開発という「親パラダイム」を特定の部門に当てはめたものであるならば、このような観光開発は持続可能な開発の原則と目的をも共有してしかるべきではないのかと考えるのが理にかなう。換言すれば、観光開発の基本的な役割は、それが単なる観光を越えたもっと広汎な観光目的地内部の経済的、社会的開発に対してどれだけ寄与できるのかということにある。従って、持続可能な観光開発は、単に観光を通じて持続可能な開発を達成する手段にすぎないと見なされるべきなのだ。こうして、観光自体、環境の見地からして持続可能なのが当然であるのみならず、もっと幅の広い持続可能な開発の政策と目的に際限なく貢献すべきであるということになる。

このようなアプローチは、実際に、カナダで行われた「地球90会議」(the Globe 90 Conference）で採択されたのだが、この会議では観光が開発の上で果たす役割を認め、観光の企画と経営の指針として次の3つの基本原則が提案された（Cronin 1990）。

- 観光は、持続可能な経済開発上の一つの選択肢として認知されたものでなくてばならず、この点で他の経済活動と何ら変わることはないと考えられる
- 他の経済部門との関連において観光産業がまともな産業であるとの社会的認知、観光産業の分析とモニタリングを可能とするような観光についての適切な情報基盤がなくてはならない；
- 観光開発は、持続可能な開発の原則と合致し得る方法で行われなければならない。

このアプローチには、持続可能な観光開発の概念化という点で多くの重要な意味合いが含まれている。第一に要求されているのは、観光が開発に役立つ潜在力は他の経済部門との対比において評価される（他の経済活動を発展させる潜在的な可能性が存在すると仮定した場合のことだが）―すなわち、観光は観光を越えたもっと幅の広い社会・経済および環境の脈絡の中で考慮されるべきものである。第二に、その意味するところは、観光は希少資源を求めて他と競争すべきではない、ということである。むしろ、資源を一層効率的に、持続可能なように分かち合って利用することに重点が置かれるべきなのである。第三に、観光を大衆観光と持続可能な観光の２つに分ける前述の分類法は妥当性を失う。換言すれば、克服すべき問題は、あらゆる形態の観光（大衆観光をも含め）が持続可能な開発に貢献するような方法で確実に企画され、運営されるようにすることなのである。最後に、極めて重要ではあるがまだ未解決の問題に注意を向けるとにしよう。観光システム全てを包含するような全体論的アプローチが必要である。すなわち、観光目的地における開発に対する観光の貢献を考慮することは、重要である。しかし、他方において、観光を創出する地域(tourism-generating region)について考慮すること、とりわけ、観光目的地までの旅行によって生まれる環境上の影響を考慮することも、それに劣らず重要である（Hoyer 2000）。

　この後で、観光の企画および政策関連ペーパー（documents）の多くに持続可能な開発の原則が盛り込まれることとなった。このような文書に見られる典型的な原則とガイドラインは表2.3に要約されている。

　とりわけ、自然資源の持続可能な利用と物的および社会・文化的受け入れ能力の範囲内での観光開発は根本的な重要性を有するのであるが、他方、観光のもたらす利益が公正に配分されるような配慮が見受けられる。未来性の概念も、明示的ではないにせよ、これらのガイドラインに盛り込まれている。さらに、持続可能な開発の原則には地域社会の関与が盛り込まれているので、これは、持続可能な開発パラダイムの極めて重要な要素である自恃（self-reliance）と地元の内部から生まれて来る開発という特定の要件を満たすように思われる。

　しかし、はじめのうちはこのような持続可能な観光開発の原則に忠実であったとしても、持続可能な観光開発に反映されてきたのは、実際のところ、典型的な事例に即して言えば、むしろ、「観光中心の偏狭な」視点と指摘されている状況を反映してきた（Hunter 1995）。主要な目的は、これまでのところ、観光を越えたもっと広汎な開発上の脈絡で観光を考えるというよりは、むしろ、持続可能な観光を発展させるというか、あるいはもっと正確に言えば、観光自体を持続させることにあった。その結果、最大の関心事は、観光目的地での観光を越えたもっと幅の広い持続可能な開

表 2.3 持続可能な開発：諸原則の要約

- 自然、社会、文化各資源の保護と持続可能な利用は、極めて重要である。従って、観光の企画と経営は、環境の許容範囲内で、かつ、自然資源と人的資源を長期的な観点から適切に利用することにしかるべく配慮して行われるべきである。
- 観光の企画、開発および運営は、国と地元の持続可能な開発戦略に組み込まれるべきである。とりわけ、様々異なるタイプの観光開発とこのような観光開発が既存の土地・資源の利用および社会・文化的要因と結びつく態様について配慮が払われるべきである。
- 観光は、環境関連の負担と利益（costs and benefits）を考慮に入れながら、地元の経済活動を幅広く支援すべきである。しかし、観光が一地域の経済基盤を支配下に置くような活動になるのは、許されるべきではない。
- 観光の企画、開発および支配（control）に対する地元地域社会の参加が、政府および観光産業の支持の下に促進されるべきであり、このような参加が実現することが期待されてしかるべきである。観光のもたらす利益の公正な配分を確保するため、先住民、女性、少数者集団を巻き込むように特別の配慮が必要である。
- 全ての団体および個人は、観光目的地の文化、経済、生活様式（way of life）、環境および政治構造を尊重すべきである。
- 観光に携わる重要利害関係者全員にもっと持続可能な形態の観光を発展させる必要性について教育を施すべきである。この中には、持続可能性の問題に関する従業員の研修と観光受け入れ地の地域社会と観光客自身の持続可能性の問題についての意識向上が含まれており、それは教育と責任感を伴う観光のマーケッティングを通じて行われる。
- 観光の影響を常時観察し、問題を解決するため、また、地元の人々やそれ以外の人々が変化に対応し、機会を活用し得るようにするため、観光の開発と運営の全ての段階を通じて調査研究が行われるべきである。
- 今は表に出ていないがこれから発生するかも知れない紛争を回避し、観光の開発と経営に関与している人々全員にとって最善の利益がもたらされるようにするため、全ての機関、団体、企業および個人が協力し、協働する必要がある。

出所：Eber（1992）；WTO（1993）；ETB（1991）；WTO/WTTC（1996）；EC（1993）資料より作成。

発全体に対する観光の貢献をできる限り優れた内容のものにする（optimizing）というよりも、特定の背景の下で観光の命綱である自然資源、人工的資源および社会・文化的資源の基盤を保護することとなってしまい、それによって経済部門として観光が長期的に「生き残れる」ようにしようというのであった。要するに、持続可能な観光開発の最も一般的な解釈とは、「ある地域において、その生命力を無期限に（for an indefinite period of time）維持し得る形態を有する観光」（Butler 1993: 29）である。

　勿論、これは、ある程度は健全な商慣行である。産業は全てできるだけ長く生き延びるために自己の資源基盤を維持しようと努めるものだが、他方、健全な環境政策が行われれば、利益を上げる可能性がかなりの程度高まるかも知れない。しかし、そんなことは、持続可能な開発とは意味が違う。こうして、持続可能な観光開発の成功例は多々あるにせよ、傾向としては、局地的で、規模も小さい。逆に、もっと規模の大きな観光開発で持続可能となっている具体例はほとんどあるいは全く存在しない。こ

こから自ずと窺われるのは、「真(まこと)の」持続可能な観光開発（すなわち、持続可能な開発の教説に合致するような観光開発）は達成不可能なのだということである。事実、今日、一般に受け入れられているのは、持続可能な観光開発とは、極めて望ましいものではあるが、実行不可能とまでは言わないにしても、それがかなり難しい理想を追った概念であるということだ。

こう言ったからとて、持続可能な観光を実践に移そうという努力が行われてこなかった（そしてそのような努力が続けられていない）などということを口にしている訳ではない。事実、この後ですぐに述べるところであるが、観光システム全般を通じて多くの団体や企業が持続可能な観光開発の原則を採用するなり促進する試みを行ってきた。

しかし、ここで認識しておくのが大事なのだが、観光開発に対するアプローチとして、持続可能な観光はかなりの難問に数多く直面している。

2.6　持続可能な観光開発：弱点と難問

持続可能な観光開発の定義と存続の見通しに関してコンセンサスはないにせよ、その目的に反対する者は、大体のところ、ほとんどいないだろうと言ってもおそらく間違ってはいないのではないか。しかし、これと同じように、観光が、特定の経済・社会的活動として、持続可能な開発の概念に反するように思われる特徴を多々露呈しているということに異議を唱える者もほとんどいない。このような特徴は、観光の「根本的真実」（fundamental truths）として多くの人々によってよく引用されている論文（McKercher 1993）で言及されているのであるが、以下にその要約を掲げておく。

- 主要で、グローバルな活動として、観光は資源を消費し、廃棄物を生み出し、可成りのインフラ開発を必要とする；
- 観光開発の結果、現在は表面化していないとしても、将来、資源の利用に行き過ぎを生ずる恐れがある；
- 観光産業は、生き延びて成長を続けるために、希少資源を求めて他の産業と競合する；
- 観光産業の主力は、短期的利益の極大化（maximization）を追い求める小規模な民間企業である；
- 観光は、グローバルな多部門にわたる産業であるため、統御不可能である；
- 「観光客は消費者であって、人類学者ではない」；

- 大部分の観光客が求めているのは、のんびりすること、愉しむこと、日常生活からの逃避と娯楽である；彼らは観光客たることに「懸命に努力する」ことなど望んでいない；
- 一種の輸出ではあるにせよ、観光体験は「その場で」(on site) 生産され、消費される。

　全体として、上記の「真実」は、3つの重要な問題を示している。第一に、観光は「たたいても埃のでない」(smokeless) 産業ではない。昔からみんなが知っていることだが、観光が発展すると観光目的地にかなりの環境に関する影響と社会的な影響が及ぶ可能性があり、それを効果的に管理することが観光の持続可能性にとって根本的な重要性を有する。第二に、観光が観光客によってどのように利用されるかという観光消費の態様は、開発の上で観光がどのような（持続可能な）貢献をなし得るかということに直接的な関連がある—観光に対する需要の規模、範囲および性質によっては、持続可能な開発にとってかなりの難問を生ずることとなる。第三に、観光産業の構造、規模および固有の力関係のために、当該産業の側で持続可能な開発の原則を集団として画一的に忠実に守っていく見込みがあるのかということについて重大な疑問が生ずる。

　こういう問題はすぐ後で取り上げるし、この後に続く各章でももっと詳細に論ずるつもりである。しかし、持続可能な観光開発の概念にはさらにもう一つ一般的な弱点があってコメントに価する。それは、この概念の原則と目的には一つの傾向があり、つまり、こういった原則と目的が具体的な形を取って現れる多くのガイドライン一式が全体として観光開発にとって比較的硬直的で、議論の余地がない訳ではないが、西側中心の「青写真」と受けとられがちだ、ということである（Southgate and Sharpley 2002）。換言すれば、このような原則と目的は観光開発に対して比較的画一的なアプローチを提示しており、通例、そのよって立つ基盤は受け入れ可能な環境と社会的変化の限界（西側の基準に従って）の管理であるが、これでは観光開発が置かれた千変万化の複雑性を有する背後関係に対処することなどできはしない。すなわち、地元の開発上のニーズ、地元の環境に対する態度と知識、地元のガバナンス・企画システム、地元経済の成熟度と多様性等々のような様々な要因の点で観光目的地は皆それぞれに異なっている。例えば、議論の余地がない訳ではないにせよ、後進国(less developed countries) の中で第1章で言及した「離陸」の段階にまだ到達していない国々もある。この結果、こういう国々は観光開発によってもたらされる様々な機会の一部を活用できないばかりでなく、至るところで見受けられる貧困と栄養不良のよ

うな一連の開発上の優先事項に直面しているのであるが、こういう事項は持続可能な観光開発が対象とする開発上の優先事項とは異なる訳である。こうして、国によっては—例えばガンビア（コラム 2.3 参照）—観光と開発に対するこれまでのアプローチに代わる新たなアプローチが必要となるのかも知れない。

　面白いことに、持続可能な観光に対するごく最近のアプローチの主眼とするところは、実際に、貧困という特定の問題についてであり、施政上の配慮が特に必要だと考えられているのは、地元の観光システムの中で表立った地位を獲得することができないような観光目的地の最も貧しい層に属する人々に観光開発の利益がまわるようにすることである（WTO 2002; UN 2003 を参照）。これは貧しい人々のためになる観光（pro-poor tourism）と呼ばれているが、これについてはこの後で詳細に論ずることとする。

コラム 2.3　ガンビアにおける観光と開発

　アフリカの西海岸に位置するガンビアは、アフリカ大陸の最小で最貧の国々の一つである。自然資源にはほとんど恵まれておらず、140 万の人口—その大多数は食うや食わずの自給自足農業で命をつないでいる—の一人当たり平均年所得は、278 米ドルにすぎない。つまり、人口の 5 割から 7 割の人々が極貧に喘ぎながら暮らしている。

　しかし、この国は大西洋沿岸のビーチと冬の数ヵ月の間に事実上 1 日たりとも途切れることのない日照に恵まれている。この結果、観光は、長い間、ガンビアの経済に対して重要な貢献をしてきた。もっとも、過去 10 年にわたって、観光部門が同国の開発に影響を及ぼすことはほとんどなかった。実際のところ、経済の成長は近年停滞したままであるが、もっと一般的に言って、同国が直面している他の開発上の困難な課題を克服する点ではほとんど何の進歩も見られなかった。

　開発の点で進歩がないのは、いつもそうだったという訳ではないにせよ、一つには、過去 10 年にわたってガンビアの観光産業が比較的不振であったことを反映している。1965 年に観光が始まった後、ガンビアへの観光は着実に伸び、1990 年代の半ばを迎える頃には既にほとんど 9 万人に達する国際観光客到着数を記録していたが、観光客の大多数は主として英国とスカンジナビア諸国からのパック旅行客であった。しかし、1994 年/1995 年のシーズンには、1995 年に起こった軍事クーデターが直ちに響いて、観光はかなり落ち込み、それ以降、観光客の到着数は増加することもあれ

2 観光と持続可能な開発

ガンビアにおける観光客到着数（1995～2004年）

年	到着数	年	到着数
1995-6	72,098	2000	78,710
1996	76,814	2001	75,209
1997	84,751	2002	78,893
1998	91,106	2003	73,000
1999	96,122	2004	90,098

ば減少することもあり、方向が定まらない。実際に、下表の示す通り、2004年の国際観光客到着数は、1994年のシーズンの客数合計8万9,997人とほとんど同一である。

観光が衰退したのは、ガンビア国内の観光部門に発展が無かったということでは説明がつかない—1995年以降、宿泊施設、道路網および空港に対しかなりの投資が行われてきた。にもかかわらず、観光目的地として、ガンビアは下記の事項をはじめとする幾多の問題に直面している。

- 少数の最重要市場に大きく依存；
- 市場が冬場の太陽に限定されているが、このような市場に対するアッピールも同じように限定されている；
- 観光生産物を多様化する機会に乏しい；
- 海外旅行業者への依存；
- 地元の若者が「絡んでくる」という悪評が続いている。

しかし、同時に、観光はガンビアにおける経済成長と開発のエンジンとしては、一貫して期待に背いてきた。観光産業はGDPのおよそ12％、制度的雇用（formal employment）の2割に至るまでを占めているにもかかわらず、諸般の理由によって同国は観光のもたらす機会を活用することができなかった。観光部門が海外の旅行業者に支配されているため、同国の観光当局には開発に関する発言権がほとんど無いし、他方、観光収益のかなりの部分がこのような旅行業者の本国に送り返される。同じように、観光産業が必要とするモノは事実上全て輸入されなくてはならない。ガンビアの経済にはこのようなモノを量の面でも品質の面でも十分に生産し供給する技術、多様性および能力が欠けている。しかし、最も肝心なのは、ガンビアには観光を効果的に開発するだけの経済的・人的資源が欠けているということである。それに、売上税

と観光客到着税によって比較的多額の税収が生み出されているにもかかわらず、観光産業なりこれから先経済を支える可能性を秘めている農業のような部門へはほとんど再投資されていない。要するに、ガンビアは経済的、政治的な成熟度の低さに悩まされており、これが観光の有する開発上の潜在的な可能性を損なっている。
出所：Sharpley（2006a）。

2.6.1 観光は持続可能な開発なのか？

　上述の持続可能な観光開発の概念の有効性についての一般的疑念に加えて、観光は開発のための特別な手段であるにせよ、観光には持続可能な開発の原則と所要の過程を満たし得ないような数多くの特定分野が存在する。これは、なにがしか観光の「真実」を反映しており、その詳細な検討は他に譲るが（Sharpley 2000）、にもかかわらず、持続可能な観光開発と単なる観光を越えるもっと広汎な持続可能な開発パラダイムとの間の乖離に関わる問題点を手短に概観しておくことは、2つの理由で有用である。

1. 実際に行われている持続可能な観光プロジェクトの大部分がなぜ不可避的に観光中心の、局地的で、小規模なプロジェクトに絞られてくるのかということを説明するのになにがしか役に立つ。
2. 観光は、観光目的地域の持続可能な開発にとって有害どころか、逆に貢献し得るかも知れないし、その場合どのような形をとるのかを示す。

　前掲の表2.1に関して言えば、観光開発は持続可能な開発の根本原則を満たすこともできなければ、開発と持続可能性の目的をも満たすこともできない。

- **全体論的アプローチ**　観光開発は全てグローバルな社会・経済的、政治的および生態上の脈絡の中で考慮されるべきである。もっと簡単に言えば、観光体験を構成する全ての要素が持続可能であるべきなのだ。しかし、観光システムというものの幅が広く、同時に、観光産業が細分化され、かつ多くの部門を抱えているという特徴を有することを考えると、このようなアプローチは不可能ではないにせよ、難しい。こういった脈絡の中で特に問題となるのが、大部分の交通の手段が持続可能性に反するということである（Hoyer 2000）。定義上、観光には陸路、海路あるいは空路の旅が含まれている。空の旅のもたらす環境に対する影響（インフラ開発と航空機の放出物の双方）

は、現在、とりわけ懸念が抱かれている領域となっている。Becken と Simmons（2005）の観るところでは、特に観光産業が世界中で成長を続けており、また、長距離旅行の人気が上昇している事実を考えると、温室効果ガスの放出との絡みで観光の役割は増加するであろう。このような懸念の結果として、革新的な対案を導入した会社もある。例えば、2005 年に英国航空（British Airways）は、乗客が旅行する際に環境に与える負担に匹敵するだけの自発的寄付を行うことによってこの環境コストを帳消しにするような計画を発表したのであるが、このようなやり方によってグローバルな二酸化炭素の水準削減に努力しているプロジェクトへの投資に協力するという訳である。第二の事例は、炭素相殺会社(the Carbon Neutral Company)であって、その所有するインターネットのサイトを通じて旅行客が自分の放出した二酸化炭素量を計算した後で炭素を相殺するプロジェクトに対し寄付を行い得るというものであるが、このようなプロジェクトのいくつかは発展途上諸国に存在しており、森林プロジェクトも含まれている。しかし、このような炭素相殺運動は自発的なものに留まっており、交通手段と旅行に関連して世界中に広がっている二酸化炭素放出の抑制にはほとんど効果がない。

- **未来性**　観光産業は多様で、細分化されているのみならず、利潤を目的とする小規模の民間部門の企業から構成されている。従って、「責任を伴う」長期的な視野に立つ旅行業者や他の団体があることは事実として間違いないのだが（Mann 2000; www.responsibletravel. com）、いずれかといえば、観光目的地の長期的な持続可能な開発よりも短期的な利益に一層の関心を寄せる企業のほうが多いように思われる。
- **公正**　観光開発を行えば観光目的地がかならず観光に依存するようになる訳では決してないが、地球規模での観光産業の構造、所有、支配および国際観光の流れが地域化し分極化しているという特質から窺われるのは、観光を通じて世代間および同世代の中で公正な状況が実現される見込みに乏しいということである。換言すれば、地域社会に根ざした観光プロジェクトには多くの実例があるにせよ、観光客の流れと観光産業そのものが一般的に西側の所有するグローバルなネットワークによる圧倒的支配の下にあるのが観光システムにおける、政治絡みの経済全般の現実である（Brohman 1996b）。さらに、観光目的地なり観光先の国の中にある観光システムも、傾向として、その土地なり国のエリートの圧倒的支配下にあるので、観光のもたらす利益

を公正に分かち合う可能性は限定されている。
- **開発目的** 観光は、勿論、長い間、開発を達成するための効果的な手段であると考えられてきた。しかし、観光絡みの「開発」は、開発目的の最近の現代的解釈よりもむしろ伝統的な経済開発を意味するのが普通である。すなわち、観光が所得、外貨と雇用を生み出す重要な源泉を意味するのは、疑いの余地もない。しかし、基本的ニーズを満たすとか、自恃（self-reliance）と地域社会自体の中から生まれて来る開発といった観光を越えたもっと幅の広い（持続可能な）開発目標がどの程度観光を通じて達成され得るのか、ということははっきりしないままである。さらに、観光のもたらす利益は、通例、観光目的地の地元地域社会の中で特定の地理的な位置を占めている地域および（または）特定の部門に限定されている—この後で述べるが、いわゆる「貧しい人々のためになる観光」は、こういう困難な課題に立ち向かおうとする試みである。それだけではなく、観光目的地の観光開発管理能力が当該目的地の手の及ばないような要因によって歪められてしまうというのが、自由裁量の幅が大きく脆弱な消費形態としての観光の正に本質なのだ。こうして、観光は経済成長に貢献はするが、他方、かならずしも「開発」をもたらさない、という認識がますます深くなってきている。
- **持続可能性の目的** あらゆる持続可能な観光開発政策の基本原則は、観光の母胎となっている自然資源と社会・文化資源を保護し、強化することである。さらに、全部とは言わないまでも、大部分の観光産業各部門にはこのような政策に従わざるを得ない既存の利害関係がある。このようになるのは、健全な環境保護を行うのに心から賛同する気持ちが生ずる場合か、或いはもっと実利的な営業上の理由から生ずる場合のいずれかであろう。どちらにせよ、持続可能性の目的がどの程度達成され得るかは疑問である。資源の持続可能性は、観光産業に直接、間接にかかわって共通の目標に向かって活動している全ての部門に依存している。程度の大小はあるにせよ、異なる団体なり産業部門が環境を管理する方針を採用してきた（例えば、前述の英国航空による炭素相殺運動）。にもかかわらず、観光産業が全体としてこのような方針の必要性を受け入れるようにならなければ観光における持続可能性は達成されないであろう。

最も重要なのは、持続可能な観光開発が達成されるためには多数の前提条件が満たされること、とりわけ、観光の消費に関する新たな「社会的パラダイム」の採用（または、

もっと簡単に言ってしまえば、観光客全員が「まとも」になるか、あるいは、「責任を伴う」ようになる必要性）と現状よりももっと公正な資源の利用と開発を専らとするグローバルな政治・経済システムが現れることが必要である。この２つの問題は双方とも本書の後の方でもっと詳細に吟味することとする。もっとも、本章でこれから結論として述べる通り、持続可能な観光開発（それに、正に、もっと一般的に言って持続可能な開発）の達成へ向かって進んで行く際に立ちはだかる最大の難問は、おそらく、グローバルな政治・経済的構造とグローバル化へと向かう傾向なのであろう。

　しかし、「真の」持続可能な観光開発を実施するのが難しいのは間違いないにせよ、環境保護に役立っていると認定する制度や「環境にやさしいとエコ印をつける」(eco-labelling) ことから持続可能な観光開発の促進のためにもっと直接的に介入することまで、様々なアプローチを観光システム中にある企業や団体が取り上げてきたのを銘記しておくことは重要である。このようなアプローチは、世界中どこでも行われている訳では決してない。例えば、Fortyth（1995）が調べたところによれば、過去10年間にわたって数多くの新たな発想による運動が生まれたけれども、英国の旅行・観光産業の中で持続可能な事業や開発上の原則を遵守しようとする傾向が広く存在しているという証拠はほとんどない。にもかかわらず、このような運動を見れば、観光システム中の異なるレベルと部門の内部に持続可能な観光開発の目的を遵守しようとする気持ちがあるということが、はっきりと分かる。

2.7　持続可能な観光開発の実践

　持続可能な観光開発がどのように実践されているかを全体としてつぶさに論述することは、本章の範囲を遙かに超えるものである。行動規範、観光開発のガイドライン、持続可能な／エコツーリズムの特定プロジェクト、産業部門のイニシアティブ、NGOの活動等々数え切れない程の事例が存在する中で、プロジェクトやイニシアティブによっては、他よりも認知度の高いものがある。例えば、ジンバウエの CAMPFIRE プログラム（Communal Areas Management Programme for Indigenous Resources 共有地の固有資源管理計画）は1980年代末に始まり、現在では全国でおよそ30の地域社会を巻き込んでいるのであるが、このプログラムは観光を通じて野生生物の保護と地域社会の開発を促進した草分け的な成功プロジェクトとして良く知られている。逆に、これよりももっと規模の小さい、局地的な (local) プロジェクトの中には CAMPFIRE ほどには世間の大きな関心を惹かなかったものが多々存在する。例えば、ガンビアの Tumani Tenda エコツーリズム・キャンプは、1999年に設立され、300

人からなる一村落社会の生活を支えているのだが、国外では事実上誰も知る者がいない（Jones 2005）。

さらに、持続可能な観光開発の促進なり実施は、観光システム内部の様々に異なるレベル（国際的レベル、一国のレベル、地方のレベル）、異なる部門（民間、政府、ボランティアー部門）および多種多様な方法で行われている。同時に、様々な活動と計画・制度はお互いに関連しているかも知れない。例えば、旅行業者国際連盟（the International Federation of Tour Operators ; IFTO）は、観光産業が全体として環境にやさしい健全な慣行の採用に励むようにするために、1989年に「明日の観光賞」（*Tourism for Tomorrow awards*）を制定した。この賞についてのグローバルな認識を広めるために、1992年に英国航空がスポンサーの地位を引き継ぐことなり、その運営は2004年以降WTTC主催の下で行われている（www.tourismfortomorrow.com）。この賞の目的とするところは、WTTCの「新たな観光のための青写真」（*Blueprint for New Tourism*, WTTC 2003）に概要が述べられている持続可能な観光開発のための政策に基づいて、グローバルな観光産業の全部門を通じて最善の（持続可能性）慣行を促進することにある。こういう訳で、持続可能な観光開発が実践の上でどのように現れているのかということについて、その全貌を明らかにするのは難しい。

にもかかわらず、持続可能な観光開発の原則がどのように適用されているかをいろいろ異なる政策/イニシアティブおよび時宜に応じて観光システム内の異なる部門の視点から解明することは、本章の目的にとって有用である。多数の特定の事例が観光関係の文献に紹介されていることは論を待たないところであるが、他方、国連環境計画（UNEP）とWTOの共同刊行にかかる最近の文書（UNEP/WTO 2005）には、持続可能な観光開発関連の公の文書記録およびその他の情報源への包括的な説明と併せて、今現在の事例研究が多数採録されている。主要な活動領域については以下に論述する。

2.7.1 持続可能な観光開発のガイドライン

持続可能な開発の原則を普及させるには、開発のガイドラインの出版なり実際に行われている政策関係の文書によるのがおそらく一番普通のやり方であろう。持続可能な観光開発のためのガイドラインないし原則は、国、地域および国際的なレベルで、公的部門とボランティア部門の双方によって出版されてきた。一番はじめに出た一連のガイドラインの一つは、例えば、「世界自然基金」（the Worldwide Fund for Nature）が圧力団体である「観光への懸念」（Tourism Concern）と協力して出版したものである（Eber 1992）。他方、WTO、WTTC、その他のグローバルな機関がガ

イドラインや望ましい慣行とはどういうものかということについて述べた文書や持続可能な観光の美徳、さらに特定すれば、エコツーリズムの美徳を褒め称える他の文書を生み出してきた。勿論、このような文書は必然的に単なるガイドラインである。つまり、企業または観光目的地がこういうものを採り入れなければならないとする法律あるいはその他の手段による強制は、存在しない。これとは反対に、多くの国々—コスタリカなどがその例—で、持続可能な開発の原則と特にエコツーリズムを明示的に取り入れた観光開発政策が生み出されてきた。このような政策の皮切りの一つで、しかも相対的に知名度が高いのは、オーストラリアの全国エコツーリズム戦略（National Ecotourism strategy）であって、これは 1994 年に刊行され、その後の 2003 年に観光白書の刊行を見るのであるが、この白書では持続可能な観光をいっそう幅広く取り入れている。ここで重要なのは、この全国エコツーリズム戦略が総額 1,000 万豪ドルにのぼる無償拠出金によって支援されていることであって、この戦略に盛り込まれている政策が実際の行動に移される裏付けとなっている。特定のタイプの観光目的地（例えば、国立公園）とか農村観光のような特定の形態の観光についても持続可能な観光に関するガイドラインが作成されている（Coutryside Commission 1995）。

本書執筆の時点での最近刊文書の一つに『観光をもっと持続可能にする：政策立案者用案内（*Making Tourism More Sustainable: a guide for policy makers*, UNEP/WTO 2005）がある。この文書は 2 つの点で重要である。第一に、政策を展開し、実施するのは各国の政府であるという認識に立って、地域的（regional）あるいは国家的（national）な観光政策の立案者に特に的を絞っている。第二に、この文書は「"持続可能な観光" という用語、言い換えれば、"持続可能な開発の諸原則に基づく観光" を意味する用語は、全ての観光をもっと持続できるようにするという基本的な目的に言及しているのだということを明確にしておかなくてはならない」と述べているが（2005:11）、このように述べたことは、持続可能な観光開発に対する硬直的な「青写真的」アプローチとの決別を意味している。本文書は、さらに、持続可能な観光のための課題として 12 の目的を確認している（表 2.4）。しかし、持続可能な開発の諸目

表 2.4 持続可能な観光にとっての課題

1. 経済的に生き延びる見込みがあるか	7. 地域共同体の幸せ
2. 地元の繁栄	8. 文化的豊かさ
3. 雇用の質	9. 自然がもとのままに保全されている
4. 社会的な公正	10. 生物の多様性
5. 観光客の充足感	11. 資源の効率性
6. 地元の発言権	12. 環境に雑挾物が混じっていない

出所：UNEP/WTO 資料（2005）より作成

的を色濃く反映しているこのような課題がはたして達成可能であるかどうかは、未だに疑問である。

2.7.2　認定制度

　観光産業の中で持続可能な慣行を普及させる手段として、自発的な認定制度や、もっと特定して言えば、環境にやさしいとエコ印をつけるとか、他のやり方として特定の環境保護なり品質の基準を満たす生産物ないしサービスであることを確認するよう証明制度が人気を集めている。そのような制度は特に国のレベルで多数存在するが、国際的な認定制度としてはわずかに「緑の地球　21」（Green Globe　21）があるだけである。「緑の地球」は、元来、1994 年の WTTC において会員制と環境保護への自発的な参加に基づいたプログラムとして発足した制度であるが（www.greenglobe21.com）、次第に、持続可能な慣行のための基準を満たしているかどうかを審査し、証明するシステムに発展した。環境保護の点で改善されたかどうかは、毎年の基準達成審査を通じて検査される。また、「緑の地球」は、多数の国々に対する技術援助をも行っている。国のレベルでは、オースラリアにおいて前述の全国エコツーリズム戦略の下で資金が供与され、全国エコツーリズム認定計画（the National Ecotourism Accreditation Programme；NEAP）―現在は環境証明計画（the EcoCertification Programme）と呼称―の展開を支えることとなった。この制度の下で証明書が交付される対象は、観光生産物（例：旅行、ホテル）を提供する企業よりもむしろこのような生産物の環境保護の点での評価如何である。このような認定制度が観光産業において一層高度な環境保護基準の強化を促進していることを窺わせる証拠はあるものの、証明制度なり環境にやさしいとエコ印をつける制度が全体としてどの程度役に立っているのかは、未だに論議の的である。

2.7.3　行動規範

　行動規範（Codes of conduct）は、個人および団体の行動なり慣行に対して法規に訴えずに影響を及ぼそうと試みる手段として長い間用いられてきた。観光におけるこのような規範は数多くあり、その対象とするところは観光企業、観光客および政策立案者であって、国際機関、各国政府、NGO/ボランティア団体、あるいは、自己規制の手段とする目的で、観光産業の特定部門を代表する団体さえもが、行動規範を作成している（Mason and Mowforth 1995）。例えば、Pattulo は Minelli との共著（2006）で「観光への懸念」のために『倫理的な旅行案内』（Ethical Travel Guide）を出版した。

写真 2.2　ロシア、サンクト・ペテルブルグ：ピョートル・ポール要塞を訪れる観光客に対する注意事項（行動規範）

　行動規範は、規則を強いるのが適当ではない場合とか、それが無理な場合に活用される。しかし、このような規範を守るかどうかは、自発的な行動次第であって、規範遵守を調べるとか確保するメカニズムは何一つ存在しない。にもかかわらず、行動規範は、観光客の気持ちをもっと分別のある振る舞いをするようにしようと試みる手段として広く用いられている。もっとも、こういうことは、観光の「道徳化」(moralization)が忍び寄っている証拠だという人もいる。

2.7.4　観光産業のイニシアティブ

　議論の余地がない訳ではないにせよ、持続的な観光開発イニシアティブが最大の効果を挙げるのは、それが観光産業自体の運動として行われる場合である。換言すれば、企業の社会的責任（Corporate Social Responsibility；CSR）は、持続可能な開発一般の達成の上での極めて重要な要素であるとみなされている。観光産業にとって、これが何を意味するかと言えば、日々の営業で環境に配慮した責任を伴うやり方を採用することであり、旅行業務や他の国際的活動の場合には、観光目的地で持続可能性の問題と取り組むことである。観光産業のイニシアティブには様々なものがあることがは

っきりしている。その種類としては、個々の団体なり旅行業者が地元の地域社会なり環境保護関係のプロジェクトに観光客を巻き込むのを目的とする休暇を提供したり、地元の地域社会が運営するプロジェクトなど、膨大な数にのぼる（Mann 2000）。いろいろな企業グループを巻き込んで持続可能な観光開発に向かって努力させる計画も多々存在するが、その先駆けをなす事例として「環境第一」（ECOMOST）プロジェクトを挙げることができる。このプロジェクトは旅行業者国際連盟（IFTO）によって設立され、バレアリック諸島（訳者注：地中海南西部の群島でマジョルカ、ミノルカなど15の島からなる。スペイン領）における観光の持続可能性を強化しようとしたのである（IFTO 1994）。現在行われている運動には次のようなものがある。

- **国際観光パートナーシップ**（*The International Tourism Partnership ; ITP*）　これは、元来、1992年に発足した国際ホテル環境イニシアティブが成功を収め、それから発展したもので、現在ではプリンスオブウエールズ国際ビジネスリーダースフォーラム（the Prince of Wales International Business Leaders Forum)の一プログラムとなっている。ITPでは、航空会社、ホテル、旅行業者、NGOが一緒になって旅行と観光における持続可能な商慣行を普及させようと努めている。ITPの一プログラムとして運営されているものに「最善」(the Best）計画（Business Enterprises for Sustainable Travelの略称が"'Best'）があるが、これは企業、地元の地域社会および旅行客自身の間に持続可能性を普及させるような旅行と観光に関する斬新な慣行を発展させ、支援することを目的としている。
- **旅行業者によるイニシアティブ**（*Tour Operators' Initiatives ; TOI*）
TOIは2000年に設立された自発的な、利益を目的としない運動で、旅行業者であれば誰でもでも入会できる。この運動は、UNEP、UNESCOおよびWTOの支援の下に旅行業者によって旅行業者のために展開されたものであって、これら国際機関も正会員になっている。4つの特定活動領域、すなわち、持続可能性についての報告、観光目的地との協力、観光についてのサプライチェーン・マネジメント（supply chain management ; SCM　下記訳者注参照）および意思の疎通（communication）を眼目として、旅行業界に持続可能な観光開発の慣行を発展させ、実施させるのがその目的である。

（訳者注：複数の企業や組織の壁を超え一つのビジネスプロセスとして経営資源や情報を共有し、製品の開発から消費に至るまでの一連の機能「連鎖」―調達、製造、マ

ーケティング、物流、顧客サービス―全体の最適化を目指し、プロセスの無駄を徹底的に削減して行くこと。)

他の運動の事例の一つとして、「旅行財団 (the Travel Foundation www.thetravelfoundation.org) を挙げることができる。これは、海外旅行を扱う旅行業者と協力して観光目的地における観光の運営をもっと持続可能な内容のものにしようとする英国を本拠とする慈善団体である。そのための方法は、観光目的地の地域社会に対して観光のもたらす利益を増進するようなプロジェクトを開発する、地元の環境と文化を保護する、観光客がいろいろな体験をするように工夫することである。「責任を伴う」休日を販売するような団体も多数存在する。例えば、Responsibletravel.comは「大衆観光にうんざりした人々のための」休暇を提供するオンライン旅行代理店(www.responsibletravel.com) である。

2.7.5　ボランティア部門/NGO

持続可能な観光開発の概念およびこの概念を広めようとする努力自体が長い間多数のボランティアー団体と圧力グループの支持を受けてきた。1989年以降、ロンドンに本拠を置く「観光への懸念」(Tourism Concern) は、観光のもたらすマイナスの結果についての意識を向上させる運動を展開し、観光産業および観光目的地と協力して観光が開発の上でもっと貢献度を高めるようにしようと努めてきた。同じようなグループが他の国々で活動しているが、ドイツの「観光と開発を学ぶ会」(Studenkreis für Tourismus und　Endwicklung)はその一例である。他方において、いくつかの国々において草の根の運動が好ましくない観光開発にどの程度反対しているのかということを明らかにした調査研究も存在する (Kouis 2000)。国際的なレベルでは、「緑の地球」(Green Globe) が―厳密に言えば、旅行産業を基盤とする団体ではあるのだが―旅行産業を通じて責任感を伴う慣行を促進するNGOでもある。

2.7.6　貧しい人々のためになる観光 (Pro-poor Tourism)

観光開発に対する最近のアプローチの一つが、いわゆる貧しい人々のためになる観光である (Ashley 他　2000)。貧困削減に特定して焦点を絞っているので、貧しい人々のためになる観光は、これよりもっと幅の広い持続可能な開発の開発目的をかならずしも反映してはいない。しかし、WTOはこの2つを結びつけようとして、「持続可能な観光・貧困撲滅」(Sustainable Tourism -Eliminating Poverty；ST-EP) プログラムを打ち出した。このプログラムは、2003年に始められ、コラム1.1に掲載さ

れているような国連ミレニアム開発目標に結びつけられており、その事務局はソウルにある。貧しい人々のためになる観光の狙いは、観光目的地の地元の地域社会の最も貧しいメンバーに観光市場へのアクセスから生ずる利益を手にする機会を提供することによって、もっと公正な状況を作り出そうというのである（第5章参照）。換言すれば、貧しい人々は地元の観光部門からはじき出されていることが少なくないし、そのため、地元産の生産物を売るとか他のサービスを提供することができない。貧しい人々のためになる観光は、従って、観光部門に貧しい人々が入ってこれるように門戸を開放し、これによって極めて重要な収入の途をこのような人々に提供するのを目的としている。実際に行われている貧しい人々のためになる観光の成功例は、多々存在する（www.propoortourism.org.uk）が、観光開発において貧しい人々を特定の標的としなければならないのは、これまでの開発政策が観光のもたらす利益を公正に分かち与え得なかったということを示すものである。

　こうして、持続可能な開発の原則をいろいろ異なる方法で、また観光システム全体の中の様々異なる部門に適用しようという試みが行われていることには、疑いの余地がない。個々のイニシアティブとかプロジェクトのレベルでは観光開発における持続可能性の強化を達成する上でかなりの進歩が見られたことにも、疑いはない。しかし、観光はグローバルな活動なのだ。つまり、世界中の旅行・観光関係企業と団体の大多数が（それに、まさに観光客自身が）持続可能性の原則を採用しない限り、持続可能な観光開発は現実的な目的とはならないであろう。従って、最後に問われるべき問題は、「グローバルな政治がらみの経済の変容と特にグローバル化は、持続可能な観光開発にとってどのような意味合いを有するのか？」ということである。

2.8　持続可能な観光とグローバル化

　近年、観光とグローバル化との関係について研究者の関心がますます高まってきたが、この関心のあり方には一般的なもの（Knowels 他 2001; Wahab and Cooper 2001）と観光と開発という特定の脈絡でのもの（Bianchi 2002）の双方がある。貿易障壁が軽減されるにつれて、観光市場のグローバル化がますます進んでいる。グローバルな経済に参入したければ国境を開放しろという圧力が、各国にかかっている。多国籍企業は、これまでよりも制約が少なくなった状態で、国境を越えて活動する能力を有する。そのような存在として、多国籍企業は、その活動地として選ぶ場所、活動の態様および必要とする資源を獲得する場所において多大の力を保持している。このような事態は、持続可能性の3つのポイント（経済、環境および社会の各々に関

する持続可能性）から見て、いくつかの極めて根の深い問題を提起することとなる。Reid（2003: 3）は Van den Bor 他の著作（1997）を引用して、新たなグローバルな経済において、資本は「どこであろうと生産費用が最も低いところを、また、社会および環境上の制約が最も少ないところを」突き止める能力がある、と述べている。ある面では、国家から企業への権力の移転が行われた。発展途上諸国の各国政府は、多国籍企業を惹き付けようとしてお互いに競って優遇策を提示せざるを得ない状況に陥っているが、その理由は、こういった企業がきてくれれば、発展途上諸国の必要とする知名度と観光市場へのアクセスをもたらすからである。Bianchi（2002）の論ずるところでは、観光面での政治絡みの経済の最大の問題は、単に、観光によって所得が増加するかとか、巨大な多国籍企業がしかるべき賃金を支払うかなどということではなく、むしろ、様々な態様のグローバルな観光が権力と資源を手に入れる上での不平等をどの程度拡大するのかそれとも縮小するのかということである。第5章で論ずる公正な取引（fair trade 下記訳者注参照）とそれに関連した開発プログラムのような新たな検討領域が、内発的開発についての一般性のない特殊な事例を示しているのか、それとも観光の生産物とその売買に含まれる非対称的な構造そのものに見直しを求め始めているのかについても、Bianchi は問題を提起している（訳者注：訳者の求めに応じた原著者の解説によれば、観光の生産物、例えば、航空切符や宿泊施設のパッケージ化やその売買において少数の大規模旅行業者が一方的に優位に立つことを観光産業の「非対称的な構造」と呼んでいる由）。観光とグローバル化との複雑な関係については、次の章において詳細に探求を続けることとする。

（訳者注：fair trade は、国際貿易関係用語としては通例「公正な貿易」と訳されているようであるが、第5章に言う fair trade とは観光における「公正な取引」を意味することが明白なので、「公正な取引」を訳語とした。）

2.9 議論のための設問

1　持続可能な観光開発をめぐってなぜこんなに多くの論争が行われているのか？
2　持続可能な開発は欧米帝国主義の一形態を示すものなのだろうか？
3　新しい、生成途上の、これまでの観光に代わる別の形の観光開発は、持続可能性の度合いがもっと大きいのだろうか？
4　どのようにしたら特定の観光開発あるいは観光産業/団体をもっと持続可能性の高いものにすることができるのだろうか？

5 政府、NGO、産業および個人は持続可能な観光開発においていかなる役割を果たすのか？

2.10　さらに勉強するための参考文献

Baker, S（2006）*Sustainable Development*, London: Routledge.
　異なる社会的、政治的、経済的脈絡の中で持続可能な開発を促進するという難問をはじめとする持続可能な開発に関する優れた概観を含む。

UNEP/WTO（2006）*Making Tourism More Sustainable: A Guide for Policy Makers*, Paris/Madrid: United Nations Environment Programme/World Tourism Organizations.
　この文書は UNEP website: www.unep.org　からダウンロードできるが、観光開発を通じて持続可能性を達成するための適切な政策と過程についての包括的且つ現代的な論評を内容とする。本文の補足として「現在進行中の」（in action）持続可能な観光についての深く掘り下げた事例研究が多数ある。

2.10.1　ウエブサイト

Part of the International Business Leaders' Forum
　これは主だった旅行・観光関係企業のパートナーシップ。当該産業に対し旅行と観光においてもっと責任を伴う慣行を達成するための知識と能力を提供。www.sustainabletravel.org

The Tour Operators' Initiative
　旅行業者の国際的ネットワークで、UNWTOの支援を受けており、観光のもたらすマイナスの影響を最小限に食い止め、持続可能な開発を鼓舞する手段を開発し、促進する。www.toinitiative.org

Tourism for Tomorrow Awards
　毎年授与される賞の詳細　www.tourismfortomorrow.com

3 グローバル化と観光

3.1 学習の目標

本章を読み終えると、諸君は以下のことができるようになるはずである：
● グローバル化が観光開発に与える影響を理解する；
● 観光開発における多国籍観光企業の力を確認する；
● 観光とグローバル化の経済的、政治的そして文化的な側面に馴染む；
● 政治的影響を受けた観光経済とそのグローバル化とのつながりを認識する。

　観光は、グローバル化を促進する極めて明確な担い手となっており、そこには多国籍観光企業が介在していて、世界中を動き回ってカネ、様々な価値観そして消費のパターンを持ち運ぶ人々に対しサービスを提供している。グローバル化とは、貿易、金融、通信、情報そして文化といった広範かつ様々な分野で、またグローバルなレベルにおいて、ますます一体化が進んで行くことを意味している。運輸や情報技術の進歩に促進されて、グローバル化は時空の短縮につながり、そこでは人と物、そして情報がより長い距離を移動しつつ、より短い時間で政治的境界を越えて行くのである。グローバル化は「国家をまたぐ」プロセスであり、それは単に国境を越えるだけでなく、あたかも国境が存在しないかのごとく作用する（Taylor 他 2002）。企業は国民国家に種々の難問を突きつけながら、国際的な規模でビジネスを行う。こうした地球的規模で起こっている相互作用によって、経済、文化、政治そして環境の面で色々な影響が出てくるのである。

　グローバル化という用語には賛否両論があって、議論の多い言葉である。人によっては、貿易の自由化と国境の開放は経済成長を促進すると主張し、他の人々は、グローバル化は貧富の格差を広げ、結果として国家的なアイデンティティや文化を喪失させて支配権も失わせると主張する。観光開発のディレンマとは、開発の担い手として観光を推進しようとする国々が、極めて競争の激しいグローバルな市場に参加しなければならないということを意味する。だがそこでは、グローバル化の過程は均一に広

がっておらず、複雑で不安定なものとなっているのである（Momsen 2004）。

　グローバル化と観光は様々な次元で相互に作用し合うが、それは発展途上国において、大衆観光のパック休暇をとる以下のような観光客の例にも示されている。ここで留意しておくべき重要な要素は、観光に関係したグローバル化の中で生じてくる力と支配の問題である。例えば、ある人が観光客として、格安航空やチャーター便により、発展途上国での全費用込みのビーチリゾート型の2週間休暇に出発すると仮定する。その人は、おそらく、先進国に本拠地を置いて多国籍観光業者のために休暇パックを販売している旅行代理店を通じて予約するであろう。あるいは、インターネットを通じて自分で予約することもあろう。こうした旅行代理店にしても個々の観光客にしても、ダイナミックで進化しつつある世界的規模の販売チャネルに接続するために、インターネットを使うことになろう。観光客が選ぶ旅行会社は、縦の結びつきを持っているものが一般的であり、その旅行会社は、航空会社、旅行代理店そしてホテルとの間で戦略的な連携を自ら形成しているか、あるいはその連携に参加している。

　従って、個人が休暇のために自国で支払うカネのほとんどは、休暇先には落ちないことになる。宿泊は恐らく知名度の高いブランド名を持った多国籍ホテルに予約され、そこで観光客が受ける印象は、自国で慣れ親しんでいるサービスや食べ物といった、一定の規格化した成果物が提供されているという印象である。ホテル内では、インターネットは駆使できるし、BBCの世界サービスやCNNインターナショナルなどのチャネルで世界のニュース報道を楽しむことができる。ホテルの外の買い物や食事も、国際的にも知られたブランド・ショップやレストランで当然行われるであろう。旅行先に滞在している間、観光客はほとんどの支払いをクレジットカードで済ませるが、そのカードも個人決済を世界的に支配している少数の多国籍企業が発行したものだ（Sklair 1995）。また、グローバルな銀行取引を通じて、ホテルはその利益を発展途上国の国外に送金できるし、国際的な宅配サービスを利用することによってホテルのコック長は、世界のいかなるところからでも食材を輸入できる。そうしたコック長も恐らくは先進国の人間であろう。

　このように不平等な力関係の中で発展途上国は、彼らの観光地の売り込み、ホテルの建設及び（または）運営、観光客のその国への航空機利用といった面、つまりは政治的影響を受けた観光経済の面で、しばしば多国籍企業の意のままになってしまうのである。観光産業のグローバル化はお客がカネを運んでくるのを促進し、多くの利点があるかも知れない。だが同時に、当該地域が急速に世界との接触に引き込まれていくという心配すべきことも多々ある。労働力の構成に変化が生ずるにつれて、文化や宗教、家族についての価値観といった面で衝突が起こり、争いが発生することにな

る（Wall and Mathieson 2006）。これまで女性がしばしば家事補助者とか、あるいはセックス観光産業の一部として、好ましい異国情緒のある「別の世界の人々（The other）」と描かれているところでは、性差による不平等さはさらに強化されてしまうとも論じられてきた（Monsen 2004）。これらの影響は第7章でさらに詳しく議論されよう。

　旅行会社の力はひとえに、観光の目的地を変更できる能力にある。もし観光目的地にあるホテルが観光客及び旅行業者の要求を満たさないとなると、旅行業者は、現実問題として、彼らのビジネスをどこか他の場所に移していまうかも知れず、その結果、ホテル側は空き室を埋めるためにしのぎを削ることになろう。観光はきわめて競争の激しい産業であり、旅行業者は利潤を上げなければならない。グローバル化の負の側面をすべて観光のせいにすることができないことは明らかであるが、観光がグローバル化のプロセスの一部になっているのも確かである。持続可能性という枠組みの中で、開発のディレンマのひとつは、観光地の開発上のニーズに配慮がなされながら、観光産業が今後いかに経営を行っていけるかということであり、また多国籍企業の力がその目的のためにどのように使われるか、ということである。

　本章の目的は、観光とグローバル化との関係の概要を説明することである。まずはグローバル化の性格を吟味し、またより大きく世界的規模で相互のつながりを推し進めているプロセスをいくつか確認していく。Hall（2005）が示唆するように、グローバル化は大きく波及して行く考え方であって、それは現代の文化とかアイデンティティ、ガバナンスそして経済といったものの、ほとんど全ての側面を包含する。グローバル化はかなり複雑かつ論争の多い問題で、人によっては、その利益はもっぱら先進国の多国籍企業に帰属してしまうと主張する。しかしながら、多くの場合、発展途上国にとっては、グローバル経済に参画する以外の道は限られており、発展途上国の多くの政府は多国籍企業を歓迎しているのである。Allen（1995）はグローバル化を研究するに際しては、経済、政治そして社会という3つの大きな要素の存在を示唆しており、本章はこれら3つの分野の各々において観光とグローバル化との関係を取り上げていく。

3.2　グローバル化の過程（processes）

　グローバル化とは、物や商品、情報や通信、生産物やサービス、そして人々との関係で、それらの移動性が境界を越えてますます増大していくことにかかわっている（Robin 1997）。グローバル化の過程は多くの趨勢（trends）によって促進されてきた。

それらの趨勢には、市場の自由化の進展や貿易、外国投資、民営化、金融の規制緩和、急速な技術変化、自動化、運輸や通信における変化、規格の平準化そして移民といったものが含まれる (Bianchi 2002; Momsen 2004; Weinstein 2005)。Scholte (2005) は、国境を超える空間を出現させ拡大させた4つの力として、グローバル化を促進している合理主義,資本主義,技術革新そして規制に焦点を当てた。Harvey (1989)は、時空の圧縮という概念を創り出した。それによれば、科学技術、運輸そして通信の進歩は生活のペースを早め、空間的な障壁を乗り越えてしまい、そこでは世界が内部に向かって内部崩壊しているように思える。運輸という点では、エアバスは最近、定員555人分もの座席数をもった2階建て航空機であるエアバスA380のテストを行った。低料金で余計なサービスを省いた航空会社、例えば欧州のEasyJetとかRyanairなどの台頭により、短距離飛行を運営するための副次的な空港の開設はかなり成功してきた。

　一例としてEasyJetの場合は、北アフリカにあるモロッコのマラケッシュへの路線と並んで、東ヨーロッパへの路線を開設している。カナダでは、WestJetがバハマのナッソーへ飛んでいる。低料金航空の成功の鍵は、安い運賃とインターネット予約(彼らの営業の90%)、短い折り返し時間、高頻度の航空機使用、ペーパーレスによる切符の配送である (Leinbach and Bowen 2004)。格安の航空切符、ホテル宿泊、レンタカーを販売するインターネットサイトは急速に成長してきた。それによって、データ伝達の概念は新たな革新を遂げ、拡大したが、それはさらに、1980年代の空の旅の中でコンピュータ予約システムによる革命をもたらすことを可能にしたのである (Leinbach and Bowen 2004)。

　24時間の世界ニュースメディアは、世界中のニュースを処理したり取りまとめて、IP(インターネット・プロトコール)ネットワーク、ケーブル、ファイバーおよび衛星や携帯電話を通じて、視聴者に配信する (Rain and Brooker-Gross 2004)。科学技術の複雑性を説く上でWilbanks (2004;7)が示唆するところによれば、科学技術によって、「権力や支配力を発揮するための多くの仕組みが強化されており、その中にはグローバル化が及ぶ範囲をさらに大きく押し広げることから始まり、地元の人たちの能力開発のための新たな機会を作ることまで含まれている」。

　現在のメディア時代の中で、われわれも家庭の中や職場、そして戸外において、映画による製品の紹介や戸外広告、長距離ジェットの乗客用にまとめられたネットワーク・ニュースなど、商業的な情報メッセージによって常に取り囲まれている (Rain and Brooker-Gross 2004)。科学技術の進歩を通じてわれわれが受け取る情報によって、われわれは新しい観光目的地や旅行の生産物に気づくだけでなく、自然災害、戦

争、健康上の問題、テロ攻撃というような、むしろわれわれを観光地から遠ざけるようなものについても知ることになる。例えば、2005年10月にハリケーン・ウイルマ（Wilma）がメキシコのカンクーンのリゾート地域を襲った時は、その情景がインターネットやニュースによって急速に伝わり、その地域へ旅行を行う可能性のあった観光客に警告を与えた。観光におけるこのような簡単な事例からでも、われわれの世界がますます結びつきを強めていることの意味がどういうことかが分かる。

グローバル化の過程においては、生産と消費の手段にも変化が見られる。工業生産システムの中では、フォード型生産からポスト・フォード型生産へ、つまり1970年代に始まった弾力的特化（flexible specialization）としても知られている形態へ変化したと言われている（Harvey 1989）。フォード型生産は、規格が統一された製品の大量生産を特徴とし、規模の経済を重視している。観光との関連では、フォード型生産は規格化された大衆用のパック旅行を見れば明らかであり、そこでは、観光産業が、多人数の大衆向けに販売するように決めた観光商品の質やタイプが典型的な例である（Ioanides and Debbage 1998; Nowforth and Munt 2003）。

フォード型生産の痕跡は、観光産業でも依然としてはっきりと認められるが（しかも多くの観光目的地では、それが開発の主要な形態でもある）、この産業の中には、ポスト・フォード型生産の趨勢に特徴的な、より弾力的な生産システムを採用している証左もある。ポスト・フォード型生産の狙いは、（規模の経済ではなく）多様性の経済（economies of scope 訳者注：製品の種類を増加し、経営を多角化することによって企業収益を増大すること）、あるいはネットワークに基礎を置く経済や生産物の高度な多様化にあるのであって、それは特殊な高級趣向の客相手のニッチ市場（niche market）をターゲットにして、特定の商品を少量ずつ生産することに特化している（Ionnides and Debbage 1998）。

観光では、専門化した旅行業者が、より独立心があって経験豊富な観光客のために、ニッチ市場のマーケッティングによって客の要望にあわせた休暇の企画を提供するという傾向があった。そこでは情報技術、統合化、ネットワークそして戦略的な提携に、より一層依存している。生産が変化したように、消費も変化している。Urry（1990）がポスト・フォード型消費の特徴の概要をやや詳細に説明しているように、そこでは消費が生産を支配している。つまり：

- 以前より高い限度額の購入や借り入れを容認する新しい形の消費者クレジットがある。
- 生活のほとんどの側面は商品化されている。

- 市場を構成している個々の区分ごとに、購入パターンの違いが大きくなっている。
- 消費者の好みが、より不確定になっている。
- 消費者の間に、「大衆」に組み入れられることへの抵抗があり、そのため生産者が消費者の要望に応ずる必要がある。

　消費におけるこうした変化は、Poon（1989）により「古い観光」から「新しい観光」への変化と位置づけられたが、「古い観光」とは規格化された大衆向けのパック休暇の形態のことであり、「新しい観光」とは、多くの場合、より経験豊富な旅行者を内容とした特定のグループをターゲットにして、弾力的で顧客の個人的注文に応じた休暇に基礎を置くものである。観光客によっては大衆観光用の観光地を避けようとするので、生産と消費に生じたこのような変化のために、観光客は地球の果てまで案内されることにもなる。何人かの研究者（Harvey 1989, Urry 1990, Uriely 1997; Mowforth and Munt 2003）は、前述のような変化をモダニズムからポスト・モダニズムへの変化に結びつけている。後者には「境界」を解消させるということが含まれているが、それは「単に高い文化と低い文化の間の境界だけでなく、異なる文化形態の間の境界、例えば、観光、芸術、教育、写真、テレビ、音楽、スポーツ、買い物および建築といったものの間の境界」でもある（Urry 1990: 83）。それは障壁を打ち壊すことであり、他の方法や異なる見方を受け入れることであって、大衆用の観光パックから顧客の要求にあわせた観光へ移行していくということである。Uriely（1997）が指摘するところによれば、小規模で専門化した旅行代理店、郷愁追求型の観光や遺跡観光といったものの人気の拡大、並びに自然志向型の観光や疑似的な環境観光の増加といった傾向には、ポスト・モダン観光というラベルが貼られている。

　生産と消費の手段がより弾力的で顧客の要求に合わせたものに変わりつつあるので（第6章参照）、旅行会社は、生産過程の一部を他の会社に外注しているが、このような会社は時には異なった国々に所在することもある。生産過程の変化は、Torres（2002）がカンクーンで見出したように、観光地によってかならずしも同一ではない。彼女はカンクーンで、フォード型とポスト・フォード型の両方の要素を見出している。それらの要素は、大衆観光、「新フォード型」そして「大衆仕様」（mass customization）のそれぞれの「微妙な違い」に現れている。これらの要素は、グローバル化が持つ複雑な機能的側面の例を示しているのかも知れないが、グローバル化を推し進めている中心的要素である政策、政治そして貿易といった領域もまた存在するのだ。

グローバル化は新しいものではない。過去の歴史を通じて、地球規模の経済統合の波は強くなったり弱くなったりしながら続いてきた（Dollar 2005）。経済統合の最近の波では、一次産品輸出から加工品の輸出へ変化するという国際貿易の性質に劇的な変化が生じ、それとともに、観光やソフトウエアを含むサービス輸出も大きく増加した。グローバル化の重要な要素の一つは、国家経済を世界市場に開放する市場の自由化によって生じる効果である（McMichael 2004）。市場の自由化への移行は Dollar（2005）のコメントの中で明らかにされている。彼のコメントとは、統合の水準を高度化することが一部には意図的な政策変化を通じて推進されてきており、そこでは（人口で計測した）発展途上世界の大部分が、内向きからより外向きの戦略に移ってきていて、それが貿易統合の大幅な増加にも反映されているということである。現実に、いくつかの例では、途上国の企業が、国境を越えて経営を拡大してきており、それはグローバル化の所産と言われている（*The Economist* 2007）。

観光との関連では、ロシアの航空会社であるアエロフロートは、イタリアを代表する航空会社であるアリタリアの企業支配権を求めて主要な入札者の一つとなっている（*The Economist* 2007）。格安航空会社の中には、近隣の国に事業展開しようとしているものもある。タイに拠点を置く One-To-Go は、例えば、カンボジア、シンガポール、マレイシア、バリ、バングラデシュにフライトを開設しようとしている（Global Travel Industry News 2007）。McMichael（2004）の指摘によれば、関税の引き下げ、輸出振興、金融の規制緩和、外国投資の緩和といった政策を通じて、国の発展の中での社会的目標の位置づけが引き下げられる一方で、世界市場への参加の度合いが高められたりすることも、自由化に伴って起こることである。

3.2.1　ブレトンウッズ会議の影響

積極的にか否かは別として、グローバルな市場に参画しようとした国家の経済には変化が生じてきたが、それに加えて、世界貿易を管理し、国家に借款を供与する世界的な金融機関も台頭して、それらの機関もまた、市場の自由化やグローバル化を促進している（McMichael 2004）。

主要な機関や規制の枠組みの多くは、第二次大戦後にブレトンウッズ会議（Bretton Woods meetings）から生み出されてきた。それら機関はブレトンウッズ機構と称されることもあるが（1944年7月1日から22日まで45カ国の代表が会合を開いた米国ニューハンプシャー州のスキーリゾートにちなんで命名されたもの。訳者注：国際的な通貨・金融や開発問題の処理について協議する会議）、それには国際通貨基金（IMF）、世界銀行グループの機関である国際復興開発銀行（IBRD）が含まれている。

その後開かれた会合によって、1947年にジュネーブで署名された「関税および貿易に関する一般協定（GATT）」が生まれた。GATTは貿易を促進し、保護主義を防止するための「ラウンド」交渉によって誕生した多国間条約である（Roberts 2002）。世界貿易機関（World Trade Organization）は、GATTウルグァイ・ラウンドの結果、1995年1月に設置された。世界貿易機関はしばしばGATTの後継機関と見られ、2005年には149カ国が加盟国になっていた。世界貿易機関は、条約とは異なり独立の裁判権を有し、その規則を加盟国に強制する力を持っている。世界貿易機関は、国境を越えた物品、カネおよび生産設備の移動に関し規則を作ることができ、それによって各国がそのような移動に対して差別を加えるような法律を制定したり、そうした政策を実施するのを制限する（McMichael 2004）。世界貿易機関は、会合後には閣僚レベル宣言を発表するが、2001年のドーハ宣言では、「国際貿易は経済開発の促進と貧困の軽減のために主要な役割を果たすことができる。われらすべての人々が、多国間貿易制度によって創り出される機会や福祉面の利益の拡大から受益する必要があると、われわれは認める」と唱っている（世界貿易機関2001）。

　世界貿易機関は、「サービス分野の貿易に関する一般協定」（General Agreement on Trade in Services; GATS）も管轄下に置いているが、このGATSには「観光・旅行関連のサービス」というカテゴリーの下に観光が含まれている。GATSの狙いは、サービス分野の貿易を自由化することであり、それによって加盟国は、外国人が所有する会社に対し、当該加盟国の市場に自由にアクセスできるよう認めなければならず、しかもその際、国内会社を優遇させてはならないのである（Scheyvens 2002）。これによって、経済力に勝る外国人所有の会社は、小規模国内会社に対して有利な立場に立つことが可能となるであろう。

3.2.2　グローバル化と構造調整

　1980年代と1990年代には、世界銀行や国際通貨基金などの国際的融資機関が構造調整プログラム（Structural Adjustment Programmes; SAPs）を打ち出したが、その中で、それら機関が対途上国融資を行う際に、多く案件で要求した条件の一つにもなったのが、市場の自由化拡大へ転換することであった。これらの融資条件にはさらに、借り入れ国の政府が自国の経済構造や政治にかかわる政策を世界貿易に対していっそう開放する、また経済に対する政府介入の規模や水準を引き下げるよう調整する、といった点も含まれていた。これらの融資に関するもっと最近の傾向として、貧困の削減を中心課題とすると共に、国家の実効性やグッド・ガバナンス（良い統治good governance）（McMichael 2004）といった条件が含まれるようになってきてい

る（McMichael 2004）。

　1999年にIMFと世銀は、SAPsのフォローアップとして、「貧困削減戦略ペーパー（Poverty Reduction Strategy Papers; PRSPs）」を公表した（Mowforth and Munt 2003）。PRSPsとは、各国政府や援助機関を巻き込む参加型のプロセスであり、その中でそれら政府や機関が「すそ野の広い成長を促進し、貧困を軽減するために、国家が数年間にわたって追求するマクロ経済的、構造的、および社会的な政策やプログラム」の計画作りを行うと共に「国外からの資金手当のニーズや関連の資金源」をよく検討するものである（IMF 2006）。そのプログラムの目的は、開発を「国連ミレニアム開発目標」の線にさらに沿ったものとすることである（第1章参照）。観光は多くの発展途上国のPRSPsの中で採用されてきたが、それら諸国には、バングラデシュ、中央アフリカ共和国、シエラレオーネおよびギニアといったかならずしも観光と関係が深くない国も含まれている（PPT 2004）（第4章参照）。しかしながら、MowforthとMunt（2003）は、PRSPsとは実際上は貧困削減についての言及を加えたSAPsの変形だとの批判がある、と述べている。これらのプログラムは、国の社会福祉プログラムの減少をはじめとして、国家権力を弱体化するものであったと批判されてきた。

3.2.3　経済貿易ブロック

　経済の統合は、より地域的なレベルでも見られ、それは自由貿易圏、経済同盟あるいは経済パートナーシップといった形態をとる。実例として、北米自由貿易協定（NAFTA）や欧州連合（European Union）がある。この両者の内容となっているのは、発展途上経済ないし体制移行経済による先進国経済への統合である。その他の例としては、東南アジア諸国連合（ASEAN）、メルコスール（Mercosur、南米南部共同市場）、南部アフリカ開発共同体（SADCC）、そしてシンガポール、インドネシア、マレイシアの「成長の三角地帯」（Growth Triangle）がある。この「成長の三角地帯」の中で、インドネシアのビンタン（シンガポールからフェリーで55分）にあるリゾートには、7つのホテル、4つのゴルフコース、5つのスパが備わっている（Bintan Resorts 2006）。このように統合経済への移行が進んでいるということは、国家、地域および都市のいずれにおいても、経済的、社会的な福祉が、生産、貿易および消費のシステムが規模の面でも領域の面でもグローバル化してきた複雑な相互作用にますます深く依存していることを示している（Knox他 2003）。次項では、観光とグローバル化の経済的側面を取り上げることとする。

3.3 観光とグローバル化の経済的側面

　Hoogvelt（1997）は、経済のグローバル化には3つの重要な特徴があると示唆し、それらは観光にはっきり表れていると述べている。その第一の特徴は、グローバル市場の規律が存在することであり、それにより個人、グループそして国家の政府は、グローバルな競争に直面して価格や品質の面で国際的な基準を遵守しなければならないのである。

　第二は、世界に広がった情報通信網を通ずる柔軟な積み重ねである。企業は、短期的には（しばしば電子的な管理によって）、ネットワークや世界的な情報通信網を通じて、生産活動やサービスが行われる場所を組織化するが、そこでは供給者を自ら所有するより、むしろ彼らを独立した責任者として扱う。但し、その支配権は依然として親会社が握っている。一つの例として、サービスおよび（または）生産は、世界の中で（労働力も含め）生産コストが最も廉価なところに外注契約が行われる。このような外注契約制度によって、親会社はリスクをできる限り外に出してしまうのである（Bianchi 2002）。

　第三の重要な特徴は、金融的な深化である。このことは、資金が国境を越えて迅速に動くこと、また利益は資金の回転によって拡大的に創り出されるという事実に関係している。Scholte（2000）が示したように、資金の移動は規則（regulation）によって促進されてきた。Scholte（2000:105）は、次のような方法によってグローバル化が促進されてきたと述べている：

- 技術的、手続き的な規格化；
- 資金、投資、物品、サービス（但し、労働力ではない）の国境を越えた移動の自由化；
- グローバルな資本に対する財産権の保証；
- グローバルな組織と活動の合法化。

　これら規則の中には、国によって自由に制定されたものもいくつかあるが、一定の状況下では、各国は様々な筋からその実施について圧力を受けている（Scholte（2000）。Prasad 他（2003）は、金融のグローバル化と発展途上国の成長との関係を調べた。原則として、金融のグローバル化は、国内貯蓄の増加、資本コストの減少、先進国からの技術移転および国内における金融部門の発達を通じて、経済成長の決定要因に影響し得る。

間接的には、より優れたリスク管理によって生産の特化が進んだり、グローバル化の競争圧力によって誘発されるマクロ経済的な政策や制度の改善を通じて、グローバル化の利益を感じられるであろう（Prasad 他 2003）。金融の分野で開放度が相対的に高い発展途上経済における一人当たりの平均所得は、それより開放度の低い途上国より、いっそう高い率で成長する。しかし、その間に因果関係があるか否かについては依然として疑問がある（Prasad 他 2003）。Prasad 他（2003）が強調しているところによれば、ガバナンスや法の支配といった他の要素を理解することは重要であるが、それだけでなく、資本勘定の自由化を行っている国々の中には、大きな犠牲を払った金融危機とか通貨危機に関連して、生産崩壊を経験した国があることを認めることも重要である（例；1997年のアジア金融危機）。

多国籍観光企業は政治的な国境を越えて利益追求を行うが、その推進力となるのは、賃金も含めた休暇旅行の生産価格であることが少なくない。ホテル予約などのサービスは外注契約に出され、資金なり利益は国から国へと移動して金融市場に投資される。Costa と Buhalis（2006）は、観光産業の将来のトレンドについてコメントしている中で、市場の急速な自由化と規制緩和は熾烈な競争をもたらすであろうが、それは供給される生産物の価格だけではなく、その品質や特徴にもよる、と述べている。カリブ海の日光の多い温暖な休暇先を求める観光客は、それがいくらかかるかによって意志決定をすることが多い。

観光業がますます競争的になり、グローバル化するという考え方については、Mowforth と Munt（2003:12）もコメントしているが、その中で、「グローバル化というのは、電気通信、金融そして運輸の分野で生じた革命をうまく利用することに関係しており、それら全ての分野は観光の"グローバル化"にも役立ってきた」と述べている。このような革命を支配したり、それに参加できる者は利益を得るし、そうでない者は取り残されることになる（グローバル化とカンクーンについての議論はコラム 3.1 参照）。

コラム 3.1　グローバル化とメキシコのカンクーン（Cancún）

カンクーンは、ユカタン半島の北端にある 14 マイルの長さの島に作られ、約 2 万 6 千戸の宿泊ユニットを備えた大規模な総合リゾート施設である。それはメキシコ政府と米州開発銀行（Inter-American Development Bank）によって資金手当がなされ、メキシコシティのような伝統的な都市センターの外に新しく雇用を創出するため、沼

地、湿地さらにジャングルといった地帯に地域開発プロジェクトとして建設された。メキシコ政府が開発の初期段階で、投資家に対して規制面や税制面での主な優遇措置を認め、カンクーンは今や急速に都会化したリゾートになった。多くの国際ホテルチェーンが進出し、米国、カナダ、イタリア、スペインといった国々からの外国投資が行われている。その他のチェーン店、例えばピザハット、マクドナルド、サブウエイ、KFC、TGIフライディ、アウトバック、ウオールマートのような店も進出している。

　Cooper（2003）は、そこでは熾烈な競争があったと指摘しており、特にスペイン系ホテルチェーンは、競争を何とか勝ち抜いていくために、ホテルの宿泊料金を大胆に引き下げ、コスト削減を図ったと述べている。そこで提示された料金は、飛行機代、食事・チップのすべてを含む豪華ホテルでの宿泊代など、全部をひっくるめて50~60米ドルというものであったが、それは市場のピーク時の半額以下という料金だった。一括込みの値段というやり方は、チップに依存している従業員の収入を大幅に減少させた。他のホテルも自分たちの値段を引き下げざるを得ず、そうすると地元の供給業者が支払いをしてもらえない状況になっている。「低賃金、不安定な市場、人種差別、高い生計費、そしてみすぼらしい住宅は、カンクーンへの移住希望者が目の当たりにした実態の一部である」(Hiernaux-Nicolas 1999:139)。

　周辺の地域社会が労働者を居住させるために作った当初のインフラは、人口が約50万人に成長したため、限界をゆうに超えてしまった。ホテルや建築の場で仕事を探しに移ってきた移住者は貧困層の町を作った。環境破壊、地下水の汚染、政治的な腐敗といった点に関する懸念もある（Cooper 2003）。この地域は確かに2005年10月のハリケーン・ウイルマにより大きな被害を被った。それでも、復旧工事は未だに進行中である。リゾートとして計画され建設されたものが、都会化したセンターに変身しており、今や値段だけがすべて、というグローバルな競争の力にさらされている。

出所：Hiermaux-Nicolas（2003）：Cooper（2003）

　企業がグローバル化した市場にその身を置くようになるにつれ、観光市場に二重性が生まれた、とPapatheodorou（2006）が指摘している。多数の小規模生産者が（競争の周辺部分に）存在し、彼らは少数の強力な多国籍企業と共存している。これらの強力な会社の規模が重要であるのは、多様性の経済や規模の経済の観点からそうであり、また資産を特定化したり撤退を困難にさせることによって市場への参出入に障壁を設けるといった観点からも、規模が重要なのである（Papateodorou 2006）。観光産業に見られる拡大と集中は、反競争的慣行と軌を一にしており、懸念材料となって

いる（Papatheodorou 2006）。観光産業における趨勢を説明するため、この産業の中のいくつかの部門について、以下、簡単に検討することとする。

3.3.1 航空会社とクルーズ船

　航空会社については、市場経済が出現し、それに続いて競争が航空政策の立案の前面に出てきたことによって、大幅な規制緩和が行われてきた（Papatheodorou 2006）。公的支出を削減したり、運営上の効率化を奨励するために、国営航空を民営化する政府がますます増えてきた（Graham 2006）。規制緩和の傾向は1978年に米国の国内航空で始まり、類似の傾向が二国間あるいは多国間協定を通じて世界中に生まれた（Graham 2006;Papatheodorou 2006）。規制緩和の中で一つの大きな進展は、格安航空会社の台頭であり、このことは新しいモメンタムとなって、価格戦争の引き金を引くことになった（Papatheodorou 2006）。

　運輸部門の多くに見られるように、規模経済の中で重視されるコスト削減やマーケティングの面での有利性、技術発展の機会をもたらす集中あるいは水平的統合といった傾向も生じてきた。（Graham 2006）。こうした例の一つとして、大規模な航空会社が、他の航空会社と戦略的な提携関係を結ぶことにより、自社のネットワークをうまく利用できるということがある。表3.1は、世界最大の航空連合のうち、スターアライアンス、ワンワールドおよびスカイチームという3つの連合の加盟会社をリストアップしたものである。最大のスターアライアンスには、18の航空会社が加盟しており、152カ国において842の空港で運航し、2,800機の航空機を有する。それはまた年間4億2,500万人の乗客を運び、36万人の職員を雇用している（Star Alliance 2006）。このような連合組織には、乗客が小規模ないし割安な航空会社ではなく、むしろグローバルなネットワークを持った航空会社を利用しようという気にさせる「常連顧客プログラム（Frequent Flyer Programmes）」がある。こうしたプログラムは、以上のような提携関係によって、新規の航空会社の参入が不可能となるような要塞的なハブ空港が作り出されていることを示唆している（Papatheodorou 2006）。類似の流れとして、クルーズ船産業でもグローバル化が見られる。

表 3.1　スターアライアンス、ワンワールドおよびスカイチームの加盟航空会社、2006年

スターアライアンス	ワンワールド	スカイチーム
Air Canada	American Airlines	Aeroflot
Air New Zealand	British Airways	Aero Mexico
ANA	Cathy Pacific	Air France
Asiana Airlines	Finnair	KLM Royal Dutch Airlines
Austrian	Iberia	Alitalia
Bmi	LAN	Continental Airlines
Lot Polish Airlines	Qantas	CSA Czech Airlines
Lufthansa	AerLingus （2007年に脱退予定）	Delta
Scandinavian Airlines		KoreanAir
Singapore Airlines	2007年に新規加盟予定	Northwest Airlines
South African Airlines	Japan Airlines	
Spanair	Malév	
Swiss	Royal Jordanian	
TAP Portugal		
Thai		
United		
US Airways		
Varig		

コラム 3.2　グローバル化とクルーズ船産業

　Wood（2004）は、クルーズ船産業についての分析の中で、新自由主義的なグローバル化が成熟の段階に達したことをこの産業が表している、と論じている。これは成長産業であり、カリブ海地域については、クルーズ船の市場占有率が陸上の滞在型観光の比率を上回るだろうとの予測がある。カリブ海をクルーズしている船で、カリブ海地域の人々が所有している船は存在しない。カーニバル社は、2003年にプリンス・クルーズラインを手に入れたが、同社とロイヤル・カリビアン・インターナショナル社を合わせると、カリブ海の乗客定員の78.7%を占めている。両社とも南フロリダに本拠を置いているが、カーニバル社はパナマで登録され、ロイヤル・カリビアン社はリベリアで登録されている。これは便宜置籍船（flags of convenience）と呼ばれてきた。国際海事法のもとでは、労働、環境、保健および安全に関する法律は、そ

の船が掲げる国旗の国の法律が適用される。環境汚染の違反のような問題に対して法の執行や納付金を最小限におさえることを表明している国は、「便宜置籍船国」(flags of convenience states) として知られている (Wood 2004)。この便宜置籍船の制度と公海上を随時運航するということによって、この産業には陸上での操業よりも大きな柔軟性が与えられている。

　グローバル化の一つの側面はコストを最少にすることであるが、クルーズ会社の労働政策は批判を浴びてきた。これらの会社は世界中から労働者をリクルートし、カリブ海地域での一般的な賃金のほんの一部に相当する金額しか払わない。船舶は定住拠点を持たないために、その日程の中で寄港地を追加するのも取り除くのも自由である。カリブ海の島々は、低額の港湾利用者料金を提示して船を引きつけようとして、競争させられる。クルーズ船が観光目的地に与える経済的な影響については議論があり、またクルーズ船の乗客が一度訪れた島を、滞在客として再び訪れるような気にさせられるか否かについても議論がある。船舶は大きくなり続けており、港はそれを受け入れるために設備を作り替えなければならない。珊瑚礁が錨によって傷つけられるとか、海上への不法投棄の例、数千のクルーズ船観光客が寄港地に数時間立ち寄ることによって、クルーズ船が環境面に与える影響についても懸念が表明されてきた。しかしWood　が指摘するところによれば、カリブ海地域の政府間組織が世銀や欧州連合 (EU) から得てきたクルーズ船対策に関する援助は、いくつかのNGOが環境面や労働者の問題に関して払ってきた努力と同様に、今後期待が持てる進展だとされている。

出所：Wood (2004)

3.3.2　宿泊施設、旅行業者そしてレストラン

　国境を越えて水平的および垂直的な経営統合を行っている会社の一例として、Accor Groupがある。この会社はヨーロッパに本拠をおき、観光産業の中で最大の会社の一つである。割安タイプのホテルから上級ランクのサービスを提供するホテルまで、世界中で4,000近くのホテルを運営している。会社の資産にはレストラン、カジノ、旅行エージェントも含まれており、様々な法人サービスも提供している (Accor 2006)。会社の資産にふくまれているホテルには、Sofitel (上級)、Novotel、Mecureおよび　Suitehotel (以上、上級および中級)、IbisおよびRed Room Inns (以上、割安)、Studio 6 (割安の長期滞在用)、Motel 6、ETAP、Formule 1 (以上、廉価) がある。ホテルチェーンは世界的な規模で手を広げて行くため、そこで用いる戦略には、企業買

写真 3.1　バハマのナッソー：港に停泊している多くのクルーズ船

写真 3.2　インドネシアのロンボク：
将来ホリデーインホテルが建設される場所を示す標識

表 3.2 発展途上国と体制移行経済国におけるハードロック・カフェの存在地

メキシコ	中東	アジア
中米	バハレーン	バリ
アカプルコ	ベイルート	バンコック
カボサンルーカス	カイロ	北京
カンクーン	ドバイ	グアム
コスメル（Cozumel）	フルガダ（Hurghada）	香港
グアダラハラ	クウェート	ジャカルタ
メキシコ市	シャルムエル・シェーク	クアラルンプール
パナマ		マカティ（Makati）
プエルトバジャルタ（PuertoVallarta）	**南米**	ムンバイ（2006）
ティフナン（Tijunan）	ベロオリゾンテ（Belo Horizonte）	パタヤ
	ボゴタ	サイパン
カリブ海地域	ブエノスアイレス	
ケイマン諸島	カラカス	**ヨーロッパ**
ナッソウバハマ	リオデジャネイロ	ブカレスト（2006）
オーチョリオス（OchoRios）		モスクワ
サンファン		ワルシャワ（2006）
サントドミンゴ		

出所：Hard Rock Café（2006）

収、合併、ジョイント・ベンチャーが含まれ、さらには一件ないし数件の一手販売権付与や経営契約、コンソーシアムも含まれている（Go and Pine 1995）（写真 3.2 参照）。一つの会社が旅行業者、小売り代理店、航空会社およびホテルを支配し、それによって在庫状況や配送システムまで確保するにつれて、垂直的な経営統合はますます普通に行われるようになってきている（Buhalis and Ujma 2006）。

　旅行業者は、観光産業の中で整理統合が行われてきたもう一つの部門である。ヨーロッパ市場では、Thamson（TUI）、Airtours（MyTravel）、Thomas Cook（JMC）、そして First Choice の 4 大会社が存在する。これら 4 社は、パック休暇の 80%、フライトの 66%、小売り販売の 50%以上を担っており（Reynolds 1999 in Buhalis and Ujma 2006）、垂直的な経営統合の威力を一段と示している。Transat A.T. Inc. は休暇旅行やパックの作成、販売および流通を専門とする経営統合化した会社である。この会社は、カナダやフランスに拠点を置く旅行業者も擁しており、航空機 15 機を保有して、それらは 25 カ国にある 90 の目的地に運行している。冬には、同社のチャー

ター機の大半はカナダからカリブ海地域や米国に向けて飛んでいる。この会社はさらに、観光地において付加価値のあるサービスを売り、旅行エージェントのネットワークを通じて旅行商品の販売も行っている（Transat 2006）。

　海外への拡大と投資といった観点からグローバル化の中で大いに注目されてきたのが、航空会社、ホテル、旅行会社およびマクドナルドのようなファースト・フード店である。もう一つの例は、ハードロック・カフェのチェーンである。イージージェットの 2006 年 7 月号の機内誌には、ハードロック・カフェの 1 ページ全面に広告が掲載されており、そこには「あなたは自分が誰かを知っている。どこへ行きたいかも知っている」との唱い文句が書かれていた。ページの 3 分の 1 以上が世界におけるハードロック・カフェの存在場所を示している。表 3.2 は発展途上国と体制移行経済国においてハードロック・カフェがどこにあるかを示している。ハードロック・カフェによる投資の決定振りを見ると、それが首都や、既に観光目的地としてよく知られた場所に関係しているということがはっきり表れている。

3.3.3　電子商取引（e- コマース、e-Commerce）

　インターネットは、観光産業における情報の提供や購入形態の分野において世界的な革命をもたらし、観光の仲介業者にとっては機会だけでなく脅威をも作り出した（Buhalis and Ujma 2006）。スピードと接続の良さによって、様々な連絡チャネルの中の当事者間にあった境界が曖昧になり、仲介業者の一部は姿を消し、新たな業者が登場している。販売網は、CRSs（computer reservation systems; コンピュータ予約システム）や GDSs（global distribution systems; グローバル販売網システム）を中心とする直線的な所有形態をもった電子的な販売網から、よりダイナミックで、供給業者や旅行代理店のウエブサイト、ウエブ仲介者、CRSs、GDSs、DMSs（destination management systems; 観光目的地管理システム）によって支配された販売網へと革命的に変革しつつある（O'Connor 他 2001）。インターネットの使用によって、消費者は B2C（Business to Consumer; 企業から消費者へ）の e- コマースを使用している様々な供給者から旅行商品の目録を集めることにより、自分たちの旅行パックを作るのが可能となった（Buhalis and Ujma 2006）。Expedia.com とか Lastminutes.com のようなオンラインの旅行代理店が現れて、代理元の親会社から得た多くの商品を提供している。

　世界の至るところで、供給者側は旧来の GDSs を避け、自分たちのウエブサイトを立ち上げている。その一つの例が、この章の最初に示した観光とグローバル化の関係を表す例、つまり発展途上国への大衆パック旅行に参加した一人の観光客の例であ

る。大衆パック旅行が依然として市場で支配的であるのは疑う余地がなく、それを運営している企業は巨大な力を有している。しかし、その例についても、もし主な関心が自主的で自立した休暇を過ごそうとする旅行者の方に移ってくると、情報通信技術（information communications technologies; ICT）の普及によって、発展途上国における小規模の旅行業者は、より自主的な旅行者を引きつけるダイナミックなインターネットサイトを立ち上げる機会を手にすることになった。このような展開はこれまでパック商品に関してユニークな地位を占めていた旅行業者には、新たな挑戦だった（Buhalis と Ujma 2006）。

企業は、厳しい競争とダイナミックでグローバルな環境の下で利益を上げるために様々な戦略を用いている。Papatheodorou が示唆しているように、支配的なプレーヤーが少数存在するだけの市場では、二重性が生まれつつある。インターネット上でさえも、オンライン旅行代理店の間で合併が起こったため、大量のオンライン販売が少数の会社に集中した（Buhalis and Ujma 2006）。検証されるべき問題は、発展途上世界では観光会社がどの程度インターネットに参加できるかということであり、もし参加できるなら、彼らのウエブサイトが主要な検索エンジンによって検索されるかどうか、ということである。二重性に関する主な批判の一つは、途上国から見ると、多国籍の観光会社の支配権が先進世界に存在していることが多く、利益が海外に送金されることが少なくないので、観光目的地の国にはほとんど何も残らないということである。

3.4 観光とグローバル化の政治的側面

グローバル化と観光の政治的な側面は、それらの経済的な側面と相互に強く結びついている。グローバルな企業は、世界的規模で経済力を振うにつれて、政治的にもグローバルに力を及ぼしていく。本項では、相互に関連する概念、つまり国家の性格の変化とかグローバル化する市場に直面して国家が統制力を失いつつあると認められる問題といった互いに関連する概念に焦点を当てていくが、加えて政治的な影響下にある観光経済についても簡単に検討していく。グローバル化に対して向けられている伝統的な批判の一つは、国家が世界市場に対して門戸を開くと、しばしば多国籍企業の優先度が前面に出てきて国家の利益は脇に押しやられてしまうというものである。国家が、自発的に行ったか否かは別として、グローバル化に内在する自由化という課題を受け入れた場合には、対外的な競争に門戸を開かざるを得なくなるだろう。世界貿易機構（WTO）の加盟国になったり、国際金融機関から融資を受け入れたりする国

は、程度の差はあっても、国家の役割を縮小しようとする措置に直面することになる。Perkins（2004）は、彼の著書「ある経済的成功者の告白」（Confessions of an Economic Hit Man）の中で、論争がさらに拡大しかねないレベルにまで彼の所論を展開している。すなわち彼は、発展途上諸国が融資を認められることによって、それら諸国は、先進国社会に本拠を置くグローバルな金融会社に対して債務者の地位に立たされるが、そのため様々な問題に関し西側の政策を支持するよう要求されることになる、と論じている。

グローバル化が進む過程はガバナンスに影響を与えてきた。国際的な政治的規制との関係では主権国家は極めて重要な存在である。しかし、各国政府はその政策決定に際して、他国の政府あるいは国際機関からの影響を受ける状況に直面しており、特に経済政策の分野でそれが見られる（Lane 2005）。Scholte（2000）が示唆しているところでは、グローバル化は、主権後（post-sovereign）の時代におけるガバナンスの到来を促し、そこでは国家の重要性は依然として不変であるものの、その主要な属性が変化してきている。

領土を超越した超領土性（superterritoriality）といったものの台頭によって、準国家（substate）、国家、超国家機関を含む多層的な統治に向けての動きが起こってきた（Scholte 2000）。このことは、地域的な貿易ブロックや前章で言及したブレトンウッズ機構ならびに国連の諸機関のような汎世界的機関を見れば明らかなことである。これらの機関の中には、国連開発計画（UNDP）や欧州連合（EU）のように、資金供給を通じて観光開発に影響を及ぼしてきたものもある。

Daher（2005）の記述によれば、世銀や日本の国際協力機構（JICA）は国際的な援助機関として、ヨルダンにおいて様々な都市再生／遺跡観光プロジェクトに対し貢献した。Daher（2005）は、資金が援助機関の複雑な申請手続きを通じて供与され、まずまずの成果がそこで達成されてはいるものの、対外債務は累積し続けたとコメントしている。国家の役割の変化に関してもう一つ付言すべきことは、民営化されたガバナンスについてであり、そこでは公的部門以外の分野で規制が行われる事例が増えているのである（Scholte 2000）。これには、例えば、商業団体、NGO、シンクタンク、基金、さらには犯罪シンジケートといったものさえも、幅広く含まれている（Scholte 2000）。

ガバナンスの質的な変化や様々な統治構造の台頭は、政治的な国境を超えて広がっており、権力と支配の問題を生じさせている。ここでは、政治的な影響を受けた観光経済について検討することにする。政治的な影響を受けた経済の視点からの観光へのアプローチについては既に論述したが、その中で焦点が当てられたのは、観光が植民

地主義や経済的従属といった歴史的パターンによく似た形で進展してきた、という考え方であった。つまり「ポスト植民地主義の時代における旧宗主国の企業、機関そして政府は、第三世界の国々におけるエリートである彼らのカウンターパートと特殊な取引関係を維持してきたのだ」(Lea 1988:12)。先進世界のこれらグループは、相手側である発展途上国の政治的、商業的な諸階級との緊密な関係を通じて、そこの経済政策、労働関係立法、そして商慣行について、自分たちの利益に沿った形で決定が行われるよう促すことができる（Britton 1982）。観光がどのような影響をもたらすかという点については、政治的影響を受けた経済の全体的なトーンは、一般には否定的になり勝ちである。というのは、そこでは富裕な旧宗主国が、より恵まれない国々を踏み台にして発展するというやり方が行われているからである（Lea 1988）。権力と支配については政治的影響を受けた経済の観光へのアプローチの中で提起されたが、この権力と支配の問題は、第一章で概説した従属理論の中でも認められるかも知れない。発展途上世界における国の経済的な自立は、途上国における広範な政治的コンセンサスの中から生まれてくる開発の優先度よりは、むしろ（多国籍観光企業を含む）外国の圧力集団や当該国の特権階級の利益の方に従属することとなる（Britton 1982, 1991）。

　Britton（1982）は、第三世界の観光について3段階の階層から成る孤立モデルを開発した。最上段には旧宗主国の市場経済諸国があり、そこには運輸、観光旅行会社、ホテル等の主要な観光企業の本社があって、その下部にある階層を支配している。モデルの中段には、旧宗主国の企業の支店やその関連の業者が位置しており、彼らは観光目的地に所在して、その地元の提携先と協力して活動している。ピラミッドモデルの底辺の段には、小規模の観光企業がある。彼らは周辺的な存在であるが、モデルの上位2段にある組織のすべてに従属している。外国企業がこのシステムを支配するようになり、その結果、資本蓄積はこの階層の上方に向かって移動して行って、多国籍企業が最大の利益を手にすることになる。

　CleverdonとKalisch（2000）が文献を見直した上で指摘しているのは、観光業は途上国に経済的繁栄をもたらすどころか、経済的な従属関係や社会的不公平を強化する強い潜在的可能性を内蔵している、ということである。社会の若干の幸運な人たち、例えば、支配的エリート、土地所有者、政府の役人あるいは民間の実業家は、それによって利益を得るかもしれないが、貧困者や土地無し、あるいは農村社会の人々は、物質面だけでなく、文化や資質の面でもますます貧困化する。そうした例としてCleverdonとKalisch（2000）が挙げているのは、リゾート地の建設のための立ち退き命令や移転、また土地、燃料および食料の価格高騰、文化の商品化などである。

Lea（1988）は、発展途上国への侵略が成功する理由として 4 つの主要なものを挙げている。それは、(1) 多国籍企業は、多額の自己資本をめったに発展途上国に投下せずに、観光目的地において民間や政府筋から資金供給を見出そうとする、(2) 新しいリゾートに必要なインフラ（例；道路や電線）も、当該地域の資金や外国の借款を通じて賄われる、(3) グローバルな市場キャンペーンを行うことにより訪問客の活発な流れを維持する、(4) 多国籍企業は、管理費の請求、限定的な直接投資、様々な形の一手販売権（franchise）の付与、許認可およびサービス取り決めといったものを通じて利益配分を得る。

　多国籍企業の力の源泉は、こうした取り決めから撤退することによって途上国を極めて弱い立場におくことができる力を有していることにある。途上国政府は、観光産業の魅力や棚ぼた的な経済的利益に気づき、それに惹かれて、多国籍企業が自国で営業を始めるよう積極的に求めていく。その結果、それら諸国は誘致戦争に引き込まれ、多国籍企業を引きつけるために、返済免除条件付きの融資（forgivable loans）、減税、あるいは完全なタックス・ホリディといった一連のオファーを行い、逆に環境法を施行しなかったりする（Reid 2003）。本書の著者の一人が 1996 年に、チュニジアにあるビーチリゾートのホテルの支配人にインタビューをした。その際、その支配人は、数年間一緒に仕事をしてきた旅行会社がホテルのサービスをさらに増加するよう要求してきたが、ホテル側に対する支払いは全く増やさなかったと語った。

　政治的な影響を受けている観光経済の伝統的モデルでは、先進国における多国籍企業の支配的な行動に焦点が当たっていたが、Bianch（2002）は、経済的なグローバル化と市場の自由化を通じて、観光という生産活動の地理的な複雑さや多様性がますます強まってきた、と論じている。こうした地理的要素を備えた生産がダイナミックに変化することによって、南北間のむき出しの力と支配の均衡は正面から挑戦を受けているが、この力と支配の均衡は、国際観光をめぐる新植民地主義/従属モデルの中で提示されているのである。国家を中心に据える（state-centric）アプローチは、多国籍観光会社の支配力が増大しているという事実によって挑戦を受けており、また世界的および地域的なレベルの双方において、市場が持つ構造的な力が拡大していることによっても挑戦を受けている（Bianch 2002）。政治的な影響を受けた国際経済（international political economy; IPE）のアプローチの目から見ると、オーソドックスな国際関係論は政府間関係のみに焦点を当てており欠陥がある、と指摘されている（Preston 1996）。

　IPE アプローチは、開発経済学、歴史社会学および経済史に依拠していて、重要な考え方の一つは、いかなる政治形態であっても、その基本的なニーズは富、安全保

障、自由そして正義に関係している、とうことである（Prestpon 1996）。要するに、Preston（1996）は次のように示唆している。すなわち「極めて大胆に言えば、IPEアプローチは、様々な権力構造から成り立っている世界システムのモデルを提示しているのであり、そのシステムの中では主体たるグループ（主に国家）が動き、また主体たるグループとグローバルな構造の間の個々具体的な交流が、現存している見慣れた政治形態のパターンを創り出している」。例えば、シンガポール・インドネシア・マレイシアの「成長三角型」（Telfer 2002b）のように、地域に根を下ろした経済は、流動的な観光資本の獲得をめぐって競いながら、より自立的な当事者となった（Bianchi 2002）。

グローバル化の圧倒的な力について書かれたものは多いが、それらの中で指摘されてきたのは、グローバル化というものを、「全てを包含する一面的で覇権的な力」と受け止めるとすれば、それは物事を余りに単純化し過ぎている、という点である（Teo 2002: 459）。Hazbun（2004）は、グローバル化についての研究の多くが、国家権力の喪失ということに焦点を当てており、結果としてそれは領土を越えた普遍化（deterritorialization）となるものだと、指摘している。しかし、Hazbun（2004）は、（中近東の例に言及しつつ）、グローバル化は、逆に領土的特化への再帰（reterritorialization）にもつながる場合もあり得るのであって、その中ではむしろ国家は領土にかかわる資産に対して権力と支配を及ぼすことができる、と論述している。

例えばチュニジアの例を見ると、同国ではビーチ観光から都市型およびイスラム教の遺跡振興や、開発が遅れている南部の砂漠地帯にも重点をおいて新しい市場の開拓を行うなど、開発を多様化している。砂漠という商品は、これまで地中海ビーチという格安の旅行先と同じような見方をされていた場所を、それまでとは違った、領土の中でも特殊なイメージを有する場所として開発しようとする試みであった。

「スター・ウオーズ（Star Wars）」や「イギリス人の患者」（The English Patient）のような映画の撮影現場となった町の市場や砂漠風景を取り入れて、より異国情緒あふれるチュニジアのイメージを売り出すことも、その戦略に含まれていた。Hazbub（2004:331）が、色々な難しさを認めつつも示唆しているところによれば、国家や地元の地域社会、あるいは多国籍企業のような当事者は、「様々な場所、文化、そして体験を、それらがどこの領土に属するか明らかにした観光商品に転換するような観光的な空間に対して、またそのような転換の過程に対して支配権を主張することにより」領土的特化への再帰を推し進めることができる上に、さらにそれによって観光客や資本投資を引きつける諸条件をも制御できる。

グローバルな力と地元の力が、観光目的地で相互に作用し合っているのは確かであ

る。世界と地元の結びつきを認識することが重要だと、多くの研究者が指摘している（例；Robins 1997; Teo 2002）。Robins（1997）が論じているように、世界経済は既存の社会的、歴史的現実をそう簡単に乗り越えることはできない。グローバルな企業家は地域のやり方、状況そして制約についてよく話し合って、これに歩調を合わせていく必要がある。観光産業のグローバル化が続くのに従って、さらに多くの関係者が加わってくるだろう。それぞれのグループは、それが観光客であろうと、ホテル、旅行代理店、民間企業、地方政府、NGO あるいは個人であろうと、自らの利益を守らなければならない（Teo 2002）。グローバル化は、グローバルな空間と地元の空間との間に新しく、複雑な関係を作りあげた（Robins 1997）。鍵になる問題は、グローバル化の力との関係において、地元の様々な組織・制度がどの程度の強靭さを有しているかということである。この点については、次項で検討することにする。

3.5 観光とグローバル化の文化的側面

文化のグローバル化と言う場合、そのよくある定型化した形は、欧米風の生活様式と消費形態が世界中に広がり、結果として資本主義によって規定された文化へ収斂していくというものである（Allen 1995）。その過程は、文化帝国主義とも称されてきたし、文化的な同化にもつながり得るものである。コカコーラ、Levi ジーンズ、マクドナルド・ハンバーガー、ベネットンの衣類といった、いわゆる「グローバル商品」は、人々がグローバルな情報を手にするにつれて、その認識もグローバルになるという考え方を反映するものであり（Robins 1997）、観光とはグローバルな情報の源泉の一つである。

グローバルなメディアは、先進世界における潜在的な観光客に観光地に関する理想化されたイメージを送り、他方、発展途上国の人々は欧米の消費パターンのイメージを受取る。科学技術や通信の進歩によって人々は、冒険を楽しむ休暇やエコツーリズム休暇の形で、より遠隔の地域へ連れていかれる。旅行作家の D'Amico（2005）は「コーク・ライン（Coke Line）」という言葉に言及しているが、その意味するところは、そこを越えれば外部の影響力に未だ晒されていない地域社会が見つけられる一線ということである。彼が意味しているのは、特にコカコーラが持ち込まれていない先住民の社会である。こうした一線は急速に消滅しつつある。人々がより遠くに旅行をすればするほど、観光客が足を踏み込んだことがない場所は少なくなる。

中国政府は、チベットのラサへの鉄道路線を建設するために 42 億米ドルを費やした。Sky Train はかなりの高地（3,700 メートル）を走るので、そのカナダ製の鉄道

車両には飛行機のように気圧調整がなされている。そうした計画を支持する人々は、同計画によって2010年までにはチベットの年間の観光収入が倍増し、7億2500万ドルに達するなど、その経済は大いに助けられると主張する。だが反対者は、環境破壊やこの計画がチベット文化に及ぼす影響について懸念を示している（Olesen 2006）。地域社会や個人がどのように反応するかが、観光客を受け入れる地域の文化の強靭さを示す指標になるかも知れない。当該地域には強い文化が存在しているだろうか。あるいはその文化は、単に観光客の文化によってだけでなく、急速に進んでいるグローバルな情報網によっても圧倒されてしまうのであろうか。

　文化との関連での観光開発上のディレンマの一つは、もし文化が観光客に見せるために現状のまま凍結されるとなったら、それでも開発というものが起り得るのだろうか、ということである。文化と他の文化の仲介者はただ利益を求め、一方で、それ以外の人々は観光客を避けようとする。本項ではこの後、文化、観光およびグローバル化の異なる側面に焦点を当てることとする。

3.5.1　文化間の接触

　観光は世界中から様々な文化を運んでくるものであり、観光客とそれを受け入れる側との関係がどのような性質を有しているかについて、多くの研究がなされてきた（Smith 1977は初期の重要な研究）。また、観光の社会的、文化的影響（Wall and Mathieson 2006; また第7章も参照）についても研究がなされてきた。Reisinger と Turner（2003）は、異文化間の行動（behaviour）について掘り下げて研究している。雑誌「観光と文化的変化」（Journal of Tourism and Cultural Change）が最近刊行されたことも、この分野に対する関心のほどを示すものである。

　　文化には、多くの異なる定義があり、極めて議論の多い概念である。Peterson（1979）の考えでは、文化とは4種類の表象（symbol）から成り、それには価値（行動や目標に序列を付ける選択的言明）、規範（相互に作用し合う行動に関する価値の特定化）、信念（世界がどのように動いているかということについての実存的言明で、しばしば価値と規範の正当化に資する）そして顕示的な表象（物質文化のあまねく全ての側面）の4つが含まれる、としている。これら4つの「表象」のいずれであっても、それが観光とグローバル化のプロセスによって変化するとすれば、どの程度変化するのだろうか。観光についての文献の中で、文化に関して多くの概念が探求されてきたが、その概念は、同化（一つの文化が失われて他の文化に取り込まれるもの）、文化の変容（複数の文化が一緒になって諸々の特質を共有するもの）、および文化的漂流（観光客と接する際、受け入れ側が一時的に自分たちの行動を調整するもの）を含

んでいる（Wall and Mathieson 2006）。観光がグローバル化に結びつけられるのは不可避であるが、そうであれば観光客側が持っている文化の特質をその受け入れ側の文化が取り込むことになるのか、あるいはそこでは、より大きなグローバルな文化が出現して、観光によってその拡大が助長されるということだろうか。

しかし、グローバルな文化に向かっての収斂といったものを考える際には注意が必要である。Robin（1997）が指摘するところによれば、グローバル化に関して、文化およびアイデンティティの観点から3つの主な側面を考慮しなければならない。第一は均質化ということであり、それによって、文化のグローバル化による文化的な収斂がもたらされる。第二の側面は、領域を越えて行われる文化間の出会いによる無国籍的な国際的発展（cosmopolitan development）であり、それは結果的に文化の融合や合成を産む。第三の側面は、文化的多様性を強めるものであり、それは、しばしば均質化とか無国籍的な国際化を脅威だと認識するところから生じてくる。自分たちのルーツに立ち戻ったり、伝統を再活性化したりして、文化的な多様性を補強し、グローバルな変化には反発する人たちも存在する。伝統を再活性化することは、この後でさらに議論されるように、文化観光を刺激するかも知れない。諸文化に対するグローバル化の影響は複雑であり、それは色々な文化を異なった、相互に矛盾し、また対立するような形に引き込んでいくのである（Robins 1997）。

このような対立が生まれてくるのは、観光目的地における労働力の構成内容に変化が生ずるのにつれて、文化、宗教そして家族の持っている価値観がぶつかり合うことによる場合がある。観光という背景の中で、国際観光に関係するデモンストレーション効果について多くのことが書かれてきた。観光客は行動や服装を通して、ある種のタイプの振る舞いを見せるが、それはさらに観光目的地に住む人々によって真似される。インドネシアのロンボクにあるシェラトン・センギギ・ビーチ・リゾートでは、漁師から転じて販売業者となった人物は、服装の習慣を伝統的なインドネシアのサロン（sarong 訳者注：スカートのように腰に巻く幅の広い布）から西欧風の服装に変えた。同じホテルでは、地元出身の女性従業員の父親が、娘が外国人観光客と交わり自分より多くのカネを稼ぐということに馴染めず、彼女が短期間働いた後で、職場に戻るのを阻んでしまった。観光業で働く職員が、観光客が使用する言語に惹きつけられていくのもよくある例である。

観光は、観光産業に就職するために観光目的地への移住者をつくり出し、またそれとともに移住者自身の文化が持ち込まれてくる。ガラパゴス島では、既に観光客の流入に手を焼いている状況に加え、観光産業で職を見つけるためエクアドル本土からやって来る移住者が、島やそこの住民に無理な負担をかけているのではないかと心配

されている（Schemo 1995）。これら移住者は、自分たちの習慣や伝統を持ち込んでくるが、そういったものはその地域の文化と相互に影響を及ぼし合うかも知れない（Bookman 2006）。

　発展途上国における雇用条件から種々の懸念が生じてきた。ツーリズム・コンサーン（Tourism Concern; 観光を懸念する）という英国のNGOは現在、途上国におけるホテルでの雇用条件に反対するキャンペーンを展開している。そうした途上国では、多くの職員が契約を締結しておらず、低賃金のため貧困に落ち込んでいるからである。途上国によっては、セックス観光が観光生産物の一部となっており、それがグローバルなメディアによって誇張され、そこでは観光目的地の住民は、好ましい異国情緒ある「別の世界の人々」（The other）として紹介されている（Momusen 2004）。Michell（2000; 88）は、政治的な影響を受けた経済について、その文化の分野とのかかわりを探求し、「地勢（換言すれば、空間的な広がり、空間と場所が作りだす物、そして経済のグローバルな動向といったもの）は、文化的な生産過程の中で最先端かつ中心的なものであり、それゆえに社会的再生産のための制度でもある」と指摘している。これは、文化が世界中でどのように描写されているか、という問題を提起しているのである。

　グローバル化によって、旅行が容易になり、受け入れ側と顧客の間の相互の交流が促進されたので、感染症が急速に伝播するのではないかとの懸念もある。2002年に中国の広州（Guangzhou）で発生したSARS（重症急性呼吸器症候群）はたちまちのうちに多くの国に広がった。Kimball（2006: 45）が示唆するように、「正体不明のウイルスが航空機に乗って世界中を動き回っている」。またセックス観光に参加した観光客は様々な性病に感染する危険にさらされている。Kimball（2006: 45）は、旅行や通商が増えるにつれて、グローバル化に伴う明らかな危険が存在しており、グローバル化が感染症の新たな生態系をつくり出していると論じている。異なる文化を背景に持つ人々の間の触れ合いは、好ましい結果をもたらし、それによってグループ相互の間で知識や理解が深まるということもある。能力開発、人権、平和といった話題についての新しい考え方を共有することができるかも知れないし、それによって開発についてもっと幅広く考えることにも役立つかも知れない。

　Macleod（2004）は、観光と文化的な変化という背景の下で、アイデンティティの問題を提起した。彼が述べているのは、人間というのは複雑なアイデンティティの組み合わせによって全体としての姿を形成している、と考えることが大切だというのだ。観光が行われるところでは、人々は個人として、グループとして、また私的なレベルでも公的なレベルでも、アイデンティティが変化することを経験する場合があり

得る。漁師が店主とかツアーガイドになったり、若い女性が経済的に独立しようとしたり、圧力団体がアイデンティティを再活性化したりする。Macleod（2004）がさらに指摘しているが、グローバル化の中で、人々は以前より多様な役割のモデルに巡り会ったり、様々なつながりや機会からでき上がっているネットワークにも遭遇する場合があり得るし、さらには新たな自己発見も体験することができるのである。人々、あるいはグループは、試みとして伝統的な役割を演じてみたり、行事を見直してみたり、自己を改造したり、あるいは自分たちの生活様式や価値観に自信を持ったりするかも知れない（Macleod 2004: 216）。

3.5.2 文化観光

　観光目的地は様々な文化的要素によって自己表現するが、その要素には、例えば、「娯楽、食べ物、飲み物、仕事、服装、建築、手工芸品、メディア、歴史、言語、宗教、教育、伝統、ユーモア、芸術、踊り、歓待（hospitality）、その他一つの国の生活様式が持つ特徴のすべて」が含まれる（Reisinger and Turner 2003）。人々が旅行するのは、その土地の「本物の」（authentic）文化を見たり、それに夢中になったりするためである。また遺跡観光は、文献の中ではこれまで以上に注目されつつある（Daher 2005; 本書第4章も参照）。文化と伝統は、踊り、芸術、祭り、おみやげを通じて救うことができると述べる人もいるが、他方、観光客のために、そのように文化を商品化することは、本来の文化を破壊することになると主張する人もいる。文化は売れるものであり、観光客用にパッケージ化したり商品化したりできるが、それは本物とは何かという議論を巻き起こす。手工芸品は、観光客にとり魅力的で携帯し易いように変形されてしまう。だが、こうした変化が大きな収入をもたらし、それ故に開発につながるのは十分理解できることである。

　Azarya（2004）は、ケニヤとタンザニアにおけるマサイ族の遊牧民集団の例を取り上げて、先住民の集団が観光産業の一部となることから生じてくる難しい問題や矛盾する結果について調査した。好ましい結果が得られたのは、新たな収入源に関連するものだったが、それは彼らが観光産業で働いたり、観光のアトラクションに出演したり、写真を撮らせたり、おみやげを売ったり、村を開放してダンスを上演したりするものだった。これらの利益は、彼らが自分たち自身を、このように社会の周辺部に「凍結する」という犠牲を代償にして得られるものだ。なぜなら、その観光商品の本質は、彼らの周辺性（marginality）にあるからだ。

3.5.3 観光客の文化的孤立状態

　観光客によっては旅行しながらその地方の文化を探訪する人もいるが、中にはそういうことを避け、ホテルにじっと閉じこもっている人もいる。観光客が文化的に孤立する状態はむしろリゾート地域内に閉じこもるのを選ぶ人々の間で生ずるかも知れない。それらの人々は、そのためにその土地の地域社会とほとんど接触を持たない。生活様式は先進世界から発展途上世界に移植されるが、観光客がリゾート地の塀の中にとどまっている限り、地元の人たちが観光客から収入を得る機会はほとんどない。純粋に経済的観点からすれば、観光客をリゾート地の中に引き留めておけば、彼らはそこのレストランや土産物にカネを使い、ホテルの外の競争相手に顔を合わせないので、リゾート地にとってはこれが最も良いのかも知れない。（観光開発の）企画立案という観点からすれば、こうした孤立状態を開発することは、観光客と地元の人々との出会いによって生ずる文化的な汚染をできるだけ抑えるため、一つの意図的な選択肢となるのかも知れない。

3.5.4 商業文化

　文化という観点から研究されるべきもう一つの分野は、グローバル化が商業文化にどのような影響を及ぼすかという問題である。本章では既に、様々な多国籍企業の実例が示され、それら企業がグローバルに広がっていることが説明された。また、これら企業も、ほとんどの場合、多国籍のチェーン店を通じて、規格を一律にすることによって彼らなりの営業の方式（operating procedures）を定めている。この方式は、効率性のためだけではなく、観光客に安心感を与えるためでもあり、それにより同じブランド名で営業されているホテルではどこでも、同じような水準のサービスを期待できるようにしている。問題は、多国籍企業が彼らの統一規格による営業の方針や方式を、地元の観光目的地に対しうまく適応させられるかどうかということである。例えば、レストラン・チェーンのマクドナルドはメニューをその土地に順応させているし、ホテルはそのホテル建築に地元の建築デザインを取り込んでいることが少なくない。こうしたことは比較的容易であるが、より難しい問題となり得るのは、欧米スタイルの経営を非欧米の環境に持ち込むことである。

　グローバル化は、単に観光客に対し世界の文化への門戸を開いただけではなく、観光目的地の住民に対しても世界の文化へ門戸を開いたのである。膨大な数の集団が世界中を動き回っており、人々がマスメディアに急速にさらされているので、グローバル化は文化的な影響をさらに増幅する潜在力を有している。しかしながら、文化はダイナミックなものであり、Wall と Mathieson（2006）が指摘するように、文化

的な変化は国内外の両方の要因により影響を受けるし、また文化というものは観光が無くても変化するのだ。文化は観光目的地の特徴であるというだけではなく、それは同時に生産物でもあり、それ故、文化は様々な形で観光の企画と発展、経営とマーケッティングに対し大きな影響を与える潜在力を持っている（Reisinger and Turnerb 2003）。この観光と文化の間の相互作用については、第5章と7章の中でさらに探求することとする。

3.6　むすび

　グローバル化は、高度に複雑かつ多面的なプロセスである。しかし、グローバル化に関するステレオタイプ的な考え方は、多くの場合、グローバル化の極めてダイナミックな過程を余りに単純化し過ぎる。グローバル化の過程は公平なものではないし、また勝者と敗者が存在するのだ。グローバル化についての考えの中で、McMichael (2004;152) は次のように述べている。すなわち、「グローバル化は不可避のものだとか、宿命的なものだと考えたくなるが、グローバル化の受益者が世界人口のわずか5分の1しかいないと知れば、そんな風に考えなくなるだろう」と。発展途上国にとってのディレンマは、門戸を開いて多国籍観光企業を自国内に引き入れようと決めるか否かということである。しかし、発展途上国はそうした選択権を本当に持っているのだろうか。国際的な企業は、彼らにつけられた知名度の高いブランド名やイメージを、必要なビジネス・インフラと一緒に進出先に持ち込んできて、国際的な観光客を引きつける。しかし、それは代償付きでもある。グローバルな資本主義制度を支持する人々は、観光が主要な役割の一つを担っている世界の成長経済が（但し、担っていると誰からの異議もなく認められている訳ではないが）、世界の発展のためには不可欠なのだ、と論じてきた。しかしながら批判派は、一つの概念として開発の終焉を伝えたように、グローバリズム崩壊の予兆をも提起している（Saul 2005）。

　世界貿易の成長を成功物語として認めはするが、現存する第三世界の債務や貧困に見られるように、グローバル化が約束したものは依然として実現されていない（Saul 2005）。観光は「典型的な形でグローバル化や時空を短縮する現象と結びついている。社会文化的な領域では、観光はグローバル化を象徴するもので、超現実的なものであって、夢物語でもあり、またポスト・モダンでもある」（Potter 他 1999: 95）。仮に開発を担う一つの要素として観光を活用することができるのであれば、観光目的地に対するグローバル化の影響についても、否定的か肯定的かといった観点より、もっとダイナミックで、不確定要素を持ち、また議論の余地のあるプロセスとして研究する

ことが要求される。次章では、グローバル化によって強く影響されている観光開発のプロセスについて検討する。

3.7 議論のための設問

1 発展途上国は、多国籍観光企業に対してどのような力を持っているか？
2 多国籍観光企業には支配を指向する性質があるが、これを支える上で、情報技術はどのような役割を担っているか？
3 多国籍企業が進出先の地域社会との関係を改善できる方法を、諸君は確認できるか？
4 観光開発との関係において、新植民地主義的な従属モデルを批判的に評価しなさい。
5 国際観光が地元の文化に与える影響は何か？

3.8 さらに勉強するための参考文献

Hall,C.M.(2005) *Tourism: Rethinking the Social Science of Mobility.* London: Pearson Prentice Hall.
　本書では、移動に関する重要な概念について優れた説明がなされている。観光がグローバル化、地方化、アイデンティティ、安全保障、地球規模の環境変動といった概念を通じて研究されている。

Stubbs, R.and Underhill,G.(eds)(2006) *Political Economy and the Changing Global Order*(3rd edn), Don Mills, Ontario: Oxford University Press.
　本書は次の4つのセクションから構成されている：すなわち、(1)変化しつつあるグローバルな秩序、(2)地球規模問題、(3)地域的な(regional)ダイナミックス、(4)グローバル化への反応。本書にはグローバル化における権力と支配の問題について優れた分析がある。

3.8.1 ウエブサイト

インター・コンチネンタルホテル・グループのウエブサイトでは、グローバルな観光企業の性質が説明されている。会社の中での様々なブランドについての広範な情報や投資家情報がある。http://www.ihgplc.com/

スターアライアンスは活動をグローバルに拡大している航空会社の連携である。連携の形成についての背景情報やその連携会社の情報はウエブサイトの http://www.staralliance.com/en/trabellers/index.html. を参照。

国連環境計画（UNEP）による観光分野での活動についてのウエブサイト。このサイトは、この機関による持続可能な発展のイニシアティブについて概説し、グローバルなレベルの機関が、観光開発に対し国家レベルでいかに影響を与えられるかを明らかにしている。http//www.unep.fr/pc/tourism/home/htm.

4 観光の企画と開発の過程

4.1 学習の目標

本章を読み終えると、諸君は以下のことができるようになるはずである；
● 観光の企画と開発の過程を理解する；
● 観光開発に関する政府の政策を認識する；
● 観光の企画に関して生じている変化を確認する；
● 様々な形態の観光開発をめぐる賛否両論について議論する。

観光開発は複雑な過程であり、その過程には、国家の政策、企画および規制について、国内的および国際的な開発機関や重要な利害関係者のグループの考え方が、同じような内容に収斂していくことも含まれている。その結果生まれてくる観光の形態は、観光客を受け入る側の観光目的地に影響を及ぼすが、それだけでなく、その観光目的地に利益をもたらすもっと広範な開発の成果を生み出す可能性もある。クルーズ船のドック、ビーチ・リゾート、都市の遺産（heritage）センター、国立公園、エコツーリズム型のリゾート、カジノそして村落観光は、発展途上国に観光客を引きつけるために作られた極めて異質で、多様性に富む観光商品のうちのほんの数例である。

国家の長期的な開発目的に合致するためには、長期的に見て、どのような形態ないし諸形態の観光が、その観光目的地に最適であるかということを決める必要がある。例えば、ビーチ・リゾートのように、多国籍企業の深いかかわりの下で、集中的かつ大規模な大衆観光を推進する方が開発目標の達成にはより大きな効果があるのか、あるいは、小規模の非集中型で、地元社会に根ざした観光の方がより大きな利益を生み出すのか。競争の激しいグローバルな市場でほとんどの発展途上国が選択しているのは、その生産物を多様化することである。例えば、キューバは、ビーチ・リゾートに加えて、エコツーリズム部門を急速に拡大している。

観光の形態と機能についてのこれまでの議論では、ある一つの形態の観光が他の形態に比べて持続可能性がより高い、といった考え方に議論が集約される傾向にあった。

またさらに最近の議論では、あらゆる形態の観光が持続性をもっと高めるべきだ、という点が認識されてきた。開発の形態の一つひとつに応じて、訪れてくる観光客は異なる。彼らの可処分所得も違えば期待値も異なってくる訳で、それに応じて観光目的地の人たちとしても、観光経済に関与する機会が異なってくるであろう。観光に関する国家の政策や企画によって、観光目的地の開発の性格が決まってしまうことも多い。開発の過程が複雑であるために、ある観光目的地でうまくいくことが、他の観光目的地ではそうならないかも知れない。観光の形態や役割についての諸問題に対処するために、まず検討する必要があるのは、観光と開発の議論の中心を成している一連の政治がらみの問題である。すなわち；

- 開発の成果として望ましいものは何か？
- 観光目的地における観光政策と企画に対する規制とは何か？
- 観光目的地における制度的な仕組みや政治的な現実はどうなっているか？
- 開発の過程にかかわっている中心的な当事者や機関の価値観は何か？
- 誰が意志決定の過程を支配しているか？
- どんなプロジェクトが選択され、それはどのように資金手当がなされて、誰が運営するのか？
- 誰がその開発から利益を得るのか？
- 観光開発は国家の開発目標に貢献することができるのか？

発展途上国では、観光の企画と開発は、しばしば企画の上で上意下達のアプローチによって行われる。LiuとWall（2006）が述べているように、観光開発に関する意志決定は、圧倒的に政府機関や大規模な観光会社の介入に基づいて行われており、その結果、外部の資本、中でもよくあるのは外国資本による支配が生まれ、地元の人々が取り残されることである。持続可能性の問題の中には、企画の段階で地元の人々の参画を増やすべきだとの要請がある。しかしながら、これがどの程度可能であるのか、またそれがどのように促進されるかを考えることが重要である。本章の焦点は、全体としての観光の企画や開発の過程に向けられているが、それと並んで、観光目的地の開発目標に合致するのに役立つ手段となり得る観光開発の戦略がいくつか選択されており、本章の焦点はそれら戦略を吟味することにも向けられる。

4.2 観光と開発過程

　観光と開発に関する議論の中で、まず最初に考察されるべき問題の一つは、それが観光事業の拡大であろうと再建であろうと、その望ましい成果とはどのようなものか、ということである。より優れた観光開発の目標として　Gunn と Var（2002）が挙げているのは、訪れて来る客にとっての魅力を高めること、経済を改善すること、また事業の成功や持続可能な形での資源の利用、および地元社会や地域との統合である。

　なぜ観光に手を付けるのか、との質問がなされる時、多くの場合にまず最初に出てくるのは経済的な議論である。そうした議論においては、観光目的地の政府が外貨をできる限り獲得するために観光開発を然るべき形で組み入れた戦略を作ろうとするのだ、と言われる。この議論で指摘されるのは、いったん経済的な利益が生まれ始めると、その観光目的地の社会にとって、他の開発目標の観点でも役に立つ他の派生的利益が生じてくるものだ、という。経済的な見通しに立って進められる観光事業がどの程度、観光より更に広範な開発目標につながっていくかについて述べることは難しい。例えば、今まで以上の自立、内生的な成長、基本的ニーズの充足、環境面での持続可能性、あるいは国連ミレニアム目標に関係する他の目標といったものが、より広い開発目標と言える（コラム 1.1 参照）。どのような環境開発の戦略（又はそうした戦略の組み合わせ）を選択しようと、その選択は極めて複雑な過程となる。そのような選択は、その場の政治的な背景や観光目的地での制度的な仕組みについての理解の中で、また投資資金を保有する人々の価値観と権力に対する理解の枠内できちんと位置づけが行われる必要がある。場合によっては、新規のクルーズ船のドックまたはリゾートから直接得られる収益性より、環境保護や他のもっと大きな開発目標の方が優先するかも知れないし、色々な懸念が競合する中で、政府は妥協的取引を強いられることも多いのであり、こうした点はよく認識されなければならない。また他の観光目的地では、持続的発展を規準にした観光政策を採用するかも知れないし、その政策の一環として、訪れる観光客の数を減らすことが目標になることも十分理解できる。このように潜在的に含まれているトレード・オフの関係を見れば、持続可能な開発を実施に移すことの難しさがわかる上に、それは変化、複雑性、不確定性および紛争が、資源と環境を管理する上で中心的な問題であると指摘する Mitchell（1997）のコメントと軌を一にしている。またトレード・オフの関係は、観光開発の企画を行うに当たっても核心的な重要性をもっていることは、本章でも論じている。

　図 4.1 は、観光と開発過程の本質に含まれる複雑さを説明しているが、その複雑さ

は形態や役割に関係することからくる。ここでは簡単な説明を先に行い、より詳細な分析は本章の残りの部分で行うこととする。

　まず最初に検討すべき一連の要素は、観光開発の担い手が有している価値観、イデオロギー、目標、優先度、戦略および資力である。図4.1には観光開発の主要な担い手のうちのいくつかをリストアップしており、それら担い手には、政府、民間の産業、および非営利団体など様々な組織が含まれている。影響力のある組織の中には、観光目的地に存在しているものもあるが、他方で、第3章で説明した通り、多国籍企業や国際的な融資機関、あるいは地域的な貿易圏のように、海外に拠点を置いて活動する他の組織もある。これら様々なグループの間の相互作用は、政策や企画および政治という濾過装置を通過する課程で生ずる。ここで濾過装置と称したのは、いかなる開発プロジェクトも、観光目的地における政治的、官僚的な仕組みの各層を通過して実施されなければならないからだ。

　観光開発の政治的な領域は、潜在的にはその地元の政治状況を超えて広がり得るのであり、それは地元や地域をまたがり、国家、さらには国際的なスケールさえも超えて、様々な側面や利害関係集団を包含する。だが、それは将来の開発の後押しをするかも知れないし、逆に足を引っ張ることになるかも知れない。政府は開発を促進したり、制限したりするために、政策を策定し、計画書に書き、規制を然るべく定める。政府は観光開発を誘致するために様々な奨励策を提示しようとするかも知れないが、それはこのような環境の中で行われるのだ。腐敗があれば規則も形骸化して行くかも知れない。観光開発の提案は、観光目的地における企画や規制の過程を通じて打ち出されるが、もしプロジェクトが外部の力により推進されている場合、内（local）は外（global）に適応することになる。ここで鍵となる重要な要素は、その発展途上国にある政治構造の形態とか、制度的な仕組み、また企画の過程に地元住民がどの程度、参加を認められるか、などである。

　物理的に何が最終的に建設されるか、ということは、その国の観光政策、担当している人間の価値観、彼らが活用できる資源によって大いに影響を受ける。建物のデザインに関係してくるのは、その観光目的地が何らかの名称によってよく知られているかとか、あるいは既成の観光形態（例えば、コスタリカのエコ・ツーリズム、ケニヤのサファリツアー、あるいはフィジーのビーチツアー等）で高い知名度があるとか、あるいはこれと密接な関係がある、といったことかも知れない。

　図4.1の中央部に説明されているように、観光開発がどの程度の規模になるべきか、また通常の例としては、地元の社会との結びつきの機会がより多い統合型の観光に対して、孤立型の観光の長所は何か、といった点については、関連の文献の中でも議論

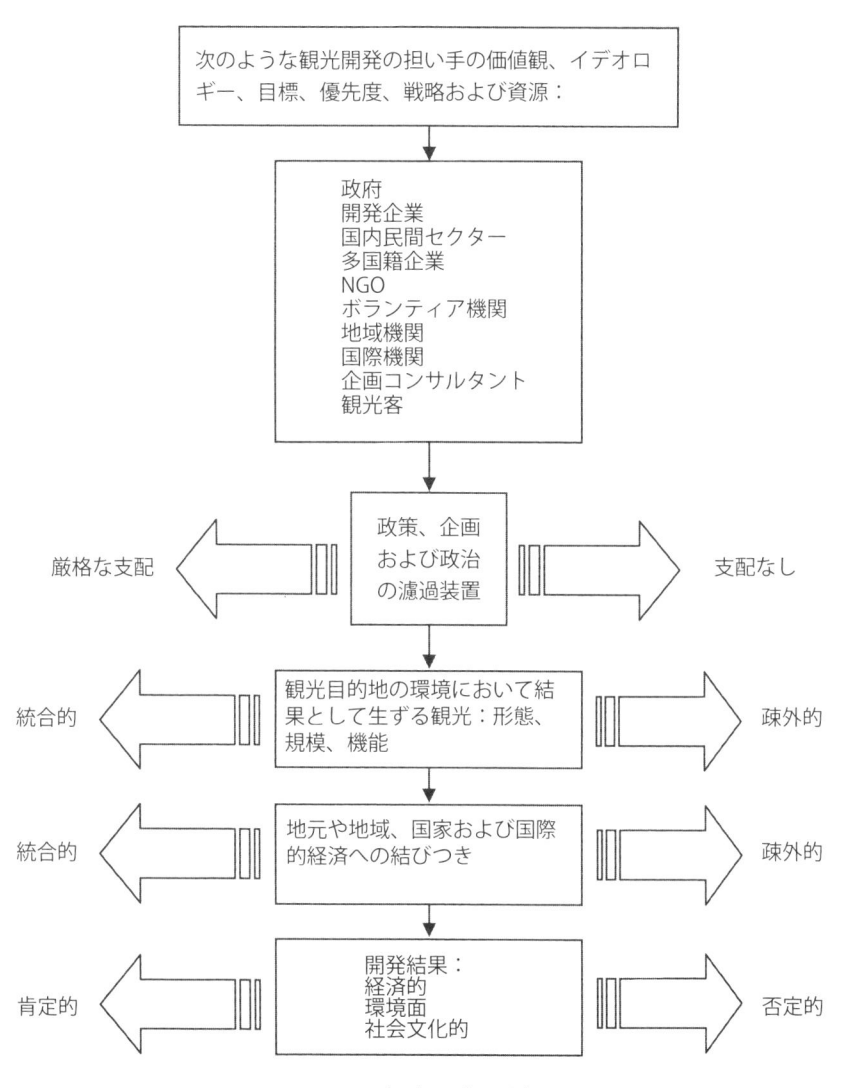

```
┌─────────────────────────────┐
│ 次のような観光開発の担い手の価値観、イデオロ │
│ ギー、目標、優先度、戦略および資源：        │
└─────────────────────────────┘
              ↓
┌─────────────────────────────┐
│        政府                 │
│        開発企業             │
│        国内民間セクター     │
│        多国籍企業           │
│        NGO                  │
│        ボランティア機関     │
│        地域機関             │
│        国際機関             │
│        企画コンサルタント   │
│        観光客               │
└─────────────────────────────┘
              ↓
厳格な支配 ⇐ 政策、企画および政治の濾過装置 ⇒ 支配なし
              ↓
統合的 ⇐ 観光目的地の環境において結果として生ずる観光：形態、規模、機能 ⇒ 疎外的
              ↓
統合的 ⇐ 地元や地域、国家および国際的経済への結びつき ⇒ 疎外的
              ↓
肯定的 ⇐ 開発結果：経済的、環境面、社会文化的 ⇒ 否定的
```

図 4.1　観光開発の過程

がある。この章の後段では、観光開発が開発目標をも塗りかえる一因になるといった視点から、内容が異なる多数の観光開発の長所と短所を検討して行くことになろう。

　開発の全体的プロセスの中で考えるべき重要な点の一つは、フォーマル・セクター（formal sector）とインフォーマル・セクター（informal sector）の双方の視点からみて、

地元経済とどの程度強く結びついているかということである。そうした結びつきは地元レベル、あるいは地域的、国全体のレベルで生じ得るが、国境を越えて広がるに従って、「漏れ」（leakages）が増加し始める。（訳者注：インフォーマルセクターとは、発展途上国において、露天商、靴磨き、行商など、公式の統計に記録されない経済活動が行われる部門。フォーマルセクターは、その国の企業活動のように、公式統計に記録される経済活動が行われる部門。）図 4.1 の最後の項は、経済、環境および社会の観点から見た、開発の全体的成果を表している。

4.3 価値観と権力

図 4.1 の最初のマスには、観光開発の様々な担い手が有する価値観、イデオロギー、目標、優先度、戦略及び資源が列挙されている。観光開発にかかわっている様々な個人やグループにとって、これらの概念のあいだの相関関係を考えることは重要であり、また観光目的地における開発の全体的な結果の中で、彼らの権力や支配力がどの程度のレベルにあるのかを考察することも同様に重要である。Goldsworthy（1988）が論じているのは、全ての開発理論、政策、企画および戦略には、意識的にあるいは無意識に、開発とは何かということについての自分の好みに合った考え方が表されており、そうした選好が価値観を反映するものである、としている。価値観とは「ある特定の行動様式または存在しているものの最終的な状態が、これと対立的な、あるいはこれと正反対の行動様式や存在の最終的な状態よりも、個人なり社会として好ましいとする永続的な信条」とみなされてきた（Rokeach 1973 in Gold 1980; 24）。Peterson（1979）の考えでは、そうであれば価値観とは、行動または目的にどのような序列をつけるか、という選択を明らかにする表明である。

異なる開発課題はそれぞれ異なる目標を反映しており、それらの目標は社会的、経済的、政治的、文化的、倫理的、道徳的そして宗教的な影響すら反映するであろう（Potter 2002）。開発の性質が経済学を超えてその領域を広げていくにつれて、開発のイデオロギーに関する文献もまた変化して、政治的、社会的、倫理的、文化的、生態学的な側面、さらには開発と変化についてもっと広範な過程の他の側面を強調するようにもなった（Potter 2002）。開発思想のかなりの部分も、依然として政治的な情報が欠如した状態にあり、開発理論のイデオロギー的な基礎に対して、もっと強い関心が払われる必要がある（Goldsworthy 1988）。開発理論のイデオロギー的な基礎という広いカテゴリーの数例として、保守とか、リベラルとか急進派のような立場が挙げられる（Goldsworthy 1988）。Peet および Hartwick（1999; 3）は、「開発主義と

は一つの戦場であって、そこでは政府系経済学者、マルクス主義革命派、環境活動家、フェミニスト批評家、ポストモダン懐疑派、急進的民主主義派、その他の人々の間に激しい論争が行われている」と示唆している。開発については、それが欧米の帝国主義の中で果たした役割についても批判されてきた（Said 1978 参照）。

発展途上国の観光政策に関する研究の中で、Jenkins（1980）は、民間投資と政府投資との間で目的が二分化していることに着目している。民間投資の基準では、収益性が中心に位置づけられており、他の考慮は二次的なものとなっている。政府投資では、収益性にも関心は払われているが、社会的、文化的影響、土地利用政策といった他の非経済的影響も考慮されなければならない。

政府はその優先度に応じて、「観光第一主義」のアプローチをとって観光産業そのものに努力を傾注するかも知れないし、あるいは、企画の枠組みがもっと広範な国家開発のニーズによって作られた「開発第一主義」のアプローチをとるかも知れない（Burns 1999a）。第 2 章で述べたように、持続可能性に重点が移ってきたことに伴い、企業の社会的責任という問題に対する関心がいっそう高まってきた。Robbins（2001）は、富の創出に専念する伝統的な企業文化を持つ企業に言及するとともに、富だけでなく、社会的に、また環境面で活動することにも同じような重要性を置き、社会・環境的な文化を備えている企業にも言及している。

観光開発の担い手は、彼らなりの価値観やイデオロギーを持っており、そうした価値観などは権力の文脈で考える必要がある。権力の研究、その意味および定義に関しては、広く多様なアプローチがある（Coles and Church 2007）。また、何人かの学者は、観光においては権力の関係を理解することが重要だと強調してきた（Hall 1994, 2007a; Mowforth and Munt 1998 2003; Bianchi 2002; Coles and Church 2007）。観光開発の担い手がどの程度の権力を持っているのか、彼らはその権力基盤をどこから得ているのか、そして彼らは自分たちが望んでいる成果を生み出すために、どの程度その権力を利用できるのか、といった問題があるが、そうした問題は、観光の企画と開発の研究では重要なポイントである。Tadaro（1997）は、ほとんどの発展途上国は、権力を持った少数のエリートによって、先進国よりはるかに直接的ないし間接的に支配されている、と述べている。

権力は様々な源泉から生まれるが、観光開発の過程でそれは色々な形で行使される。Mann（1986）は彼の社会的権力の研究の中で、社会的権力の 4 つの源泉の間の相互関係によって、社会および社会の構造と歴史について一般的に説明することが可能であると、述べている：すなわち、その 4 つの源泉とはイデオロギー、経済、軍事及び政治の 4 つである。

観光の分野では、政府は法令に基づいた権力を保有していると言えるかも知れず、他方、産業は富、情報ないし技術を通じて、また市民グループは、地元の人々の参画を通じて権力を手にしているのかも知れない。制度的な取り決めは部分的には、権力がいかに行使されるかということに影響を及ぼすであろう。ただそこに腐敗があれば、法律や規制を逃れてしまうかも知れない。例えば、Duffy（20009）が見いだしたものは、ベリーズにおいては組織犯罪が拡大したために、エコツーリズムの基礎になっていた環境規制が多くの問題をはらむものになってしまったという状況である。「国家機構の内側または外部に存在して、より強い力を持った利害関係グループが、国の下位部門の動きを妨害すると」環境に関する政府規制は「効果のないものとなってしまう」のである（Duffy 2000: 562）。

　政治的影響を受けた観光経済については、第3章において観光産業のグローバル化との関連で検討した。Underhill（2006）が、変化しつつある世界秩序に関する研究の中で示唆しているが、国際政治における権力と富の間の（または政治領域と経済領域の間の）複雑な関係は、ごく最近の形としては、一方における政治的な権威が、他方における市場と称される富の生産と分配の仕組みに結びついていることに示されている。観光に関する限り、各国政府はどの程度、その国境を多国籍企業に対して開放する政策を設定するのだろうか？

　Bianchi（2002）の考えでは、市場の動向を、そこに登場する様々な当事者やグループが持っているイデオロギーや価値観から切り離して考えると、自由市場的な「比較優位」（comparative advantage）の考え方に示されるように、これまでの歴史の中で国家が経済的な諸階級の活動をコントロールするのに使ってきた市場の政治的性質を過小評価することになってしまう。またさらに、それは市場の無制限な競争が一様でない結果をもたらす、ということも無視してしまうことになる。

　Bianchi（2002）の要約によれば、政治的影響を受けた観光経済とは、要するに「権力がどのような制度的な源泉から来るかということについて研究するものであり、その権力は、人々、場所、そして歴史といったものを観光の対象に変えていくという背景の中で、資源の獲得競争や欠乏への対処といったものを反映し、またそれを内容としている」。第1章で指摘がなされたように、Hattne（2002）は「行き詰まりを超えて：新たなパラダイムの模索？」の中で、政治的影響を受けた国際経済は、開発理論に関する議論を前進させる建材の一つである、と述べている。

　政治的影響を受けた国際経済の背景を明らかにする中で、Unerhill（2006）は、国際関係における3つの主要なアプローチがどのような貢献をしたかについて概説している。この3つとは、リアリスト・アプローチ（統一され自立した登場者として

の国家)、リベラル・アプローチ（経済的領域における個人の相互作用）、そしてラディカル・アプローチ（例；マルクス主義者）であり、同時に Underhill は、フェミニズム、環境主義およびポスト・モダンニズムに関する文献についても記述している。

政治的影響下にある国際経済において権力が行使されるのは、国内的および国際的なレベルの双方においてであって、国家と国家の間や、一つの国家の中での様々な社会の間や経済構造の間に存在する複雑な相互依存関係を特徴とする状況の下において行使されるのである（Underhill 2006）。こうした権力の行使は、「市場メカニズムや競合する諸国家から成る制度が持っている複数の統治権を通じて、また同時的に機能している」ガバナンスの総合的な仕組みを介して行われる（Underhill 2006:19）。Underhill の著作（2006）の中で Milner（1991）が示唆しているように、国際的な制度を相互依存関係が作る網として研究すると、そこへ登場する当事者の間のつながりに焦点を当てる必要が出てくる。本章はこれから、観光開発の過程に登場する様々な当事者の研究に移ることとする。

4.4　開発過程に登場する当事者

図 4.1 で示されるように、観光開発の過程には、公的部門、民間部門、そして非営利部門を代表する多種多様な当事者が集まってくる。本項では、彼らの異なる役割を説明するために、様々な事例を用いていくこととなる。既に概説されたように、これら当事者の各々は、一連の価値観、イデオロギー、目標、優先度、戦略そして資源を有しており、それらを観光開発の過程に持ち込んでくる。これら様々なグループは、時には似たような最終目標を持っているかと思えば、また時には、お互いに衝突しあう可能性もある。民間の開発業者は、高層のリゾートビル建設によって収益性を最大にしようとするかも知れないが、他方で、国家が選択することはそのような建築物の高さを規制することかも知れない。

このような当事者は全て、観光商品を供給することに何らかの形で貢献している。Page と Connell（2006）は、これら当事者を国と地域の観光組織、観光目的地の業者、地方の官憲、催し物、運輸、宿泊施設、小売り業部門（店）、旅行代理店、旅行業者、そして観光客をもてなす産業（hospitality industries；レストランやカフェ）にまとめている。

4.4.1　国家の関与

観光開発の過程において、最も重要な当事者の一つは国家である。政府は、様々な

省庁または国家が支援している観光開発の法人を通じて、観光開発を誘致し、また管理するという2つの目的のために枠組み、政策、計画および規則を設定する。第3章で指摘されたように、グローバル化の拡大に伴い、国家の権力に変化が生じてきた。ある面で、国家は多国籍企業に直面したことにより、ある程度その力を失ってしまった。しかしながら、他の面では、準国家、国家及び超国家機関といったものを含む、より複雑で重層的な統治も存在するに至っている（Sholte 2000）。発展途上国の中には、観光を促進するために、国家が重要な役割を担っている国も多く、また企画立案に当たっては上意下達のアプローチが行われている（Liu and Wall 2006）。政府は、観光産業のために経済的な枠組を形成し、インフラや教育の面で観光に必要なものを提供して、規制に囲まれた環境を構築する。私企業はその中で営業を行い、事業を促進しマーケッティングを行うという役割を担うのである(Hall 2005)。Hall(1994)は、観光に関して政府が7つの役割を果たしていると指摘する。その7つとは、調整、企画、立法と規制の設定、企業家精神、刺激策の提供、社会観光、そして利益保護である。

　メキシコの国家観光局は、観光政策を策定し、それを実施に移すと共に、観光開発のための国家基金であるFonaturとメキシコ観光局の運営を監督している。Fonaturは、観光企業のために不動産取引の手配を行い、資金手当も行うが、他方、観光局の方は営業促進の面倒をみる（コラム4.1参照）。観光開発で成功をおさめる鍵となる要素は、その国や地域に対し、国内および海外の観光投資を惹きつけるための政策と規制である。メキシコでは、2001年から2006年までの間の観光部門に対する（国内及び海外の）民間投資の目標額は90億ドルであったが、この目標は2005年6月に達成された。民間投資のうち、48％がメキシコのビーチの観光目的地に振り向けられており、メキシコの観光インフラに対しては、米国が最大の外国投資を行っている(Visit Mexico Press 2006a)。こうした措置の正反対のものとして、国家が貧困者のための観光促進に役立つようにとの趣旨で、極く小規模の貸付制度を利用できるような措置もとっている（第5章参照）。

　インドの西ベンガル州政府は、地域または州レベルで、インド人投資家および海外の投資家を州の観光部門に惹きつけ、将来の観光政策を作成するためにコンサルタントを任命しつつある。拡充の対象と認められた分野には、お茶についての観光、河川をめぐる観光、英国のインド支配を懐かしむ観光（Raj-nostalgia tourism）、エコツーリズムなどがある（India eNews 2006）。州も、観光地をマーケッティングしたり、観光客に魅力的なイメージを作ることに一役かっている。しかしながら、Howie (2003)は、ある種の緊張関係についても記述している。すなわちそれは、伝統的な企画立案のアプローチともっぱら経済を推進力とする市場の視点との間の緊張関係で

あって、前者の場合は、環境面の収容能力、適法な土地利用、許容し得る範囲内での実用的利用および持続可能な開発といった概念が指針となっている。それに対し、後者については、地元の商工会議所、主要な投資家、そして民間の企業部門を代表する有力な団体が有する見解である。州は市場が極めて競争的な場合、ますます企業家的精神を発揮しなければならない。州が産業界や他の州と提携関係を結びマーケッティングを行ったり、より小規模な会社のために提携関係の形成を促すのに一役買ったりすることが増えてきている。マーケッティングについては、第6章でさらに研究することとする。

コラム 4.1　Fonatur とメキシコにおける観光開発

　Fonatur は、1974年に創設されたメキシコの「国営観光開発信託」(National Tourism Development Trust) であり、計画的な総合リゾートを開発するために、また地域開発の促進だけでなく国全体に影響が及ぶようなプロジェクトを造るために設立された。この組織は、開発地域のマスタープランを考案し、観光企業への資金手当を行い、不動産取引を実行し、そして観光開発に関連するインフラ・プロジェクトにも目を配っている。

　Fonatur は、メキシコにおいて、Cancun, Los Cabos, Ixtapa, Loreto および Huatulco Bays から成る5件の総合ゾート開発を有している。これら5件を合わせると、ホテル数が245で、その客室総数は36,800を越えている。これら観光目的地の総収入は、メキシコが観光から得る対外収入の54%になり、またメキシコへの全外国人訪問客の40%を受け入れている。さらにそれら5件の観光目的地は、年間で27億6千万米ドルを稼ぎ出し、さらに売上税と宿泊税により3億ドルの税収入を生みだしている。Quintana Roo 州と Baja California 州は、それぞれ Cancún と Los Cabos といった観光開発が行われた州であり、これら2州は、一人当たり GDP で、それぞれ第4位と第8位を占めている。

　Fonatur は観光開発への投資機会を積極的に追求し、外国人投資家のために望ましい環境を提供している。メキシコにおける投資関連の規制の枠組みも、不動産を含めて、ほとんどの経済分野および経済活動において外国人による所有権を支援するものとなっており、資本比率が100%の資本参加も認めている。外国人投資家に対し法的保証や担保を供与するのに加え、現行制度の下では、利益、ボーナス、配当および利子支払いの国外送金もまったく規制されていない。Fonatur は、観光分野で開発業者

や投資家を惹きつけるため、毎年、会議を開催している。また現在、5x5 計画と呼ばれる新たな投資提案を提示している。この計画に含まれているのは、(1) Fonatur の 5 件のリゾート地全てにある海辺の資産、(2) 他と遜色ない利率での建設用の資金提供、(3) プロジェクトに必要なすべての認可や免許の処理、(4) 定額料金の建設費見積もり、(5) インフラと土地所有についての保証、である。

　Fonatur は、既存の主要なリゾートの再開発や拡張に加えて、観光生産物を多様化し新たに開発するために、現在多数のプロジェクトを推進中であり、これには 2 つの巨大プロジェクトも含まれている。この巨大プロジェクトの第一は、西海岸の Nayarit 州にあって、アカプルコへの客の集中を解消するために考案された高級総合リゾートの建設である。Fonatur が、14,500 客室の設置を予定している新しい市の開発に関与したのは、この 20 年で初めての例だった。第二の巨大プロジェクトは、三叉形状をした Cortez 海にあるプロジェクトで、Baja 半島に沿ったヨットなどの小型船用の港の開発を推進することがその中心になっている。Fonatur が事業説明書の一部で強調しているのは、Fonatur が、全国的な影響を及ぼす持続可能な観光プロジェクトを企画し、開発することを任務とする機関になるだろう、ということだ。この構想の一部となっている見解には、社会的自覚を伴った形で開発が行われるべきだ、との表現があるが、その自覚とは、地域開発を前向きにとらえ、適切な報酬が支払われる常勤の仕事を創出するようなものとされている。

　Fonatur が直面している難しい問題は、これらの大規模プロジェクトを実際に開発するだけでなく、その利益ができるだけ多くの人々に広がっていくのを確かなものとすることである。Torres と Momsen (2004) が見いだしたように、Cancún の例では、こうした大規模リゾートと地元経済の他の部門（例えば農業）との間にある後方経済連関（backward economic linkages）を強化する上で、解決しなければならない難問が数多く存在する。（訳者注：後方経済連関は、産業連関において、ある産業の活動の拡大がそれに原材料を供給する他の産業—後方に位置—に及ぼす影響のこと。）
出所：Fonatur (2006)；Visit Mexico Press (2006a,b)；Torres and Momsen (2004)

4.4.2　民間部門の関与

　民間部門の開発は、地元の観光案内人のようなインフォーマル・セクターにおいて小規模な商売をする人々から、中小規模の会社、さらには旅行業者やホテル会社のような、その国のホテルチェーンや多国籍企業にまで広がっている。留意すべきことは、規模の大きい企業が世間の注目を集めることが多いが、小さい観光ビジネスやインフ

ォーマル・セクターも、雇用の観点および観光産業に地元の人たちが参加する機会を作るという観点からは、不可欠であるということである。これらの人々のグループについては、次の章でさらに詳細に検討されよう。発展途上国における多国籍観光企業にはこれまで様々な批判が向けられてきたが、その批判には経済的な漏れ（economic leakage）、不適切な形態や規模での観光開発、埋没費用（下記訳者注参照）、投資リスク、多国籍企業による支配や外国人による支配への過剰な依存といったものが含まれている。しかし、地元の企業家にとってこれらの企業は投資資金、ノウハウ、専門性、経営能力、市場への浸透や市場の管理を持ち込んでくれる上に様々な機会も提供してくれる（Lickorish 1991; Kusluban and Karamustafa 2001）。

（訳者注：埋没費用＝投下資金の内、事業からの撤退や縮小にもかかわらず回収できない費用のことで、初期投資額が大きかったり、転用困難な事業ほどこの費用は大になる。）

　ブラジルに本社を置くアトランチカ・ホテルは南米で最大のマルチブランドのホテル管理会社であり、ブラジルの 30 都市に 50 のホテルを持っている（Atlantica Hotels 2006）。世界的な規模では、インター・コンチネンタルホテル・グループ PLC は、様々な子会社を通じて、ほぼ 100 の国および属領で、3,650 以上のホテルと 54 万室の客室を所有したり、管理したり、リースしたり、あるいは経営権を与えたりしている。同社の資産内容には、InterContinental Hotels and Resorts, Crown Plaza Hotels and Resorts, Holiday Inn Hotels and Resorts, Holiday Inn Express, Staybridge Suites, Candlewood Suites および Hotel Indigo が含まれており、さらに最大の優待顧客プログラムの一つで 2,800 万人の会員を持つ Priority Club Rewards も有している（InterContinental 2006）。Lickorish（1991）が論ずるところによれば、これらの会社は（国内および国際的な）会社法に縛られ、また株主の利益や要求に拘束され、さらに会社の利潤を左右する市場によって恒常的に拘束されている。先進国においては、投資機会のリスクは比較的小さいかも知れないが、発展途上国においては政府機関がそれら企業を招いて、民間企業との合同の提携計画に資金を出すことはよくあることである。
　観光に関する文献の中では、多国籍企業に対して多大の関心が集まっているが、発展途上国における国内の小企業やインフォーマル・セクターも観光産業に大いに貢献している。Gartner（2004）が示しているところによれば、多数の発展途上国で行われた推計によると、小企業の数は中規模ないし大規模な会社の数よりはるかに多く、

非政府雇用の 40~90%を占めている。「観光目的地のレベルでは観光ビジネスの支配的な形態となっている小規模会社は、観光目的地の観光経済の屋台骨となっている」Gartner 2004)。Gartner（2004）がガーナにおいて行った研究によれば、このような小規模の会社は、グローバルな要素や従属の問題から生ずる多くの難しい問題に直面しているだけでなく、資本を工面する能力の欠如、経営能力の無さ、文化的な制約といったリスクも抱えており、そういうことが結局、友人や家族まで雇用することにつながっていく、というのである。小企業に加えて、観光ガイドのようなインフォーマル・セクターで働く個人も存在する。彼らが占めている職は、多くの観光目的地では地元経済にとって非常に重要であるが、公式の雇用統計には算入されない。

4.4.3 国際機関

　国際機関も観光開発の過程で役割を担っている。観光コンサルタントは、特定のプロジェクトのデザインと開発の実施に際して、その専門性を提供するよう求められることが少なくない。発展途上国は、世界銀行や国連機関などの機関から支援を受けてきた。コラム 4.2 で説明されているように、世界観光機構は観光コンサルタントのサービスを提供している。企画に関する専門性に加え、国際機関は財政的援助も供与してきた。第 3 章で示したように、IMF や世銀に提出される融資申請の一部として、「貧困削減文書」に観光が記入されることがますます増えてきた。Davis と Simmons（1982）は、1970 年代の観光プロジェクトへの世銀の参加に関して研究を行ったが、その中で 24 のプロジェクトが、地中海圏、メキシコおよびカリブ海地域、アフリカ、アジアにおいて実施されたことを確認している。その参加の内容は、インフラ、建設、再活性化、一定限度の貸付および技術協力というように多岐にわたっている。Hawkins と Mann (2007) は、観光開発における世界銀行の役割を 2006 年の時点まで調べて更新し、世銀の役割が、地元住民の生計を改善するといった成果を具体的な目標として、より小さい規模で政策介入を行う方向に変更されてきたと述べている。この変更は最近、貧困削減と国連ミレニアム開発目標に焦点を合わせるようになったことを示すものである。

　国際投資保証機構（The Multilateral Investment Guarantee Agency, MIGA）は、世銀グループの一つであり、自国外に投資をしている民間の投資家や企業のために、グローバルな規模で政治リスクに保険をつける機関である。MIGA は通貨の送金、強制収容、戦争および内乱といったリスクに対し、投資保証を行う。コスタリカでは、カナダの「保存有限会社」（Conservation Ltd）とノバスコシア銀行が、MIGA を通じて、「熱帯雨林圏を行く電車」（Rain Forest Aerial Tram）というエコツーリズムの投資に

対して付保したが、これはサンホセ近辺の熱帯雨林圏において、観光客を90分にわたって電車に乗せて、車窓の外に樹木の頂きを見ながら、その間を走り抜けていくものである (MIGA 2006)。国際機関から資金を借り入れる発展途上国としては、難しい問題は、彼らが融資機関の指示命令をどの程度守るべきかということを検討する際に生じてくる。資金にはヒモが付いているかも知れないのだ。

地域レベルの機構も観光開発の面では影響力を持っている。カリブ地域およびラテン・アメリカの25カ国が加盟している「カリブ諸国連合」(ASC)は、観光面で活発な役割を担っており、それには加盟国間の空と海における輸送インフラやサービスの改善が含まれている (Timothy 2004)。ASC の特別委員会は、「カリブ地域の持続可能な観光事業地帯に関する協定 (Convention on the Sustainable Tourism Zone of the Caribbean, STZC)」を担当している。ASC の持続可能な観光事業計画の中には、地域社会の住民や他の利害関係者が観光企画の立案過程に参加するのを奨励し、企業家活動に刺激策を与え、また政府機関と民間部門との間の協力を促進するような戦略が含まれている (Timothy 2004)。

コラム 4.2　国連世界観光機構と観光企画コンサルタント

観光が成長を続けていくにつれて、観光コンサルタントのビジネスも成長していく。もし政府または実業界の組織が観光開発プロジェクトの実施を決定すると、彼らが用いる極めて一般的な手段は、そのプロジェクトの設計や企画を準備するために自分の組織の職員を使うか、または外部のコンサルタントを雇うことである。コンサルタント会社は、国の観光のマスタープランを作成することから、建築設計を含む特定サイトの企画まで、広範なコンサルタント・サービスを提供する。各国の政府は、2004年に創設された「国連世界観光機構技術協力サービス」〈The UN World Tourism Organization (UNWTO) Technical Cooperation Service〉を通じて、観光のコンサルタント・サービスを受けることもできる。この「サービス」の目的は、体制移行国家や発展途上国における観光を促進したり、開発したりすることである。「UNWTO 技術協力サービス」は、加盟国政府の要請に基づいて個々のコンサルタントやさらに規模の大きいコンサルタント企業を雇うが、彼らは観光目的地へ赴いて技術的な用務やプロジェクトについて仕事をする。これらプロジェクトの資金は、「国連開発計画」(United Nations Development Programme, UNDP)」、世銀、欧州連合 (European Union)、アジア開発銀行および二国間援助の供与国その他、様々な機関

からもたらされる。「サービス」がカバーする分野は次のようなものである；

- 観光開発の潜在的分野の確認と評価
- 長期的で持続可能な観光開発のための一貫した枠組みの確立
- 国家的および地域的な観光開発のマスタープランの作成
- 地域社会に基礎を置く観光の開発
- 観光を通ずる貧困の軽減
- 村落ツアーとエコツーリズムの開発
- 観光のための人的資源の開発
- 適切なマーケッティングと販売促進戦略の策定と実施
- 国家の観光行政における制度的機能の強化
- 既存の観光規制を国際的な基準に準ずるよう調整し、改善する
- 官民の提携を奨励し促進する
- ホテル格付け制度の確立
- 観光における情報技術の展開

　個人のコンサルタントおよび観光コンサルタント会社は、「UNWTO 技術協力サービス」のウェブサイトを通じて申請しておけば、同「サービス」が将来、彼らに仕事の実施を要請する際の専門家候補として、データベースに加えておいてもらうことができる。プロジェクトは特定の国々の国内で実施されたり、国をまたがって地域的な規模でも実施される。

　地域的なレベルのプロジェクトの一例として、同「サービス」を通じて、「シルクロード地域計画（Silk Road Regional Programme, SRRP）」に関する作業が行われた。この計画には、中国、カザフスタン、キルギスタン、タジキスタン、ウズベキスタンが含まれている。特に作業が行われたのは、シルクロード諸国のビザの必要要件について調査し、内容を最新のものに改めるとともに、シルクロードに関する観光資源の一覧表を報告書の形で整えることだった。その他の地域でも、欧州連合の支援を得て、「UNWTO 技術協力サービス」は、観光統計の記録、分類、分析の統一的なシステムを開発するために「南太平洋観光機構」（South Pacific Tourism Organization）（フィジー、ニューギニア、トンガ、ツバル、バヌアツ）に援助している。アフリカのマリでは、同「サービス」は、将来の観光マスタープランを作成するのに必要となるガイドライン作りのため、調査団を派遣した。同調査団は観光部門の現状について評価を行い、文化観光（同国の Djenne にある「グランド・モスク」はユネスコの世界遺産）

や、エコツーリズムおよび冒険ツアーを進めて行くことなどを始め、多くの勧告を行った。さらに個別の観光地や観光部門の管理、訪問のし易さ、宿泊施設、環境面や経済面の影響、またマーケティングについても勧告を行っている。その枠組みはマリ政府によって承認されており、同政府は、将来の観光マスタープラン作りのプロジェクトに使う資金を手当するために、現在、世銀と交渉中である。他の全ての計画と同様に、このプロジェクトについても重要な要素は、モニターすることや恒常的な評価と調整を行うのが必要だということである。

　最後の実例は中東のイエメンであるが、UNWTOは、同国の観光開発戦略の概要を作成するため、またSocotra島（豊かな植物相と海洋野生生物で有名）でのエコツーリズムのための制度的な、また法的な枠組みを見直すため調査活動を行った。そこから出てきた勧告の一つは、持続可能でない観光開発から島を守るために、既存の法的枠組みを強化することであり、またエコツーリズムの実施について認可と規制に関連する支援を行うことだった。どのような報告書なり、また計画が作成されようと、持ち上がってくる難問の一つは、それがどの程度実施に移され、その後どれくらい長期にわたって評価が続けられるか、ということである。

出所： UNWTO (2006)

4.4.4　非営利組織（Not-for-profit organizations）

　非営利組織または非政府組織（non-governmental organizations）が観光開発の過程において果たす役割に対して、ますます関心が強まりつつある。またそれら組織の規模も、地元の小さな組織から大規模な多国籍のNGOにまで広がっている。彼らは、地域社会に根ざした観光イニシアティブやボランティアによる観光事業あるいは貧しい人々のためになる観光（pro-poor tourism）において、雇用機会を創出することに関与しているかも知れない。遺産（heritage）保存のボランティアグループは、その所在地の保護や観光客に対する通訳業務の提供といった面で協力してきた。

　Tourism Concernは英国に本部を置いているが、現在、企業の社会的責任（corporate social responsibility; CSR）を主張してヒルトンに対して抗議を行っている。ヒルトンの豪華ブランドであるコンラッド・ホテルは、バハマにあるBimini湾リゾートとカジノを管理するために、ある開発会社との間で取り決めに署名した。プロジェクトが完成すれば、カジノ、分譲マンション、ゴルフコースおよびヨット・ハーバーがそれに含まれることになろう。だがTourism Concernは、この開発が付近の脆弱な生態系に対して脅威となっていると主張している（Tourism Concern 2006）。地域社会

に根ざした観光の中でNGOがどのような役割を果たしているかについては、次の章でもっと詳細に検討することになる。

4.4.5　観光客

開発の担い手として図4.1に掲載されている最後のグループは、観光客である。観光客自身も開発の過程で一つの役割を担っている。それがたとえ、浜辺に寝そべって休暇の終わりにホテルにただ支払いをするだけといった、より受け身の役割であろうと、あるいは、地元の学校の建設に協力したり、農場で手助けをしたりする等、ボランティアとして観光プロジェクトに参加するような、もっと積極的な役割であったとしても、いずれにしても観光目的地における開発目的に貢献する可能性を秘めている。さらには、彼らが行う行為、見せる振る舞い、そして地元の人々や環境との触れ合いには全て、開発のための手段である観光に対し影響を与える可能性があり得る（第6章参照）。

4.5　政策、企画および政治という濾過器

4.5.1　政策

観光開発は資源の管理にかかわるものである。Lickorish（1991; 160）は、「資源管理は、効果的で現実的な政策を準備することから始まり、さらに企画立案は、開発とマーケッティング（ともに一緒に準備されねばならないもの）のための戦略作りから始まる」と論じている。政治や公的な政策は、その地元だけに及ぶものであろうが、グローバルな範囲をカバーするものであろうが、観光にとっては重要である。なぜなら、政治によって観光産業や観光客は規制されるからである（Hall and Jenkins 2004）。Hall（1994）が主張しているところによれば、政府がある政策を採用する際には、開発される観光がどのような形態になるかということに直接の影響を及ぼし得る一連の価値観があり、政府はその中からいずれかを選択している。政府がどのような政治的イデオロギーを有するかによって、政府が望むのが大規模リゾートなのかナップザック旅行者用のホステル（backpacker hostel）か、あるいはエコツーリズムかカジノか、といったことが決定され得るのである（Elliott 1997）。

観光政策の多くが持続可能な開発の枠内で策定されているということは、ますます明らかになっている。Hall（1994）が示しているが、特定の政策が生まれる時は、一つの政策が決まる舞台設定の中で生まれ得るのであり、その舞台では、利益集団（例：産業団体、保存グループ、地域社会のグループ）、機関（例；観光を担当する政府の

省庁や機関）、要人（例；著名な産業界代表）および組織の指導者（観光大臣や政府の役人）が、どの政策を選択するかの決定で、相互に影響し合い、競い合っているのだ。

　図 4.1 によれば、ホテル開発業者などの観光開発の担い手は、政策、企画および政治という濾過器とみなされてきたものに直面するだろう。この濾過器は政治、官僚、規制を課する行政といった様々な層から成るものと認識され、観光開発の一つひとつが、建設に着手する前に通過しなければならない網（screen）である。この濾過器がどのような性質を持つのかは、その地元の政治的、行政的な条件如何で、観光目的地ごとに異なってくるであろう。場合によっては、地元社会のグループまたは環境グループが、この濾過の過程で自分たちの意見を述べる機会を手にするかも知れず、それが提案された観光開発の性質を変える可能性もあり得る。

　メキシコの場合は（コラム 4.1 を参照）、観光目的地は外国人投資に対し極めて開放的である。しかしながら、ベトナムの場合には、Lloyd（2004）の研究によれば、外国人投資家と市場経済を社会主義の下で治めるベトナム共産党（Vietnamese Communist Party, VCP」との間の関係がずっと動揺していて不安定だった。そのような経済では、一方において、民営化に対する統制、インフラおよび多額の収入を産み出す投資を独占することによって、経済の中で実質的な役割を引き続き手中にしておきたいとする国家およびその国家の欲求と、他方において、国家の役割を減少させるような主張を行う外国企業や IMF あるいは世銀といった融資機関からの圧力との間に緊張関係が存在する（Lloyd 2004）。

　最後に、イデオロギーの変化によって政策や開発全体が影響を受けた例が、Chambers と Airey（2001）によって、ジャマイカで観察された。1972 年から 1980 年までの「社会主義者の時代」を通じて、ジャマイカ政府は、観光をジャマイカの生活様式に組み込んでいこうと努めつつ、同時に自助努力という目標を追求した。1980 年から 1989 年の第 2 期である「資本主義の時代」には、重点は政府介入の削減と外貨の追求に移った。第一期を通じて、観光事業のジャマイカ化がある程度見られ、そうした政策のために来訪者数、宿泊利用、ホテルの供給および雇用が減少した。第二期を通じて、観光の数字的な回復はあったが、地元と観光客との間に一層の緊張関係が生じた。従って、政府のイデオロギーには、観光政策や開発の結果に影響を及ぼす可能性が潜在的に含まれているのである。

4.5.2　企画の諸形態

　政策がいったんでき上がると、最優先の政策が開発にかならず反映されるように企画が文章にされる。Inskeep（1991: 25）は、非常に広い意味で、企画の立案を「一

定の目的を達成するために、将来をまとまった形に構成すること」と定義している。企画の立案は、日々の活動の計画を作る個人から始まり、企業の企画作り、そして公的で総合的な国家または地域のために政府が行う企画作りまで、それぞれ異なったレベルで実施される。持続可能性のある企画立案につながるさらに具体的な定義としては、それは「観光目的地の持続可能性をより幅の広いものにすること、それによって観光目的地やその土地での観光客の体験がより豊かなものになるような変化を予測し、調整し、またモニターすることを目的とする過程である（Page and Connell 2006: 477)」。Inskeep（1991: 25）が企画の主要な形態として挙げるのは、経済開発の企画、物理的な土地利用の企画、運輸、水、電気、廃棄物処理および電気通信などのサービス・インフラの企画、教育面、医療面および娯楽面の施設やサービスといった社会施設の企画、公園や保存についての企画、企業の企画、そして都市圏および地域に関する企画である。Liu と Wall（2006）は、地元住民が、観光から得られる利益の受益者となるのに必要な訓練や技能を受けられるように、発展途上国における観光の雇用面の企画にもっと関心が払われる必要がある、と説いている。

　これまで議論してきた企画の主要な形態は、ほとんどが政府によって完成される。しかしそれと違って、企業の企画は、自身の企業イメージを高め、利益を産み出すために自らが設定している戦略を扱っている。航空会社はどの国に飛行機を飛ばすかという選択を行うだろうし、また国際的なホテル企業は、ホテルを建設して、その後それを自ら経営するために地元のパートナーを選択することになろう。

4.5.3　企画の規模

　観光事業の企画は、様々な規模と時間的な枠組みの中で行われる。国際機関（例；国連世界観光機構）、地域の貿易圏（例；ASEAN、東南アジア諸国連合）ならびに保存および環境に関する国際法（例；世界遺産条約）は、全て観光政策や企画に対して潜在的な影響力を持っている（Hall 2000）。競争が増すにつれて、観光の企画は、国境を越えて行われつつあり、また観光開発にとって提携関係の重要性は欠くべからざるものであると、引き続き認識されている。シンガポール、インドネシア、マレーシアの「成長の三角地帯」は、観光事業に参画する会社も含め、多国籍企業による投資の対象として推奨されている。インドネシアのビンタン島とシンガポールは、共に観光目的地としてマーケッティングが行われている（Timothy 2000）。

　個別に見れば、島嶼国は経済的、社会的、制度的および環境面での制約をはじめとして、多くの困難な問題に直面している。またこれらの国々では、大規模で技術的にも進んだ輸出部門と、小規模で細分化され、資本も不足している国内部門との二重構

造を呈していることが多い（McElroy and de Albuquerque 2002）。

Baud-Bovy と Lawson（1998）は、国家的レベル、地域レベルおよび地元のレベルで企画を行う際に必要な主な重点事項について概説している。国家的レベルの観光では、観光事業の広い枠組みが作られ、マスタープランによって環境面、経済面、および社会面の政策が立案される。地域レベルでは、その地域のインフラ、保護区および運輸に関する中心的な課題を含めた地域の開発戦略や構造計画が立案される。地元レベルでは、通常の場合、その地元の開発や資源配分、保護管理手段、土地利用区分、密集状態、政策の調整と実施に焦点が当てられる。最後に、当該プロジェクトのレベルにおいて中心的な課題となるのは、市場の評価と財務評価、投資機関、用地取得、設備の計画および建設、そして開発面のニーズと操業面のニーズとの間の調整である（Baud-Bovy and Lawson 1998）。国家的または地域的な企画では、時間的な広がりとしては、10年から12年を超えることが普通であるが、特定の開発計画の場合には、より大きな枠組みの中で3年から6年といったより短期間に実施されるものもある（Baud-Bovy and Lawson 1998）。

規模だけではなく、観光事業のために作成される企画書は異なる目的を持っている。表4.1には、インドネシアにおける様々な形態の企画がリストアップされている。国の観光政策の文書には、インドネシアの観光の枠組みが提示されている。より具体的な計画には、ロンボク島の観光開発、Nusa Tenggara における村落観光、および空港のフィージビリティ調査（feasibility study）が含まれている。全ては観光に関連しているが、中心となる課題はそれぞれ異なる。地域社会に根ざした観光については、第5章で検討が行われる。

マルタでは、国の観光当局が、「マルタ観光政策」、「マルタ島国家観光計画」および「欧州観光政策」に沿うような形で作成された2006年から2009年までの「戦略企画案」を発表したばかりである（Malta Tourism Authority 2006）。Hall と Page（2006）は、

表4.1　インドネシアにおける観光企画の例

企画の形態	タイトル
国家政策	観光部門のプログラム作成および政策開発、産出（output）の1、国家観光戦略（UNDP 1992）
島嶼観光	ロンボクの観光開発計画（JCP 1987）
村落観光	Nusa Tenggara における村落観光開発プログラム（WTO 1986）
空港フィージビリティ調査	ロンボクにおける空港開発のフィージビリティ調査（Sofreavia 他 1993）

持続可能性の観点から戦略的企画の重要性を強調している。これら文書には、望ましい目標を達成するための手段である戦略が概説されている。戦略的企画の立案は企画と管理を一つの過程にまとめるものであり、将来の方向性や活動、プログラムおよび行動を、いわば現在進行しているものとして導いていく。戦略的企画の立案は、反復して行われるようになっているので、この過程において企画立案が制度として変化に適応し、それを学習できるようになる。こうしたやり方は観光企画の一つの形態としてますます重要なものとなってきている。

4.5.4　企画立案へのアプローチの変化

　伝統的には、観光企画の立案に関する理論と実践は、都市計画と結びついてきた (Costa 2000)。このために、その焦点は地元または地域レベルでの土地利用区分または開発計画といったものに向けられてきたが、それは用地の開発、宿泊設備、建築規制、開発の密集性、文化観光、歴史観光そして自然観光の特徴をどのような形で提示するかということに関連していた (Hall 2006)。近年では政府は、環境や社会に対する観光の影響についての懸念や、観光が全体としてより持続的な形をとるようにといった要望を取り込んでいく必要が生じて、その方向で調整しなければならなくなった（第2章参照）。このような変化は、より小さな政府が求められていた時代に生まれていたのである (Hall 2000)。

　Hall（2002）は、Gets（1987）の研究に焦点を当てることにより、観光企画の伝統の概要を説明している。この伝統に含まれていたのは、観光地の売り込み、経済・産業指向のアプローチ、物理的・空間的アプローチ、地域社会指向のアプローチであった（第5章参照）。これら4つの伝統に加え、Hall（2000）はさらに、観光企画の立案に際しての持続可能性のアプローチを追加している。これらの伝統が意味しているのは、観光企画を立案する担当者が、特定の中心的課題を含んだ企画案を作成する場合には、彼らが背負っている伝統を指針とするであろう、ということである。地域社会的なアプローチも、持続的開発のアプローチも共に、企画の立案者を専門家と見なした上達下達式の企画とは反対に、地元住民からのアイディアの提供を受け入れる、より下位上達式による企画作りを行う傾向を持っている。

　持続可能性ということに関心が移って行くに従って、ますます求められているのは、地元住民を企画や開発の過程に取り込んでいくということである。しかしながら地元住民は、観光事業やそれに関連する技能についての知識を欠いているため、投資家とか意思決定者という資格では十分な発言権を確保できないことが多く、公平性の側面にほとんど関心を払わない政策決定者によって、経済成長に優先度が置かれ

てしまうことが多い（Liu and Wall 2006 に引用された Cohen 1982。Liu and Wall 2006）は、仮に地元住民が本当に受益者や参加者となるのであれば、単に地元住民の参加を要求するだけでなく、企画立案の中に人的資源の開発を組み込んでおいて、それによって地元住民の能力の向上を図るように努める必要がある、と主張している。もしそれが実施されなければ、利益は引き続き地元住民ではなく外部の人々に行ってしまい、他方で、地元の人たちは、観光がもたらす変化にただ合わせていかなければならなくなってしまうのだ（Liu and Wall 2006）。

　観光についての難しい問題の一つは、観光がかなり細分化されているということであり、観光事業の企画立案者や運営者にとって、そのことが問題を起こす元凶であった（Jamal and Getz 1995）。JamalとGetzは、様々なグループを一緒に働かせるための方法として、地元社会に基礎を置いた企画を協力して作成する過程を設けることを提言している。そうすれば公的部門と民間部門の間の相互の働きかけも容易になるし、また地元社会が観光事業に参加する仕組みも生まれてくる。同様に、Timothy（1998）は　政府機関同士の間や、種々の行政レベルの間、同レベルにある自治組織の間、そして民間部門と公的部門との間において、それぞれの協力が必要とされるような観光企画を立案するよう呼びかけている。

　Costa（2006）は、観光企画の中では新しいパラダイムが引き続き現れていると述べ、現在の変化が示している方向性は、市場が先導するアプローチによって観光企画が決定されるというパラダイムに向かうものであると論じている。観光目的地の企画や運営は、その意思決定の過程の核心的な部分に一般市民の参加を位置づけるというように、民間部門から得る協調と刺激策を重視するモデルによって進められるであろう。台頭しつつあるアプローチでは、民間部門の組織と公的部門の組織との間の協調を改善することや、市民（居住者と来訪客）を意志決定の核心におくことに優先度が置かれるであろう。Costa（2006）の予測によれば、観光企画のモデルの中で今後優先されていくのは、観光目的地におけるガバナンス、そして持続可能性や競争力及び収益性をこれまで以上に高めていく能力、また自立的な開発計画といったものとなろう。

　今後は、様々な組織が古い官僚的な組織（すなわち「地域特定型観光の組織」；space product organization）に代わって、観光関連の企業集団（clusters）（すなわち「テーマ型広域観光の組織」；product space organizations）を中心にして設置されることになろう（下記訳者注参照）。また観光行政は、これら企業集団を追う新らしい趨勢に適応していくことになろう。これら企業集団の中では、グループ間で彼らの観光目的地のマーケッティングを行うために協調して働く必要が出てくるだろう。

(訳者注:「地域特定型観光の組織」(space product organization) は、県や府など一定の行政領域の中で立案される観光商品(例えば、「いで湯の旅、信濃路」や「いにしえの奈良へ行こう」)を扱う組織。「テーマ型広域観光の組織」(product space organizations) は、一定の観光テーマの下に複数の行政領域にまたがって行われる観光商品(例えば、「名湯めぐり東北の旅」や「芭蕉を追って奥羽道へ」)を扱う組織。)

Jamal と Jamrozy (2006:168) は、観光目的地を管理するための総合的な枠組みを提示しているが、それはマーケティングの企画や目標の設定の中に、その観光地における生態系と人間が共に形成する共同体を、組み込むべき正当かつ不可分な要素として取り込むものである。この枠組みの中で彼らは、持続可能な形によって観光のマーケティングを行うことを支持しており、さらに彼らは、生態系のネットワークのモデルに基づき、持続可能な企画やマーケティングの方向づけによって個人のニーズや欲求が満たされるだけでなく、生態系を支えようとする努力にも応えるものとなる、と論じている。

観光がもっと持続可能であることを求める声がますます強まっていることに伴って認識されていることは、観光を他から切り離して企画立案することはできないということ、また、むしろそれはより広い開発計画と一体化されるべきであって、公的部門、民間部門、そして非営利部門は協力して働く必要がある、ということである。このことは、もし観光が観光目的地のより広い開発計画の中に組み込まれるということになるのであれば、特に重要になる。

4.5.5 規制環境

様々な政策や企画に加えて、観光開発についての提案はどのようなものであっても、観光目的地における規制環境に直面する。規制環境とは、建築基準、労働法、廃棄物処理規制あるいは環境規制といった広い範囲にわたる具体的な規制や法律を網羅しており、それらは個々の観光地に特有のものである可能性がある。例えば、環境への影響評価は、開発が進められる前に行われることが普通である。しかし、国が異なれば、規制の基準もその執行の程度も異なる。規制の中には厳格に執行されるものもあれば、そうでない規制もあろう。そのために、一部の開発業者に対しては、自分の会社をどこに設置するかを選ぶ際に、ある場所が他の場所に比べより有利となる状況が出てくる場合もあり得る。

小さな島々の総合的な開発計画のための有益なモデルとして、McElroy と de Albuquerque (2002) が特に注意を喚起しているのは、アンギラ、バミューダ、セント・

ルシア、米国バージンアイランドである。この二人は、それら諸島がほとんどの場合に、公聴会とか、環境への影響陳述書（Environmental Impact Statements, EIAs）、社会的影響陳述書（Social Impact Statements, SIAs）を要求し、さらには文化的、歴史的資源の目録も含む承認手続きを求めることがしばしばある、と述べている。Balearic諸島（Majorca, Minorca, IbizaおよびFormentera）は、2001年に観光客に課税する環境税を導入した。しかしながら、政権の交代によって、それは2003年に撤回された。

コラム3.2の中でWood（2004）は、クルーズ船が、一つには、環境面や労働面での規制が少ないということを有利に活用するために便宜置籍船となることを選択する、と書いている。国が異なれば、国家が承認した計画の決定に対し異議を唱える際に、そのやり方の規則もまた異なってくる。開発業者が検討したいと望むのは、実施を検討している開発に反対運動があるかどうか、また反対者の意見が聴取される適正な手続きが存在するかどうか、といった点かもしれない。公聴会の規則との関連で遅延が長期間に及べば、開発業者が他の開発場所を選んでしまう原因となる可能性もある。

観光は政治によって大いに影響を受ける。将来、実現され可能性がある観光開発プロジェクトは、それぞれ異なる程度で、政策、計画および規制と向き合うことになる。こうした要素に加えて、観光目的地の政治情勢もあれば、さらにどの個人ないしグループが権力のバランス（表向きの権力だけでなく、裏の権力）を牛耳っているか、という要素もある。地元のエリートが、その土地の観光産業や政府を支配し、またその支配によって、望ましい観光形態や観光の配置場所といったことについて指図しているであろうか？　この項の表題である「政策、企画および政治という濾過器」は、一つの開発を進めるに当たり、そのためのどんな建設であっても、その着手の前に通過していかねばならない複雑に積み重なった様々の層に光りを当てようと意図したものである。

4.6 観光目的地の環境の中で生まれてくる観光：その形態と機能

4.6.1 観光開発のモデル

観光開発は、特定のプロジェクトについての個別の決定の中で展開されていくが、それだけではなく、多数の決定の中でも展開され、その過程において、時間をかけて開発の性質に影響を及ぼして行く。観光目的地におけるリゾート形態論が、時間が経つにつれてどのように変化してきたかを研究した文献があるが、その中で多数のモデルが提示されてきた。

Miossec（1976）は、リゾート、輸送ルート、観光客とその受け入れ側における進

展に注目したモデルを展開しており、そのモデルは Oppermann と Chon（1997）に引用されている。このモデルの最終段階には、互いに緊密に結びついたリゾート地（複数）で構成された上下の階層があって、架空の島の内部を探索する遠足のルートもある。そこでは観光目的地が次々と新しく現れてきて、それにつれて、観光客はそれまで体験できなかったような、もっと遠距離の旅をする可能性もあり、またそれによって地元住民との接触の度合いも増すのである。観光客にとってはインフラが改善することにより、観光目的地がますます訪問し易くなるだけでなく、観光の分野で仕事を探す人々の移住も誘発することになる。このような移住は、ザンジバル、タンザニア（Gossling and Schults 2005）やインドの Goa（Noronha 他 2002）で見られたように、しばしば社会・文化的、経済的および生態学的な変化にもつながっていく。

　最も長い間使われているモデルの一つは、「観光地発展サイクル論（Tourism Area Cycle of Evolution）」であり、これは生産物の耐用期間サイクル（product life cycle）の概念につながるものである。Butler(1980)が開発したモデルによれば、観光開発は、調査、関与、開発、定着化、低迷、衰退または再活性化という段階をたどるとされている。このモデルでは、ひとたび観光地の知名度が以前より高まってくると、大規模な多国籍観光会社がリゾート地を立ち上げるので、時間の経過につれて、観光産業への支配が地元による支配からもっと外部による支配へと移っていく傾向にある。

　仮に観光目的地が衰退していく場合には、その地域を再活性化するためには、どのような戦略がとられるべきかについて決定がなされねばならない。いくつかのリゾート地はこのモデルの段階の通りに進展していく傾向があったが、その他の観光地は、段階を数段飛び越えてしまって、結果的により長期間をかけた開発よりは、ほとんど時間をかけない短期的な開発になった場合もある。メキシコの場合は、政府は意図的に未開発の地域を選択し、そこに地域の成長の柱となるような大規模なリゾートを建設した（Telfer 2002b）。

　Wall（1993）は、観光類型論（tourism typology）を展開したが、それは観光的な名所のタイプ（文化的タイプ、自然タイプ、レクリエーションタイプ）、立地（水ないし土地に基礎を置く）、空間的特徴（結節的、直線的、外延的）および開発戦略（高い成熟度で開発済みか、ひとまず開発済みか、開発中か）から成るものだった。

　宿泊施設がどのようなタイプになるかは、観光システムの鍵となる重要な要素と考えられている。宿泊施設のタイプは観光システムの中で特に重要な要素と考えられており、それは観光客の特徴とか、構築環境、経済的な効果、地元住民の関与の程度に影響してくると共に、資本、土地、水、エネルギー、廃棄物処理システムのような環境的な面や、持続可能性といった側面の重要な要因に影響してくる。Wall（1993）は、

観光客のタイプ（大衆観光客から探検家まで）と宿泊施設（五つ星ホテルからゲスト・ハウスタイプまで）とを組み合わせて一体化することによって持続的な開発を促進させられる、と論じている。適切で持続可能な観光開発についての考察を深めるに当たり、Telfer（2002a）は、（1）開発の規模と管理、（2）地元社会および環境面のつながり、を研究した。この主要カテゴリーのそれぞれの中で、次の下位カテゴリーが吟味された。

開発の規模と管理
- 開発の中心課題、開発の規模と早さ、経済的分配の水準、企画のタイプ、地元の関与、所有、産業支配、政府の役割、経営の源泉、宿泊施設のタイプ、空間的な区分け、観光客のタイプ、マーケッティングの目標、雇用のタイプ、インフラの水準、資本の投入と技術移転。

地元社会および環境面のつながり
- 資源の利用、環境保護、後背地の統合、部門間の統合、文化的自覚、制度面の開発と地元との調和。

4.6.2　観光開発戦略の中のいくつかの事例研究

どのような観光開発戦略を取り上げるにしても、その選択は図4.1の枠内で、また開発過程を支配しているのが誰であるかという視点から理解される必要がある。例えば、その開発戦略は政府の観光マスタープランに基づいているのか、あるいは民間の企業家が、株主を満足させるために観光分野に対するより広範な投資戦略の一環として作り上げたものか。民間投資は、国家的、地域的、あるいは地元の観光企画と一致するかも知れないが、そうではない可能性もある。その上、政府が様々なレベルで、民間投資と競合するような計画を持っているかも知れない。Reid（2003: 225）が述べているように、「地元や地域の開発には、海外への債務の支払いのために外貨の手当をするといった目標とは異なった過程や目的が必要とされるのである」。

開発のための選択肢は多種多様であり、それは観光に様々な形態があるのと同じである。しかしながら、どのような戦略が選択されるかは、当該地域の政治や観光目的地の資源（つまり自然資源や人的、経済的資源、インフラ資源、技術的資源）によって、左右されるであろう。観光目的地によっては、リゾート開発が有利となることもあろうし、他方で、時間が経過するにつれて、公式に、または非公式に、エコツアーの観光地としてのイメージが固まってきた所もある。

図4.1が示すように、一つの観光目的地に生まれる観光には、明らかにある形態があるが、開発の過程に結びついた働きもある。大規模から小規模まで、また周囲から隔絶したリゾート地から総合リゾートまで、それぞれの観光事業が観光目的地との間で、どの程度強い関係を作りあげていくかということが、特定の開発目的に対して観光がどのような貢献をするかということに重要な関係を有するようになるだろう。地元経済、地域および国家の経済と密接に一体化しているような形の開発であれば、それがいっそう大きな潜在力を発揮して、観光目的地に住んでいる人々の参加をますます拡大していくことにもなろう。しかしながら、もし開発が専ら国内経済よりは、むしろ主に国際経済につながっているような形態であるなら、経済的に地元住民からより隔たったものになるであろうし、観光地はかなり疎外された位置付けとなってしまうかも知れない。しかし特記すべきことは、この種の形態の開発であっても、観光客数や外貨という観点からは、それらの強力な創出源となる可能性があり、また多くの場合、自国において自前の国内観光産業をうまく立ち上げることができない発展途上国にとっては、それが最善の選択肢ともなるのだ。本章のテーマとの関連においては、観光事業の形態の全てを吟味することはできないが、開発に貢献し得るその潜在力という観点から、観光開発の中のいくつかを選んで、これに焦点を当てて、それぞれの形態の長所と短所を指摘することとする。

4.6.3 リゾート開発

大衆的な観光をねらった大規模リゾートは、多くの発展途上国において、主要な開発戦略の代表となっていることが少なくない。なぜなら、そうしたリゾートは、相当な数の観光客、所得および外国投資を引きつけるという利点を有しているからだ（写真4.1、4.2および4.3参照）。メキシコについて述べたコラム4.1では、大規模なビーチ・リゾート開発の経済的な潜在性がはっきりと示されており、そのため、この開発の選択肢は無視できない。ブラジルの一つの例は、ビーチ・リゾート開発に対する国内的および国際的なかかわり方を浮き彫りにしている。ブラジル政府は観光部門の刷新を行い、北東部のインフラの改善を行うために、米州開発銀行（Inter-American Development Bank）から8億米ドルの借款を受けるとともに、2003年には観光省を創設した。同国は、カリブ海とは少し異なった趣向を求めるヨーロッパの旅行業者の観光目的地になりつつある。スペインとフランスの多国籍ホテル会社もブラジルでリゾートを開設しており、リゾート開発への同国の国内投資も行われてきた。2000年には、ブラジル銀行（Banco Brasil、ブラジル最大の銀行）の従業員のための年金基金であるPreviは、ブラジルの大手建設会社Odebrechtとパートナーを組んで、

写真 4.1　キューバの Varadero：ビーチ・リゾート

写真 4.2　南アフリカのサンシティ・リゾート：
水が少ない地域のリゾートの人工ビーチで泳ぐ観光客

写真 4.3　チュニジアの Manastir：
アミールパレス・ホテルの豪華ビーチ・リゾート。建物のデザインに注目。

Sauipe 海岸に、5 つのリゾート、6 つの比較的小規模な宿（Inn）、会議場、スポーツセンター、レストラン、商店、水泳プール、テニスコート、そして 18 ホールのゴルフコースを建設するために、2 億米ドルを投下した。Previ は後にそのプロジェクトで Odebrecht の持ち分を買い取り、5 つのリゾートホテルを多国籍企業にリースした。そのうち 2 件は米国のチェーンホテルである Marriot に、2 件はフランスの Accor に、そして 1 件はジャマイカの Super-Club にリースされた（Kepp 2005）。

　Oppermann と Chon（1997）の指摘によれば、南米で最大のマルチブランドのホテル運営会社であるブラジルの Atlantica Hotels のように、繁盛しているホテルチェーンが多くの発展途上国に進出してきた。一部には、太陽と浜辺を売りものにするような観光は、環境被害に加え、消費者の需要がポスト観光客（post-tourists）ないし「新型観光客」（new tourists）へと変化してきたために、衰退しつつあると主張する者もいる。他方、Aguilo 他（2005）は、Balearic 諸島にはそれは当てはまらないと述べる。再建と質の向上によって、同諸島は依然として競争力のある観光目的地である。しかし Anguilo 他は、太陽と浜辺型の観光は持続可能な開発の枠組みに適応して行く必要があると主張している。

これらのリゾートは多数の観光客を引き寄せているが、観光目的地にとって、全体としてどのような利益があるかについても活発な議論が行われている。批判が向けられてきたのは、こうしたリゾートに対してであり、特にそれらリゾートが地元の地域社会から隔絶し孤立的なリゾートである場合に、特に厳しい批判にさらされてきた。それらのリゾートは多くの場合、海外からの支配の下にあり、海外への資金的な洩れの率が高い。さらに多国籍企業は、地元地域社会との緊密なつながりを作るよりは利潤に対しより強い関心を向けている。

キューバにおいては、地元住民が Varadero ビーチ・ホテルに出入りすることが許されるのは、限られた場合のみである。第3章で述べられたように、Britton（1982）は、観光の孤立モデル（an enclave model of tourism）を展開した。Britton は、パックツアーに対し特に批判的である。観光客は総合リゾート施設に直接運ばれて、普通はそこで旅行期間を過ごすのである。観光目的地の中の移動は、リゾート地の諸施設の間と、帰国する際に空港に行くだけのものである。交通手段、ツアーの編成、および宿泊は、概ねきちんと組織されたフォーマルセクターの中で行われる。

批判は交通手段、宿泊および食事を含んだ全費用込みのリゾート・パックツアーにも向けられてきた。リゾート地に到着した後は、観光客には総合リゾートセンターから思い切って外に出てもらう必要がある。だが食事代はすべて先払いしてあるだろうから、観光客は地元のレストランに出かけて、さらに金を払ってまで食事をすることを躊躇するかも知れず、そのため潜在的な乗数効果は減少することになる。チップはパック料金に含まれていることが多く、そのためホテル従業員がチップを手にする機会は無くなってしまう。

バリ島の Nusa Dua、ロンボクの Kuta、Bintan における ビーチ・リゾートを含むインドネシアの3つの隔離されたリゾートを調査して、Shaw 夫妻（Shaw and Shaw 1999）は、孤立性という概念が、本質的には持続可能でないと述べ、それは地元企業家を蚊帳の外に置き、訪れる客と受け入れる側との間に既に存在している社会的、経済的および文化的なギャップをさらに広げる、と述べる。同様に、Mbaiwa（2005）がボツワナの Okavango デルタを研究した結果によれば、地元から孤立した観光が外国企業の支配下にあった。ここでは、サファリ・ツアー用に、売り上げ数を少なくして値段を高くする政策をとっているため、観光の規模は数値的にはかなり小さい。だがそれでも地元から孤立した開発に対する懸念が表面化してきている。こうした開発形態から生まれてくるのは、観光収入の海外流出であり、国外の居住者が圧倒的に支配する経営陣のポストおよび現地住民の低い給与である。Mbaiwa（2005）は、Okavango 地域における農村の貧困軽減という点では、観光は意味のある貢献をする

事はできなかった、と述べている。

4.6.4 統合的な開発と代替型の観光

　これまで大規模なリゾートや地元から孤立したリゾートに対して批判が向けられてきた一方で、地元社会とのつながりを促進する、もっと総合的な観光開発をいっそう進めるよう求める声もあった。総合的な観光というスペクトルの一方の端には比較的大規模な観光開発があり、他方の端には、地元がより多くの参加の機会を与えられている小規模の観光目的地、あるいはこれまでの観光と異なった代替型観光用の観光目的地が存在する。

　Telfer（1996）夫妻と Wall（Telfer and Telfer and Wall 1996, 2000）は、インドネシアのロンボクやジョクジャカルタにおける大規模ホテルと小規模なホテルが地元の農業部門との間でつながりを築き上げるために払った努力について調査した（写真4.4 および 4.5 参照）。両地においてホテルは、農産物を購入するために地元の供給者、伝統的な市場および農民との間で直接、間接のつながりを作り上げた。こうした積極的な行動には将来性があり、より大きな乗数効果を生み出すものではあるが、このような関係を長期間維持することには難しい問題もある。特に五つ星のホテルが小規模な生産者や供給者に対して、年間のある時期に注文を増やす際に問題が生ずる。

　地元の人々を直接に巻き込んでいく代替型の観光のもう一つの例は、村落を基礎とする観光である。ソロモン諸島の場合、この村落観光（village tourism）は観光客が、モーター付きカヌーに乗ってラグーンの端に位置している村と村の間を移動するという形をとっている（Limscomb 1998）。観光客は、茂み地帯のウオーキング、シュノーケリング、歴史ツアーや自然鑑賞ツアー、文化関係の展示、そしてそれぞれの村における芸術や工芸品を目当てに繰り出していくが、それとともに、村の生活の理解をより深めるためにその村に一泊している。

　Lipscomb（1998）が論じているのは、長期的な開発の初期段階あるいは試験的な段階で、村落に根ざした観光が、その村に少額の収入を生じさせながら持続できる可能性があれば、それ自体は村落観光を発展させる上で極めて説得力ある議論だ、ということである。しかしながら、このタイプの観光で難しい点は、マーケッティング、企画および文化的な問題などであり、また利益を得るのがもっぱら地元のエリートかも知れないという事実でもある。

　持続可能な観光の一つの形態として、総合的な観光あるいは地元社会に根ざした観光が重視されるが、こうした持続可能な観光とは、支配と利益が地元社会の手に残っており、さらに貧しい人々のためになる観光を含むような形態のものである。この貧

写真4.4 インドネシアのロンボク：黒皮のジャケットを着た漁師転じて供給者となった者が、地元の魚市場で魚を購入しており、その魚は今度は国際的なホテルに売られるだろう（Telfer and Wall 1996 参照）。

しい人々のためになる観光（pro-poor tourism）とは、色々な機会を最も必要としている人々のために、そうした機会を増やしてやることによって、貧困問題に取り組むように特に企画されたものである。いずれにせよ、この総合的な観光あるいは地元社会に根ざした観光を重視するという問題は、第5章でさらに取り上げることになろう。

4.6.5 エコツーリズム

エコツーリズムは引き続き注目を浴びているが、それは理論的には、環境の保護と地元住民の生計の改善を通じてウイン・ウイン（win-win）シナリオの見本となっているからである（Carter 2004）。多くの発展途上国で、エコツーリズムは、経済成長と環境的に持続可能な開発という2つを調和させる手段として促進されている（Duffy 2006）。多くの場合、大衆観光と一部の代替型の観光とは、スペクトラム上でまったく逆の端にあると考えられている。エコツーリズムの戦略は、観光業界や観光目的地によって支援されてきているが、それだけでなく世界観光機構（WTO）、国連環境計画（UNEP）、国際的融資機関（例；世銀）、先住民の権利擁護団体、開発

写真 4.5　インドネシアのロンボク：地元の零細な青果物業者が Sengiggi ビーチのシェラトン・ホテルに配達している。品物は地元の市場で購入された。

NGO、環境 NGO（例；世界野生生物基金：WWF、コンサベーション・インターナショナル：CI）、国際エコツーリズム協会、および二国間の開発援助機関といった多くの機関からも幅広く擁護され、促進されてきた（Carter 2004; Duffy 2006; Jamal 他 2006）。

　エコツーリズムの正確な定義についてはこれまで色々と議論されてきたが、Diamantis（2004: 5）がその指針となる概念的支柱として打ち出しているのは、エコツーリズムとは「地元住民から観光客に対して、あるいはその逆方向で実施される持

続的な教育を通じて、経済、社会および環境のために利益を増大させることを意図して、自然（保護下にあるか否かは別として）の舞台設定の中で生まれるものである」というものだ。

それは未開発の世界において特に推進されている。なぜなら、「先進」世界から来る観光客にとって魅力的な環境となるのは、「低開発性」あるいは「近代化の欠如」であるからだ（Duffy 2006）。エコツーリズムは、比較的貧困な地域社会が所得を創出する手段として推進されており、国立公園または保護区に隣接して生活を営む多くの地域社会にとって、それは彼らが、「保護区内にある動植物の資源を彼らの生存のために利用する権利を放棄することに対する」（Duffy 2006）有益な反対給付として提供されている。

国連は2002年を「国際エコツーリズム年」と宣言した。この年に、「世界エコツーリズム・サミット」が開催され、その結果「エコツーリズムに関するケベック宣言」が発表された。この宣言は、観光による社会的、環境的な影響との関連で、エコツーリズムには持続的観光の諸原則が含まれていることを認めるとともに、他方で、持続的観光をさらに広範な持続的開発の問題から区別する次のような概念を支持している（Carter 2004:485 所収の UNEP/WTO 2002）:

- それは自然遺産や文化遺産の保存に積極的な貢献を行う。
- それは企画、開発および運営の中に地元や先住民の社会の参加を含め、それら人々の福利に貢献する。
- それは観光目的地の自然遺産や文化遺産について来訪客に解説する。
- それは独立した個人の旅行者や小グループのために組まれたツアーとして、より役に立つ。

Duffy（2006: 2）は、エコツーリズムに関する政治はその定義をめぐる議論に現れており、次のような問題を提起すると述べている：すなわち、「グローバルな旅行業者や豪華さを基盤とするリゾート地が、エコツーリズムを提供することができるのか、あるいは正真正銘のエコツーリズムは、小規模な地元社会が運営するプロジェクトやキャンプ場の中に見いだすことができるのか？

認定制のプログラムを開発する努力もなされてきており、発展途上国において注目に値するこの種プログラムの一つに、「コスタリカ持続的観光認定書」というものがある（Jamal 他、2006）。Weaver（2004）は、エコツーリズムの構造的な側面について概要を説明しており、それにはハードな（硬質の）エコツーリズムからソフト（柔

軟な）なエコツーリズムまである。ハードなエコツーリズムは、その起源が1980年代までさかのぼり、自然に根ざした、小規模で代替型の観光として生じたもので、それは環境面、社会・文化面、そして経済面における大規模開発の行き過ぎへの反動として生じた。ハードなエコツーリズムの特徴の一つとして、エコツーリズムへの参加者の間で環境に関する高度の責任感が求められており、彼らは特殊で、多くの場合肉体的および精神的に厳しくなることが多い体験に、比較的長期間かけて割合に少人数で参加するのである。

スペクトルのもう一方の端には、ソフトなエコツーリズムがあり、その特徴は、環境問題に対する穏健で、または「うわべだけの」責任感を伴っており、参加者はより多人数で、様々な体験の中の一つとしてエコツーリズムに参加しようとする従来型の観光客である。彼らは旅行代理店や旅行業者を通ずるサービスにかなり大きく依存し、またこれら業者が提供するパック旅行を重視している。例えば、クルーズ船は自然のままの庭や自然保護区へのツアーを提供するかも知れない。Weaver（2004）が指摘するところによれば、ハードなエコツーリズムの純粋な信奉者は、ソフトなエコツーリズムに賛同しようとはしないが、他方で、自然環境の質的な向上を推進する手段とするために、またサイトを多くの観光客の利用に耐え、さらに集中的な使用ができるような地区に何とか変えていくために、資金面の目標を作り出していけるのは、おそらくソフトなエコツーリズムであろう。

エコツーリズムが多様なものであることは南アフリカを見れば明らかである。同国では、宿泊設備がまったく無い国立公園（例；Knysna国立公園）もあれば、Kruger国立公園のように、豪華な宿泊設備、広範囲に広がった道路網、四輪駆動車用ルート、荒れ地行程、案内付きサファリ・ドライブ、水泳プール、ゴルフコースおよび銀行施設を備えたものもある。南アフリカでは、エコツーリズム産業を商業化する措置もとられてきた。保護地区の多くには管理計画があって、同計画の中では、地区によってはその保護のための区分け（zoning）が取り入れられるが、一方で、観光開発はそれ以外の地域で行うことができるようになっている。Kruger国立公園の商業化は民間部門によって現在進行中であり、そこでは各社が提案を出し、その提案は財政的視点、環境管理、社会目的と能力開発といった観点から評価を受ける。観光が環境の保護や人間開発のための能力開発と結びついているので、自然に根ざした観光が適切に企画され運営されれば、どのような潜在的利益が生じ得るか、ということが明らかにされる（Spencely 2004）。その他の地域においても、JohnassonとDiamantis（2004）がタイとケニヤで調査した事例が示しているように、エコツーリズム用のロッジを見ると、どうしたら民間部門が観光客を受け入れる地域社会に利益をもたらすのに役立

てるか、が明らかにされている。

　様々な形態に発展したエコツーリズムは引き続き議論の的となっているが、保存に対する貢献のあり方や地元社会とのかかわり合い方に焦点が当てられるということには、かならずしもならなかった。Carter（2004）が指摘しているように、エコツーリズムの理想は、市場の厳しい現実に遭遇し、理論と実践との間にかなりのかい離が生ずるという結果となり、またエコツーリズムはしばしば誤解され、誤用され、誤った方向づけがなされてきた。生産物は、エコツーリズムとして、その概念の基本的基準も満たさないうちに市場に売り出されている。

　Carter（1994）は、エコツーリズムに関する彼の10年前の記述の中で、観光客は出費の多くの部分を観光目的地では支出しないので、資金の洩れといった観点からは、大衆観光と共通する似たような特徴がエコツーリズムにも多々あるかも知れない、と警告していた。ベリーズの事例を引用しつつ、Carter（1994）は、地元経済にインフレ圧力をもたらすようなエコツーリズムに対する高いレベルの外国投資が行われていると記述している。観光サイトに人気が出てくるにつれて、そこに訪問客が集中し、それが質的な低下につながる。だがエコツーリズムそのものが、本来「環境に敏感な育ち」なのかどうかといった点については論争がある（Carter 1994: 76）。

　Duffy（2006）は、発展途上国におけるエコツーリズムの政治を研究した中で、数多くの重要な問題を提起した。定義の問題に加えて、観光目的地が、発展途上世界という特殊なイメージを維持した未開発の地域としていかに市場で売り出されるのか、という懸念もある。エコツーリズム・リゾートは、旅行のグローバルなネットワークやグローバルな旅行業者にも依存しており、そのことは持続可能性の問題や権力と支配の問題も生じさせる。権力の問題がからむことは、国際機関からの資金供与にはヒモが付いている可能性があることから、また地元のレベルでも、エコツーリズム・リゾートによっては、かならずしも全ての住民が平等に利益を受ける訳ではないという事実からも明らかである（Duffy 2006）。Duffy（2006）は、エコツーリズムが新自由主義の促進につながっているということは、それが開発に通ずる道であることを意味している、と論じている。Jamal 他（2006）が主張するところでは、エコツーリズムは現代主義的で商品化したパラダイムに沿って発展してきたが、今やそれは方向性を転換する必要があり、参加型民主主義ならびに生物理学の（biophysical）世界と意味のある関係という2つを基礎にした社会的・文化的パラダイムを指向する必要がある、とされている。地元社会の観光への参加については、第5章でさらに議論が深められるであろう。

　エコツーリズムとの関係において、ここで考えられている最終的なトレードオフ

(trade-off)は金銭的な側面である。この部門は自然環境を守りその価値を高めるものとされているが、他方では、観光客が求める元々の資源を保護するために、観光目的地に引き寄せられる人々の数をもっと減らすべきだ、ということにもなっている。数をもっと減らすということは、彼らが大金を使う観光客でない限り、観光目的地のレベルで全体としての利益は、より在来型の観光形態に比べると、もっと小さくなるという意味である。個人ベースでみれば、エコツーリズムに直接関係している人たちにとっては所得が増えるということにもなろう。しかしながら、それが観光目的地の全般的な開発レベルに、どのように貢献しているかを測るのは難しいかも知れない。もし観光目的地の知名度が上がれば、観光客だけでなく観光産業に職を求める人々もその観光目的地にやって来ることになり、それは、適切にコントロールされなければ、様々な影響を引き起こすであろう。

4.6.6　文化および遺産（heritage）を基礎にした観光

　文化的な名所や歴史的記念物は多くの発展途上国における魅力の一部である（写真4.6 参照）。文化的な名所によって観光の流れがつくり出され、またそれによって地元の人々は観光客と交流したり、観光客から収入を得る機会が与えられる。祭り、みやげ物、伝統舞踊および地元の食べ物といったものは、すべてそうした魅力の一部である。

　Smith（2007）は、文化観光は変わりつつあり、ユニークな文化的体験を楽しむ機会は将来も引き続きあるだろうが、文化的な感動は小さな村落よりは、むしろ特定の国に結びつかない場所（例：世界都市）に、より多く存在する可能性があると述べている。諸文化が一つの国、一つの地域、あるいは一つの民族集団に結びついたものであっても、重要なことはそれらの文化がどのように描かれているか、またその文化の描かれ方について誰が主体的な決定を下すのか、また文化が観光に取り込まれていくのにつれて、そこの地元住民が搾取されているかどうかといった点を考慮することである。Wood（1997）は国家、アイデンティティおよび観光という3者間の関係について研究を深め、文化関係の観光に大きな影響力を持っている国として、2つの事例について記述している。

　中国においては、政府は55の少数民族の「民族籍」を公式に認めており、彼らの大部分は公的に指定された自治地域に居住し、その規模は村から省まで様々である。中国政府は観光地を公式に指定し、その上でどの地域が外国人に開放されるべきかどうかを決定する。シンガポールにおいては、国家と観光業界は自国を4つの民族的なカテゴリー（中国人、マレー人、インド人およびその他）を持つ国として扱ってい

写真4.6　タイのバンコック：グランドパレス地区を訪れる観光客

る。Wood（1997）は、これら4つのカテゴリーは、シンガポール人としてのアイデンティティや生活体験とは一致せず、人種的な伝統も反映していない、とコメントしている。しかしながら、観光産業のためにこれらのレッテルを強く打ち出そうとすると、今度は真正性（authenticity; 本物かどうか）の問題が生じくる。

　真正性については、観光に関連する文献の中で広範な議論が行われてきた

(Hashimoto and Telfer 2007)。観光という文脈の中では、「真正（本物）である」という言葉は、芸術作品、料理、服装、言語、祭り、儀式、建築のような生産物、ないしはその国の文化の一部となっているものすべてを表現するために用いられてきた（Sharpley 1994）。しかしながら、Timothy（2005）が示唆しているように、真正性というものは、それが取り上げられる場所、文化および人によって色々と変化し得る主観的な概念である。Hughes（1995）は政治的な影響を次のように説明している。すなわち、「観光における真正性は　企業家、販売代理店、解説ガイド、アニメ作家、仲介機関等々、様々な人びとと機関により作られてきたと考えられている」（Hughes 1995: 781）。観光客の行動については、第6章においてより詳細に掘り下げることになろう。しかしながら、観光客の動機は正に色々と異なっており、一部の人々は他の人以上に、「本物の」文化を体験することにより強い関心を抱いているのである。

　WallおよびXie（2005）は、中国海南島の黎民族の舞踊家について調査したが、これらの舞踊家は観光客に対し自分達の文化を上演するために雇われた少数民族のメンバーである。次の研究は真正性に焦点を当てて5つのテーマを提示しているが、それらをさらに広げて、本章の目的のために、文化観光と開発の役割について検討することが可能である。5つのテーマないしそれを若干変形したものは次の通りである：

・　　自然発生対商業主義
・　　経済開発対文化の保存
・　　文化的進化対博物館化（文化の凍結）
・　　民族的自治対国家の規制
・　　大衆観光対持続可能な文化開発

　本書の著者であるわれわれが得た結論としては、商品化を通じて民族性を賛美し描きたいという欲求はあるもので、さらに、大衆観光は職の安定につながり、それ故に経済的繁栄につながるので望ましい。文化を商品化することは、持続可能な開発を追求する場合には有益な働きをするものと考えられている。というのは、文化の商品化は経済開発から切り離すことはできないと見られており、経済開発そのものは望ましいことだからである。しかしわれわれは、ここで文化の商品化を支配する力や、それに伴う利益は、少数民族の自由になるものではないということを注意喚起しておく。文化というものは観光のあるなしにかかわらず進化する傾向があるが、文化がどのように用いられるか、また誰が利益を受けるかによって、広義の開発に対するその全体としての貢献がどのようになるかが左右されるであろう。観光による社会的、文化的

写真4.7　チュニジアの El Jem：ローマのコロセウム、ユネスコ世界遺産

影響についての議論は第 7 章でさらに取り上げられるであろう。

　現存の生きている文化は歴史的記念物と関係していることが多く、それらが観光名所として利用されることはますます多くなっている（Timothy and Boyd 2003）。ユネスコは加盟国のために「世界遺産」（World Heritage Sites）を指定している（写真 4.7 参照）。これによって地元社会には機会が生み出されるとともに問題も作り出している。この指定を受けることにより、観光客はさらに増加するかも知れないが、同時に余りに多くの観光客を惹きつけてしまって、観光サイトを管理する上で問題を生ずるだけでなく、持続可能な開発の面で問題を引き起こす危険性もある。

　Evans（2005）は、Mundo Maya の販売促進活動を調査したが、これは前コロンビア文明期の遺跡サイトをメキシコの Cancún および Cozumel にある全費用込みの Mayan Riviera リゾートにつなげたものである。Evans（2005）は、その土地の先住民の社会、国家および支配的なグループの間にある権力関係を調査すると共に、同地域のマーケッティングについても調べた。彼が見いだしたのは、純粋な意味の地元社会が欠落していて、地域社会が遺跡サイトの管理に文化的な形で関与することもなく、場合によってはサイトの解説すら存在しない例もあり、こうした形で全て一種の商品化の状況が生じている。Evans（2005: 46）が指摘しているのは、このような状況は、

「政府当局と（文化遺産の仲介業者を含む）権力集団が、文化遺産の観光と、一方で、その保存という介入を正当化する二重の論理を利用しながら、国際機関、公的基金のプログラムおよび開発援助との間で効果的に共謀するようなシステム」を永続化させている。いかなる観光開発についても同様であるが、地元住民が置き去りにされないように、また彼らが観光の生産物の一部となるのに役立つだけで、受益者にならない事態が生じないように、文化遺産のサイトの企画作りに彼らを組み込む諸措置が取られる必要がある。

4.7　観光開発の成果：より多くのつながりと参加の必要性

　図4.1の最後の要素は、観光の結果として生ずる開発の成果である。それでは観光が開発の社会的、経済的および環境面での目標に対して貢献するために、観光にできることは何であろうか。観光目的地は前述の観光の選択枝のうち、どれを推進可能な開発として選択できるだろうか。PageとConnellは、観光には貧困の削減と雇用の増大という観点から、開発に寄与する潜在な力があると示唆している。

　しかしながら、観光をもっと広範な政治的側面から眺めた場合、観光は次のような方法によって経済の内容を変えていくことができるのである（Page and Connell 2006）。すなわち、観光は交換可能通貨を獲得する手段となって、国際収支や債務状況を改善することができる。観光は先住民社会と観光客との間のふれ合いを増やし、社会的変化をもたらす触媒となり得る。観光を、自由を象徴するものとして見ることも可能であり、それ故にこそ市民は国の内外を自由に旅することが許されている。観光産業は、観光客と地元住民の双方に役に立つような、その土地のインフラを改善する役目も果たし得る。観光は、民営化を通じ、またそれと並んで、その土地を多国籍企業に対して開放すると共に、国内市場や国際的な市場にさらすことによって、経済再建の不可分の一部となり得る。最後に観光は、商業ベースの観光の成長を通じ、また規模の小さい企業家活動を助長することによって、商業的な開発を補完することができる（Page and Connell 2006）。観光は、企画と管理が的確に行われれば、将来の世代のために必要とされる資源の保存や保護の土台となる持続可能な開発に貢献することもできる。

　PageとConnell（2006）が概説した内容は、おそらく発展途上国が目指し得る理想であろう。観光開発にはコストもつきものである。従って、現実にはそのような目標を達成するのははるかに難しいであろう。本章では、観光開発の過程について、その概略を説明してきた。観光開発の担い手、すなわち国家、（国内および多国籍の）

民間企業、非営利団体、さらに資金面および技術面に関連する企画団体ならびに観光客自身といった当事者全ては、観光開発のために彼らなりの価値観、思想、目標、優先度、資源および戦略を持っている。国家は、観光目的地のために政策を策定したり計画を立案したりすることにより、また観光開発について規定する具体的な規則について、その骨格を作成することによって、観光目的地で観光開発が生まれるための枠組みを提供する。

政策や企画の立案に関連した状況は非常に政治性の強い環境であり、そこでは決定権者の価値観によって、実際に建設に向けて進んでいる観光の形態は強い影響を受ける。国家が支援するのはカジノであろうか、あるいはビーチ・リゾートか、またはエコツーリズムであろうか。国家は、多くの異なる生産物の選択肢を基礎にして、観光を多様化して造っていくのだろうか。

開発に影響するのは何かと言えば、観光目的地における政治構造がどのようなものか、国家はもっと一方的なやり方でどの程度行動できるのか、あるいは様々なグループや個々の市民が彼らの賛成、反対を公言できるような、より民主的なプロセスがあるか、といったことであろう。国家によって立案された観光の企画は、開発の指針となるために様々な異なる地理的範囲（その地元か全国的か）をカバーしている。しかし、国家機構を構成する様々なレベルの間とか国家と民間の間にも利害の競合があり得る。Reid（2003）が示唆しているように、

> ……地元社会はその地方政府によって代表されていると想定されることが多い。しかし、われわれが見てきたように、各国政府はそれ自身の課題を持っており、通常は、外国の銀行に対して債務を支払うために外貨を獲得しなければならないということにかかわりはあっても、地域開発の問題とか地元レベルでの所得創出といった問題にはかならずしも関係がない……

このグローバル化の時代に民間企業が見つけようとするのは、最大の支援やインセンティブが提供されるとともに、障壁が最小の観光目的地であろう。観光会社はそれ自身の企業企画を立案するであろうし、ほとんどの場合、投下した資金に対して最大の価値を得られるような場所に、自社の生産物を配置するであろう。

観光プロジェクトが、一旦、政策、企画および政治という濾過器を通過して活路を見いだすと、（大規模あるいは小規模に、また地元との関係で孤立した形態ないし統合された形態で）その建設が始まる。さらに、それがその土地の開発に対しどの程度

貢献するかという可能性は、主として、それが観光目的地の経済とどれくらい結びついているかということに左右される。開発プロジェクトが、地元における物資の購入、地元住民の雇用、地元の役務の利用、さらには企画作りの過程への地元市民の関与、インフラを通ずる地域への再投資といったものを通じて、地元経済に強く結びついていればいるほど、地元が得る純利益は大きくなる。

　難しい問題の一つは、地元経済をどの程度観光部門に組み入れることができるか、またどの程度、地元住民が参加できるかということである。仮に地元の生産物が品質の面でも量の面でも十分に確保できない場合、問題はもっと大きくなる。しかし、地元の供給業者に対する後方連関（backward linkage）を拡大する潜在性がある場合には、そうした連携を強めてゆく努力を尽くす必要があろう（場合によっては規則を作って）。

　Zang 他（2005）は、中国のホテル産業の場合、外部への発注という点では大きな潜在性があるものの、構造的な障壁が存在しているために、市場が依然として未成熟であるということを確認している。Zang 他は、上海におけるホテル開発に関するある研究に言及しつつ、外部への発注が、ショッピング・アーケード、レクリェーション・センター、花屋のスタンド、美容院、レストラン、ダンスホール、カラオケ店、サウナといった分野と並んで、家事および園芸の分野でも行われていることを示した。もし地元社会がホテルの外注契約にうまく対応できるなら、地元経済への後方連関は引き続き拡充して行くであろう。

　観光事業から経済成長が生まれるに従って、それは観光目的地の社会の他の分野へ注ぐ流れとなり、より広範な社会的、環境的な開発目標の促進に役立つ潜在力が含まれている。しかしながら、仮に地元経済とのつながりが限定的であり、利潤が国外に流出して行く場合には、観光が開発過程に貢献する潜在力も限られたものとなるであろう。Telfer と Wall（1996）は、関連文献を要約した中で、発展途上国の地元においてホテル用に農産物の調達を行うことは難しいと述べている。供給面での主な難しさは、生産物の質と量の双方に関するものであるが、それでも一旦つながりができ上がってしまうと、他の難しさがあってもこうした提携関係が続くようになる。その他の障壁、例えば、観光事業が地元のエリートによって支配されるとか、観光から上がってくる資金を、対外債務の返済用に使用する政府によって支配されたりすると、それもまた開発の成果にマイナスの効果を及ぼすであろう。

　経済的なつながりの形成が必要なだけでなく、地元住民が観光の企画立案にもっと関与することも必要である。しかし、Liu と Wall（2006）などの研究者が確認したように、人的資源が適切に管理されていなければ、地元住民は関与するための技能も

知識も持ち合わせていないかも知れない。これら二人の考えには、「発展途上世界における多くの、いや恐らく大部分の地域社会では、観光開発に対する関心を触発するため外部からの触媒や、自分たちに与えられた機会をフルに利用するために外部から専門的な知見を得ることが必要かも知れない」との示唆もある。

4.8 開発のための企画と規制

前章で明らかにしたように、経済と企画立案における国家の役割については対立する議論がある。政策の策定、企画および規制を通じて、国家は開発を推進するために観光の方向性を決めることができる。観光企画の方向性は時の経過とともにこれまで変化してきており、持続可能な開発が前面に出てきた。持続可能性、競争、利潤性、自立的発展、ガバナンス、官民の協調、提携および地元社会の関与といったものが、観光企画の立案の中で優先事項となりつつある（Costa 2006）。

観光開発のために選ばれる戦略には幅があり、大規模な成長の柱となるような開発を促進する戦略から、地元の企業家的な開発を奨励したり、脆弱な資源を保護するために一定分野で開発に規制をかけたりする戦略まで含めて、広い範囲に及び得る。観光は地域戦略の一部として、あるいは都市部を再活性化するために行うこともある。Hall と Jenkins（1998）は、農村観光に用いられる一連の観光開発の政策手段について概説しているが、以下のいくつかの事例を通じて明らかにされているように、それらの政策手段は、場所や規模が異なっても適用できるのである。

第一のカテゴリーは規制的手段であり、法律、規則、許可、免許がこれに含まれている。法律は、例えば、クルーズ船の開発あるいは総合リゾート地に適した地域を区分けするために制定されることがある。第二のカテゴリーは、自発的手段である。これには、技術援助の供与、またはボランティア協会や NGO に対する支援が含まれる。各国政府は地域の観光団体または遺産（heritage）保存グループを支援するかも知れない。第三のカテゴリーは歳出であり、それには特定の活動に資金を使ったり、公共事業を運営したり、官民の提携、モニタリングおよび評価と売り込みの推進が含まれる。政府は空港を改善するために資金を使わなければならないかも知れないし、一定の地域で観光を開発するために、民間会社と取決めを結びたいと望むかも知れない。第四のカテゴリーは資金面の刺激策（incentives）であり、価格設定、税金や手数料、交付金や貸付金、補助金や税制上の刺激策、払い戻し金や報奨金およびクーポン券が含まれる。コラム 4.1 で説明されているように、メキシコは観光開発業者を惹きつけるために様々な刺激策を提示している。経済的な刺激策は開発業者を惹きつけるであ

ろう。しかしその欠点は、将来的にみて、余りに多くのものを放棄しかねないことだ。最後のカテゴリーは不介入であり、国家はその目的を達成するために、むしろ巻き込まれないような選択をするかも知れない。

　国家に与えられた選択肢の中には、経済的な後方連関を推進するために色々な慣例に規制を加えることと、企画立案の過程へ地元住民を参加させる方法を改善したり、その障害となっているものを取り除いたりするものがあるが、それらはいずれも開発を促進するための選択肢である。観光開発を地元経済と一体化することは、本来の観光部門を刺激するだけでなく、発展途上国によっては全体的な開発のために極めて重要であり得るインフォーマル・セクターをも刺激することになる。同様に、地元の企業家を助成するためのプログラムを作ることによって、彼らが経済に参加する潜在能力を強化するのを支援することになろう。地元住民に対し企画の過程に参加する機会を提供すれば、さらに新たな機会が開けて、一層多くの地元住民が観光によってもたらされる利益を受けられる展望が開くかも知れない。観光に地元社会を取り込むことについては、次の章でさらに検討されるであろう。

　規制をどの程度実施に移すべきかということを決めるのは難しい。投資の刺激策は開発業者を引き寄せるかも知れないが、他方で規制は、彼らを追いやってしまうかも知れない。最終的に誰が観光産業を支配するかによって、利益がどこに向かうかがおおよそ決まるであろう。本章の諸事例によって明らかにされているように、観光開発には、全ての観光目的地に適する一つの形態（または諸形態）がある訳でもなく、成功を確約できるような企画、政策および手段のワンセットがあるわけでもない。たとえ企画が良くても、その実施の段階でよく問題が生ずることを認識しておくことも重要である（Lai 他 2006）。しかしながら、ますます強く認識されてきているのは、観光はそれだけを孤立して企画することはできないのであり、持続可能な開発の脈略の中で、観光を越えたより広範な開発戦略の一部として一体化される必要があるということである。

4.9　議論のための設問

1　政府の政策は観光開発にどのように影響するのか？
2　異なる形態の観光開発の利点と欠点は何か？
3　地元住民の利益を最大にするために、企画立案の際にどのようなアプローチを用いることができるか？
4　観光企業のための持続可能な開発政策を実施する上で、何が難しいか？

4.10 さらに勉強するための参考文献

Hall, C. M. (1996) *Tourism and Politics: Policy, Power and Place*(「観光と政治：政策、権力および場所」)、Chichester: John Wiley & Sons.
 本書は、観光と政治的な過程との間の関係について、その概要を巧みに説明している。本書は、国際関係、政治的安定性および文化といったテーマもカバーしている。

Hall, C. M. (2000) *Tourism Planning: Policies, Processes and Relationships*(「観光の企画立案：政策、過程および関係」), London: Prentice Hall.
 本書は、観光の企画立案と持続可能性との関係について、その概要をうまく説明している。本書は、様々な地理的レベルでの企画立案について研究するとともに、企画立案に対して協力的な組織の重要性についても研究を行っている。

4.10.1　ウエブサイト

メキシコの Fonatur のウエブサイトは、様々な観光開発プロジェクトの概要を、その投資刺激策と共に説明している： www.fonatur.gob.mx/_Ingles/index.htm.

Wimberly, Allison, Tong and Goo のウエブサイト。これは観光を中心とした国際的建築、設計、企画およびエンジニアリングの会社で、ウエブのページには同社が関与した数多くの観光開発の事例研究が掲載されている。

バルバドスの観光省のウエブサイトは、*National Development Through Sustainable Tourism*(持続的観光を通ずる国家開発）という文書およびバルバドス観光投資会社にリンクされている。バルバドス政府は同投資会社と一緒に投資の誘致を働きかけている。投資機会については次のウエブページに掲載されている：www.barmot.gov.bb/about.htm.

5 地域社会の観光に対する反応

5.1 学習の目標

本章を読み終えると、諸君は以下のことができるようになるはずである：
● 地域社会の性質を理解する；
● 観光開発の導入に対して地域社会や個人がどのように反応するかを認識する；
● 地域社会の関与と持続可能な開発との間のつながりに通暁する；
● 地域社会に根ざした（community-based）、様々の異なる観光イニシャティブを綿密に検討する。

観光の脈絡で地域社会について抱かれ得る考え方は、いろいろあって、幅が広い。地域社会こそが主たる魅力であり、地元の知識への入口の門番なのだという人々もいる一方で、地域社会などは単に観光が行われる舞台背景にすぎないという人たちもいる（Mowforth and Munt 1998）。さらに、地域社会によっては、実際上、他の観光開発が将来行われる可能性を妨げている場合があり得るし、だから他へ引越しさせろという考え方をする人々もいる。地域社会は観光にますます引きずり込まれているが、その理由は、需要サイド、つまり、観光客が新たな観光目的地や地域社会を体験したがって、こういう場所を積極的に捜し求めるということばかりではなく、供給サイド、つまり、地域社会が、観光客に対して自ら供給できる生産物にどのような可能性が秘められているのか、また、どのような経済的な利益が得られるのかということに気がついてきたからである。

重要な問題として考えなければならないのは、地域社会に根ざした観光の支配権を握るのは誰なのか、そして、観光のもたらす利益が地元の人々に帰属しているかどうか、あるいは、このような利益が地元の地域社会を搾取する地元のエリートあるいはそのような搾取を行う外部の観光開発業者によって支配されているのかということなのだ。地域社会は同じような人々から構成されている訳ではないし、住民の全てが観光に組み込まれることを支持しているのでもない。地元の人々は、観光客が絶えず注

ぐ眼差しのみならず、自分たちの文化がこれから商品化される可能性にも対処しなければならない（Boisseven 1996）。

　世間の関心が持続可能な開発に移行するにつれて、観光は観光客を受け入れる地域社会に対して積極的に寄与すべきだという要求が高まっている。観光開発プロジェクトが地元の文化遺産と環境を保護し、その価値を高めるだけでは十分ではない。つまり、地元住民も観光の企画過程に寄与し、観光のもたらす利益にもっと与る必要があるのだ。地元の発言権が増大し、地元の労働、生産物および資源の利用を通じて観光が地元の経済に組み込まれていくにつれて、観光が能力開発や自恃（self-reliance）の増進のような単なる観光を越えた開発についてのもっと幅の広い考え方に寄与する潜在力が高まることになる。先住民との関連において、Ryan（2005: 4）は次のように論じている。

　　　観光は、単に、社会の片隅に追いやられたような人々についての紋切り型のイメージを作り出す上で力があるというだけではなく、このような人々が自らの地位の向上を図って経済的、政治的な力を手に入れたいとの望みを託す手段であり、また、様々な世界観（worldviews）相互の間および同一の世界観内での対話が行われる場所であるという見方がますます拡がっている。

　本章の目的は観光と地元の地域社会との間の様々な関係を探求することであるが、その主眼は地域社会が観光ならびに観光の利用を通じて開発を促進する可能性のある様々な概念、プログラムおよび開発の担い手の全てとまではいかないにせよ、そのうちの一部に対しどのように反応するかということに置かれている。地域社会の性質と地域社会が観光に対してどのような反応をするかということを検討した後、本章は、次に、持続可能な開発と地域社会に根ざした観光との間のつながりに焦点を当てる。地域住民の参加と能力開発のような関連問題についても検討を加える。観光に直面した際に地域社会がどのような力を発揮するかということについても、地元地域社会の移転から抵抗に至るまで、実例によって研究する。

　最後に本章で取り上げるのは、観光で現在起こっているいくつかの問題であって、取り上げる理由は、こういった問題が地域社会と関連しているからである。このような問題には、NGOの役割、公正な取引と観光、貧しい人々のためになる観光、ボランティアー観光、ジェンダーと地域社会開発などが含まれている。このようなイニシャティブは、全て、地元地域社会にとっての機会と利益の増進を約束するものではあ

るが、しかし、同時に、本章全体を通じて論述してきたような数多くの困難と課題に直面していることも事実である。

5.2 地域社会の性質

　観光客によっては、地元の文化、言語、伝統、生活様式、自然環境を体験することが旅行の不可欠な構成要素であるような人々もいる。これらの構成要素が地元住民と外部の業者によって様々なレッテルを貼られて包装され、売り出される事例は、ますます増加している。このようなレッテルの例を挙げれば、文化観光、遺産観光（heritage tourism）、先住民観光、村落観光、地域社会に根ざしたエコツーリズムなどがある。これは、しばしば、商品化（commodification）の過程と呼ばれている。しかし、このタイプの観光によってもたらされる変化が、観光を受け入れる地域社会をマイナスの形で永久に変えてしまうのか、それとも、実際には、地域社会を再生に導く可能性があるのかどうかについては、論争が引き続き行われている。近代において旅行が発達したことと、グローバル化の影響によって、遠く離れた距離にある地域社会も余所者に対して門戸を開くこととなったのだが、このような地域社会は「外界」とこれまでほとんど接触を持たなかったかも知れない。HarrisonとPriceは論じて、今日、世界のどのような地域社会といえども孤立して存在しているものはないし、これまでにもそんな地域社会はほとんど存在しなかった、とまで述べている。曰く、「好むと好まざるとにかかわらず、全ての地域社会は国民国家の一部分であり、この国民国家はその住民の生活の全ての分野、すなわち、教育、保健ケア、通信および安全（社会的な安全とそれ以外の安全）に対する施策を有する」（Harrison and Price 1996: 2）。観光の枠組みとなるのは、一つには、このような政策の実施である（Harrison and Price 1996）。

　発展途上諸国の地域社会がますます観光の中心的な対象になってきているとするならば、「地域社会」（community）という用語の中核的な属性は一体何なのだろうか？
　地域社会の概念は単純ではないし、地域社会の何たるかをそれを取り巻く状況から把握しようとして、様々な試みがなされてきた。Rothman他（1995）の抱く地域社会像は、人々、モノとサービス、一定の約束事からなる特定の地理的範囲に基づく組織であるが、このような約束事は、社会の下位システム（subsystems）として重要であり、そこでは当該の土地と関連のある行事が行われる。
　Urryの所説はBellとNewbyの論考（1976）に依拠しているが、後の二人は地域社会の3つの主要概念の内容を明らかにした。第一の概念は地形上の意味であって、

これは地域社会の境界線を意味すると考え得る。第二は地域社会の社会的なシステムとしての意味であって、そこでは地元の人々と制度とが地元である程度社会的に結びついているということが含意されている。第三は「親密感」(communion)があるという意味であって、そこには、人間的な関係、つまり、人と人とのつながりと、どこかに帰属し、ほのぼのと暖かみを覚える感覚が内包されている。Urry (1995) はこれらの3つの概念にイデオロギーの概念を追加したが、この概念は、地域社会につき物で、こういう社会の底流をなす権力関係を、多くの場合、覆い隠してしまう可能性がある（Richards and Hall 2000a)。

地域社会は地理的に一つの地域に結びつけられているので、タイ北部の山岳民族 (Hill Tribe People) から、最近行われており、また、論争の的ともなっている Kibera (ケニアのナイロビ近郊にあるアフリカ最大のスラム) の都市スラムツアーに至るまで、観光客が訪れる観光目的地がいかに多様であるかを検討するのは、興味深いものがある。

Richards と Hall の言うことには、持続可能性に関する文献には地域社会が至るところで取り上げられているし、また、持続可能な観光政策の中で観光客を受け入れる地域社会が長期的に利益を得ることの重要性に言及していないものなどほとんどない。Hall (2000) は、持続可能な開発としばしば結びつけられている地元の下意上達式のアプローチが正しいのだという主張は、地元の地域社会は一つにまとまっているという暗黙の仮定に基づいていると述べている。これは、地域社会の性質に関する重要なポイントである。

しかし、地域社会は一様である (homogeneous) という訳にはいかないのだ。地域社会を構成するのは個々の人間と団体であるが、このような個々の人間と団体の価値観、目的、目標がそれぞれ異なっていてもおかしなことではないし、彼らは当該地域社会の支配的な伝統に従うかも知れないが、従わない場合もあるかも知れないのであって、また、その程度も様々である。このように考え方が違えば、対立と政治的な闘争が生まれてくる可能性がある。

観光目的地の政治的現実は、当該観光目的地における観光を支配しているのが真に草の根的な地域社会に根ざした運動というよりも、むしろ、地元のエリートであるということを反映しているという可能性も、恐らくあるのだろう。

個々の住民と地域社会が観光に対してどのように反応するかということは、当該地域がどの程度観光客を快く受け入れるかという態度を決定する上で一つの要因となる。地理的な環境と地元文化がどの程度協力的であるかどうかということも重要な役割を演ずることとなる。

人里離れた村落に大勢の観光客がバスで到着すると、日常的に観光客を見慣れている都会地に同じ観光客が同じように到着する場合よりも、より大きな影響力を及ぼす潜在性があるだろう。大雑把な話ではあるが、MathiesonとWall（2006）の考えでは、観光は観光目的地の文化、観光客の出身地の文化および観光客の文化（tourist culture）という三種類の文化の相互作用（interaction）と見ていいのかも知れない。観光客は、背景を異にするにせよ、しばしば同一の施設を利用し、似たり寄ったりの場所を訪れ、共通の行動様式を示すが、こういうことが観光客の文化に反映されている。これら三種類の文化はかならずしも一様ではなく、その相互作用の仕方は多様である（Wall and Mathieson 2006）。観光客の文化が有する多様性については、第6章でさらに研究を深めることとする。

5.3　観光と地域社会との間の相互作用

地域社会に到着すると、観光客は地元の住民に出会い、地元の人々と触れ合うことになるであろう。しかし、そのような接触の程度は、観光客の旅行の性質や彼らが利用する宿泊施設と交通手段によって決定されることが少なくないであろう。観光客が出会う地元の人々は、もともと観光目的地の出身であることもあろうが、職を求めてこの土地に移住してきた人々なのかも知れない。観光で職を得ている人々や観光から間接的に利益を得ている人々は観光産業に対して前向きな態度をとるかも知れないが、他方、そういうことのない他の人々が観光は厄介なものだとか、地域社会にとっての大問題だと考えることもあろう。触れ合いが起こるのは、比較的型どおりののサービス、ショウ（performance）あるいは実演が行われる「表舞台」であるかも知れないが（写真5.1参照）、観光客が住民の「実生活」を垣間見ることを許される場所としての「裏舞台」である可能性もある。こういう「裏舞台」での触れ合いなるものが、型どおりのショウと何ほどか似ていることもあれば、まったく似ても似つかぬ場合もあり得る。

Smith（1977年版およびその後の版）は、「観光客を受け入れる側」（hosts）と「観光にくる来訪客」（guests）との間に生ずる複雑な相互作用の性質と相互作用の結果として生まれる影響について深く研究した。このような影響に関しては、第7章でもっと詳細に取り扱う。国際的な観光産業の開発途上諸国との相互作用に関連する懸念はいろいろあるのだが、BurnsとHolden（1995）は、これまでの文献を再検討して、主要な懸念のうちのいくつかを要約した。表5.1には、このような懸念が地域社会についての相応する懸念とともに示されている。

写真 5.1　アルゼンチン、ブエノスアイレス近郊の Estancia Santa Susana: 歴史的な大牧場で昔の用具を見せている観光ガイド。観光客をもてなす飲み物が脇のテーブルに並んでいる。
出所：Tom and Hazel Telfer

　表 5.1 には多くの懸念の概要が述べられているが、観光が文化を甦らせ、能力開発の意識を創り出し、所得を生み出すといった地域社会に対するプラスの影響をもたらし得るということも、忘れてはならない。グローバル化に直面して、地域的（regional）なアイデンティティあるいは観光地が存在する地元の（local）アイデンティティも

表 5.1　発展途上諸国における観光との相互作用に関する懸念と地域社会への影響

観光への懸念	地域社会への潜在的な影響
観光開発は、貧困の最中に「豊穣の島々」(islands of affluence) を創り出す	地元地域社会が観光産業と将来つながる可能性を断ち切られる：憤りが生まれる可能性；観光サイト近くの地域社会に就職目当ての移住が行われ、地域社の構造に変化が起こるかも知れない：利益配分の不平等
国家の稀少資源が、富裕な外国人観光客の楽しみのために使用される	水、土地のような地元の資源が観光客用に用いられ、失われる：地域社会は、資源入手に関する新たな状況に適応しなければならなくるかも知れない
地元の人々に対するデモンストレーション効果の影響	地域社会のメンバーの中には観光客の行動様式を身につける者がでてくるかも知れず、彼らは伝統的な行動様式から離れていく：地元地域社会の伝統が脅かされることもあろう
経済的な影響を計測する主要な用具である経済的乗数 (economic multipliers) は論争の的になっており、当てにならない	経済的な利益は、当初期待されていたほど大きくないかも知れない：金銭的な利得があっても、その配分に問題があり、地域社会全体を潤おさないこともあろう
文化と生活様式の商業化	高度消費型の生活様式志向への地域社会の変化；文化と文化的な工芸品が販売用の商品と化する：文化を再活性化するかも知れない
利益の帰属先はおそらく外国の会社か地元のエリート	地域社会が地元のエリートか外国の会社によって支配される；地元地域社会の得る利益はほとんどない：地域社会が観光産業の利益にあずるのは、困難な課題
国際観光の統御について、観光目的地は局外に置かれており、その態様は多国籍観光企業によって決定される	発言権の喪失；地域社会が観光の企画と開発過程に参加する機会は少ない：地域社会に根ざした観光には地元の支配が及ぶとしても、観光客を供給するのは多国籍企業だから、なおもこのような企業と折り合いをつけなければならない

出所：左側のコラム「観光への懸念」(Concerns over tourism) は、Burns and Holden (1995) に拠った。

復活してきたが、これについては第4章で論じた通りである。Ray (1998) の論文を引用して、Richards と Hall (2000a: 4) は、「グローバルな経済の周辺部にあるいろいろな地域は自らの文化的なアイデンティを保全し、また、その社会・経済的な潜在力を発展させる手段として、自らのアイデンティティを主張しているのだ」と述べている。地域的なあるいは地元のアイデンティティを売り込むことは、既に観光生産物の一部になっている。Hall (2002) の観るところでは、地域的な特徴と結びついて、観光に関する知的財産的側面についての認識がますます高まっている。

5.4 　観光に対する地域社会の反応

　地域社会の観光に対する反応は様々なところから生ずるのであるが、若干の例を挙げるだけでも、個人、地域社会の各種グループ、事業主、非政府団体（NGOs）、環境保護グループ、政府など、いろいろである。地域社会に属する個人の中には観光開発に反対する者もいるかも知れないが、他方、この地域社会の他のグループが団結して、地域社会に根ざした観光プロジェクトを立ち上げることもあるだろう。Mathieson と Wall は、1982 年に、「観光：経済的、物的および社会的影響（Tourism: Economic, Physical and Social Impacts）と題する本を観光関係テキストの皮きりの一つとして出版した（下記訳者注参照）。

　2006 年にこの二人の著者は改訂版を出し、書名に「変化と機会」(Change and Opportunities) という言葉を追加したが、それは、地域社会は観光開発によって影響を受けるだけではなく、観光のもたらし得る変化に対して反応もするのだという事実を強調するためであった。改訂版では観光の結果（result）として生ずる変化を指す用語として consequence（ある行為の直接の結果なり、成り行き。あるいは続いて起こる帰結）を採用した。その理由は、consequence の方が impacts（影響、衝撃）という用語よりも　否定的な意味合いが少ないからである。地域社会は、しばしば、観光客と開発業者を引き寄せようとする。だから、開発というものは他から押しつけられるというよりも、むしろ地域社会の方から手を差し伸べる場合が少なくない(Wall and Mathieson 2006)。

　地域社会の性質の観点から Wall と Mathieson（2006）が強調しているのは、観光には数多くの形態があり、観光を受け入れる地域社会の特質も多種多様であるということである。この結果、観光のもたらす帰結には不確定的な要素が濃厚で、観光がどのような形で、どのような場所で行われるかということを反映する。従って、Wall と Mathieson の結論によれば、地域社会に与える観光の影響を一般化するのは極めて困難である。なぜなら、観光のもたらす帰結について考える前に、観光がどのようなタイプなのか、また、当該地域社会の特徴がどのようなものなのかを考慮に入れる必要があるからだ（Wall and Mathieson 2006）。

　Murphy（1985）の考えでは、観光のもたらす機会と課題に対して地域社会がどのように反応するかは、かなりの程度、観光産業に対する地域社会の態度次第である。Murphy の観るところでは、観光産業に対する態度は個人的なものであり、しかく単純ではないが、しかし、地域社会の態度という観点からすると、3 つの決定要素が存

在する。

　第一は、住民と来訪客との間に存在する接触のタイプである。第二は、個々の住民と地域社会に対して観光産業が有する相対的な重要性である。そして、第三は、我慢（tolerance）の限界点である。これは、特定の観光目的地が処理できる業務の量との関連において予期される、住民の観光受け入れについての許容限度の問題である。

（訳者注：physical の意味について本章原著者たるカナダ Brock 大学の D.J.Telfer 准教授に照会したところ、「自然的、人為的環境に対する観光の影響を言う」との回答であった。また、同准教授が同じ Brock 大学観光・環境学部の Hashimoto Atsuko 准教授に確認した結果では、「従来、本邦においては"環境への影響"と訳されていたが、最近ではカタカナで"フィジカル"と表記されることが多い」とのことであった。訳者は、以上の経緯を踏まえつつ、physical と言う用語が社会的あるいは経済的な関係と対照的な意味合いで用いられていることと、第 7 章でこの用語が頻出する脈絡から判断して、概ね「物的」と訳出した。）

5.4.1　観光に対する態度のモデル

　McGehee と Anderek（2004）が文献をつぶさに再検討して得た結論によれば、観光に対する住民の態度は、観光について最も系統的かつ詳細に研究されたきた分野の一つである。初期の研究は地域社会は比較的一様（hmogeneous）であるという視点から行われたが、後の調査研究では、地域社会を構成する人々は異質（heterogeneous）であって、観光に対する態度には幅の広いばらつきがあるということが認識されるようになった。観光開発がどのようなものであろうと、それに対する反応としてごく一般的なのは、受け入れから拒否に至るまで少しずつ程度を異にする様々な態度が見受けられることであるが、人々の態度次第で、それに対応する一定の行動が起こるかも知れない。観光に対する地域社会の反応を明らかにするため、時が経つにつれて、多数のモデルが開発されてきた。

　Doxey（1976）の考えでは、地域社会の観光に対する態度は一連の段階を通過するのであって、それは、至福の状況、無関心、いらだち、敵対、そして地域社会が蝕まれてしまう最終段階に至り、はじめは観光客を惹きつけていたものがもはや同じ魅力を持たなくなるのである。「観光客を受け入れる側」（ホスト）と「来訪客」（ゲスト）との間の触れ合いは、時が経つにつれて、形式化の度合いが次第に高まる。このモデルは、しかし、2 つの面で批判に曝されてきた。第一に、このモデルでは観光に対する態度が不可避的に肯定的なものから否定的なものへと移行することになってい

るが、その反対のことが正しいかも知れない。第二に、地域社会にはその社会の支配的態度というものが存在するというのが間違いのもとかも知れないのだ（Wall and Mathieson 2006）。

　Butler（1975）は Bjorklund と Philbrick（1972）の論考から観光に対する文化的な触れ合いに関する態度の枠組み（attitude framework）を借用したが、その示すところによれば、グループなり個人の態度と行動は、肯定的あるいは否定的のいずれかであり、また能動的あるいは受動的のいずれかであろうということである（Wall and Mathieson 2006）。一つの例を挙げれば、観光に金銭的なかかわりのある企業家たちは、観光産業を熱烈に促進しようとするかも知れない。しかし、他方において、規模は小さいが声の大きい、観光にかかわりのないグループが、熱烈な反対運動の先頭に立つかも知れない（Mathieson and Wall 2006）。

　ここで考慮すべき重要なポイントは、国が異なる場合に、各々の国で反対運動がどの程度許されるのかということである。Dogan（1989）はトルコで休暇を過ごしているヨーロッパ人観光客について異文化間研究（cross-cultural study）を行い、観光に対する反応を調査したが、この反応は観光に対する積極的な抵抗から西洋文化を取り入れることまで幅の広いものであった。

　Dogan（1989）は、次の4つの範疇（categories）を提案した。すなわち、抵抗、退避（retreatism）、境界維持、取り込み、である。同じようなやり方で、Ap と Crompton（1993）は同一の文化的背景を有する観光客と地元の人々の触れ合いを調査し、受け入れ（embracement）から―撤退（withdrawal）までつながる構造を考案した。この連続した構造において、地元の人々の反応は、次の4つの戦略、すなわち、受け入れ、我慢、適応、撤退の中の一つに収斂した。このような範疇については観光のもたらす影響を論ずる第7章においてさらに研究を深めることとする（図7.6参照）。

　多くの研究が理論的な基盤として社会的交換理論（social exchange theory）に依拠してきたのであるが、この理論によれば、人々は交換の結果としてもたらされる費用と効果（costs and benefits）に基づいて交換についての評価を行う、というのである（McGehee and Andereck 2004）。従って、住民の中でも、自分自身が観光から利益を得ていると認識する者は観光を肯定的に観る可能性が極めて高いであろうし、自分自身が負担を負わされていると認識する者は観光に対して否定的になるであろう。しかし、地域住民の態度研究において社会的交換理論を裏付ける証拠もある一方で、この理論に不利に働く証拠も存在するというのが、正に McGehee と Andereck（2004）の述べているところである（下記訳者注参照）。

（訳者注：社会交換理論とは、1930年に文化人類学で生まれた考え方であって、「人や組織間の関係を有形無形の資源のやりとりとみなすこと」である。このような資源には、例えば、愛、金銭、地位、情報、サービス、品物などがある。）

5.5　観光における持続可能な開発と地域社会の関与

文献を再検討した上で、ChoiとSirakaya（2006: 1275）は、「地域社会観光のための持続可能な開発が目的とすべきは、地元の経済的な利益を内容的に最善のものとし、自然環境と人為的環境を保護することによる住民生活の質的向上であり、そしてまた、来訪客に対する高品質の体験提供である」と述べている。第2章および第4章で述べた通り、企画と開発の過程に地元地域社会を組み込もうとするアプローチを求める声は、観光の内部からも数多くあがってきた（例：Jamal and Getz 1995）。Murphyは論じて、もしも企画が純粋な事業優先の開発アプローチから観光を地元の資源と考えるようなより開放的で地域社会志向のアプローチへと方向を転換するならば、観光産業には社会的、経済的な利益をもたらす大きな潜在性がある、と述べている。極く最近、JamalとJamrozy（2006）は、目標の設定と企画・マーケティングの正当かつ平等のメンバーとして、観光目的地の生態学的・人的な地域社会を取り込むような観光目的地の総合的な運営の枠組みを提案した。エコツーリズムとの絡みで、Jamal他（2006）は、参加型の民主主義に基づくもっと社会・文化的なエコツーリズムへの移行を主張している。

持続可能な観光との関連において、提携関係（partnerships）と主要な利害関係者が関与することの重要性も、深く研究されてきた（Jamal and Getz 1995; de Araujo and Bramwell 1999; Bramwell and Lane 2000）。発展途上諸国では資金が少ないが、このような発展途上諸国における地域社会に根ざした観光にとって、提携関係は、特に重要である。自らの生産物を効果的に開発し、普及し、運営するために、組織としては別々の団体であっても、みんなで一緒になって協働する必要がある。

De AraujoとBramwell（1999）はブラジル北東部のアラゴス州10市での観光企画における重要利害関係者評価（stakeholder assessment）を検討した。この地方は、経済的に貧しく、観光を地域開発の手段として利用しようとしている比較的規模の大きな観光企画の一部となっている。この二人の研究者の論ずるところでは、影響を受ける人々の関与が不十分だとすると、将来、紛争が起こり、格差が広がる可能性が高くなるかも知れない。

彼らがコメントしたのは、企画によって影響を蒙る人々ですら、企画の過程にかか

わってきた場合には、この企画を受け入れる度合いが一層高まることもあるだろう、ということである。重要な利害関係者の関与につきものの困難な問題は、将来手暇のかかる可能性のある仕事の過程をどうこなすかということである。

1992年にリオデジャネイロで環境と開発に関する国連会議が開催されたが、この会議で採択された持続可能な開発のための行動計画が、アジェンダ21 (Agenda 21) である。1987年には環境と開発に関する世界委員会が『われら共通の未来』(*Our Common Future*) を刊行し、持続的な開発についての様々な定義の中で最も引用される定義の一つを生み出したのであるが、アジェンダ21は、一つには、ここから一歩前に踏み出す動きであった。アジェンダ21の第28章—アジェンダ21地方版(Local Agenda 21) といった方が通りがいいのだが—は、地元の持続可能な開発を促進することを目的とする包括的な企画立案の過程を導入する上で、地元の政治当局が担い得る役割に焦点を当てている (Baker 2006)。地元当局の実態ははっきりしている。というのは、場所は違っても、地元当局は、次の分野で特定かつ重要な環境管理機能を有するからである。すなわち、

- 地元の、経済的、社会的、環境上のインフラを開発し、維持する；
- 企画と規制を監督する；
- 国の環境政策と規制を実施する；
- 地元の環境政策と規制を制定する (Baker 2006: 106)。

アジェンダ21地方版の枠組みによって、企画過程において持続可能性が促進され、地元の関与が進められる将来の道が開けた。立ち上げ資金なり研修プログラムの供与を通じて、政府は、地域社会に根ざした観光の開発の促進者としての役割を演ずることができる。アジェンダ21地方版が公表された後で行われた環境保護に関するいろいろな国際的な会議では、アジェンダ21地方版の重要性が、くり返し強調されてきた。例えば、2002年にヨハネスブルグで行われた持続可能な開発に関する世界サミットでは、アジェンダ21地方版を補完するために、定量化が可能な行動からなる新たな手段一式 (a new toolbox) が設定され、これはアクション21地方版 (Local Action 21) と名付けられた (Baker 2006)。

政府が広汎に関与することがアジェンダ21地方版の不可分の一部をなしているので、これは、地域社会が目的感覚をしっかりと持てるようになるのに役立ち、結果として、地域社会が自らの将来を形成する能力に新たな自信を抱くようになる (Baker 2006)。

資源の管理について、この管理を協力して行うこと―政府と市民社会の間で権利を分かち合うことを含め―を求める声がますます強くなってきている（Plummer and Fitzgibbon 2004）。Jackson と Morpeth（1999）は、アジェンダ 21 地方版には持続可能な観光を実施する上で将来役に立つ潜在性があるメカニズムとして活用できるかも知れない、と論じている。世界観光機関も、世界旅行・観光評議会とならんで（1996）、「旅行および観光産業のためのアジェンダ 21」（Agenda 21 for the Travel and Tourism Industry）という両機関の文書の中で、地元地域社会の重要性に焦点を当てている。Jackson と Morpeth（1999: 33）は、「持続可能な観光開発は、社会の片隅に追いやられた地域社会にとって、本当の希望をもたらすのである。そして、このような地域社会が存在する特定の地方や地域にとって適切な観光イニシャティブを実施する上で、当該地域社会が有意義な役割を果たせるように導かれている証拠を具体例で示すことができる」という考えを述べている。

アジェンダ 21 地方版のようなイニシャティブの目標とそれが観光に取り入れられるかも知れないということは、一つには、地域社会の開発を促進するためである。国連は地域社会の開発についてのとりあえずの定義として、「地域社会全体のための経済的、社会的進歩の諸条件を創り出すことを目的とする変化の過程であって、そこでは、地域社会が積極的に参加し、地域社会のイニシャティブに可能な限り最大限依拠する」と述べている（United Nations 1955: 6）。

Nozick（1993）は地域社会の開発について一連の諸原則を論述したが、それには次のような点が含まれている。

- 経済的な自恃（self-reliance）；
- 生態学的な持続可能性；
- 地域社会の支配；
- 個人のニーズを満たす；
- 地域社会文化の構築。

Richards と Hall（2000a）は、地元地域社会の持続可能性についての努力をグローバルな持続可能性についての努力に巧みに結びつけている。曰く、「地元の地域社会は、自分たちに直接かかわりのある環境を保全するために行われる行動の観点から重要であるのみならず、環境をグローバルに保全しようとする一層広汎な同盟の一部となっている（「ローカルに行動し、グローバルに考えよ―Act locally, think globally―」（Richards and Hall 2000a）。この二人の研究者は、また、環境保護意識の点で

志を共にするメンバーからなる NGO や他の圧力団体をも大きく取り上げているが、その理由は、このような団体自体が共同体（communities）を構成していると考え得るからである。

可能性が秘められている一方で、Jackson と Morpeth（1999）はアジェンダ 21 地方版の諸計画を実施する上で生ずる困難について観光との関連において注意を喚起しており、Baker（2006）は単なる観光を越えたより広範な持続可能な開発との関連において同じことを言っている。アジェンダ 21 イニシャティブを調べて分かるのは、重要な利害関係者の関与の度合いが様々に異なっているということである（Baker 2006）。特に発展途上諸国においては、高度に発達した市民社会組織が存在しないことが多いので、これが、アジェンダ 21 地方版によるイニシャティブを何ほどか妨げる障害となる（Baker 2006）。

地元の参加を要求する声は間断なくあがっているのだが、Lui と Wall（2006）は論じて、重要なのは、美辞麗句を並べ立てるのから一歩前に出て、地元住民に実際に参加する能力がどの程度あるのかを理解することだ、と述べている。この二人は、人的資源に関する計画立案についての認識をもっと深める必要があると主張している。曰く、「観光が本当に"開発へのパスポート"であり、また、観光目的地住民の生活を向上させる手段になるはずだとするならば、観光の企画を行う際に、このような住民のニーズと能力に対してもっと注意を払わなくてはならない」（Lui and Wall 2006: 169）。Milne と Ewing（2004）が観光に対する地域社会の参加を探求し、その結論として述べているところによれば、カリブ海地域と他の地域においては、政治体制、重要利害関係者間の関係の進展および情報技術へのアクセス如何にかかわらず、人々が自分自身の運命に対する支配権を獲得しようとする意思と関心を持たない限り、人々の参加が長持ちし得るような形で生れることはないであろう。企画の過程への参加の観点からする障害については、本章後段で、観光との関連においてもっと直接的に取り上げることとする。

5.6　地域社会に根ざした観光

地域社会に根ざした観光は、持続可能性の傘の下で地域社会の高度の関与を織り込む観光の一つの類型である。同じ観光と言っても、会社所有で、地域社会との経済的なつながりが少なく、精々のところ地元の地域社会住民の中には非熟練で低賃金の職にありつく者もいるという程度の、大規模で全費用込みの大衆観光リゾートとが一方にあり、これと対極をなしているとしばしば考えられているのが、地域社会に根ざし

た観光である（Hatton 1999）。地域社会に根ざした観光は、地元の地域社会で開発されている地元観光であって、その開発に当たっては、様々な個人やグループ、零細企業の所有者、企業家、地元の団体や政府が創意工夫を凝らすのである。

　資金の出所は、国際的なドナー（donors 援助供与国または機関）など様々である。例えば、アジア開発銀行（the Asian Development Bank）は同行のメコン観光開発計画（Mekong Tourism Development Programme）を通じて地域社会に根ざした、貧しい人々のためになる観光イニシャティブに資金を供与しているが、この計画を通じてラオス人民民主共和国（Lao People's Democratic Republic; Lao PDR）の諸州に資金が提供されてきた（Harrison and Schipani 2007）。

　地域社会に根ざした観光は、ある種の形態の先住民観光（indigenous tourism）にも結びつく可能性がある。先住民観光は、「支配権を通じ、および（または）自らの文化を集客上の魅力の真髄として役立たせることを通じて、先住民が直接にかかわりを持つような観光活動」と定義される（Hinch and Butler 1996）。

　地域社会に根ざした観光には、いくつかの目標がある（Hatton 1999）。第一に、こういう観光は、社会的に持続可能でなくてはならない。観光活動は、大部分、地元地域社会の住民によって開発され、運営されるのであって、住民の参加が望ましい。加えるに、収入が地域社会に帰属するようになる道筋は可能性として様々な形を取り得るが、それには、協同組合、地域社会の共同出資会社、地元の人々を雇用する事業、あるいは、中小企業を立ち上げるとか運営を行う様々な企業家を挙げ得るであろう。地域社会に根ざした観光の第二の主要目標は、地元の文化、遺産（heritage）、伝統に対して敬意を払うことである。地域社会に根ざした観光は地元の文化、遺産、伝統を強化し、あるいは救済もできるという考え方が提示されてきた。

　さらに、とりわけ、環境が集客上の魅力の一部となっている場合には、自然遺産に対する敬意が払われるのは言わずもがなのことである。インドネシアのジョクジャカルタ市の北に Bangunkerto という村があるが、ここは、地域社会に根ざした農業観光（agritourism）イニシャティブが発揮された場所である（写真 5.2 参照）。地元の政府の助けをかりて、この村の人々は作物を高品質のサラッカ果実（salak fruit 下記訳者注参照）に転換し、農業観光のために観光客を受け入れる場所を開いた。村人との面接調査に基づいた結果、この場所はあらゆる面において地元の人々が支配権を握っており、この観光の運営によって村人のアイデンティテイが強化されたということが分かった（Telfer 2000）。

（訳者注：英語名 salak fruit は、Salacca 単子葉植物、ヤシ科。元来はモルッカ諸島

写真5.2 インドネシアのBangunkerto村：地域社会に根ざした農業観光プロジェクトの場。サラッカの果樹園を巡り歩く観光を主とする。写真の中の女性たちが手で路盤（road bed）に石を敷いているのは、石を舗装用に使うため。このような作業が行われているのは、観光バスが村をもっと円滑に通り抜けられるようにするためである。

の現地名。Zlacaとも書く。酸味と甘みのある果肉片は生食される。）

　アジア太平洋経済協力会議（the Asian-Pacific Economic Cooperation；APEC）の加盟国における地域社会に根ざした観光を短期間ではあるが調査した結果に基づいて、Hatton（1999）は、同じテーマが繰り返し起こる事例を多数確認している。第一のテーマは、様々な観光目的地で地域社会に根ざした観光が始まったのはなぜか、という点を問題にしている。はっきりと確認された共通の要因は、経済的な利益についての期待であって、貧困と直接的な関連がある場合もある。第二のテーマはリーダーシップであって、一人の人間、一つの小さなグループ、あるいは場合によっては政府が音頭をとるようなイニシャティブに結びついている。文化遺産は、地域社会に根ざした観光の最も重要な側面の一つであることが少なくないし、多くの場合、観光客を惹きつける名物（attraction）になっている。従って、これが第三のテーマとして確認された。観光客が地域社会にやって来るのは、多くの場合、その環境を体験しに

くるのであるから、自然環境もまた重要なテーマである。キューバにおける、地域社会に根ざしたエコツーリズムに関して議論するためにはコラム 5.1 を参照されたい（写真 5.3 および 5.4 参照）。第五のテーマは、地域社会に根ざした観光が雇用機会の増加、特に女性、青年層および先住民の雇用機会の増加に結びついているということである。最後に、地域社会に根ざした観光において生まれかけているテーマが一つあり、それは、企業と地域社会が一緒になって協力し始めているというテーマである。

コラム 5.1　キューバにおける地域社会に根ざしたエコツーリズム

　政府の統制があるため、キューバでは観光の企画と開発の過程に地元の住民が参加することは伝統的に少なかった。ソ連圏の崩壊とともに、キューバは外貨収入源として観光に目をつけた。政府は、外国資本の投資を合弁事業の形で許可した。地元住民が参加する過程が欠如していたため、政府は、Cayo Coco と Cayo Guillermo や他の場所で、「急ピッチ」でビーチリゾート開発をを行うことができた。しかし、政府は観光生産物を大衆観光から一歩進めて、多様化しようとして、健康、自然および文化観光のようなもっと特別な高級趣味の観光客のための生産物（niche products）へ向かおうと試みてきた。これによって、観光客は地元の人々ともっとじかに触れることになり、観光産業に地元の人々をもっと参加させろという圧力が高まってきている（Milne and Ewing 2004）。

　萌芽期にあるとはいえ、地元民の参加の一例として、生物圏保護区である Sierra del Rosaria の Las Terrazas 地域社会に隣接して 1994 年に建設された La Moka エコロッジ（Ecolodge 26 室）を挙げることができよう。地域社会が運営しているこのホテルは、観光大臣のアイデアであった。しかし、地元の地域社会はプロジェクトについて相談を受けた。自然とエコツーリズムの観光目的地として喧伝されているが、この保護区の観光客案内には次のように記されている。

> Las Terrazas 観光総合施設（Tourist Complex）は持続可能な開発の農村における体験です。ここでは Sierra del Rosaria 生物圏保護区の中心部にある 5,000 ヘクタールの森林と 890 名の住民からなる労働に従事している人々の地域社会とが結びつけられており、この地域に特有な植物相と動物相、ホテルのサービス、それに社会的体験によって、皆様にとって生涯忘れ難い思い出となるようなる類例のない観光を提供いたします。

5 地域社会の観光に対する反応　　*171*

（Hecho En GeoCuba, 1977）

　ホテルは小じんまりしており、周りの環境に溶け込むように設計されている。各所で樹木が手つかずのままの状態で残されており、例えば、一本の木などはホテルのメインロビーを突き抜けて成長し、屋根の外に出ている。生物圏保護区への遠足には、自然の中でのガイドつきの散策、バードウオッチング、トレッキング、ハイキング、乗馬、マウンテンバイクツアーや部分的に修復されたコーヒー園の遺構への訪問などが含まれている。この地域社会の住民にはホテルで働くとか手芸品を観光客に売るチャンスがあるし、公園で働く者もいる（Telfer 2001）。地域社会の新たな施設がホテルの近くに建てられ、何軒かの店と診療所が一箇所ある程度のささやかなサービスを住民に対して提供している。この地域社会は政府が投下した投資額（600万米ドル）を15〜20年にわたって返済する予定である。利益の4割は地域社会の開発基金に入るが、この開発基金は当該地区の革命防衛委員会（the neighbourhood Committee for the Defence of the Revolution）の監督下にあり、また、1割は地域社会の保健診療所に回されている（Milne and Ewing 2004）。
出所：Telfer（2002）；Milne and Edwing（2004）

写真5.3　キューバのLa Mokaエコロッジ（Ecolodge）：来訪客がホテルの正面玄関に近づいている。屋根の建築デザインに注目。

写真 5.4　キューバの Las Terrazas：La Moka エコロッジに隣接しており、リゾートで働いている人々の中には Las Terrazas 地域社会の住民となっている者もいる。

　先住民観光との関連において、Hinch と Butler（1996）は、観光産業に対する支配についての極めて重要な側面を論じて、次のように述べている。「誰であろうと、支配権を握っている者が、開発の規模、速度、性質のように死活的な重要性を有する問題を決定できるのであって、これが普通だ」（Hinch and Butler 1996）。この二人の研究者は、先住民にかかわるテーマが観光名物の形で呼び物になっているかどうかを調べる枠組みを設定した。観光名物、サービスおよびインフラが先住民の支配下にあり、先住民にかかわるテーマに即して開発されているのであれば、これは、先住民観光を最も強力な形で顕現していることになる。Smith（1996）は、先住民観光において相互に関連している 4 つの要素として次の項目を挙げている。

・　　　地理的背景（居住環境）
・　　　民族的伝統（遺産）
・　　　異文化との接触による文化的変容の影響（歴史）
・　　　販売可能な手工芸品

文化自体が観光名物となるにつれて、文化が観光客の前に開かれる場合の真正性（auhenticity 訳者注：本物かどうか）に関して、懸念が抱かれるようになる。先住民の文化は文化関係のショウ（performance）と土産物を通じて観光客に販売されるのであるが、それは、時の流れにつれて観光客のニーズに合うように変容するかも知れない。Yamamura（2005）が中国の麗江（Lijiang 下記訳者注参照）古城のナシ族（the Naxi people）の文化を調査したところでは、新たな観光関連商品が伝統的な手工芸の技法に従って生産されている。

（訳者注：麗江は雲南省西北部にあるナシ族自治県、標高 2,446 メートルに位置する。県都麗江古城―現在の呼称は大研鎮―は今なお昔の街並みを残す。1997 年に世界遺産に登録された）。

Smith（1996）が述べているところによれば、先住民の一部には手工芸品に生じた前述の変化についての対立と並んで、自分たちの住んでいる地域社会で観光が行われることが望ましいかどうかについても対立が存在するにせよ、観光は職と収入を提供し得るので、経済的な要素も考慮しなければならない。さらに、農村に住む先住民の環境保護に関する倫理は、より都会的な住民の環境倫理とは異なっているかも知れない。環境に関する管理と保護は都市の高級人士の欲望を満足させるために先住民の発展を制約するものであり、矛盾しているというのが、彼ら先住民の考えかも知れないのである（Butler 1993）。

地域社会に根ざした観光にはプラスになる点が多々あるが、他方、こうした小規模の観光運営は数多くの困難な問題に直面している。CleverdonとKalisch（2000）の考えでは、地域社会に根ざした観光が直面している主たる課題の一つは、近隣にある大規模リゾートから生ずる競争と脅威である。資力もあれば、マーケッティングの技術も持っているので、大規模な観光業者は、小規模な業者から、将来、商売を取り上げる可能性がある。大きな会社と小さな会社がどうすれば地元の総合的な経済開発政策の一部として共存し、共働できるのか、この方法を見つけるのが観光産業と観光政策立案者にとっての極めて重要な課題である（Kleverdon and Kalisch 2000）。

他にも難しい問題があるが、こういった問題は地域社会に根ざした観光プロジェクトが長期にわたって存続できるのか、また、このようなプロジェクトがほんの一握りの人々によって支配されるようになるかどうか、ということに関連している。ColesとChurch（2007: 7）は権力の研究を行ったが、その中で、彼らは自らの考え方と

して「公平、公正で地元の人々の能力を開発するような形態の観光生産物、ガバナンスおよび消費は切望（aspiration）され続けるものではあるが、他方、これは、人間の間の相互の働きかけをかならず必要とする。換言すれば、それは、政治的な過程なのであって、同時に、利害関係者間の権力関係の問題でもある」と述べている。地元社会に根ざした持続可能な観光は観光に対する支配権を何がしか地元の人々の手に委ねるかも知れないが、地元の人々は依然として観光産業の担い手として働く余所者との間で相互の働きかけを行うのであって、観光客を連れてくる主な役目を担っているのは、一義的にこの観光産業である。これも、忘れてはならない重要なポイントである。

最後になったが、Blackstock（2005）は、地域社会開発の観点からして、地域社会に根ざした観光には次の3つの欠点がある、と述べている。

- 社会正義よりもむしろ観光産業が長期間にわたって生き延びられるようにしようと努める；
- 観光客を受け入れる地域社会を一様な共同体として取り扱う傾向がある；
- 観光産業に対して地元の支配が及ばないようにしている構造的な制約に目をつぶる。

5.7　参加

企画の過程に地域社会が参加すべきであるとしても、その参加が現実にどの程度のものなのかを考慮することが重要である。アジェンダ21地方版による発展途上諸国における各種イニシャティブの研究の中で、Baker（2006）は、参加を妨げる構造的な障害があると、強調している。権力を握っている人々が支配権を手放し、地元の人々が企画の過程に参加するのを許容することについても、障害があるのかも知れない。それでは、参加の程度なり形態が様々異なるとして、その内容はどんなものなのであろうか？ Arnstein（1969）は、市民の参加について8段階による類型化ないし梯子の段を登るような段階化を開発した。

梯子段の中で一番低い2つの段は、上からの操作（manipulation）と治療（therapy）である。この2つの段は不参加（non-participation）の段階と呼ばれれていて、いずれかといえば、権力保持者が参加者を教育するなり治療にあたっている段階である。

梯子を上って第三と第四の段になると、持たざる者（have-nots）にも発言だけは許す建前主義（tokenism）へと進むことになる。この2つの段階では、情報が提供され、

協議は行われるが、市民には自分たちの意見を権力の座にある人々にかならず留意させるだけの力はない。

　第五の段階は、懐柔であって、より高度な建前主義である。というのは、市民は助言を行うことはできるが、決定を行うのは依然として権力を握っている人々だからである。

　最後の3つの段は、市民が権力を得る段階であって、これは同時に、意思決定に対する市民の影響力が増大する段階である。第六段は、提携関係であって、権力の座にある人々との話し合いと取り引き（trade-offs）が可能になる。第七段は、権力が委任される段階である。そして、一番上の段は市民が支配権を有するようになる段階で、そこでは、持たざる者が意思決定を行う者の席の大多数を占めるか、あるいは経営の支配権を掌握する（Arnstein 1969）。

　類型化には限界がある点に触れて、Arnstein（1969）は、このような類型化では参加が本物の水準に達するのを妨げる障害について論じられていない、ということを認めている。権力を握っている人々の側に存在するするこういった障害には、人種差別（racism）、家族主義、権力の再配分に対する抵抗などが挙げられる。持たざる者の側にある障害としては、社会・経済的な影響下にある政治的インフラと基盤となる知識の点で貧しい地域社会が立ち遅れていることなどが挙げられる。さらに、市民グループは、やっても無駄だという気持ちや仲たがい、そして不信感に直面しているので、代議制的で説明責任のある団体を組織するのが難しい（Arnstein 1969）。

5.8　観光に対する参加の限界

　理屈からすれば、発展途上諸国における観光の企画過程に地域社会が関与してしかるべきなのだが、実際には、それを妨げる要因がかなりがあるかも知れない。Tosun（2000）の示すところによれば、参加型の開発アプローチという概念は、先進世界（developed world）で始まったものである。先進世界で創りだされた概念、理論あるいはモデルを発展途上諸国に適用しようとすると、そこには困難な問題が生ずるであろう。Tosun（2000）は、発展途上諸国における観光開発過程への地域社会の参加には運営、組織、文化の上で限界があるとして、その限界がどのようなものなのかを明らかにした。このような限界は、多くの発展途上諸国における現存の社会・政治的、経済的、文化的な構造を反映していることが少なくない。観光開発に関する行政が中央集権化している、関係者が折り合わない、観光目的地の地元民に情報が伝わらないことなどが、運営面での障害になる。組織面での制約には、制度的な障害、権力構造、

立法と経済のシステムなどが含まれる。組織的な制約の中で確認されたもっと特定の項目としては、参加型の観光開発を採用するように専門家を説得する問題、専門的知識・技術の欠如、エリートによる圧倒的な支配、適切な法律制度の欠如、訓練された人的資源の欠如、地域社会の参加に必要な経費が比較的高いこと、財源がない、などが挙げられる（Tosun 2000）。

　最後に、Tosun（2000）が文化的な限界として挙げているのは、貧しい人々の能力の低さ、地域社会における無気力と意識水準の低さのような問題である。このような制約は、Timothy（1999）がインドネシアのジョクジャカルタで見いだした制約と同じようなものである。このような制約について、Timothyによる分類は下記の通りである。

- 　　　文化的および政治的伝統；
- 　　　劣悪な経済的諸条；
- 　　　専門的知識・技術の欠如；
- 　　　住民側の理解の欠如。

　地域社会の参加の過程をもっと開放的なものにすることが許容されるか、あるいは可能なのかということを理解する上で、観光目的地に現存する政治構造を検討することも、重要である。キューバ（Mine and Ewing 2004）と中国（Li 2004）の場合には、地域社会に根ざした観光の企画立案をもっと民主的な形に持って行くことについてかなりの障害があることが明白である。Timothy（1999）がインドネシアのジョクジャカルタで見いだしたのは、権威の有する伝統と権力ないし社会的に高い地位を有する人々に対して畏敬の念を持つのがジャワ文化における最も明白な伝統の一つである、ということだった。この考え方は上は政治権力の上層部から村落レベル、はては家族のレベルまで浸透している。村長（むらおさ）に例をとると、村人達はこの人物を権威のある人（authority）だと考え、助言を受けたり与えたりする際に村長の頭越しにそのようなことをする者などほとんどいない。なぜなら、そんなことをすれば、角が立つし、村長の面子をつぶすことになるからである。

5.9　能力開発（Empowerment）

　能力開発の概念を定義するのは、難しい。それでも、この概念は、社会的な目的を異にする広範囲にわたる様々な団体の取り入れるところとなっている。というの

は、この概念には魅力があり、また、政治的に正しいと見なされているからである（Scheyvens 2003）。Arai（1996）は、能力開発に関連する5つの概念を、文献に依拠して、下記の通り概説している。

- それは、能力なり支配力の変化、あるいは権力の増大と権力を用いる能力の増大を伴う；
- それは、心理的、経済的、社会的および政治的変化を含む多くの側面を有する；
- それは、個人、集団あるいは地域社会の内部で生ずる変化を伴う重層的な概念である；
- それは、上記の諸側面と様相を結びつけるような全体論的な視点から理解されるべきものである；
- それは、個人、集団あるいは地域社会が市民の権力増大に向かって動員されるにつれて生ずる変化を説明する過程ないし枠組みである。

　Schevens（2003）は、Arai（1996）と同様に、同一の能力開発の（心理的、経済的、社会的および政治的な）諸側面を観光の脈絡で用いたが、その内容を説明すると次の通りである。地域社会が経済的な能力開発を成し遂げるとするならば、観光地における生産的資源に対する地域社会のアクセスが確保されなくてはならないであろう。Schevensが強調しているのは、共有財産である資源との関連においてこのようなアクセスの確保がとりわけ重要だということである。もしも公園が設けられるとすると、地域社会は公園による利益を手にし得る立場になければならない。
　しかし、この地域の先住民が公園からの利益を享有する権利が損なわれているとするならば、彼らの経済的な能力開発は達成されないこととなろう。社会的な能力開発が生ずるのは、観光にかかわることによって地域社会が結束しており、一体であるとの感じが確認されるか、あるいは強化される場合である。観光から生み出される金銭が給水の土台となるシステム（water supply subsystems 下記訳者注参照）とか保健診療所の改善のような社会開発プロジェクトのために使用されるならば、社会的な能力開発は強化される。犯罪、先祖累代の土地からの移転あるいは売春のようなものが観光と結びついて起こることも時としてないわけではないが、このようなマイナスの社会的な影響が観光と結びついてなにがしか生ずるのであれば、能力低下（disempowerment）の方向に向かうことになる。
　観光の企画、開発および経営に公正かつ効果的に参加し得る能力について地域社会が自信をつけるようになると、これが心理的な能力開発に反映される。文化的な規範

に敏感で、伝統を重んずるような観光は、能力開発を助ける可能性がある。しかし、地元の文化を衰退させるような観光は、マイナスの影響を与えるであろう。Schevens（200 3: 235-236）の考えでは、「観光開発が行われるのに直面して無気力、意気消沈、幻滅あるいは困惑の感じが出てくるのであれば、それは、心理的な能力低下が生じたということを示唆しているのかも知れない」。

　最後に、Scheyvens（2003）は、政治的な能力開発の研究をしている。もしも地域社会の住民が政治的に力をつけているとすれば、住民の意見は傾聴され、観光開発の過程を主導するはずだ。地域社会の中の様々な利益集団の重要性が増し、そして、民主的な過程を通ずるなり、あるいは、より伝統的な意思疎通の手法に沿って、あらゆる考え方の持ち主が発言の機会を得られるようにしなければならない。

（訳者注：water supply subsystems とは、原著者に照会したところでは、井戸とか水管のような地域住民に対する水の供給を可能にする手段を言う。）

5.10　観光に直面する地域社会の力

　国外から支配されている観光産業は、発展途上諸国にとって手ごわい相手となる可能性がある。グローバル化の力によって多国籍企業は最も低い生産費を求める。その結果、発展途上諸国の政府は様々な優遇措置を提供して、国際的な開発業者を惹きつけようとする。発展途上諸国においては、企画の多くは上意下達方式で行われ、政府が観光産業の枠組みを支配している。

　Butler（1980）のリゾート開発モデルは、リゾートが時の流れとともに推移する様々な段階を具体的に明らかにしたのであるが、それは、繁栄と衰退、そしておそらくは繁栄の再来という形での生産物の生活循環（life cycle）の様式に従っている。彼の考えでは、モデルの初期の段階では、観光も大したことはなく、地域社会が開発に対してより大きな発言権を持っている。観光目的地が発展し、外部の会社がこの観光目的地に参入すると、支配権は地元の地域社会から外部の会社の仕事を担当する人々に移って行く。政府も、様々なレベルで介入し、この土地での観光を地域的な開発計画とか国家的な開発計画の一環として利用しようと試みるかも知れず、その結果、地域社会が別の場所に移転させられることにもなるであろう。この具体例を、次の項で示すこととする。

　観光が盛んになるにつれて、変化とチャンスが生まれる。地元の地域社会の郷土感覚とアイデンティティ感覚を促進する点で、観光には、将来、プラスの影響を及ぼす可

能性がある。RichardsとHall（2000）は地域社会は単にグローバル化の過程と商品化の犠牲者であるのみならず、次に論ずるように、抵抗の中心ともなり得ると述べている。James（2006）の考えでは、グローバル化と地方主義（localism）との間の緊張関係が現在の時点における支配的な傾向の一つであり、独特の地方色に対する興味が観光客をその場所に引きつける理由ともなっている。観光の観点から地元のアイデンティティなり地域的なアイデンティティを振興し、これを売りこむことは、雇用機会の創出につながり得るのであるが、この点については後で具体例を挙げて説明する。

5.10.1　移転（Relocation）

　場合によっては、新たな観光開発に道を譲るために、地元の地域社会全体が強制的に引っ越しさせられることもあったが、こういう場合、補償金をもらった者もいる一方で、何ももらえなかった者もいる。Long（1993）は、メキシコ Santa Cruz Huatulco の海辺の地域社会（所帯数250戸で、人口735人）が内陸に1キロメートル入ったところに移転した際に生じた複雑な課題と様々異なる反応について突っ込んだ研究を行った。この移転が行われたのは、FONATUR による総合計画的な巨大リゾート開発プロジェクトである Las Bahais de Huatulco に道を譲るためであった。FONATUR は、あの手この手で社会的な悪影響を緩和しようとした。しかし、Long（1993）の研究によれば、この地域社会にもともと暮らしていた住民にとって、地域社会のあらゆる面で変化が起こった。どのような変化が起こったのかと言えば、余所者が殺到し、海に面した環境から埃っぽい通りに面したセメント造りの家へ移転し、新たな社会階級、新たな職業グループ、新たな団体が発展したことなどである。

　論争の種となるような開発プロジェクトにはつきものなのだが、このプロジェクトを支持する人もいた、と Long はコメントしている（1993）。この研究結果は、地域社会は一様ではないという事実を補強するものであり、地域社会を単にグローバル化の犠牲者として描き出すのは正しくないということである。Wang と Wal（2005）は、ごく最近の研究で、中国、海南島の少数民族地域社会が観光によって引き起こされた強制的な移転の結果を精査した。なお、ここでは観光が地域開発の戦略として用いられており、企画は上意下達式のやり方で行われている。再定住の準備期間中には、この人々は移転について明らかに精神的に参っていたし、これ以上リスクを負担しなければならないようなことはご免こうむるといった態度であった。実際には、移転は距離的に短く、総合的な再定住の型に沿って、この引っ越し先に定住する際にはっきりと外目にも分かる変化は起こらなかった。新しい村へ移った後で、精神的なストレスと保守主義は減退し、住民はもっと創意工夫をするような態度をとるようになった。

WangとWall（2005）は、もしも再定住者が観光に帰属する利益の分け前に与かるべきだとするならば、研修の機会や就職の可能性の改善と並んで企画の上での改善が必要である、と論じている。

5.10.2 観光に対する抵抗

　Kousis（2000）は観光に対する抵抗運動を精査し、観光開発に対して環境保護の立場からギリシャ、スペイン、ポルトガルで起こった地元の大衆運動を検討したが、他方、Routledge（2000）はインドのゴアで生じた観光に対する地元の抵抗を考察した。ゴアでは、豪華版の観光（luxury tourism）とチャーターした船や飛行機で大勢の客を連れて来る観光（charter tourism）が発展し、それに多国籍企業の投資がますます絡むようになってきた。観光の重点は、ナップザックを背負った旅行者（backpackers

　訳者注：青少年を主とし、日本でかっては「蟹族（かにぞく）」と呼ばれたこともあるような旅行者）とチャーターした船や飛行機で大勢に客を連れて来る観光から豪華版の観光へと移ったが、その理由は、こちらの方がお金を余計に使う観光客を連れてくるからである。

　Routledge（2001）の言うところでは、ゴアが観光地として発展した結果、ゴア州の人々、生態系ならびに政治的な影響下にある経済に深刻な影響が及んだだけではなく、沿岸地域を大して重要でない空間に変えてしまった。経済成長が最も重要であると考えられ、環境問題は経済成長の下位に置かれた（Routledge 2001）。こうした状況の下で、ゴア住民の反対運動が数多く生まれることになったのだが、これらの運動には観光開発に関し懸念を抱く市民、村の活動家グループ、環境保護主義者のNGOなどが含まれていた。Routledge（2001）は、「ゴア財団」（Gao Foundation）と「ゴア自警団」（*Jagrut Goenkaranchi Fouz*；JGF 英訳 Vigilant Goan's Army）という2つの団体を検討し、情報を流すことから、村人の動員、抗議、デモや道路封鎖に至るまでの多数の抵抗例の実態を確認したのであった。最後に、Boissevan（1996）は、観光客が住民用の裏舞台的な場所（back regions）へやってくるのを防ぐために地元住民が考案した一連の戦略を明らかにしているが、このような戦略には次のような事項が含まれている。

- 隠微な（covert）抵抗—ふくれっ面をする、ぶつぶつ文句を言う、妨害、ゴシップ；
- 隠れる - 観光客の浮かれ騒ぎから身を潜める；
- 垣根を作る—私的な分野／宗教的儀式に垣根を作り観光客から切り離す；

- 宗教的儀式―宗教的な式典を復活させることによって、観光の影響が及ばないようにするのに役立たせる。これは、また、変化を防ぐ上でも役に立つ；
- 組織的な抗議；
- 攻撃（aggression）。

5.10.3　観光とインフォーマルセクター（informal sector）

　これまでの章で強調してきた観光開発にかかわる興味深いディレンマは、一つには、大衆観光客目当ての、周囲の地域社会とは無縁の孤立したリゾートに関する論争である。こういったタイプの開発は、地域社会から孤立しているとして批判を浴びせられてきた。他方、場合によって、地域社会に根ざした小規模なプロジェクトが始められ、当該観光目的地に既に来ている観光客を利用することができるようになるのは、このような総合リゾート施設があればこその話なのだ。発展途上諸国では、インフォーマルセクター（下記訳者補注参照）が、主要な役割を果たしている。都市部との関連において、Pal（1994: 79-80）は、小規模なインフォーマルセクターの潜在性について次のような考えを述べている。

　　　急成長を遂げている発展途上世界の都市で暮らしている無数の住民に対して、小規模なインフォーマルセクターが職を提供し、所得を生み出す潜在性には、かなりのものがある。実際に、都市部において労働がありあまっており、貧困の度合いが深刻である状態において、このような部門を振興することが、持続可能な開発を促進しようとする一切の政策の基本でなくてはならない。

　農村部および都市部における観光について言えば、インフォーマルセクターがどのような反応を示すかが、観光産業の全般的な経済的影響にとって重要である。バリ島における観光雇用を研究して、Cukier（2002）は、バリ島の観光地域には他の島々からの移住者がきているという証拠を見いだした。また、インフォーマルセクターに従事している人々は、今の職をフォーマルセクターに移るのに必要な技能を獲得するための手段と見なしていることが分かった。

　Shah（2000）は、インドネシアのジョクジャカルタや南アジアの他の場所での研究を引用しつつ、欧米の観光客よりも国内からの観光客なり当該国のまわりにある地域からの観光客の方が地元の売り主から余計に物を買う傾向がある、とコメントしている。

地域社会と個々の人間が観光に対してどのように反応するかということが開発の上で観光の果たし得る役割の決め手となるのであって、このような反応が抵抗を通じて生ずるにせよ、就職の可能性のチャンスをものにしようという際に起こるにせよ、反応であることに変わりはない。ここで、本章は、地域社会に関連するいくつかの今日的な問題の検討に移ることとするが、このような問題とは、NGOの役割、公正な取引と観光、貧しい人々のためになる観光、ボランティアー・ツーリズム（volunteer tourism）、ジェンダーと地域社会の開発などである。「序説」の章で述べたように、このような概念、プログラムおよびそれを実行する仕事の担い手は、場合によって、観光を活用することを通じて開発を促進するかも知れない。それでも、この三者は、全て、かなりの難問に直面することになる。

（訳者補注：informal sector と formal sector の意味 については、第4章4.2の「観光と開発過程」112ページに記載の訳者注を参照されたい。
　本書の読者は、かならずしも経済学の専門用語に通暁した人々ではないかも知れないのに、あえてカタカナ日本語で、しかもそれ自体としては意味のはっきりしない表現を用いざるを得なかったのか、いささか蛇足の嫌いはあるがここに至る経緯を以下に紹介して読者の参考に供したい。
　infromal sector については、まず、「低開発国の都市における伝統的部門のことで、低生産性、低賃金、不完全雇用を特徴とし、近代部門と対比される」という説明もある。例：長谷川啓之編『最新英和経済ビジネス用語辞典』、春秋社、1997　700ページ）。また、同用語辞典554ページによれば、formal sector とは「近代的部門」を指す。すなわち、「伝統的部門を informal sector と呼ぶのに対して、きちんと組織化された部門である」。
　しかし、原著者に念のため照会したところ、informal sector とは路上の物売りとか昔ながらの手工芸品を売っている者など、要するに「政府雇用統計などに記載されないような雇用を抱えている部門である」との回答を得た。このような雇用は非制度的雇用」とも邦訳されているから、これを応用すれば、「非制度的（経済）部門」とでも訳すこととなろうが、これでは何のことか読者にとって意味が分からないという難点がある。
　他方、informal sector の邦訳を断念し、「インフォーマルセクター」と表記する場合もある。例：金森久雄、荒憲治郎、森口親司編『有斐閣　経済辞典』、有斐閣、2002　52ページ）。この『経済辞典』によれば、インフォーマルセクターとは「露天商や車引き、家政婦など行政的保護や規制を受けず、公式統計にも把握されていな

い経済活動部門。フォーマル部門に比べて不安定性を特徴とし、一般的に女性の就労が多い。1970年代、ILO によってこの概念が採用されたが、実際には多様な意味で用いられる」とあって、原著者の回答内容はこの説明に近いとい言えよう。

訳者は informal sector を「路地裏的経済部門」―勿論、表通りでも露天商や車引きなどがいることもかなりあるから、'的' とするのであるが―、formal sector を「表通り的経済部門」と意訳してみてはどうかとも考えたが、結局、和訳を断念し、上記『経済事典』に従い、「インフォーマルセクター」および「フォーマルセクター」とカタカナで表記することとした。適訳があれば、識者のご教示を得たい。)

5.11 地域社会観光における NGO の役割

NGO は市民社会を構成している一部分であるとの位置づけが可能であるが、地域社会に根ざした観光における NGO の役割を検討する前に、市民社会とは何かを定義することが重要である。Ottaway (2005) は、市民社会を定義するのは複雑な問題であると述べて、その理由を、この社会とかかわりのある団体の性質に帰している。ヘーゲル (1821) が行った定義はよく引用されるが、Ottawayは、この定義に依拠しつつ、市民社会を以て家族と国家の間にある自発的共同団体 (voluntary associations) が占める全領域からなるものと定義している。自発的な組織には、小規模な仲間内のグループから大きな予算を有する大規模で官僚機構を備えた組織に至るまで、多くの異なった形態がある。発展途上諸国では、このような組織が取り扱う主な課題は AIDS で両親を失った孤児を援助するというような極めて限定されたものであるかも知れない。しかし、そうかと思えば、これとは対極的に、こうした組織が一国の枠を超えたネットワークと結びついて、当該ネットワークが世銀の運営に影響を及ぼそうと試みるような目標を有することもある (Ottaway 2005)。これらのグループは、国家が実施できないサービスを提供しようと努めたりするかも知れないし、あるいは収奪をこととするような政府の圧力に対して市民が抵抗するのに手を貸すかも知れない (Ottaway2005)。アジェンダ21は、国連と各国政府の双方に対して持続可能な開発に関する政策の立案と決定に NGO を加えるようにと要請している。

非政府組織 (NGO) は、観光への影響力を行使する点でますます大きな役割を演じている。Baker (2006: 9) は、NGO を「国のレベルで活動し、その活動がますます国際的なレベルに広がっている組織で、事業を行う機構、予算と正式の会員を有し、非営利目的のもの」と定義している。しかし、このような組織が、極めて地元に限定された規模で活動することもあり得る。NGO は、発展途上諸国の中で多くの異なっ

た役割を演じてきたが、その役割には、ちょっと思いつくだけでも、開発に関して救援の手を差しのべる、環境に対する懸念とかセックス観光といった特定の問題に関する意識の向上を図る、政府に働きかける、プロジェクトについて地域社会を支援する、地域社会の能力構築に助力することなどを挙げることができる。NGO の中には、ボランティア観光の調整に協力するものもあるが、これについては、この後で論ずることとする。

　NGO は、「環境ガバナンスの新たなやり方」へと向かう動きにもかかわりを持っている（Baker 2006）。気候変動、生物多様性の喪失と森林破壊のような環境保護の上での懸念の結果、このような問題は政治的国境を越えた問題となり、従来の環境ガバナンスの方法について疑問が生じた。この新たな手法では、持続可能な開発を促進するため、NGO が国家や国際機関と並ぶ位置に置かれており、同時に、広範囲に及ぶ政策手段（法的手段、自発的手段と市場を通ずる手段）および規範とガバナンスにかかわる原則が活用されている（Baker 2006）。

　英国に本拠を置く「ツーリズムコンサーン」（Tourism Concern　観光への懸念）は、観光に関する様々な問題についての意識を向上させるためのキャンペーンを行うので有名である。この団体のプロジェクトを若干挙げると、発展途上諸国の観光部門における被雇用者の待遇が悪いことについて意識の向上を図ること、人権侵害と観光の問題、倫理感と責任を伴う観光の促進、環境への懸念を理由に、特定の観光開発に反対するキャンペーンを行うことなどが、すぐさま思いつく。「ツーリズムコンサーン」は、一つにはビルマにおける人権蹂躙を理由にして、同国への旅行をボイコットするよう呼びかけた。香港に本拠がある「第三世界観光エキュメニカル連合」（The Ecumenical Coalition on Third World Tourism　訳者注：キリスト教系）も観光産業による虐待的雇用に反対するキャンペーンを数多く展開している。

　地域社会との関連で、Burns（1999b）の考えによれば、NGO は提携関係を結ぶために地元や地域の政府観光部門と当初のつながりをつけて、地域社会の中での協力を促進するための橋渡し役をつとめられることが多い。NGO の中には国と国との間の国境を越えて活動するものもあるが、NGO の多くは規模が極めて小さく、特定の国または地域社会で活動している。

　Barkin と Bouchez（2002）は、メキシコ Oaxaca 州の太平洋沿岸における生態支援センター（the Centre for Ecological Support；CSE）の活動を記録している。この地域は FONATUR、すなわち、メキシコ観光開発基金によって開発された巨大リゾートが存在する場所である。この沿岸は、30 キロメートルにわたって FONATUR の収用するところとなった。二人の記録者の言によれば、観光開発とそれに付随するイン

フラのおかげで、それまで孤立していた地域社会が国際市場に組み込まれ、投機と投資の自己増殖的な循環に火がついた。こうして社会的、空間的な二極化が加速的に進行した結果、原住民（native populations）は貧しくなり、緊張が生まれた。この地域社会は、1997年10月、ハリケーン・パウリナ（Paulina）にも襲われた。CSEが設立されたのは、新しいリゾートに最初の大規模なホテルがいくつか開設された後の1993年で、元来は、地域開発を促進するのが目的であった。

持続可能な開発のための資源管理計画に関する活動が既に始まっていたし、このNGO（訳者注：CSEを意味する）は、地域社会の福祉を促進するため原住民社会（native communities）と協働して比較的小規模な河川流域に新たな命を吹き込もうとしたのであったが、その仕事の一つが商業的な価値と文化的な価値を有する樹木を再植林することであった。この再植林の他に様々な試みが補完的に行われたが、その中にはエコツーリズムも入っていた。好ましい環境を創り出すことができれば、このような試みによって観光客を呼べるかも知れない、ということであった。エコツーリズム・プロジェクトは、このプログラムに参加する先住民の地域社会（indigenous communities）—先住民は自分たちが救い出し、保護している自然遺産に敏感に反応した—によって所有され、運営されるよう計画されていた。

本書が取り上げる主要な設問の一つは、広義に定義された開発に対して観光は貢献を成し得るのか否かということである。ArchabaldとNaughton-Treves（2001）は、ウガンダ西部の国立公園をめぐって近隣地域社会の間で行われた観光収入の分配について調査を行った。Bwindi原生林国立公園(Impenetrable National Park)の場合には、2つの国際NGO、すなわち、IGCP（International Gorilla Conservation Programme 国際ゴリラ保護プログラム）とCARE（ケア Cooperative for Assistance and Relief Everywhere）が、戦略的計画の立案援助とワークショップ、ならびに地域社会の訓練のための技術面、設営面、金銭面での支援のような問題に関する初期の段階での観光収入プログラムについてウガンダの野生生物庁（Wildlife Authority）と協力した。この公園の提供する呼び物の一つが、山中に棲息するゴリラのエコツーリズムであった。観光収入分配プログラムによって公園に境を接している21の行政区のうち19の行政区が地域社会開発プロジェクト資金を獲得したが、各行政区の受け取り額はおおよそ4,000米ドルで、この資金は小学校、保健診療所あるいは道路の建設に充てられた。2人の調査報告者はこのプログラムが中止されたと述べているが、しかし、この報告は観光収入分配プログラムには観光を越えたもっと幅の広い開発のいくつかの側面に資する可能性があることをはっきりと示している。

この他にも、WWF、IUCNやConservation International（国際的環境保護）のよ

うな国際的 NGO が存在し、このような NGO は、観光やエコツーリズムなど多数の環境と保護プロジェクトにかかわってきた。しかし、Mowforth と Mint（1998）は、警戒的な調子で、国際的 NGO の中には、世銀との協調的なつながりを通じて、環境プロジェクトについて民間部門あるいは NGO 部門に対して「全面的な経営支配」を与えるような企業方式を主張するアプローチを採用したものもあるという懸念を表明している。こういうことになると、地元の村落での保護運動について、NGO がその詳細を十分に承知していないかも知れないなどということになりかねない。NGO が盛んになってきたことからしても、ガバナンスの性質に変化が生じたことがはっきりと分かる。というのは、国家は、多国籍企業を相手にするだけではない。国家は、場合によっては、国際 NGO をも相手とすることになる。

5.12　観光における公正な取引

　観光の特徴は競争が激しく、極めて国際的であることだが、地元の地域社会がこのような特徴を有する観光と相互の交流を図ろうとすると、困難な問題に直面することとなる。これまで以上に注目が集まっている考え方が一つあって、それは公正な取引（fair trade）である。公正な取引の慣行は、しばしば、食料品（例、コーヒー）と手工芸品に関連づけられてきたし、発展途上諸国における援助計画に結びつけられることが少なくない（Evans and Cleverdon 2000）。

　問題のポイントは、発展途上諸国における地元の生産者が支援を受けるだけではなく、その生産物に対して公正な価格つけてもらうということなのだ。もしもこの考え方が観光に適用され得るとしたならば、地元の地域社会は多くの点で利益を得るであろう。

　Barratt Brown（1993）の著作を引用しつつ、Evans と Cleverdon（2000）は、公正な取引の概念の概要を次のようにまとめている：

- 労働条件を改善する；
- モノ（goods）の生産とマーケッティングを改善する；
- 割増価格の設定（premium pricing）、訓練および投資を実施する；
- 経済的な「漏れ」（leakage）を最小限にとどめる；
- 経済的な利益分配を広げる；
- 価格の安定性を保証する；
- もっと持続的な収入を保証する。

公正な取引が自由な取引（free trade　訳者注：自由貿易は、勿論、自由な取引の重要な構成部分である）と異なるのは、前者が発展途上諸国における貧困と闘い、消費者を生産者と直接に接触させる点である。これは、発展途上諸国の地元地域社会で生ずる観光に特に当てはまる。公正な取引は小規模な生産者を具体的な目標としている点でも自由な取引と異なっているし、その取引の方法には発展途上諸国における取引先の地位を強化しようという狙いがある。これには、先進諸国からの生産物開発への援助、自分のイメージと外部に向かって自分をどう表現するかということに関する管理（control）、マーケッティング技術へのアクセスなどが含まれている（Cleverdon and Kalisch 2000）。これは大事なことなので銘記すべきなのだが、観光産業を構成しているのは、圧倒的に中小企業（small and medium-sized industry；SMEs）である（Richards and Hall 2000b）。こういった企業は、村落観光に来る観光客に自分の家を開放する家族から始まってガイドを務めるために観光客が来るのを歴史的な記念碑で待ち受けている一個人に至るまで、様々である。観光産業は創意工夫に依拠しており、従って、企業家はこの産業の重要な構成分子であって、多国籍会社に代替する決定的な要素となる可能性がある（Richards and Hall 2000b）。もしも、このような小さな会社が公正な取引過程から主要な利益を受け取れるとするならば—それには「取引活動の透明性、長期的な関係を重視する姿勢、投入量に見合う正当な利益（an equitable return）を反映するような価格の支払いなどが含まれる—、小会社といえども観光市場での競争力を強化し得るであろう（Cleverdon 2001: 348）。

　この分野においてチャンスは多々あるにせよ、コーヒーのような一次産品の取引と、他方で公正な取引を実施しようとすると難問が持ち上がる観光との間には、数々の相違が存在する。このような相違点をいくつか挙げると次の通りである。

- 公正な取引を求める団体は非営利であるが、他方、観光関連の団体は競争が激しい市場で活動し、利益を追求している。
- 観光生産物は無形で目に見えないし、その上多くの部門に及ぶ活動にかかわっている。
- 観光が成功するかどうかは低廉で弾力的な価格次第であるが、他方、コーヒーのような一次産品には同一の「世界価格」が存在する。
- 発展途上諸国は、一次産品の輸出には慣れている。しかしながら、草の根の地域社会には、多くの場合、観光を輸出品として活用する経験がほとんどない。

- 観光は競争的な企業家精神を基盤としている典型であり、小規模な観光提供者が集まって組織作りをするというのは、新たな考え方である。
- 観光の消費は観光目的地で行われ、地元は社会的、文化的な侵入を蒙る (Cleverdon and Kalish 2000)。

　このような違いがあるので、比較的規模の大きな旅行業者にとっては対応困難な問題が生ずるかも知れないが、他方、比較的小規模な業者にとっては公正取引原則を自らの事業運営に取り込むことによって、戦略的に有利な立場を創り出す機会を得られることもあるであろう（Cleverdon and Kalish 2000）。

5.13　貧しい人々のためになる観光（Pro-poor tourism）

　1992年の地球サミット以降、持続可能性に関する努力の方向は、環境上の考慮にひどく偏るものとなってきた。そこでは、観光は、主として自然資源の持続可能な利用形態であり、かつまた自然資源の保護を増進する手段として認識されてきた（Rogerson 2006）。Rogerson（2006）の主張によれば、このような中で、貧しい人々に対する観光の影響についてみんなが一致して注意を払うということがなく、あるいは注意を払ったとしても、控えめにしか論じられなかったし、最近に至るまで、発展途上諸国の政府の中で観光開発を直接に貧困削減（poverty reduction）と結びつけて考えたものはほとんどなかった。そこで、国連ミレニアム開発目標（MDGs）のようなプログラムで貧困軽減（poverty alleviation）が強く打ち出されるようになると、観光が貧困を軽減するための戦略と見なされるようになったとしても、何ら驚くには当たらない。この戦略は、貧しい人々のためになる観光としてよく言及されているが、「観光が貧しい人々の暮らし向きにどのような影響を及ぼすのか、また、貧しい人々のためになる観光に役立つ一連の介入措置なり戦略を通じてプラスの影響がどのように増進され得るか」ということを眼目とする（Rogerson 2006）。
　貧しい人々のためになる観光というのは、特定の観光形態とみなすべきではなく、むしろ、観光を通ずる貧困削減に対する全般的なアプローチと見るべきであろう。この考え方は、貧困に焦点を当てている点において、観光における公正な取引と類似している。貧しい人々のためになる観光戦略は、規模の大小や都会と農村の別を問わず、様々な形態の観光において、将来、実施される可能性がある。地域社会に根ざした観光とかエコツーリズムのような、より特化したタイプの観光は、地元の人々が観光のもたらす利益にもっと与かれるようにすることに重点を置いており、この点で貧しい

人々のためになる観光と近似してはいるが、しかし、貧しい人々を援助するためには、それなりの戦略を必要とするであろう。

　貧しい人々のためになる観光の概念は、2002年のヨハネスブルグにおける持続可能な開発に関する世界サミットでUNWTO（国連世界観光機関）がST-EPプログラム（Sustainable Tourism -Eliminating Poverty 持続可能な観光—貧困撲滅プログラム）を打ち上げたので、ますます世間の耳目を集めるようになってきた。雑誌『観光における現在の諸問題』（Current Issues in Tourism）は、このテーマを扱う特別号を発行した（vol. 10, nos 2 and 3, 2007）。

　貧しい人々のためになる成長を促進する上で観光産業を魅力のあるものとする多くの利点が観光に内在しており、その何たるかはRogerson（2006）によって明らかにされている。観光に参入する機会は広く開かれており、インフォーマルセクターも含まれている。顧客は観光部門の生産物を求めてやってくるが、それによって他の部門とのつながりをつける機会が生まれてくる。観光は自然資本（野生生物と景観）と文化への依存度が極めて高いが、このような資産は、何がしかは、貧しい人々の生活の一部となっている（下記訳者注参照）。観光は、製造業よりも労働集約的であり得る。最後に、他の多くの経済部門に比べて、就職の機会や企業家になる機会を女性に提供する点で利益をもたらす割合が大きいのは、観光である。

（訳者注：原文はかならずしも意味がはっきりしないので、原著者に照会の上、原著者が書き換えに同意した文章を基に訳出した。）

　本章のはじめのところで指摘しておいたように、地域社会は一様ではない。Ashley他（2000）が強調している事実は、貧しい人々は一様ではなく、（プラスとマイナスの）観光の影響は貧しい人々のグループの間で不均等に分配されるのが避けられないということであって、これは、彼らにどのような資産があるのか、どのような活動機会があるのか、彼らがどのような選択をするのかということについてパターンが異なるのを反映している。

　Ashley他（2000）はさらにコメントして、貧しい人々が参加する表通りと考えられているのは地域社会観光であることが少なくないし、地域社会が運営し、NGOがしばしば支援しているロッジ、キャンプ場あるいは工芸品センターを通じてこのような参加が行われるのだが、それでもなお、個々の貧しい人々は呼び売り（hawking）とか不定期の労働のような自営の仕事を通じてあらゆるタイプの観光に参加する、とも述べている。この二人の研究者は、観光市場の様々な構成部分に対する貧しい人々

の参加に関してもっと研究を進める必要があると断りながらも、国内的／（当該国を含む）地域的観光市場が重要だと強調している。暮らし向きに焦点を当てることになると、問題はどのような政策なりプログラムが貧しい人々のためになる観光に寄与するのかということである。Ashley 他（2000）は、貧しい人々が観光に経済的に参加するのを増進するための戦略をあらまし次のようにまとめている。

- 貧しい人々（特に女性）の雇用や自家営業に的を絞って行われる教育と研修。
- マイクロ・ファイナンス（micro-finance　小規模金融）へのアクセス拡張。
- 貧しい生産者の団体を認め、かつ支援する。
- 比較的貧しいが、商業的に見て将来にわたっての存続が可能な生産物がある地域における中核的観光資源および観光インフラの開発。
- 土地、野生生物、文化遺産に対する地元の所有権、景観に恵まれた観光目的地と他の観光資源へのアクセス強化。
- 貧しい人々に対する援助戦略を投資家が開発する気になるようにするために、企画立案を活用する。
- 熟練の程度が最も低い人々を除外してしまうレッドテープ（形式的な手続き）を最小限にする。
- 物を売る人々がもっと観光客に近づけるようにする。
- 供給および交通の便の連絡の質と信頼性改善に対する事業上の支援。
- 国内的／地域的な観光と既成の旅行業者に取り込まれていない独立独歩の観光を企画の過程に取り込む。
- 国際的な全費用込みの観光に過度の重点を置くのを避ける。
- 企画立案の過程においてインフォーマルセクターの重要性を認識する。

　上記の中での極めて重要な項目の一つは、資本を持っていない貧しい人々が新たなイニシャティブをとるのを助けるために、マイクロ・ファイナンスを拡張することである（Vargas 2000 参照）。この重要性が大々的に世間の目に映ったのは、貧困と闘う手段としてのマイクロ・クレジットに関する業績に対して 2006 年に Muhammad Yunus とバングラデシュの Grameen 銀行にノーベル平和賞が授与された時のことである。平和賞が経済的なイニシャティブに与えられたというのは、興味深い。マイクロ・クレジット計画、とりわけ国際機関から資金が提供されているマイクロ・クレジット計画に関連する一つの重要な難問は、発展途上諸国の地域社会の中には開発がどのような性質のものかということに関する定義について西側と考え方を異にするもの

があるかも知れない、ということである。こうなると、マイクロ・クレジット計画を評価するために国際融資機関が用いるマクロ経済指数（macroeconomic indices）は意味をなさないかも知れない（Horan 2002）。Horan（2002）が見いだしたところによれば、トンガにおける女性の1グループは、観光客へ売るのが目当ての布地用の資金をマイクロ・クレジット計画から得ていたが、彼女たちは fakalakalaka と称する自分なりの開発についての考え方を持っており、この考え方による開発は経済的な尺度で測られ得る開発形態よりも幅の広いものである。それは、個々の人間のあらゆる領域（肉体的、知的および精神的な）にかかわり、内輪の個人的な関係、家族ダイナミズムと地域社会の開発に及んでいる。これらの女性は観光客用の布地よりも自らの地元文化のために儀式用の布地（ceremonial textiles　訳者注：儀式には、当然、宗教儀礼を含む）をこしらえようとして、お金を使ったのであった。貸付に対する焦げ付き率（default rate）は低かったが、国際金融機関には開発が行われているということの認識が欠けていた。マイクロ・クレジットによって資金を供与されたプロジェクトは、地元の諸条件に適合しなくてはならない。

　南アフリカが民主主義を迎えた時代に、観光は国家再建のためになくてはならない部門となった。政府は、貧しい地域社会を観光に巻き込もうとして、広範囲にわたる介入を行った。様々な異なる基金とプログラムを通じて、政府は、零細企業家を励まして新たな生産物を開発するようにしようとするとともに、観光産業に働きかけて貧しい地元の地域社会に手を伸ばし、そこの労働者、生産物、サービスを観光産業に取り込むようにさせようとしたのであった（Rogerson 2006）。南アフリカにおける貧しい人々のためになる観光イニシャティブに関するさらに詳細な議論については、コラム5.2を参照されたい（写真5.5をも参照のこと）。

コラム5.2　南アフリカにおける貧しい人々のためになる観光

　南アフリカが民主主義の時代になって、観光は開発の手段とみなされている。Rogerson（2006）は、多数の政府プログラムや貧しい人々のためになる観光パイロット・プロジェクトの実態を明らかにした。1996年の開発ならびに観光振興に関する白書（a White Paper on the Development and Promotion of Tourism）公表に始まって、関心の的となってきたのは、責任を伴う持続可能な観光であり、また地域社会が観光にかかわり、その利益に与かる必要があるという認識である。

　「観光の企画の中で格別の重点が置かれたのは、これまで放置されていた南アフリ

カ黒人社会を支援するための雇用創出と企業開発であった」（Rogerson 2006）。貧しい地域社会が観光に関与するように支援するため、多数の異なったプログラムが政府によって始められた。このようなイニシャティブにはインフラや新たな生産物開発に対する資金供与が含まれており、例を挙げれば、文化観光、農村地域における手工芸品、都市部における黒人居住地域観光（township tourism　下記訳者注参照）などである。観光関係の企業家と研修プログラムを援助するための基金も設けられた。南アフリカ観光公正取引ブランドと商標も設定された。責任を伴う観光への指南書ときちんとした行いに関する案内書が旅行業者の便に供されるようになった。これらの案内書の勧告の中には、地元の地域社会に機会を与えることを最優先する、観光関係事業は地元で生産されたモノを購入し、地元で入手できるサービスを利用するなど、地元の人々を雇用するよう主張しているものが見受けられる。例えば、エコツーリズム業者の中には、地元地域社会を潤す利益を拡張してきた者もいる。

　Rogerson（2006）が内容を確認したところによれば、ヨハネスブルグのはずれに所在する Alexandra Township における黒人居住地域観光は、貧しい人々のためになるイニシャティブの一部である。アパルトヘイト政策を掲げていた政府のせいで、この黒人居住地域は、南アフリカで最も貧困で、最も人口密度の高い地域の一つである。ここは黒人居住地域観光の中心地であって、観光客を反アパルトヘイト運動にとって大きな意味のある場所に連れてきて、貧困と歴史上稀にみる抑圧の問題について理解させるのである。Alexandra Township の観光は、都市部の貧困に反対するキャンペーンの一部であるとともに、貧しい人々のためになる観光パイロット・プロジェクトであって、この観光はサザンサン・ホテルグループ（the Southern Sun Hotels Group）とつながっている。

　このホテルグループを地域社会に結びつけようとする一連の現存プログラムや提案が展開、提案されたが、それには、この黒人居住地域への外注、黒人居住地域ツアーのホテルを通ずるマーケッティング、ホテルのお客が使い残した備品（amenities）を黒人居住地域の企業家にリサイクルして提供し、手工芸品に作り変える、地元で生産した品（土産物）をホテルの客に販売する、などが含まれる。Rogerson（2006）は、提携関係を維持する際の課題に光を当てながら、このプロジェクトを行う過程で生じた困難な問題について報告している。

（訳者注：南アフリカの人種隔離政策時代に政府によって黒人が居住を指定された都市部の特定地域を township と言う。）

出所：Rogerson（2006）

写真 5.5　南アフリカ、プレトリア近郊の黒人居住地域（Township）：
この地域を訪れる観光客

　貧しい人々のためになる観光は地元地域社会の関与増大へ向かって一歩踏み出したことを示すものであるが、他方、Mowforth と Munt（1998: 272）は論じて、規模が小さいことを考えると、この観光は、「絶対的貧困（absolute poverty）を撲滅する手段でもなければ、かならずしもこれを軽減する手段でもないのであって、むしろ、主として、相対的に貧しい地域社会を構成する一部の人々の"暮らし向きを良くし"、相対的に貧しい人々の集団の（飢餓のような）ショックに対する脆弱性を削減するための措置である」、と述べている。これも既に指摘されているところであるが、この観光は市場環境の中で活動している観光利害関係者に対して地元の貧しい人々の利益を極大化する戦略を採用するようにとのかなり厳しい要求を突きつけることになりかねない。そこには、景気循環の状態がどのようになっているのかには関係なく、これまでよりも高い賃金を支払わなければならないといったことが含まれるかも知れない（Chock 他 2007）。

　これらの研究者がさらに指摘するところでは、貧しい人々のためになる観光が成功するとするならば、それは、貧しい人々の負担を減らすとともに、このような人々の利益を増す方向へ観光産業をもって行こうという愛他心（altruism）、とりわけ、貧

しい人々のためになる観光とはかかわりのない観光利害関係者の愛他心に大きく依存する。Hall（2007b）は貧しい人々のためになる観光の批判者の言い分を要約して、このような観光は「新自由主義のもう一つの形態であって、南北間の亀裂にせよ、発展途上諸国内部の国内的な亀裂にせよ、その構造的な理由に取り組んでいない」と言わんばかりだ、と述べている。

　Schilcher（2007）は、貧しい人々のためになる観光戦略の新自由主義から保護主義に至るイデオロギー的な側面を研究している。彼女の議論によれば、このような戦略が貧しい人々の役に立つには、成長の過程で不平等を是正するため、不釣り合いなほどの利益を貧しい人々に提供しなくてはならないが、こうなると、将来、貧困を軽減する可能性は限定的なものとなる。彼女の議論では、成長から公正さ（equity）への政策転換が必要なのだが、しかし、そのような転換を行えば、新自由主義から離れることを意味するであろうし、従って、公正さに基づく政策なるものは大規模に実施されるというよりは、むしろ、口先だけの美辞麗句にとどまる公算が大きい。

5.14　ボランティアー観光

　貧しい人々のためになる観光、公正な取引およびNGOを扱ったこれまでの各項では、政府、NGOあるいは観光産業によって着手された政策が地元の地域社会を援助する上で何ができるのかをかなりの程度考えてきた。ボランティアー観光の主たる関心は、観光客自身に向けられている。Wearing（2001: 1）は、ボランティアー観光について、「社会の一部集団の物質的窮乏に対する援助なり、その軽減、何がしかの環境復旧または社会なり環境なりの諸側面についての調査研究にかかわるかも知れないような休暇を計画的に自分から進んで取る観光客に適用される」と述べている。

　観光客は何らかの形で何がしかの援助を行うものであるが、他方、Wearing（2001）によれば、観光客を迎え入れる地域社会が利益に与かるだけにとどまらず、観光客も体験から利益を得るのである。この体験は観光客の価値観と意識に変化をもたらし、その結果、彼らの生活様式を変化させることもあり得る。

　Scheyvens（2002）によれば、ボランティアー観光とは、開発プロジェクトなり環境保護プロジェクトなりを手伝うために発展途上諸国への旅費を個人が支払う「正義の観光」（justice tourism）の一種である。Wearing（2001）は、ボランティアー観光を持続可能な開発をもたらす一つの開発戦略と見なして良いのかも知れない、とも述べている。

　環境保護事業は様々な観光目的地—例えば、アフリカ、アジア、中南米—で行わ

れており、熱帯雨林、雲霧林（cloud forests　訳者注：山地上部で常時雲や霧に覆われている森林のこと）、保護地域、生物保護地のような場所でおこり得る（Wearing 2001）。

　Campbell と Smith（2006）は、コスタリカの Tortuguero でウミガメ保護のために働いているボランティアーの価値観を調べた。ボランティアー活動はカリブ海環境保護コーポレーション（the Caribbean Conservation Corporation；CCC）によって組織されているが、この CCC は米国に本拠を有する NGO で、コスタリカに出先事務所を置き、Tortuguero に 1 年中現場基地を設置している（下記訳者注参照）。

（訳者注：Tortuguero は、カリブ海に残された最後のアオウミガメ繁殖地。米国フロリダ大学の動物学教授故アーチ・カー博士が繁殖地と生育地の割り出しを行い、CCC 創設にも携わった。）

　主なボランティアー観光の次なる形態は、観光客が開発の仕事を行うことにつながっている。こういったタイプのプロジェクトとしては、医療関係の援助、遺産（heritage）と文化的な修復に結びついているプロジェクトおよび他のタイプの社会・経済的開発イニシャティブなどを挙げることができよう（Wearing 2001）。南アフリカの場合については、Stoddart と Rogerson（2004）が国際ハビタット・フォー・ヒューマニティ（Habitat for Humanity International, HFHI）の地球村奉仕作業プログラムに自発的に参加するボランティアー観光客を研究している。ボランティアーの人々は、地元地域社会の住民と一緒に働き、それによって住民の貧困に関する意識を向上させ、収入の範囲内の費用で賄える人並みの住宅を建設する（下記訳者注参照）。

（訳者注：HFHI はキリスト教の理念に基づいて活動する国際 NGO。具体的には、住宅を建てることで地域社会を築く自立支援型の活動を行う。これまでに世界 100 カ国で住宅建設支援の実績がある。）

　ボランティアー観光の中でかなりの注目を集めているのが、「隙間年」（gap year　ギャップイヤー）の間ボランティアー活動を行う学生である。隙間年は、高校を卒業してから大学に入る間の期間であることが多い。これは極めて好評であって、特に英国で評判がいい。もっとも、Simpson（2004）の示すところでは、「隙間年」を利用するボランティアーの年齢層は「キャリアーブレーク」（career break　下記訳者注参照）を行う人々の年齢層にまで及んできている。様々な「隙間年」経験の広告を行

っているインターネットサイトが数多く存在する。若者がかなりの期間旅に出るという現象は、英国に限って生ずる訳ではない。オーストラリアやニュージランドのような国々の若者も、比較的長期の海外旅行をするので有名である。

(訳者注：career break とは、隙間年概念の延長線上にある制度。自己啓発や専門技術の発展のために仕事から一時離れ、新たな経験を積むこと。有給の場合と無休の場合があり、期間も1カ月から2〜3年までと、様々。)

ボランティアー観光には地域社会の助けとなる可能性が秘められているが、他方、懸念の声も上がっている。Simpson（2004: 690）は、次のように述べている。

> 現在、隙間年産業（gap year industry）は、「自分たちとは全く別の世界としての第三世界」（third world other）のイメージを助長している。このイメージは、「われわれと彼ら」（us and them）という過度に単純化した二分法によって支配されており、本質主義者風の陳腐な決まり文句によって表現されている。そこでは、開発が表づらでは欧米流の「善意」についての価値観によって支配されているのだ（本質主義者については、下記訳者注参照）。
> この他、ボランティアーは実際に役に立っているのかどうか、あるいは、利益をもたらすよりも面倒をもっと引き起こしているのではないか、また、隙間年というものは新たな形の植民地主義ではないのか、などを懸念する向きもある（Brown 2006）。

(訳者注：本質主義者　essentialist とは、教育は基本的な技能の指導と自己訓練の促進に焦点を置くべきであると主張する人々を指す。基礎知識主義者とも訳される。)

5.15　ジェンダーと地域社会開発

地域社会は個人と集団から構成されているというのが、本章の一つのテーマである。つまり、このような個人や集団が全て同じ価値観と目標を有する訳ではないし、同じ問題に直面するとか、同じチャンスがあるということでもない。国連ミレニアム開発目標において、女性と児童がともに特に言及されている。例えば、インドでは、最近発効した法律によって、14歳以下の児童は家庭での召使として働いたり、レストラン、

喫茶店、ホテル、スパで働くことができなくなった（Associated Press 2006)。発展途上諸国における女性の社会的、経済的地位と環境の悪化との間には関連性がある、と強調する著作もある（Baker 2006: 167)。曰く、

　　女性が置かれた地位のために、女性は同じような仕事をしている男性よりも環境の悪化がもたらすマイナスの影響を受けやすい。女性は男性よりも社会の中心から外れたところにいるし、余計に働き—特に、農作業に従事している場合—、食事の質が適切かどうかと言えば男性の場合よりも劣悪である。そして、女性には政治的、経済的、社会的な分野での発言権が封じられていることが少なくない。

　観光の影響に関する文献において、女性と観光との関係は、多くの異なった観点から論じられてきた。その中には、観光の結果として女性はこれまでよりも多くのチャンスに恵まれるのだとする者もいれば、女性はセックス産業で働いたりするなど観光によって搾取されるとする者もいる（Hashimoto 2002)。研究の結果明らかになったのは、管理職につくのは男性であることが多く、女性は比較的低賃金で、非常勤、業務の繁閑次第で雇われたり、雇われなくなったりする職に就き勝ちだ、ということである（Wall and Mathieson 2006)。

　女性と環境に関する論争の中で、議論の中心が持続可能な開発へと移るにつれて、変化が生じた（Baker 2006)。初期の議論では、グローバル化の過程から生ずる環境悪化の受動的な被害者としての女性に焦点が当てられていたが、ごく最近では、発展途上諸国における環境資源の有能な管理者として女性の積極的な役割がますます強調されてきた。Baker (2006: 168) は、女性が持続可能な開発を促進する人物たり得る状況をいくつか明らかにしているが、それは下記の通りである。

・　家庭、農業および文化における役割からして、女性は持続可能な開発を促進する上での鍵となる担い手である。
・　女性には自分の地元の環境に関する知識があるし、適切な生物多様性戦略を発展させる上で鍵を握っているのは女性である。
・　女性に土地の相続権および融資と資源を手にする権利を与えれば、地域社会レベルで持続可能な生計の促進を加速できる。
・　人権、特に女性の人権促進と持続可能な開発の促進との間には密接な関連性が存在する。というのは、こういうことは、公正と提携関係（partnership)

に基づいているからである。
- 民主的な環境のガバナンスには、ジェンダーの側面が存在する。というのは、アクセスの上で男女が平等であることに基づいている場合に、（ガバナンスへの）参加は一層民主的で、正当性があり、成果が上がるからである。

上記のリストは、女性が自らの地域社会における持続可能な開発の促進者となり得るいくつかの極めて重要な分野を明らかにしている。このような役割は、観光との絡みで、格別の重要性を有する。例えば、地域社会に根ざした観光の場合、女性は観光客と自然環境との間でお互いに影響を与えあうので、女性にはこのような形で持続可能な開発の促進に役に立つ潜在性がある。

女性、とりわけ、発展途上諸国と農村地域の女性にとって、観光産業が新たな機会を生み出したのであって（Wall and Mathieson 2006）、このおかげで、女性がフォーマルセクター（例；ホテルや民宿経営）とインフォーマルセクター（例：ガイドや露天／海岸での物売り）双方で様々な職にありつけるようになった（写真 5.6 参照）。女性の中には、観光産業のおかげで、一層の自立性と収入を獲得した者も存在する（Hashimoto 2002; Momsen 2004）。

写真 5.6　インドネシアのロンボク島：昔ながらの Sasak 織を見せる若い女性

5.16　むすび

　Preston（1996）の観るところでは、開発を特徴づけ、確保する観点からして、主なパラダイムは3つある。何に焦点を当てるかと言えば、第一のパラダイムについては国家の介入であり、第二のパラダイムについては自由市場の役割であり、第三のパラダイムは政治社会の権力に関連している。

　本章の主たる関心対象は、第三の側面、すなわち、地元レベルでの政治社会の権力と観光開発である。Preston（1996）が示唆しているように、このアプローチは、名実ともに兼ね備わった民主主義を志向しており、NGO、慈善事業、現状に異を唱える社会運動を通じて組織的な手段を持っている。

　観光との関連で重要なのは、地元の地域社会が国家および市場の力との間でどの程度相互に作用し合うのかを認識することである。観光と地域社会との間の関係についての極めて重要な問題は、当該地域社会の内部の権力関係ならびに様々な地域社会と観光部門の間に存在する権力関係である。

　地元の地域社会には、意味のある方法で参加するチャンスがあるのだろうか？ MilneとEwing（2004: 215）が述べているように、決定的な問題は、「地元の関与と参加が行われたということをどのように確認するかということばかりではなく、それが実効性のある開発成果をもたらす方法で続けられ得るということをどのようにして確保するか？」ということに帰着する。観光がもたらす開発上の利益は、地域社会のなるべく多くの住民に行きわたる必要がある。政治社会の権力を重視する批評家たちは、このアプローチを以て実行困難な理想主義であると論じ、周辺部の権力集団と中心部の権力集団との間に対立が生まれる潜在性があり、そうなれば、貧しい人々の立場はさらに悪化する可能性があることと前述の実行困難性とをあわせ強調したのであった（Preston 1996）。

　この他、先住民あるいは地域社会の開発にとっての妨げになるものとして、コンセンサス造りの問題、参加に対する障壁、説明責任の欠如、組織の弱体、国際的な資金供与機関との一体化の欠如を挙げる向きもある（Wiarda 1988; Brinkerhoff and Ingle 1989）。

　地域社会は、しかく単純なものではない。そして、地域社会は観光にとって重要な資源であるという認識が、ますます高まっている。問題意識が持続可能性へと移行するに伴い、地元の地域社会の参加と能力構築が多くの観光企画にとっての中心的課題となった。地域社会は、観光によって影響を受けるだけではなく、自ら反応し、観光のもたらすチャンスを利用する（Wall and Mathieson 2006）。

本章ではいくつかのタイプの観光に言及するとともに、いくつかの戦略をも取り上げたが、これらの戦略が採用されるならば、不利な立場に置かれている地域社会に対して一層の利益をもたらし得るであろう。しかしながら、異なるタイプの観光を比較する場合には、用心しなければならない。観光文献において比較が行われてきたのは、大規模な大衆観光と小規模な地域社会に根ざした観光の比較である。Butler（1993：34）の所感によれば、「ハードな観光とソフトな観光あるいは大衆観光とグリーン・ツーリズムについてあまりにも単純化し、理想化した比較をして、一方は明らかに望ましくないが、他方はほぼ完璧だというようなことを言うのは、不適切であるばかりではなく、はなはだしい誤解を生ずる」。彼がさらに述べているのは、大衆観光が野放図、無計画、短期的あるいは不安定かといえば、かならずしもそうではないこともあるし、他方、グリーン・ツーリズム―本章の場合には、これに加えて、地域社会に根ざした観光を挙げても良いであろう―がかならず思いやりがあり、最善の状態を実現し、統制がとれており、計画性があり、地元の統御の下にあるかと言えば、いつもそうとは限らない、ということである。地域社会に根ざした観光が対立、不平等、資源の過度の利用を生ずる可能性も、恐らくあるのだろう。観光に関する市場と観光が行われる地域社会の経済的、政治的現実を考慮しなければならない。観光産業は、民間部門のものであろうと公的部門のものであろうと、高度に細分化しており、また、競争がはなはだしいので、自己抑制とか内部的な統制には弱いところが出てくる（Butler 1993）。

「観光客を受け入れる」（host）地域社会の性質と地域社会に根ざした観光についての様々な戦略の性質を論じた訳だが、次の章では観光の消費を探究することによって「来訪客」（guest）に焦点を当てることとする。

5.17　議論のための設問

1　観光における雇用に関するインフォーマルセクターとフォーマルセクターの強みと弱みの違いを述べなさい。

（訳者注：インフォーマルセクターとフォーマルセクターの内容については第 4 章 4.2 の「観光と開発過程」112 ページに記載の訳者注および本章 5.10.3 の「観光とインフォーマルセクター」182 〜 183 ページに記載の訳者補注を参照。）

2　地域社会に根ざした観光開発は、地域社会と個人の能力開発促進に力を貸すこと

ができるだろうか？
3 国際的な観光客を受け入れると、従属しているという考え方（notions of dependency）が地域社会で強くなるであろうか？
4 地域社会に根ざした観光は、持続可能な観光の一形態を表しているのだろうか？
5 地域社会に根ざした観光において、NGO はどのような役割を担うべきであろうか？

5.18　さらに勉強するための参考文献

Richards, G and Hall, D.（編）(2000) *Tourism and Sustainable Community Development*, London: Routledge.
　本書は 20 章からなる編纂文献で、広範多岐にわたる国際的事例研究が掲載されており、持続可能な観光に貢献するために地元の地域社会には何ができるのか、また、持続可能性は何を地元地域社会にもたらし得るのかということについて深く研究している。

Singh S., Timothy, D. and Dowling, R.（編）(2003) *Tourism in Destination Communities*, Wallingford: Oxon: CABI.
　本書は 14 章からなる編纂文献で、3 部に分かれ、観光と観光目的地の地域社会との関係、観光目的地の地域社会に対する観光の影響、観光目的地の地域社会にとっての課題とチャンスを探究している。

5.18.1　ウエブサイト

次のウエブサイトは国連がどのように市民社会の団体とともに仕事をするのかを明らかにしている：www.un.org/issues/civilsociey/.
国連のウエブページには、男女平等と女性の能力開発に関する情報と方策に links がある：www.un.org/womenwatch/.

6 観光の消費

6.1 学習の目標

本章を読み終えると、諸君は以下のことができるようになるはずである：
● 観光客の消費者としての行動（behaviour）に影響を与える諸要因を正しく認識する；
● 観光需要の性質が変化していることを理解する；
● 環境問題に関して意識のある新たな観光市場が生まれかけているが、この市場がどの程度のものなのかを確認する；
● 観光産業は観光客の行動に対してどのように影響を及ぼし得るのか、その方法を確認する；
● 開発における国内観光の重要性を正しく認識する。

観光は、本質的に、社会的活動である。疑いもなく、それは巨大な事業であり、世界最大の経済部門の一つであって、多くの国々にとって所得と外貨収入の大きな源泉となっている。観光は、また、大きな広がりを有する多様な産業でもあって、地球規模での労働力の1割にも達する雇用を提供している。この点についても、疑いの余地はない。確かに、観光には開発を効果的に進める担い手としての潜在性があり、この点については本書が探求しているところである。

しかしながら、大事なことは、観光というのは、何よりもまず、人々にかかわるものだ─自分自身の国の中を、あるいは海外を旅し、いろいろな場所や名所・名物（attractions）を訪れ、観光目的地に滞在し、その滞在中に様々な活動を行う何百万人にも上る個人にかかわる─という事実を見失わないことである。

もっとはっきり言えば、観光とは他の人々や他の場所と触れ合い、これに影響を与える人々、つまり、観光客にかかわるものだ。換言すれば、観光の基本的な特徴は、「生産物」が現場で（on site）消費されるということにある。つまり、国内であろうが海外であろうが、観光を愉しみ、あるいは観光に参加するためには、観光客は観光目的

地に旅しなければならない。実際に、全てのサービスについて当てはまることであるが、観光生産物─通常、観光客の体験と考えられている─は、観光客が生産過程に投入されてはじめて現実に生産され得ることになる。

ホテル、レストラン、店、運送業者、観光名所・名物および観光部門内のその他の事業にはサービスを提供する潜在性があるにせよ、このようなサービス（あるいは体験）は、観光客が現実にそれを購入し、消費してはじめて提供されるのである（Smith 1994）。こうして、観光開発が行われると、その結果、必然的に観光客が来るようになる。同じように、観光客が来るようになると、観光目的地の環境、経済および地元の地域社会に（プラスとマイナス双方の）結果（consequences）が生ずることになる。

観光開発の結果なり影響（impacts）なりについては、次章でもっと詳細に研究を進めることとする。しかしながら、このような影響は観光消費の性質それ自体から切り離し得ないということが、つとに認識されてきた。1960年代に大衆国際観光が出現したのだが、観光がもたらすかも知れない経済的利益の可能性が観光目的地と地元の地域社会が直面している開発上の課題にとっての万能薬と考えられていたこともあり、大衆国際観光はある程度楽観的な見方を以って歓迎された。にもかかわらず、地元の環境と文化に対して大衆観光が悪影響を与えるという懸念が間もなく表明される状況になった。大衆観光が発展するにつれて、例えば、一評論家は、当時、次のように述べた。

　　大衆観光が発展するにつれて地元の生活と産業は影が薄くなり、他の人々を温かく迎えるなどという気持（hospitality）は雲散霧消してしまう。そして、先住民の人々は、軽蔑交じりの卑屈な態度で無邪気な大衆の御用をつとめながら、半ば寄生的な生き方にはまって行くのだ。
　　　　　　　　　　　　　　　　　　　　　　　　　　　（Mishan1969: 142）

1970年代に、『観光：神の恩寵か災いか？』（Young, G. Tourism: Blessing or Blight, 1973）と『金を生む群衆：国際観光と悦楽の周辺』（Turner, L. and Ash, J. The Golden Hordes: International Tourism and the Pleasure Periphery, 1975）のような著作が現れたが、これらの著作はもっとバランスのとれた見方をしている。だが、そうは言っても、大衆観光には、観光目的地に対して観光が及ぼす開発上の利益を凌駕する悪い結末をもたらす可能性が秘められているというのが、全般的な論調であった。事実、1990年代を迎えるころには、観光開発と結びつけられている諸問題は、全てとは言わないまでも、大部分が、大衆観光と大衆観光客のせいだとして既に非難

を浴びている状態であった。このような例を一つ紹介しよう。

> 観光の危機は、大衆観光の危機である。というのは、大衆観光が始まって、その後で社会、文化、環境面での荒廃が生じたからである。だから、大衆観光のやり方は、新たなものを導入するために、徹底的に変わらなければならない。
>
> （Poon 1993; 3）

　Poonの提案した「新たなもの」とは、（大衆観光に代わる）代替的で持続可能な観光開発形態を意味するのであって、それが実現されるかどうかは、第2章で述べた通り、観光の消費に関する新たな「社会的パラダイム」が採用されるか否かにかかっている。換言すれば、観光客がもっと持続可能なように行動し、「良き」観光客あるいは「責任感を伴う」観光客とならなくてはならず、これが、より適切で持続可能な観光形態の発展を成功させるための根幹である。

　Poonは次のような所感をも述べている。つまり、1990年代のはじめを迎えるころには、もう実際に、「新たな」観光客が現れたという証拠があったというのである。「新たな観光客」とは、これまでよりも環境問題への意識がより強く、観光の質に関する意識がより高く、より冒険的で、より個性的で本物の（authentic）体験をするために、受け身で、お膳立て済みの、大量生産型のパッケージ休暇を忌避する気持ちがもっと強い観光客のことだ。これ以降、観光客について多くの人々によってなされた想定は、観光客がこれまで以上に「グリーン」志向であるとか、より責任感を伴うやり方または環境上適切なやり方で観光を消費する方向にますます向かいたがっている、ということであった。それだけではなく、このような想定は、持続可能な観光形態を発展させるとか促進するための理由づけとして、頻繁に利用されてきた。

　しかし、これは大事な点であるが、観光客が実際にこれまでよりもグリーン志向になっているというこの主張を裏づけるものはほとんど何もないのだ。例えば、良く言われるのは、エコツーリズムに対する需要が増えているのが観光客が環境上適切な観光体験をますます求めている印（しるし）だ、という議論である。確かに、エコツーリズムの人気はますます高まっている。実際に、最近の研究から窺われるところでは、エコツーリスト休暇を取る観光客の数は、「主流」の休暇を選ぶ観光客よりも3倍も速く増加しているし、また、2024年を迎えるころには、エコツーリズムが地球規模での休暇市場の5％を占めているであろう（Starmer-Smith 2004）。

　しかし、「エコツーリスト」の動機が環境に対してどの程度本当に関心を持っての

ことなのかについては、かなりの疑念が抱かれている（Sharpley 2006b）。同じように、いろいろな調査から窺われるところでは、観光客の多くは環境にやさしい休暇に対してより多くの対価を支払う意欲があるだろうということなのだが（例：Tearfund 2000 参照）、しかし、これが実際に起こっているということを裏づける証拠はわずかしかない。

　本章の目的は、従って、観光消費の性質とそれが結果として持続可能な観光開発にとってどのような意味合いを持つのかを探究することにある。まず取り組むべき問題は、手みじかに言って、次の通りである。すなわち、観光需要/観光消費のプロセスとは、どのようなものなのか？ そのプロセスに影響を及ぼす要因は、どのようなものなのか？ 観光の消費は、時が経つにつれてどのように変化してきたのか？

6.2　観光需要のプロセス

　観光への需要ないし観光の消費は、さほど単純なプロセスではない。一評論家の言によれば、それは、「自由裁量的、偶発的、未来志向的で、ダイナミックな、社会的な影響を受け、そして進化途上にある」とされている（Pearce 1992: 114）。換言すれば、観光への需要とは、レジャーに使う時間の中での特定の期間をどのように過ごすかを選択することにかかわっており、この選択は、様々な要因の影響を受けるかも知れないし、また、時が経つにつれて変化するかも知れない。

　加えて、観光への需要は、人々がどのようにして、またどういう理由で観光への参加を決定するのかということばかりではなく、人々が観光客としてどのように行動するのか、彼らがどういう理由で特定のタイプの観光を選択するのか、観光は彼らにとって何を意味するのか、そして彼らの観光に関する「趣味」（tastes）が時がたつにつれて変化するかも知れない理由は何なのかということにもかかわっている。

　観光への需要は、このように複雑な問題である。しかし、やや単純化しすぎる嫌いはあるが、これを一連の連続的な段階と考えるのが極めて一般的な見方である。この段階を要約すれば次の通りである。

　　　第1段階　　問題の確認/必要性の感知
　　　第2段階　　情報の探索と評価
　　　第3段階　　（旅行）購入決定
　　　第4段階　　旅行体験
　　　第5段階　　体験の評価

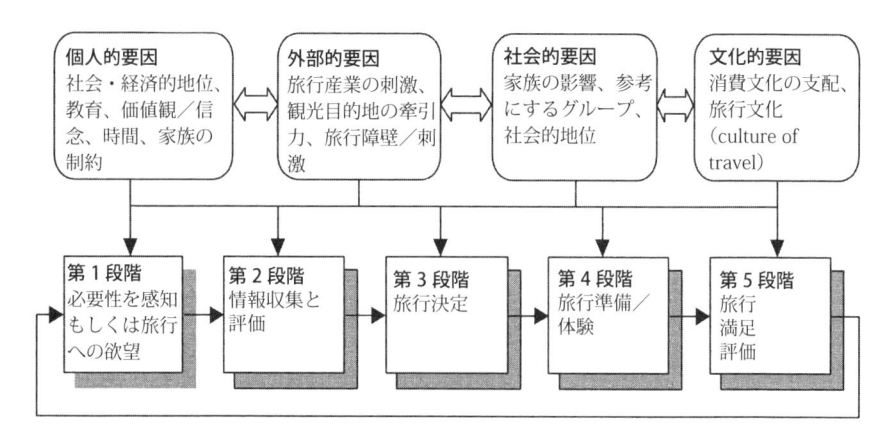

```
┌─────────────┐ ┌─────────────┐ ┌─────────────┐ ┌─────────────┐
│ 個人的要因   │ │ 外部的要因   │ │ 社会的要因   │ │ 文化的要因   │
│ 社会・経済的 │⇔│ 旅行産業の刺 │⇔│ 家族の影響、 │⇔│ 消費文化の支 │
│ 地位、教育、 │ │ 激、観光目的 │ │ 参考にするグ │ │ 配、旅行文化 │
│ 価値観／信   │ │ 地の牽引力、 │ │ ループ、社会 │ │ (culture of  │
│ 念、時間、家 │ │ 旅行障壁／刺 │ │ 的地位       │ │ travel)      │
│ 族の制約     │ │ 激           │ │              │ │              │
└─────────────┘ └─────────────┘ └─────────────┘ └─────────────┘
```

図6.1　観光需要のプロセス

需要プロセスの各段階は、時間的・金銭的制約、社会的な刺激、メディアの影響、観光目的地についてのイメージ／思いこみ（perception）あるいはマーケティングのような個人的および外部的な変数によって影響を受けるかも知れない。他方、個々の消費体験がその後の意思決定過程の材料となる（図6.1）。

同時に、言うまでもなく、観光への需要は、「一回限りでお終い」となるようなできごとではない。人々は一生かかって観光を消費するのであって、この期間に、観光客は、観光客としての熟練度が向上するにつれて、「旅行階段」とでも言うべきものを（a 'travel career ladder'）登って行くのかも知れない（Pearce 1992）。

この結果、観光客の旅に対するするニーズと期待は変化し、発展するかも知れないが、しかし、このようなニーズは社会的関係、生活様式の要因と制約の進展および新たに生じてくる価値観や態度によっても枠をはめられ、影響されることもあろう。あとの点は本章のテーマにとりわけ関係があるので、すぐに、もう一度論ずることとする。しかし、需要プロセスに影響を及ぼすかも知れない諸般の要因を把握することが、観光の消費を理解する上での根幹である。これらの要因は下記の4つの見出しの下に分類してもいいかも知れない（Cooper 他 2005: 53）。

1　**需要を喚起するもの（energizers）**　これは、旅に出るとか休暇に出かける、あるいは需要プロセスに着手する動機を全体として創り出す力と影響力（あるいは個人的な 'push '―やる気―要因）のことである。

6　観光の消費　　　　　　　　　　　　　　　　　　　　207

2　**需要の効果器（effectors）**　情報探索／評価過程とその後の購入決定は、特定の場所、観光目的地あるいは体験に関する観光客の思いこみによって影響を受ける。これは、観光客が特定の旅行を行う選択をさせるようにする観光目的地の 'pull'―牽引力―要因と呼ばれることもある（下記訳者注参照）。

　　（訳者注：(1) effectors は、元来は、生理学学用語。筋肉や腺のように神経刺激に対する反応を実行する組織器官。ここでは、需要への影響を発生させるものの意。(2) pull　とは、「その気にさせる力」のこと。）

3　**需要の濾過器／決定要因（filterers/determinants）**　特定の選択を行うとか、不適切な生産物を「濾過して取り除く」(filter out) ことを決定するのは、様々な経済的、社会的、人口学的要因である。このような要因としては、可動性、雇用と所得、有給休暇の権利、教育水準、そして年齢、性別、人種、家族のライフサイクルのどの段階にいるのか、などを挙げることができよう。加えるに、態度、価値観、生活様式のような無形のサイコグラフィック変数によっても選択がなされるかも知れない（下記訳者注参照）。

　　（訳者注：サイコグラフィックス　psychographics とは、潜在的な顧客を分類する際に用いられる手法で、消費者の生活様式、態度、価値観、信念などを心理的に測定する。）

4　**役割（Roles）**　休暇／旅行に関する選択は、購入主体たる個々の一「単位」の中でのいろいろな役割（例えば、休暇を選択するに当たって家族のメンバーがそれぞれ受け持つ異なった役割）と観光客としてのいろいろな役割によっても影響される。

　こうなると、明白なのは、ほとんど無限と言ってもいいくらいの変数の組み合わせがあり、個々の観光客がどのように、何時、どこで観光を消費するのかということに影響を及ぼすかも知れないので、観光客の行動を予測するのは、不可能ではないにしても、困難な仕事と考えられるかも知れない、ということだ。実際に、Kippendorf (1987) によれば、観光客の多くは自分が特定のタイプの観光になぜ参加したのか自分でも正確に説明できない。他方、Ryan (1997) のように、観光というのは非合理

的な(従って、説明不可能な)行動形態であるという見方をする人たちも出てくる！

にもかかわらず、本章の目的のためには、観光の需要プロセスに影響を及ぼす3つの問題ないし要因を検討することが重要である。3つの要因とは、観光客の動機、価値観が消費に及ぼす影響ならびに観光と消費者文化である。

6.3 観光客の動機

人々が、なぜ、そしてどのように観光を消費するとか観光に参加するのかということは、長い間、学者や研究者の関心の的であり続けてきた。とりわけ、観光需要プロセスの第一段階ないし観光客の動機と一般に呼ばれている問題が注目を浴びてきた(今でもそれが続いている)。この理由は、恐らく、自明のことである。「旅行における全てのでき事を引き起こす引き金」(Parinello 1993)、つまり、必要性を感知して、その必要性を満足させることを目指す目標志向の行動(すなわち、観光)に移す過程が存在する訳だが、観光客の動機はこのような過程であるばかりではない。感知されたた必要性がどのような性質のものであるかということも、観光客が結果として示す行動と彼らが観光目的地に将来与えるかも知れない影響を左右する。

問題が複雑なだけに、観光客の動機が様々な視点から探求されているのは、驚くに当たらない(Sharpley 2003)。これらの視点から生ずる重要なテーマは、要約すれば、下記の通りである。しかし、まず、観光客が行う消費者行動の特徴的な形態の記述子(descriptors 訳者注：ここでは、情報の格納・検索に使う用語)としていわゆる「観光客類型論」(typologies)を検討しておくことが、有益である。

6.3.1 観光客類型論

観光客類型論とは、煎じ詰めれば、特定の理論的あるいは概念的な基盤に基づく観光客のリストないし範疇化のことである。観光客類型論は、このようなものであるから、予測的ではなく、記述的になり勝ちであるが、そうは言っても、観光客側の旅行に関する異なる動機、興味、スタイルを—説明していないとしても—反映してはいるのだ。

このような類型論の皮切りの一つを提唱したのがGray (1970)であって、彼は、「太陽渇望」(sunlust)と「彷徨渇望」(wanderlust)という造語を作り出した。ここで言う太陽渇望の観光は、本質的にリゾート地を基盤として、3つのS—sun, sea, sand(太陽、海、砂浜)—に対する欲望を動機としている。

逆に、彷徨渇望の観光の特徴は、旅に出て、異なる場所、人々そして文化を味わっ

```
┌─────────────────────────────────┐
│ お膳立てされた企画に乗った大衆観光客 │
│ - パック休暇に出かける            │
│ - リゾート地／ホテルを根城とする   │
│ - 出来合いの旅行にしか行かない    │
│ - 事前に計画済み／硬直的          │
└─────────────────────────────────┘──┐
                                      ├── 既成の観光産業に取り込まれた観光客
┌─────────────────────────────────┐  │
│ 大衆観光客ではあるが個性的な人物  │  │
│ - パックツアーに出かける          │  │
│ - リゾート地／ホテルを根城とする   │  │
│ - 自分自身の日程を作る            │  │
│ - 柔軟性はあるが、「名所」は訪れる │  │
└─────────────────────────────────┘──┘

┌─────────────────────────────────┐
│ 探検家                           │
│ - 独立独歩の旅をする             │
│ -「観光客の臭跡」を避ける          │
│ - 時々は、なじみのあるところを求める │
│ - 自分自身の生活様式慣行を保持    │
└─────────────────────────────────┘──┐
                                      ├── 既成の観光産業に取り込まれていない観光客
┌─────────────────────────────────┐  │
│ 放浪者                           │  │
│ - 既成の観光組織との接触を避ける  │  │
│ - 地元の地域社会とともに生活する  │  │
│ - 地元のしきたりを受け入れる     │  │
└─────────────────────────────────┘──┘
```

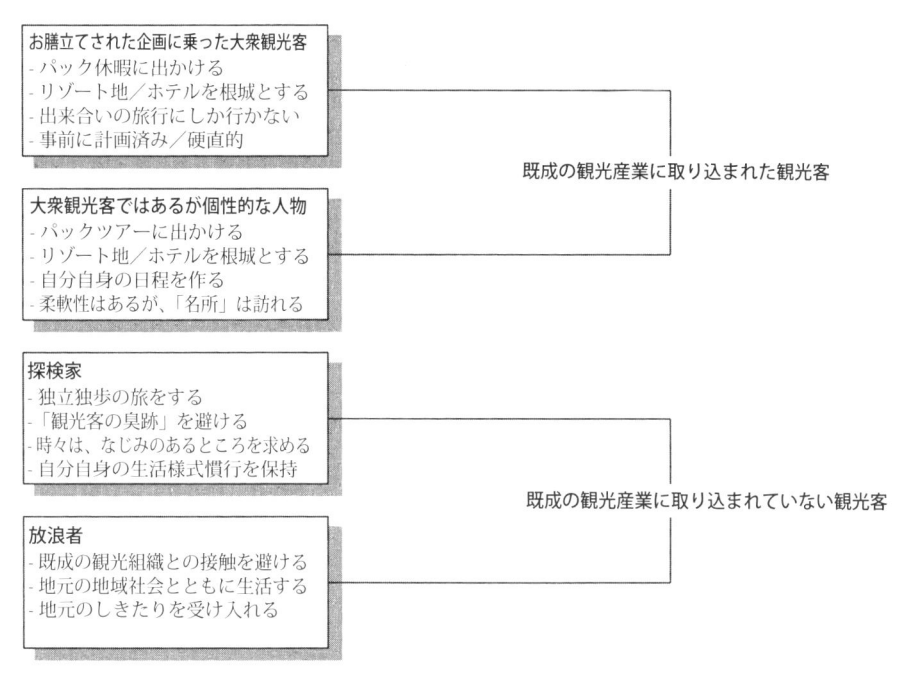

図 6.2　Cohen の観光客類型論（1972）

てみたいという欲望である。異なる旅行形態の特質と2つの旅行形態の各々が将来観光目的地に与えるかも知れない影響が、この2つの用語の各々に暗に含まれている。Cohen（1972）の「親近感‐違和感」（familiality -strangerhood）の程度を表す物差しに基づく観光客類型論はよく引用されるが、彼は、この論考の中で、これら2つのタイプの観光の間の違いを詳細に説明した。換言すれば、Cohen の考えでは、観光客は、多かれ少なかれ、異なったあるいは新奇な場所とか体験を追い求めたがる。つまり、なじみのある「環境的に隔離された場所」（environmental bubble）の枠の中で旅行する人々もいる―彼らは、ありきたりの／なじみのあるもの（食物、言語、宿泊施設、一緒に旅に出る観光仲間）を追い求め、何か新しいものとか違ったものを求める危険を犯そうとはしない―。しかし、その反面、ありきたりではないとか異常な体験を追い求める人々もいる。これによって、観光客の性質が異なれば、それぞれどのように旅するかも自ずから決まってくる。。

　観光客が、なじみのある、予測可能な、お膳立てされた、パッケージ休暇を提供す

る観光産業に依存している限り、このような観光客は、「既成の観光産業に取り込まれている」(institutionalized)。しかし、逆に、「既成の観光産業にに取り込まれておらず」(non-institutionalized)、独立独歩の旅をし、既成の観光組織とはほとんど接触を必要としないような観光客もいる。Cohen の類型論は、お膳立て済みの企画に乗った大衆観光客から放浪者 (drifter) まで 4 つのタイプの観光客を提案している (図 6.2)。

この類型論が現代の国際観光にどの程度妥当するかは、議論の余地がある。観光の仕方は過去 30 年の間に成熟しただけでなく―この点については、本章の後の方で論ずることとするが―、場所、経験および頻度の観点からして、観光に対する需要も著しく変化したが、これと同じように、人々が実際に自分の旅行なり休暇を手配し、購入するやり方も変化したのである。そればかりか、観光が行われる場である世界そのものが、グローバル化現象によって変容してしまった。とりわけ、(冒険家や放浪者が) 自分の「本来の」世界の現実から逃避しようとしても、グローバルな通信・情報システムのせいで、そんなことはほとんど不可能になった。他方、独立独歩の旅行を行おうとしても、それ自体が、実際には、既成の観光産業に取り込まれるようになってしまった。それにもかかわわらず、Cohen の観光客類型論は、タイプの異なる観光客がどのように行動し、また、これらの観光客が訪ねる観光目的地とどのように触れ合うのかということを考えるのに有益な枠組みを提供している。

他の多くの類型についても、同じことが言えるかも知れない。例えば、Cohen (1979) は、その後、「親近感‐違和感」の程度を表す物差しに再び依拠した「観光客体験の現象学」なるものを構築した。しかしながら、焦点が当てられたのは、自分が普通暮らしている環境で観光客がどの程度帰属感を楽しむのか、それとも違和感を覚えるのかということであった。

Cohen によれば、満足できる充実した家庭生活に恵まれている人々は、休暇に出ても、ささやかなレクリエーション的な体験しか求めないと見込まれるが、他方、それと対極的な立場にある、個人として「疎外されている」人々は、休暇に出かけると、もっと意味がある体験なり本物の体験を追い求めがちである。

また、Plog (1977) の類型論は広範に引用されているが (もっとも、批判されることも少なくない)、彼はその中で、観光客の性格を観光目的地の選択と結びつけようと試みた。つまり、危険嫌悪 (細かいことを気にして安全第一主義) の観光客はなじみのある、近場の観光目的地を旅し、他方、もっと冒険心のある危険挑戦者 (視野の広い冒険第一主義者) は、もっと遠距離の、エキゾチックな観光目的地を選ぶ、というのである。しかしながら、ここでもまた言わなくてはならないのは、観光の供給

における変化、とりわけ、世間の中心から遠く離れた悦楽の地が「パック化され」て拡大したことによって、この類型論が現代に通用する有効性は少なくなったということである。

　Smith（1989）の類型論は、観光客のタイプと数を観光目的地が蒙る影響に結びつけており、この点で言及するに値する。一方の端には少数の「冒険家」がいて、彼らはまだ知られていない場所へと旅行し、Smith の考えでは、当該観光目的地に融けこもうとする。もう一方の端にはチャーター機や船舶を利用する大勢の観光客がいて、彼らは観光目的地のことなどほとんど意に介さず、最大限のマイナスの影響を及ぼす。この2つの両極端の間に様々なタイプ・数の観光客がいて、彼らはそれぞれ異なる態度で観光目的地に旅行する。

　しかし、大部分の類型論に当てはまることであるが、観光客のタイプ、観光客の行動とそのあとに起こる観光目的地が蒙る影響の間に存在する因果関係については、誤った想定がなされていることが少なくない。例えば、低開発世界（the less developed world）の観光目的地の多くにおいて、既存の観光会社によって組織された大衆観光は、全費用込みのリゾートの形で存在する。それでも、場合によっては、このようなリゾートは大きな経済的利益をもたらしながらも、環境に対する影響は少ないかも知れない（コラム 6.1 参照）。

　ごく最近、Yiannakis と Gibson（1992）は観光客には 15 の役割があるということを確認する内容の類型論を展開したが、この役割は「太陽愛好者」（sun lover）から「教育的観光客」（educational tourist）まであって、どの役割を選ぶかは、各々、親近感 - 違和感、刺激 - 静謐、組織 - 独立の間のバランスの中で適当なものを選ぶことによって決定される。彼らの論考は、発表された後に、オーストラリアとの関連において「検証された」が、観光客は自分好む役割を観光客として演ずることができる程度に応じて観光目的地を選択するということが確認されている（Foo 他 2004）。

　しかしながら、一方に、お膳立てされた休暇に比較的大きな集団でやって来て、より伝統的な太陽 - 海 - 砂浜型の休日を求める、大衆的な「既存の観光業者によって組織された」大衆観光客がいるとする。他方に、より個性的で文化的な体験を求める比較的小人数で独立独歩の精神を有する、環境問題意識の高い観光客がいるとしよう。そうすると、前者が後者よりも観光目的地の環境と地域社会に対して一層大きなマイナスの影響を及ぼすという考え方が出てくるが、観光客類型論がえてして陥りがちなのはこのような議論である。しかしながら、観光客の動機に関する次の項から窺われるように、このような大胆な推定を行う際には、慎重でなければならない。

コラム 6.1　全費用込みのリゾート―ジャマイカの Sandals の場合―

　全費用込みの休日リゾートの考え方の起源は、1950 年代の地中海クラブ（Club Mediterranée；Club Med）の展開にまで遡ることができる。しかしながら、1981 年、ジャマイカの Montego Bay（湾）での最初の Sandals リゾート開業は、全費用込みの、クラブを拠点とする休暇に新しい時代が始まったことを告げたのであった。

　このリゾートは本当の意味で全費用込みである―休暇は事実上あらゆる面で前払いされている―のみならず、高品質の体験を男女一緒に訪れるお客に限定して提供したのであった。これ以降、Sandals はカリブ海一帯に手を広げ、ジャマイカ、キューバ、バハマ諸島、セントルシア、アンティグアで総計 17 のリゾートを抱えて、様々な特別の趣向を求める市場に対して休暇を提供してきた。カリブ海は、実際に、全費用込みの休暇―今ではこの地域で最も人気のある国際的観光形態―と幅広く結びつくようになった。Sandals に加えて、SuperClubs と Allegro Resorts もカリブ海一帯に極めて多くのリゾートを所有している。こういう訳で、世界の上位 100 に入っている全費用込みのリゾートの中で 48 カ所がカリブ海地域にある、と言われている。

　全費用込みのリゾートは、観光の有する「したたり効果的な」（trickle down）経済的利益をわずかなものにするとして、長い間批判を浴びてきた。批判の理由は、輸入の量が多い、将来の雇用と昇進の可能性に制約がある、それに、一般的に観光目的地に対して開発上の利益をほとんどもたらさない、というのであった。

　しかしながら、ジャマイカのリゾートは、全費用込みの休暇に対する多大の需要（すなわち、エキゾチックな場所で安全で豪華な休暇を求める観光客）を満足させるだけではなく、さらに、全体として、この島の GDP に対して最も大きく貢献している一方で、雇用の点において、在来型のホテルよりも相対的により多くの就職先を生み出している。例えば、調査によれば、在来型のホテルでは 1 客室当たり 1 人分の職しか生み出せないのに比べて、全費用こみの五つ星リゾートでは、1 客室当たり 1.5 から 2 の間の人数分の職を生み出している。

　とりわけ、Sandals では職員が比較的いい給料をもらっているし、食事と交通費はただという便宜も得ている。そこで、Sandals の職員になれば、月々の給与の 3 分の 1 に達するほどの貯金ができる、と言われている。ラインに入っている職員は、全員、毎年少なくとも 120 時間の研修を受ける。そして、2003 年に、Montego Bay の Sandals は、地元の学校卒業者者に対する技能訓練センターを始めた。これに加えて、Sandals は 1996 年に農民プログラムを設立し、このプログラムの下で、地元農

民のリゾートに対する生産物供給の促進を図った。2004年を迎える頃には、80人の農民が島の各所にあるいろいろなホテルに対して既に供給を行っており、年間総売り上げ高は330万米ドルに達していた。

　地元の手工芸品生産者も、リゾート内で観光客に自分の生産物を売ることが可能である。他方、最後に、これは重要なこととしてに言っておくのだが、キューバのSandalsリゾートを例外として、全てのSandalasリゾートはもともとのジャマイカの会社が所有しており、この結果、他の国際的ホテルチェインと結びつく利益の本国送金問題を限定的なものとしている。

出所：Issa and Jayawardena（2003）；Ashley 他（2006）

6.3.2　観光客の動機：極めて重要なテーマ

　前述の通り、観光の消費にとっては、観光客の動機が根本的な重要性を有する。観光の需要プロセス全体をいわばバイクの起動機を踏みこむように始動させる（kick-start）のは動機の段階であるが、それだけではなく、人々を動機づけるものはそもそも何なのかということによって、彼らが観光客としてどのように行動（彼らが求める体験およびより具体的な意味での彼らの行動）するかも、大方のところは決まってくる。従って、観光の消費全般を理解するためには、観光客の動機を理解することが根本的に重要である。

　観光関係の文献における観光客の動機についての扱い方は、途方もなく多種多様であって、これは、この問題にアプローチし得る方法が多様であり、また、観光客の動機に関して一般的に受け入れられた理論なり理解というものがまだ存在せず、今後に待つしかないという事実を反映している。にもかかわらず、極めて重要なポイントないしテーマが何であるかは、はっきりしている。その第一は、動機と需要を同じものとみなすべきではない、ということである。すなわち、観光の需要なり消費は、動機から生まれた結果なのだ。

　別の言い方をすれば、観光客の動機は、「一当事者ないし当事者のグループの意味深長な心境であって、旅に出たいと十分に思わせるような、そして、後になって、そのような決定を行ったことについての納得できる説明だと他の人たちが解釈できるようなもの」と見なし得るかも知れない（Dann 1981）。従って、この「意味深長な心境」を生み出す要因ないし影響力が、われわれの本来の関心対象なのだ。そのような影響は、個々の観光客にとって内在的なものであるかも知れないし、あるいは外部的なも

のであるかも知れない。

内部的な動機

　動機に関する研究は、伝統的に、人々の生まれながらのニーズと欲望を関心対象としてきた。つまり、動機に基づく目標志向の行動をもたらすのは、個人に内在する根深いニーズなのだ。換言すれば、全ての個人に唯一その人限りのニーズがあり、それを満足させることが動機に基づく行動における第一義的な覚醒要因である、と長い間考えられてきた。この関連で、最も有名で、最も広く使われている理論の一つが、Maslow のニーズの階層（hierarchy of needs）である。実際に、多くの観光関係文献が Maslow のモデルに言及しており、特定のニーズを観光客の明白な目標志向的行動（goal-orented behaviour）と結びつけている。他方、例えば、前述の旅行歴概念の場合のように、Maslow のモデルを明示的に改造している者もいる。

　同じように、Crompton（1979）の考えでは、個人的なニーズが満たされない結果としてある個人の心理的平静状態がアンバランスになることもあるので、、観光客の動機は、この平静状態を回復するための必要性から生まれてくる。しかしながら、大部分の論者が受け入れているのは、観光客の動機は単に内在的、心理的なニーズの作用ではない—外部からの、あるいは社会的な要因も、人々が観光を「なぜ」そして「どのように」消費するかに大きな影響を及ぼす、ということである。

外部的な動機

　外部的な視点からすれば、観光客の動機は、当該観光客が所属する社会の性質と特徴によって作り上げられる。別の言い方をすれば、ある個人の社会的、文化的環境には様々な力と圧力が存在し、これが、個人のニーズと動機あるいは観光を消費したいという欲望に影響することもあるだろう。

　根本的なレベルではに、例えば、多くの人々が休暇を取る動機は、くつろぐためであり、休息のためであり、変化を求めるためであり、そして日ごろの型にはまった生活から脱出するためである。つまり、近代社会で生き延びるために、個人は定期的にこの社会から逃げ出さなければならない。実際、近代社会によって大衆的な国際的旅行の必要性と手段が双方ともに創り出されたのには、何がしか皮肉な感じがする。すなわち、科学技術、経済成長および社会的に認められた自由時間のおかげで、先進世界の多くの人々が自由と可動性を手に入れたのだ。そうは言っても、近代社会において、観光は不可欠な「社会的治療（social therapy）、つまり、日常世界がきちんと動いていく秩序を保つ安全弁」となったのである（Krippendorf 1986）。

これは大事なことだが、人々を動機づけるかも知れないのは、単に逃げ出したいという欲望だけではない。観光は日常的な家庭での存在にまつわる物理的、地理的な境界を越えて旅する機会だけではなく、社会的な境界を越えて旅する機会をも与えてくれる。換言すれば、観光は人々を家庭での存在にかかわる制約なり社会的「規範」（norms）から解き放つのであって、人々がいわゆる「おかしな」（ludic）行動（すなわち、遊びと言われるかも知れない行動）に耽る機会を提供する。これは、例えば、やたらに酒を飲むとか、性的な行いをするとか、もっと一般的にいえば、「くつろいで打ち解ける」のを見れば、はっきりと分かる。

逆に、観光客は観光を通じて意味とか「真正性」を求めるかも知れないが、これは、近代社会には意味とか「実在性」が欠けていると見なされているので、こういうことの埋め合わをつけようとするのだ。実際に、MacCannell（1989）の見解によれば、観光客が意味と真正性を追求するのは、現代的形態の巡礼である。こうして、観光への動機は、世俗の精神的探究の一形態となった。

近代的な社会生活の性質と観光客の動機との間のより一般的な関係を超えて、他の多くの社会的な影響も確認され得るかも知れない。論者の中には、仕事とレジャー／観光体験との間の関係を研究しているも人々もいて（Ryan 1991）、仕事の性質がどのような形態の観光消費を望むかということに対して潜在的な影響を及ぼす、と主張する。この議論によると、例えば、非常な努力を要するストレスのたまる職にある人々はその埋め合わせとなる（のんびりした、もっぱら休息のための）休暇を求めるかも知れないし、逆にストレスのない職にある人々の場合には、求める休暇の性質も正反対のものになるかも知れない。これと違って、社会階級、意思決定を行う際に参考とするグループ、家族の役割などの文化的、社会的要因を観光客の動機と行動に対する支配的な社会的影響力としてより一般的に言及する人々もいる。

内在的及び外部的な動機づけ要因にこのように多くの見解があるのは、全体として、特定ないし支配的な決定要因を確認するのが、不可能ではないにせよ、困難な仕事であることを窺わせる。これは、とりわけ、観光客自身が自分が旅に出る本当の動機は何なのかを表明したがらないとか、あるいは表明できないかも知れないという事実からしても、言えることである。にもかかわらず、観光客の動機について一般的に受け入れられている特徴が、2つ存在する。

- **逃避としての観光**　黙示的であると明示的であるとを問わず、観光客の動機は、どこかへ、あるいは何かへ旅するというよりも、むしろ、ある場所や物から逃げ出したい、旅に出て俗世を避けたいという欲望が主な原因であ

る。関連文献に目を通すと、この逃避の動機が極めて優勢であることが分かる。

- **「エゴ高揚」としての観光**　観光に参加すればこの先何かいいことがあるかも知れないという期待が観光客を動機づける。このような報酬は、個人的なものでもあり得るが、人と人との間のもの、心理的なものあるいは肉体的なものであるかも知れない。そして、このような報酬は、全体として、「エゴ高揚」（ego-enhancement）と言われ、日常生活の欠陥ないし圧力と緊張の埋め合わせとなる。同時に、観光客の動機は、著しく自己志向ないし自己中心的で、個人的な欲求とニーズに集中している。換言すれば、観光とは自己報酬あるいは我がまま（self-indulgence）の一形態を表すものである。

　以上述べたところに含まれる意味は、勿論、観光は本質的に自己中心的で「利己的な」（selfish）逃避者の活動なのだということである。観光は、大部分が、のんびりすること、愉快な慰み、娯楽にかかわっているし、だから、観光客がまず優先しがちなのは、彼らの行為の結果として何が起こるかということに積極的な関心を示したり、これに応えるよりも、むしろ、自分たちの個人的なニーズを満足させることである。つまり、彼らの関心の中心は内向きで、外部の観光環境よりも、むしろ、個人的なニーズと欲求を満足させること焦点が当てられている。

　こう言ったからといって、「グリーン」な観光客は実際には存在しないなどと主張している訳ではない。しかし、観光客の動機を研究すると、第2章で言及したMcKercherの断定、つまり、観光客は単なる消費者にすぎず、地元の地域社会と文化に融け込んだり、これを学んだりする文化人類学者ではない、という断定が確かに確認されるのだ。

　この論争はについては、本章の後の方でもっと詳細に扱うこととするが、前に示唆したように、価値観と消費者文化は、双方ともに、観光の消費に対して影響を与えるものとして検討しなければならない。

6.4　価値観と観光消費

　価値観、態度、意見のようなサイコグラフィック変数は、観光の意思決定過程における重要な決定要因である。とりわけ、価値観は、個人的ないし社会的によって好ましいとされる全ての行動形態にとっての基準ないし標準の役を果たすので、旅に出た場合の行動を予測する潜在性があるものと考えられてきた（訳者注：サイコグラフィ

ックス―psychographics ―は既出。本章 6.2「観光需要のプロセス」の項の訳者注を参照)。

　換言すれば、人々がどのように観光を消費するかは、彼らの個人的な価値観によって強く影響されがちである。例えば、家族の安全に高い価値が置かれるとするならば、安全で予測可能な家族休暇が観光体験として選ばれることになるかも知れない。逆に、背中にナップザックを背負った旅行者(訳者注:日本では「蟹族」と呼ばれたこともある)とか独立独歩の旅行者は、刺激的な生活を支配的な価値としているかも知れない。

　これは重要な点であるが、価値観は、通例、価値体系ないし階層的価値構造に組み込まれている。すなわち、個々の人間は多数の価値を持っているのがごく普通であって、このような価値は、異なる脈絡の中で多かれ少なかれ影響を与える。他方、同じような対象なり行動に対して人によってそれぞれ異なる価値が付与される。つまり、「一つまたはそれ以上の矛盾する価値が影響力を発揮し始めている状況において、一個人は、自尊心なり自己の首尾一貫性を維持するために、男であれ、女であれ、自らの価値体系に依拠する」(Madrigal and Kahle 1994)。

　観光との関連において、価値観が衝突する可能性は高く、とりわけ、快楽、自由あるいは幸福といった個人的な価値観と社会的に受け入れられる行動のガイドラインとしての役を果たす社会的価値観との間で衝突を生ずる可能性が高い。従って、ここから言わず語らずのうちに導き出されるのは、環境保護についての強固なあるいは支配的な価値観を持っている個人だけが観光の消費に対して「責任を伴う」アプローチをすると推測されるのであって、とりわけ、前項で確認した動機づけの諸要因を前提にするとその可能性は高い、ということである。

6.5　観光と消費者文化

　これまで行ってきた議論は、観光に特定して焦点を当ててきた。しかしながら、観光は、近代社会において人々が消費する多数のモノとサービスの全体の中の一つにすぎないそして、Solomon(1994: 536)が述べているように、「消費者が置かれている文化的な背景を考慮せずに消費の選択を理解することなど、全く不可能である」。従って、観光の消費が観光消費の枠を越えるもっと広汎な消費者文化の枠組にどのように組み込まれているのかを手短に検討しておくことは、重要である。

　観光を生み出している近代社会において、消費は、文化的意義を有する活動となるに至った。近代の消費者にとって、観光のようなモノ、サービスおよび体験は、これ

ら各々が有する実利主義的な価値をはるかに超える意味と意義を帯びるようになったのであって、また、消費を行うことが、今の時代の社会生活では重要な役割を演ずる (Lury 1996)。換言すれば、モノとサービスは全て基本的なニーズを満足させる—食物で餓えを満たし、衣服で寒さをしのぎ、休暇で静養し、のんびりする等々—のであるが、しかし、こういうものを消費するということは、それ以上のもっと大きな役割を果たすことにもなる。

　とりわけ、消費は、自己のアイデンティティなり社会的地位を創り出すので、社会的な格づけを行う有効な手段とみなされている。これは、勿論、今に始まったことではない—いわゆる「派手な消費」(conspicuous consumption) は、つとに、一般的な富と社会的地位の印となってきた—が、他方、とりわけ観光は、常に地位、富あるいは趣味を示す尺度として用いられてきた。しかしながら、近代社会において、消費は、社会生活の中で支配的で隅々まで広がっている要素になってしまった。そこでは、人々が、自分たちの消費する生産物を通じて、アイデンティティなり他の人に差をつけることをますます求めるようになっている。

　この結果、一般の生産者は、多様で急速に変化する消費者の需要にますます応えるようにならざるを得なくなってきた。観光において、これが明らかに示されてきたのは、例えば、割に手の届く範囲内にあるのだが、贅沢な雰囲気なり地位を感じさせる特殊で趣味的な観光生産物ないし観光スタイルの発展である。エコツーリズムを例にとると、これはエギゾチックなあるいは遠隔の場所を拠点にした排他的な（高価な）観光になりがちであって、そのため、「エゴツーリズム」(ego-tourism) と呼ばれることが少なくない (Wheeler 1992)。

　格づけ目的に加えて、生産物と体験は、他の方法でも消費される可能性がある。例えば、さらに3つの消費形態が存在するという考えが提起されている (Hot 1995)。

- **遊びとしての消費**　消費の対象よりも、むしろ、他の消費者との触れ合いを中心とするような消費で、例を挙げれば、テーマパークで「ハラハラドキドキ」(white-knuckle) のジェットコースターに乗る体験を分かち合うようなことである（訳者注：knuckle は指関節。緊張や恐怖で握りしめた手の関節が白っぽくなるから俗にこう言う）。

- **一体化としての消費**　消費の対象への自我の一体化あるいは自我への消費対象の一体化。ここでは、観光客が観光目的地の環境や文化に自分を適応

させるかも知れないし（すなわち、「良き観光客」となる）、あるいは、観光客が自らに対して抱いているイメージを反映するような活動に参加するかも知れない。例を挙げれば、観光客が自分自身を冒険的であると考えている場合に、トレッキング（trekking　山歩き）のための休暇をとることなどである。
- **体験としての消費**　　消費の対象に意味を付与する世間の枠組みにはまった消費である。観光客にしてみると、観光が世間で持つ意味（例えば、快楽主義者的な楽しみを味わうチャンス）が、その観光消費を決定する。

こうして極めて明瞭になったのは、観光に対する需要は高度に複雑な問題であるということであって、その研究には様々なテーマと視点が含まれ、このような簡潔な概観でできたのは、上っ面をちょっとなでるだけのことにすぎない。にもかかわらず、この試みの結果、観光の消費、あるいは人々が、なぜ、そしてどのように観光に参加するかは、ほとんど無限と言っていいくらい様々な個人的（内在的）要因と社会・文化的（外部的）要因によって影響を受けるということが明らかになった。

同時に、人々は、その「旅行歴」（travel career）を通って進歩するにつれて、一層練達の観光客となり、また、その価値観、態度および個人的な環境が変わるにつれて、自らの行動を適応させる。そればかりではなく、観光消費の全般的な行い方は、絶えず進化している。従って、個々の観光客の行動を予測するのは、不可能とは言わないまでも、困難な仕事である。もっとも、次の項で示すように、観光はその運営と開発に関連している一方で、観光に対する需要には多数の顕著な傾向が存在している。

6.6　観光に対する需要：傾向と変化

第1章で述べた通り、観光に対するする需要の傾向と変化を探究するには、主な方法が2つある。一つは、国際観光における歴史的および現代的な流れ（すなわち、統計的データの裏づけのある空間的変化）であり、もう一つは、観光に対する需要の性質における変容（すなわち、観光需要のスタイルの変化）である。本書との関連においては、双方の視点がともに重要である。

第一に、国際観光の流れ（flows）の量、金額及び方向をつかむと、観光が新興の観光目的地域における開発にますます貢献している兆しを理解することができる。もっと特定すれば、国際観光の流れは、伝統的に両極化し、また地域としては世界のより富裕な先進地域の間とこのような地域の内部に偏っているのがこれまでの姿であ

写真 6.1　チュニジアの Matmata 近郊：観光客を乗せるための駱駝の群れ

った。しかしながら、近年、多くの後進諸国は、グローバルな観光客到着数と収入の面での占有率を営々と高めてきたし、その結果として、観光に関連する経済成長と開発から利益を得てきた。

　第二に、需要の性質に変化が起こると、観光開発を効果的に運営する上での好機と難しい課題の双方に直面することとなる。例えば、冒険観光（adventure tourism 写真 6.1 参照）、エコツーリズムあるいは遺産観光（heritage tourism）のような新しい特殊で趣味的な生産物は、豊かな自然、文化遺産を有する国々での観光開発にとって絶好の機会を意味する。

　同じように、全費用込みの休暇の人気がますます高まって、これが、多くの後進諸国における観光開発発の成功を支えてきた。例えば、1980 年代末以降、キューバにおける観光開発は急速かつ成功裏に進んできたが（今や、キューバの交換可能通貨収入の主要な源泉は、観光である）、それは、主として、全費用込みのリゾートに基づくものであった（Martin de Holan and Philips 1997;Cervino and Cubillo 2005）。

　国際観光の流れについては、第 1 章でやや詳細に検討されている。脚光を浴びている極めて重要な 2 つの傾向があるが、それは次の通りである：

- **グローバルな成長**　過去半世紀にわたって、全世界の観光客到着数と収入は全般的に一貫して成長を遂げ、観光には経済不況、戦争、健康についての恐怖等々のような外部的な「ショック」を跳ね返す力があることを示している。このような成長力は依然として衰えを見せていない。つまり、アジアの津波、石油価格の上昇、健康についての恐怖とテロリズムにもかかわらず、全世界の観光客到着数は2005年に総数で8億800万人に達したが、これは、対前年比5.5%増である（WTO 2006a）予測によれば、2020年までにこの数字は15億人と、ほぼ倍増するであろう。国内観光を見落とさないことも重要であって、国内観光は世界全体で量／旅行数の点で（訳者注：国際観光よりも）6倍から10倍も大きいと考えられている。正確なデータは存在しないが、後進諸国の中には国際観光よりも国内観光の方がはるかに大きな意味を有する国もある。例えば、インドでは、2000年の国際観光客到着数は260万人で、これは、国内旅行の数が3億2,000万と推定されているのに比べればとるに足りない。

- **グローバルな展開**　国際的な観光客の到着数の占有率では、ヨーロッパが優勢な地位を維持してきた一方で、その占有率は減少してきた。逆に、2000年以降、国際的な観光客到着数の各年平均成長率が最も高かった（9%）のは、中東地域で、東アジアと大洋州がそれに次ぎ（7%）、そのあとにアフリカ（5%）が来る。同期間に、北米の国際な観光客到着数は、2.1%減少した（WTO 2006a）。このような数字が裏づけているのは、一つには、ヨーロッパと北米の主要観光創出国の観光客がより遠距離あるいはエキゾチックな観光目的地に旅行するようになってきたということであり、また一つには、もっと特筆大書すべきであるが、自分の住む地域内で旅行する観光客が増加した―すなわち、中東およびアジアのような地域における観光の成長が、急速な経済成長を梃子として、多くはこれらの地域内で生み出されてきたということである。特に、中国とインドの急速な経済発展を考えると、このような地域内での旅行の増加は、早い速度で続くものと見込まれる。

6.6.1　観光需要の性質における変化

「新たな」観光客については本章のはじめの方で既に言及したところであるが、このような観光客が現実にどの程度存在するのか（あるいは、もっと正確に言えば、観光客がどの程度自らの観光の消費に対してより責任を伴う態度をとるようになって

いるのか）は、議論の余地のある問題である。しかし、そうは言っても、過去半世紀、特に過去 20 年にわたって、観光消費のスタイルに著しい変化が生じたことには、疑いの余地がない。

　このような変化は、次のようなことと関連している。まず休暇のタイプであるが、他とは一味違う特殊で趣味的な生産物（niche products）が急増している。次に来るのが、このような休暇がどのように組み立てられ、購入されるのかということであって、3 番目が、観光市場と観光生産物との間の関係がますますぼやけてきたということである。全体として、このような変化は、標準化された 2 週間の比較的近い場所での太陽－海－砂浜式のパック休暇からもっと個性的で活動的／参加型の観光形態への移行を表すものであって、後者の方がより多様な肉体的、文化的あるいは教育的な体験をさせてくれる。にもかかわらず、伝統的な「パック」休暇は依然として人気がある。例えば、2001 年に在英居住者の行った海外旅行の中で 2,000 万件以上が、費用込み／パッケージ休暇であった（IRN 2002）。

　これらの変化全てをここで詳細に論ずることは、無理である。新たな観光生産物なり観光体験の範疇は、数え切れないほど多くあり、さらに、一つの範疇が下位の範疇に分かれることが少なくない（例えば、「冒険観光」は、さらに「ハード」な冒険観光と「ソフト」な冒険観光に分かれる）のみならず、範疇の間で定義上の区分が存在しない。例を挙げると、「野生生物観光」（wildlife tourism）、「自然保護区域観光」（wilderness tourism ）、「自然観光」（nature tourism ）および「エコツーリズム」（ecotourism）のような用語は、しばしば、同意語として用いられる。この結果、特定の観光形態への参加に関するする正確なデータがかならずしも存在しない。にもかかわらず、相互に関連する上述の 3 項目の下で生じている一般的な傾向を明らかにすることは、本書の目的のために有益である。

観光／休暇のタイプ

　過去 20 年にわたる観光需要における最も顕著な傾向は、特殊で趣味的な生産物に対する需要が伝統的な「夏‐太陽」休暇にとって代わるものとして劇的に増加してきたことである。勿論、冬のスポーツ観光とか冬の太陽観光（双方とも当初は高所得層向けの観光形態であったが、すぐにより主流の生産物となった）あるいは文化的／教育的観光のような他の形態の観光は、つとに観光産業によって提供されてきた。

　しかしながら、特殊な興味を持っている観光客—他の人たちとは何か違ったことをしてみたい観光客、あるいは他の人たちとは違った、自分だけの、またはエキゾチックなことを何かやっていると思われたい観光客—のニーズを満たすために企画された

6 観光の消費

写真 6.2 キューバ、ハバナ：地元市民の交通手段と好対照をなす観光客遊覧用の馬車。背後に大型トラックがバスに転用されているのが見える。

　特殊な趣味的な観光生産物の供給が、急激に増加してきた。このような特殊で趣味的な生産物は、冒険観光、文化観光、自然観光、遺産観光、スポーツ旅行、健康／長生き観光、極地観光、自然保護地観光、エコツーリズムのようなそれぞれの特徴を示す区分名でレッテルが張られていることが多い。もっとも、前述の通り、これらの区分の間の違いは、かならずしも明確でないかも知れない。しかし、ここが重要なのだが、このような生産物は、大衆観光を代替するものであるということに基づいて、しばしば、販売されている。

　同じように、特定の観光形態には、観光客側の特別な興味が反映されている—ゴルフ観光、ワイン観光あるいは戦跡観光は、こういった観光の中での3例にすぎない。例えば、マルタがゴルフ観光を提供し始めたのは、一つには、周りの観光目的地であるキプロス島、シチリア島、チュニジア、スペイン、ポルトガル、ギリシャが同じ生産物をこれまた提供しているのに対抗するためであった（Marwick 2000）。大事なポイントは、勿論、観光に対する需要がますます多様化しており、この結果、観光目的地が特定の資源なり名所・名物を開発するチャンスに恵まれるようになったということである。

写真6.3　バハマのナッソー：プリンス・ジョージ波止場をぶらつく観光客。この地区は、クルーズ船で到着する観光客が買い物をする主要な地区。

　例えば、前述の通り、キューバは、過去20年以上にわたって、リゾートを拠点とする全費用込みの観光を成功裡に発展させてきた。しかしながら、キューバの首都であるハバナも、それ自体として重要な文化遺産観光目的地になり、観光がハバナのスペイン植民地時代の旧市街（Colonial Spanish quarter）再開発を支えている（Colantonio and Potter 2006）（写真6.2をも参照）。同じように、観光目的地の環境は脆弱であることが少なくないが、このような環境の下で、観光目的地は、観光を運営し、また、多くの観光目的地がますます競い合うグローバルな観光市場の中で他と違った特色を維持するという困難な課題に直面している。

　同時に、伝統的な観光形態は、今や、より遠距離な場所またはよりエキゾチックな場所で消費されている。例えば、ヨーロッパの人々は、今では、カリブ海地域（写真6.3参照）、中東、インド、東南アジア、インド洋あるいは南太平洋に出かけて太陽-ビーチ休暇を楽しんでいる。彼らの「悦楽の辺境」は地中海地域をはるかに越えて拡がり、大衆観光の悪影響に耐え得る能力がより乏しい場所に、大衆観光の問題だと称されているものを持ち込んでいる可能性があるかも知れない。

　そのような観光目的地の一つがドバイであって、ドバイは、観光部門を成功裡に発

展させているものの、将来、問題に直面する可能性がある（コラム 6.2）。

コラム 6.2　ドバイにおける観光開発

　ドバイは、アラブ首長国連邦を構成する 7 つの首長国の一つであって、近年、中東における主要な国際観光目的地として急速な発展を遂げた。1980 年代はじめには、ドバイは石油生産に依存しており、当時、GDP の 3 分の 2 が石油生産で占められていた。

　しかしながら、石油埋蔵量の減少が理由となって観光が開発されるようになり、それ以降、同首長国の観光部門は劇的な成長を遂げた。観光客到着数は、1982 年の 37 万 4,000 人から 2004 年の 542 万人へと増加したが、これは 2000 年以降に生じた最も急速な増加である。観光収入は、これに比例して増大し、2003 年に 10 億米ドルを越え、石油収入を凌駕(りょうが)するに至った。宿泊施設の供給が同じように劇的に増加したことが、自ずから、観光客の到着数と収入の増加を推進する力となった。1990 年代の終わりを迎える頃には、およそ 2 万のホテル客室が既に利用可能になっていたが、この数字は、その後 10 年間に 4 倍に増えると見込まれている。

　目玉のプロジェクトの中には、ドバイの海岸線を 120 キロメートルも延長することになる 2 つの人工島たる The Palm（ヤシ）ならびに The World（世界；いろいろな国を形どった島々の集まり）の開発が含まれているが、双方ともに宿泊施設とレジャー・サービスを提供する場となるであろう。他方、最近開場したドバイ・スキーセンター（400 メートルのインドア・ゲレンデ）と 50 億米ドルを以て計画中のドバイランド・テーマパークは、それぞれ、ドバイの主要な名物の一つになるであろう。来訪客の大多数は、中東地域内からの客である。もっとも、ヨーロッパ人観光客にとって、ドバイは、（お金はかかるが）冬‐太陽型の観光目的地として人気上昇中である。しかし、平均滞在日数は比較的短く、空の旅の主要ハブ空港としてのドバイの地位を反映している。

　観光開発では成功したものの、ドバイは、数多くの困難な課題に直面している。その中の少なからぬ問題は、急激に膨張している宿泊施設の供給を埋めるのに十分な観光客到着数を維持することである。新たな観光名物の開発が必要であろうが、それは、さらなる宿泊施設の開発とあいまって、環境に対して大きな悪影響を与えるであろう。その上、開発が進めば進むほど、ドバイは、その中東的な「風情(ふぜい)」(flavour) を失うこととなろうし、他方、欧米の観光客と地元の社会・文化との間での対立が激化する

かも知れない。
出所：Henderson（2006）

観光を組み立て、購入する

　観光客が「何を」消費するかということに変化が生じたのに加えて、観光客が観光体験を「どのように」組み立て、そして購入するのかという点でも変化が生じている。旅行業者が作り上げ、販売しているパック休暇は、依然として人気がある。新たな、あるいは特殊で趣味的な観光生産物の多くは、いまだに旅行業者の手で販売されている。もっとも、旅行業者といっても、特殊な市場を取り扱うのは、主に小規模で専門的な業者である。

　しかしながら、インターネットが広く使用されるようになった結果、観光客が独自に、オンラインで休暇を組み立てて購入する方向へ向かう傾向が強まっている（第3章76ページの事例を参照）。人々が夏の2〜3週間の休暇につけ加えて、あるいは時によってはこのような休暇に代わるものとして、より頻繁に休暇を取ることも傾向として強くなってきている。短期間の骨休め休暇が格安航空の運航の増加によって容易になり、劇的に伸びたことが、際立った現象である。格安運航の有効航続距離を越えたところにある多くの後進諸国には関係が少ないけれども、このような短期間の骨休め観光は、以前の東欧における多くの体制移行経済諸国に対してかなりの経済的利益をもたらすようになった。

観光市場―観光生産物

　観光生産物と観光体験の供給がますます多様化するようになってきたが、それに伴って、このような生産物各市場間の区分が以前ほどはっきりしなくなってきた。換言すれば、かっては特定の観光形態は特定の観光客グループによって消費されるであろうと想定しても、それは、あながち間違いではなかったが、今ではもう通用しない。

　一方において、観光産業が「とっておきの」（exclusive）休暇体験を大衆にマーケッティングングできる可能性を認識するようになったため、クルーズ船での休暇とか比較的長距離の旅のようなかっては富裕層の専有物であった体験が、今や、大衆市場に出回っている。同じように、観光産業は、その生産物に対する新たな市場の需要に対してますます敏感に反応するようになってきている。例えば、伝統的に若い「旅行家」グループに対して陸路の旅を組み立ててきた冒険旅行会社が、今では、より活動的ないし挑戦的な観光体験を求める家族に対して冒険的な休暇を販売している。

　他方、観光客自身の観光消費の態様が従来に比べて予想外のものになっている―そ

の顕著な一例（第5章で言及）を挙げると、英国ではいわゆる「隙間年」（gap year）休暇（すなわち、長期研究ないしキャリアー・ブレーク休暇）を取る者が毎年およそ50万人もいるのだが、その過半数が55歳以上で、これを「入れ歯の入った冒険者」（denture-venturers）と呼ぶ人もいる。

　こういう状況を総括すれば、近年、旅行と観光のスタイルに明確な変化が生じ、より個性的で、専門家的かつ活動的な観光形態が優勢になってきた、ということだ。しかしながら、いまだに判然としないのは、観光に対する態度にも変化が現れたというが、その変化はどの程度のものなのかということである。換言すれば、観光客はいまだに現実逃避および（または）自我の高揚を動機として旅に出るのか、それとも彼らはより責任感があり、意識が高くなって、つまり「グリーン」になってきているのであろうか？

6.7　グリーンな観光客なる者は存在するのだろうか？

　観光客は、一般によりグリーンに、つまり、これまで以上に環境保護意識が強くなっているという思いこみがあって、これが、長い間、持続可能な観光形態の開発を正当化する理由となってきた。換言すれば、前項で概要を述べた需要傾向を反映して、伝統的な大衆パック観光客が、もっと経験豊富で、意識が高く、質を気にする、先見性のある観光客・消費者によって取って代わられる事態が進行している、と多くの人々が主張している。つまり、消費者一般の態度が変化してきたのに従って、観光客が「欲しているのは、より多くのレジャーであってかならずしもより多くの所得ではなく、環境面でもっと持続可能な観光とレクリエーション、そして無駄な度合いがより少ない消費である」（Mieczkowski 1995: 388）。

　同時に、1990年代のはじめから、数えきれないほど多くの刊行物が観光客に対してもっと責任を伴う行動をするように、「良き」観光客になるようにとロを酸っぱくして説いてきた（例：Wood and House 1991）。もっとも、これについては、観光を「道徳化」するものであると批判されてきた（Butcher 2002）。しかしながら、観光客がこれまでよりもよりグリーンになってきていると言っても、それがどの程度なのかということは、依然として、激しい論争の的である。論者によっては、観光客がどのような休暇にしようとか、どんな行動をとるかを実際に決める際に、環境に対する関心によって影響されることなどほとんどない、と結論している者もいる。

　グリーンな観光客の出現を是とするのにに有利な議論が2つある。第一は、過去10年にわたって、全体として「エコツーリズム」と呼んでもいいようなタイプの活

動ないし休暇に対する需要が急速に伸びてきたが、この事実がしばしば証拠として引用されている。つまり、それは、環境意識なり環境に対する関心が高まった結果、これまでよりも一層適切な観光形態を、そして開発上の意味においては一層地元の利益になる観光形態を追求する観光客の数が絶えず増加している証拠だと言うのである。例えば、Carter（1993）の報告によれば、3個所の「エコツーリズム選定観光目的地」、すなわち、ベリーズ、ケニアおよびモルディブへの観光客到着数は、1981年からの10年の期間にほぼ倍増した。同じように、1980年代はじめ以降、エコツーリズムへの参加は年々2割から5割の間で増加しており、現在、国際観光客到着総数の2割に達しようという勢いである（Fennell 1999: 163）。もっとも、より控えめの推測値を挙げる者もいる。

第二は、いろいろな調査が、一貫して、世間で言う「グリーンな消費者」の出現を示していることで、これは、消費者一般のみならず、観光というより特定された脈絡においても当てはまる。例えば、1990年代のはじめに、英国の消費者で自分が「濃緑」（dark greenすなわち、「いつも、あるいはできる限り、環境にやさしい生産物を買う」）であるか、それとも「薄緑」（pale greenすなわち、「環境にやさしい生産物が見つかれば、買う」）であると考えている人々の数が増加していることが判明した（Mintel 1994）。この調査を行ったのと同じ団体の極く最近の調査によれば（Mintel 2007）、グリーンな消費者活動は増大している。もっとも、消費者が環境にやさしい生産物を買うのは、利他的な理由からというよりはむしろ自分自身についていい気分になるためである。同じように、CoweとWilliams（2000）によれば、買い物をする際に、消費者の3分の1は倫理的な問題を真剣に気にかけていることが分かった。

観光との関連で、調査の結果判明したところでは、英国の観光客のうち64%が、観光は環境にある程度の損傷をもたらしていると考えており、また、一般に、英国の消費者は環境保護の観点から見て適切な観光生産物に対して余計にお金を支払う気持ちがあるということであった（Diamantis 1999）。慈善団体であるTearfund（2000）の行った調査も、同じような結論に達している。とりわけ、回答者の59%が、休暇に余分のお金を支払うとしても、この余分の金額が地元の賃金改善、環境保護等々に役立つのであれば喜んで支払う意思があるということが判明した。加えて、英国の観光客の8割は、「責任感を伴う」観光業者に休暇の予約をする見込みが大きい、と主張されてきた（www.responsibletravel.com）。

しかしながら、実際には、この2つの議論のいずれについても、裏づけるとなる証拠がほとんどない。エコツーリズムと環境保護意識の高い他の旅行形態に対する需要が増加していることは疑いもないが、何度調査を行っても、このような体験を消費

する観光客が環境についての価値観によって動機づけられ、あるいは影響されているということは、明確にならなかったのである（Sharpley 2006b））。もっと特定して言えば、エコツーリストの動機を研究した結果判明したのは、自然保護地域の風景、悠然たる大自然を求め、また、このような場所が提供するいろいろな活動をしてみたいというのが、大多数の者がエコツーリズムに参加する最大の理由である。換言すれば、参加を決定するのは、環境についての価値観が一般的に観光の消費にどう影響するかというおことよりも、むしろ、特定の観光目的地ないし休暇の牽引力（そしてこのような休暇がもたらすであろうと予測される愉しみ）なのだ。事実、ベリーズにおけるエコツーリストの行動を調査した結果、環境への関心以外の要因を動機としている者が多いことが判明している（コラム 6.3）。

　おそらくもっと重要なのは、極めて多くの人々がグリーンな消費原則を守るようになったと一般的に想定するのは根拠がなく、まして、その結果、グリーンな観光消費が実践されるようになってきたと言ったりするのも根拠がない、ということである。グリーンな消費者活動に対する支持を唱える人々の数は多いが、環境についての価値観または倫理的な価値に従ってきちんと購入／消費を行う消費者はほとんどいないことがはっきりしている。実際に、調査の結果判明したところでは、英国においてグリーンな消費者行動を一貫して実践しているのは、人々の1％に満たない。加えて、このような行動が時間が経っても何ら変わらないとか、全ての形態の消費に適用されるということは、ありそうにない。要するに、消費者の環境問題に対する対処の仕方は、複雑かつ二律背反的であって、その結果、彼らの消費者としての行動には、頻繁に矛盾した点が見受けられる。すなわち、生産物の消費に対する消費者の態度は、生産物が違えば、変わる怖れがある。

　実際に、調査の結果では観光客の側に環境についての関心が強いという証拠があげられているものの、英国の観光客が責任感を伴う旅行業者に支払った費用は 2004 年にわずか 1 億 1,200 万英ポンドにすぎなかったのに、全ての海外旅行に費やした金額は 260 億英ポンドであった（Cooperative Bank 2005）。こうして、「グリーンな観光客」は疑いもなく存在するにせよ、大多数の観光客は、観光を消費する際の選択と行動に関して環境についての価値観によって影響されない公算が大きい。

コラム 6.3　ベリーズ（Belize）におけるエコツーリスト

　中米の国であるベリーズは、観光を通じて持続可能な開発を達成する手段としてエコツーリズムの概念を認識し、受け入れた最初の国々の一つである。1980年代末期に、同国は、エコツーリズムを開発するために総合観光政策なるもの（an Integrated Tourism Policy）を採択し、それ以降同国は、その自然遺産と文化（マヤの）遺産に惹かれ、また、とりわけ、有名なサンゴ礁をじっくりと味わう機会に惹かれてやって来るエコツーリストにとって人気上昇中の観光目的地となるに至った。ベリーズにおけるその後の観光開発は広汎な批判にさらされてきたが、同国のエリートと海外の組織による同国の自然資源の経済的な利用が度を過ぎていることが特に批判の対象となった。しかし、特にある研究によって、一部ではあるがベリーズにおける「エコツーリスト」の現実の動機が明るみに出された。

　環境に対する関心を動機とする観光客の数が絶えず増加しているという想定に反して、調査研究の結果判明したのは、ベリーズへの来訪客の多くが大衆観光につきものの紋切り型の行動をしていると、いうことである。こうすると、多くの観光客がベリーズを訪れるのは、サンゴ礁の上でダイビングをするとか他の自然ないし文化的体験をする機会に惹かれるからだということになる。もっとも、彼らがベリーズにやって来ようと考えたのは、特にベリーズについて学んだり、この国を体験したり、その役に立つようなことをするというよりは、むしろ、何がしかの見物と体験を味わうために、一般的な「カリブ海」体験（ビーチ、ヤシの木、岩礁、色鮮やかな魚）をしたいという欲望からなのだ。

　環境に関して本当に知識と意識を持っている者はほとんどいない—例えば、彼らは珊瑚礁を傷つけないようにしたいという願いを口に出して言うが、それは、彼らの内在的な価値観を理由とするというよりは、むしろ、珊瑚礁を観光名所として維持するためである—そして、多くの人々が不適切な振る舞いをしている。加えて、多くの観光客にとってベリーズに魅力があるのは、深酒をする、麻薬をやる、地元の人間かそれとも他の観光客の中でセックスの相手を見つけるなどの快楽主義的な行動のチャンスがあるからなのだ。要するに、エコツーリストにふさわしい環境についての意識と自己反省が、これらの人々には欠けている。

出所：Duffy（2002）

6.8 観光客の行動に影響を与える：観光目的地の視点

　観光開発が観光目的地でどのような形で行われるかということは、需要のある生産物と「現場」での実際の行動双方の観点から、観光消費の性質に直接のかかわりがある。換言すれば、持続可能な観光開発（その定義づけは第2章で行ったが）を実現するためには、性格、規模、地元経済に融け込む度合い等々に関して観光開発が適切な方法で行われるばかりでなく、観光客自身が責任を伴う態度で行動する必要がある。ベリーズの事例（コラム6.3）から分かるように、エコツーリズム生産物を開発しても、持続可能な観光開発につながる保証はない。

　本章の記述から窺われるように、観光客の環境問題についての意識向上がどの程度のものなのかということは、よく分からない。つまり、観光の消費を理解すると察しがつくのは、観光客が責任を伴う行動をし、観光目的地の環境と社会の利益になるような観光体験を意図的に消費するのが広く一般に拡がる現象となる見込みは少ない、ということである。それでは、観光開発の持続可能性を高めるために、どうすれば観光客の行動に影響を与えることができるのだろうか？　ここで注目に価する行動（action）の方向が4つある。

- 　行動規範
- 　効果的な観光目的地の企画立案
- 　観光目的地のマーケティング（観光を越えたより広汎な開発目標に従って）
- 　旅行業者の役割

6.8.1　行動規範
　近年、行動規範が来訪客の管理手段として出現したが、これは人気があり、広く用いられている。これは、このような行動規範が新しい現象であるという意味ではない—例えば、英国では、田園規範（Country Code）—田舎を訪れる人々に対して適切な行動をするように助言—がはじめて出版されたのは、1953年であった。しかしながら、行動規範は、今や、観光客側に責任を伴う行動を促す不可欠の手段と考えられており、そのような規範は、今日、多数存在する。

　その中には観光一般に関連するものもあり、『観光客用の倫理規範』（O'Grady, *Code of Ethics for Tourists*, 1980）などがその例であって、将来、社会・文化および経済的な影響が生ずる可能性に焦点を当てている（図6.3）。他方、観光目的地別

1 謙虚な気持ちで、そしてあなたが訪れる国の人々についてもっと学びたいと心から願って旅行しなさい。 2 他の人々の気持ちに敏感に気づき、相手を怒らせかねばいような行動をあなたの側でするのを防ぎなさい。これは、写真を撮る場合に、実によく当てはまる。 3 ただ単に見聞するというのではなく、むしろ、相手の言うことを傾聴し、物事を観察する習慣を身につけなさい。 4 あなたが訪れている国の人々が、しばしば自分とは異なる時間観念と思考様式を有することを認識しなさい。違いがあるからといって、彼らが自分よりも劣っているという訳ではない。自分とは違うというだけのことである。 5 あの「ビーチ天国」を探し求めるのをやめ、他の視点から違う生き方を見ることによって人生を豊かにするものを発見しなさい。い。 6 地元の習慣に馴じみなさい—人々は喜んであなたの助けになってくれるでしょう。	7 答えは全て知っているという欧米流の流儀を捨て、相手に質問する習慣を身につけなさい。 8 あなたはこの国を訪れる何千人もの観光客の一人にすぎないことを忘れてはならないし、特別な取り扱いを期待してはならない。 9 「自分の家から離れても家にいのと同じような体験をしたい」ということを本当は望んでいるのであれば、旅行のためにお金を無駄に使うのは愚かなことである。 10 買い物をする際に、あなたが入手した「格安品」は、それを作った人に支払われた賃金が低いので可能になったことを忘れてはならない。 11 約束を確実に実行できるのでない限り、あなたが訪れる国の人々に対し約束事をしてはならない。 12 あなたの理解を深める試みとして毎日の体験について良く考えて、みなさい。世間で良く言うことだが、あなたの生活を豊かにするものが他の人々をかすめ取り、辱めているかも知れない。

図6.3　観光客のための倫理規範
出所：O'Grady（1980）

（例えば、ヒマラヤ観光客規範）とか活動別の規範も存在するであろう。観光客自身向けのものが大部分であるが、観光産業とか地元の地域社会を目標としたものもある（Fennell 2006 をも参照）。規範の大多数は、非政府組織か特殊な利害関係者グループによって作成されている。逆に、観光産業とか政府機関によって作成された規範は、ほとんどない（Mason and Mowforth 1996）。しかしながら、全体として見ると、観光における行動規範は途方もないほど多様で、このような多様性は将来混乱を生ずる原因となる可能性がある。例えば、ある研究の結果、判明したところでは、鯨の観察（whale-watching）に関連する行動規範には世界中で 58 の個別の規範が存在する（Garrod and Fennell 2004）。

　行動規範の目的として、最も普通なのは、責任を伴う行動が必要だという意識を観光客にもっと持たせることである。要するに、それは、特定の状況において適切な行動をするための規則一覧なのだ。もっとも、規範である以上、法的な強制力はない。すなわち、このような規範は、観光客側の自発的な遵守に依存しているのであって、

この結果、実効性の点では大したことがないのかも知れない。とりわけ、観光が規則や規制からの逃避手段と見なされているので、実効性のほどは特にあやしくなる。従って、特定の状況の下で「どのように」行動すべきかということに加えて、「なぜ」そのように行動しなくてはならないのかということが説明されれば、観光客の規範に対する反応がもっと積極的なものになる見込みが大きくなる。

（訳者注：2010 年 8 月 11/18 付けニューズウィーク日本版夏季合併号掲載のケイティー・ベーカー「世界への Go、中国人観光客」には中国政府および政府機関作成の「行動規範」の事例が紹介されており、興味深い。同記事によれば、(1) 2000 年には（中国）国家観光局旅行で「やるべきこと、やってはいけないこと」をまとめたガイドブックを発行した。「やるべきこと」は、礼儀正しくする、きちんと列にならぶ、レディファーストなど。「やってはいけないこと」は、道端にゴミを捨てる、公共の場で靴下を脱ぐ、デパートで値切るなどだった。(2)（中国）政府が作成した旅行者向けマニュアルには、「国家機密を漏らしてはならない」「外国人と接触するときは慎重に」「政治に関する議論には注意せよ」といった注意事項が盛り込まれているという。）

6.8.2 観光目的地の企画立案

持続可能な観光の目的は、観光目的地の持続可能な開発に対して観光が最善の寄与を行い得るようにすることである。小規模で、適切に計画され、地元の統御下にあるプロジェクトが開発されれば、この目的は達成されると伝統的に考えられてきたのだが、そこに含まれている意味は、このようなタイプの観光開発が行われるならば、「まともな」類の観光客が惹き寄せられるであろうということであった。しかしながら、現在一般に受け入れられているのは、あらゆる形態の観光を持続可能なものにするのが問題だ、ということである。換言すれば、観光開発にも異なるタイプのものがあり、観光目的地もいろいろあるが、様々なタイプの観光開発の中にはどこかの観光目的地の特定の資源や開発上のニーズに多かれ少なかれ適合するものもあるだろう。従って、観光目的地の企画立案者は観光生産物を効果的に企画立案し、その販売促進を図ることを通じて、観光消費の性質に影響を与え得るかも知れない。

第 2 章で若干詳細に検討したブータンにおける観光は、観光目的地が観光の消費を効果的に操作している極端な事例である。ブータンでは、休暇に関連する価格の設定や時期的・地域的配分が厳しく統制され、観光活動に関する厳重な規制とあいまって、観光客が地元のニーズにとって適切な行動をするような状況を確保している。

(訳者注：観光の繁閑期による1日当たりの最低支払額の操作を通じて時期的な来訪客数を制限したり、観光客の立ち寄り先などの活動を制限していることなどについては第2章のコラム2.3参照。)

　他の場所では、全費用込みの観光が発展した結果、地元の開発に大きな貢献が行われた一方で、実際上、観光開発を一定区域に囲い込む（zoning）ことを通じて、観光がマイナスの結果をもたらすのを制限している。
　肝心なのは、そのような開発が観光客のニーズにも合致する、ということだ。ガンビアの観光当局が全費用込みの休暇を禁止することによって観光消費に影響力を行使しようと試み、それを通じてホテルの敷地の外でお金を使わせようとしたところ、ガンビアで休暇を過ごそうという需要は、激減した。
　同じように、観光目的地なり観光開発が地元の尺度では持続可能な観光に関するより典型的な諸原則を満たしている事例は、勿論、数多く存在する（Buckley 2003）。最も重要なのは、観光の消費を地元の開発上のニーズと切り離すことはできないという点である。こういう訳で、観光目的地の企画案者は、観光の消費（それが大衆観光だとしても）がこのようなニーズにとって適切であるような状況を確保する上で、重要な役割を果たし得る。

6.8.3　観光目的地のマーケティング

　本章のはじめの方で述べた通り、いわゆる需要の「効果器」（effectors 効果、影響を発生させるもの　本章6.2「観光需要のプロセス」訳者注参照）が観光の需要プロセス（そして観光客のその後の行動と期待）に大きな影響を与える。つまり、特定の場所なり体験について観光客が持っている知識、イメージ、思い込みが、観光目的地の選択に大きく影響する。このようなイメージと思い込みが観光客の買い手としての行動に与える影響については、文献上広く研究が行われてきた（例：Pike 2002）。しかしながら、観光目的地には観光客のイメージと思い込みを強化したり、あるいは現実の状況に順応させたりする力があるだけではなく、その土地の生産物に対する需要の性質に影響を及ぼすチャンスもあるのだ。Buhalis（2000）が述べている通り、「観光目的地のマーケティングは観光政策の実現を促進するが、それは、地域的な開発戦略計画と調整されてしかるべきである」。
　観光目的地体験の開発と消費を適切に行う上で影響力を行使する役割が観光目的地のマーケティングには秘められているものの、観光客のイメージと思い込みを現実の状況に順応させるよりは、むしろ、それが真実であると立証するために、観光地を売

り込み、あるいは宣伝したりする傾向が、とりわけ後進諸国において見受けられる (Silver 1993)。

例えば、発展途上諸国における観光目的地のマーケティングは、多分に、伝統的な未開の文化（traditional undeveloped cultures）と植民地主義的な権力関係についての紋切り型の（かならずしも正確ではないが）イメージを増進しているという考え方が表明されてきた（Echtner and Prasad 2003）。この結果、その場所の現実というよりも、むしろ、観光客の先入主を反映する観光目的地の姿が市場に出され、観光客を惹きつけているのかも知れないし、これは、観光客の体験と行動の双方に影響を与える。

にもかかわらず、持続可能な観光目的地の開発を行う上で、観光目的地のマーケティングは、もっと積極的で先見性のある役割を果たし得る。マーケティングは、総じて、需要に基づくよりも、むしろ、資源に基づくべきである。すなわち、マーケティングは、観光客の思い込みを満足させるよりも、むしろ、観光目的地が持っている特徴の売り込み促進を眼目とすべきなのだ。より具体的には、次のようなものを含む様々なテクニックを用いることもできるであろう（Buhalis 2000 参照）。

- **生産物の価値を高め、他では味わえないものにする。** 独自な（unique）とか本物の（authentic）体験に対する観光客のニーズ—彼らはこういうものに割り増し金を支払う気持ちがあるかも知れない—が質の高い、他では味わえない体験によって満たされる。
- **適切な価格政策。** 価格の設定は、市場を区分けし、また観光客が支払う価格に観光目的地の負担する全てのコストが反映されている状態を確保する上で有効な手段である（下記参照）。
- **重要利害関係者全員のニーズを取り入れる。** 観光目的地のマーケティングにおいて、観光目的地を基盤とする重要利害関係者のニーズには、特段の考慮が払われるべきである。
- **公的部門と民間部門との間に実効的な提携関係を発展させる。** このような提携関係が存在しているならば、観光目的地における（観光を越えた）一層広汎な開発上の諸目的を合致させるのに有利に働くかも知れない。
- **適切な市場を標的とする有効な区分け（Leisen 2001）。** 観光客のニーズ／期待を観光目的地の資源にもっと合致させれば、将来マイナスの結果が生ずる可能性は小さくなる。

6.8.4 旅行業者の役割

　旅行業者は、観光開発の上で、中心的な役割を演ずる。彼らは、観光開発の規模と範囲ならびに観光客の流れの量と方向に影響を与えることができるので、観光産業の「門番」と呼ばれてきた。この結果、旅行業者は、観光目的地の環境や社会に対する悪影響をほとんど考慮せずに大衆市場に安価な休日を提供する大衆観光開発を進める典型的な例（幾分、不正確なところもあるが）とみなされてきた。

　本章との関連では、旅行業者と観光の消費との間には、はっきりしたつながりがある。旅行業者は、大衆的な太陽 - 海 - 砂浜式の休暇からより専門化した特殊で趣味的な生産物に至るまで、観光体験に対する需要を創り出し、満足させるだけではない。自らの生産物の販売促進と価格の設定を通じて、旅行業者は、どこであろうと特定の観光目的地へと旅する観光客のタイプを一方的に決定することもできるのだ。こういう訳で、いわゆる青壮年休暇（18-30s holidays 18 歳から 30 代の人々の休暇）が成功したのは（そして、このような休暇に出かける若者観光客の行動が多くの批判を浴びていることも）、極めて多くがこのような休暇の販売促進のやり方の結果である。

　旅行業者は、自らの活動に対して一層の責任を伴うアプローチをますます採用するようになっている。顕著な一例は「旅行業者イニシャティブ」(the Tour Operators' Initiative) である。これは、20 以上の業者からなるネットワークで、国連環境計画 (UNEP) の支援を受け、営業活動の実践において持続可能な慣行を発展させ、促進することを目指している。最近出された刊行物 (UNEP 2005) によれば、営業活動の持続可能性を改善する上で旅行業者が主眼とすべき分野は 5 つあるとされており、そのうちの一つ（顧客関係）は、観光客の行動に影響を及ぼすことに関連している。この標題の下で、数多くの原則が提案されている。

- **持続可能性の問題についての顧客の意識を高める。**　観光目的地の社会的および環境上の福利に対して観光客がどのように貢献し得るのかに関して小冊子および他の情報の中で前向きのメッセージを伝える。
- **責任を伴う観光行動規範を開発ないし採用する。**　旅行業者は、現存の規範を採用するか、あるいは自分自身の規範を開発し、これを旅に出る前の情報パックの形で顧客に知らせることができる。
- **休暇の初めから終わりまでのサイクルの間ずっと持続可能性性についてのメッセージを伝える。**　予約から出発と旅の間中（飛行機の中でのメッセージ）を通じ観光目的地での体験と休暇が終わってからの質問票に至るまで、休暇のあらゆる段階で持続可能性に関する情報を提供することができる。

- **休暇と休暇の間にメッセージを強化する。** 現存の顧客に対して業者作成の顧客向けの雑誌とか宣伝用のパンフレットを定期的に送付すれば、持続可能性についてのメッセージを強化する手段となる。

これらの方法の中でどれか成功するものがあるかどうかは、勿論、このようなメッセージに対する観光客の反応次第である。つまり、これはこれで、観光客が環境についてどの程度しっかりした価値観を持っているのかということに依存するのかも知れない。本章のはじめの方で検討した通り、観光の消費体験がより自己中心的な他の価値観によって支配されていることもあろうし、その場合、旅行業者は、企画立案への影響力行使、地元の重要利害関係者との協働あるいは地元のNGO/慈善団体支援のようなより直接的な措置を通じて、観光目的地の持続可能性に対し貢献し得ることもあろう。

6.9 国内観光

おそらく驚くには当たらないのであろうが、観光消費と持続可能な観光開発の脈絡において大方の注目を浴びているのは国際観光、とりわけ、世界の後進地域における観光に関するものである。一方において、国際観光は多くの国々にとって、大きな輸出産業と不可欠な外貨収入源の役割を演じているが、他方、将来マイナスの結果を生ずる可能性がより大きいと見なされている。従って、効果的な企画立案と管理の必要性は、より差し迫った問題である。

しかしながら、しばしば見過ごされているのは、国内観光―すなわち、自国内で観光を消費する人々―が持続可能な開発に対して行い得る貢献である（Ghimire 2001）。換言すれば、雇用、所得、新規の事業開発、経済的多様化のような国際観光がもたらす利益の多くは、国内観光によって提供されるのである。国内観光は、同時に、地元が所有し、支配する事業を潤す可能性がかなりある。従って、持続可能な開発における国内観光消費の役割を手短に検討しておくことは、大事なことだ。

国内観光は、全ての国とは言わないまでも、大部分の国々で行われている。旅行総数の点でも、国内観光は、国際観光活動よりもかなり大きい。つまり、推定ではあるが、グローバルに見て、国内観光は旅行数で、年間、国際観光の6倍から10倍を占めている。この理由は、自明の事柄である。より富裕な先進諸国の住民は、海外での休暇の他に、多数の国内観光旅行を毎年しばしば行うのであるが、国内だけで休暇を過ごす人々も多い。例えば、調査・研究の示すところでは、米国の住民は、全体として、

毎年およそ 6,000 万件の海外旅行をするが、国内旅行の数は全体として 9 億 9,000 万件である（Bigano 他 2004）。

　後進諸国では、経済的な理由から、大方の住民にとって国内旅行が唯一の選択肢である。もっとも、外国旅行の数が増加している国もいくつかある。もっと重要なのは、大部分の後進諸国において、「レジャーのために旅に出る国民の数が国際観光客到着数よりもかなり多い」（Ghimire 2001: 2）ということなのだ。国内旅行の数は、勿論、人口の規模と直接的な関係がある。Bigano 他（2004）によれば、中国（旅行数 6 億 4,400 万件）、インド（3 億 2,000 万件）、ブラジル（1 億 7,600 万件）およびインドネシア（1 億 700 万件）が後進世界における 4 大国内観光市場である。予測によれば、ますます多くの中国人が自国内で同じ場所を繰り返し訪れるので、中国の国内観光客は、2010 年を迎える頃には既に 18 億人に達しているであろうと見込まれている（(Elegant 2006）。

　中国の国内観光の成長は、自動車の販売と高速道路が劇的に拡張したことに直接的な関係がある。中国の高速道路は 2 万 1,100 マイルだが、2020 年を迎える頃には既に倍以上に伸びていると予測されている（Elegant 2006）。しかしながら、トルコのようなもっと小さな国々でさえも、国内観光は、成長部門であり、また地域開発に対して将来貢献する可能性がある（Secklerman 2002）。

　国内観光の消費を促進するならば、将来利益となるかも知れないことが、数多く存在する。

- 　国内観光は、地元のあるいは地域的な経済成長、とりわけ辺境の農村地域の経済成長の触媒として作用する可能性がある。これは、例えば、中国の国内観光を推進する格別の力となってきた。
- 　生まれつつある中産階級が国内のレジャー旅行に出かけるにつれて、国内旅行はより富裕な都市地域から富を拡散するかも知れない。
- 　場合によっては、社会・文化的な悪影響を及ぼす将来の可能性は、国際的観光の開発よりも小さいかも知れない。他方、地域社会に根ざした観光のチャンスはもっと大きいかも知れない。
- 　国内観光は、社会的なまとまり、国民的文化的アイデンティティを一層発展させる基盤となり、あるいは南アフリカの場合のように、国民の間の和解を促進する基盤となる（Koch and Massyn 2001）。

　同時に、勿論、国内観光開発は、環境悪化、社会的圧力と文化の商品化など国際観

写真 6.4　南アフリカのプレトリア近郊：観光客に土産物を売る店。
売りに出されている剥製の動物に注意。

光開発が直面しているのと同じような困難な課題に直面している。他方、地元の観光資源（例；事業、土地、名所・名物）は、都市のエリートによって所有され、あるいは支配されるようになるかも知れない。ブラジルやメキシコのような国々で採用された効果的な企画立案と管理が、成功への鍵である。しかしながら、一般に世界の後進地域では、国内観光の費用対効果についての知識と理解が依然として欠けている。

　観光の消費は、時が経つにつれて変化してきた。そして、第4章で示したように、観光客には開発の過程で演ずべき役割がある。観光客がどんな生産物を購入するのか（写真6.4参照）、どれだけの金銭を使うのか、観光客を受け入れる地域社会とどのような触れ合い方をするのか、そしてどんな行動をするのか、こういうこと全てが観光目的地における開発上の目標に将来影響を及ぼす可能性がある。次の章では、観光が与えるより広汎な影響を探究することによって、これらの問題をもっと詳しく論ずることとする。

6.10　議論のための設問

1. 観光需要において出現しつつある傾向はどんなものか？
2. 観光客は、本当に、グリーンになることに関心があるのだろうか？
3. 特定の社会・年齢層（男女別をも含めた）的な観光客区分あるいは文化観光客とか冒険観光客のような特定のタイプの観光客に的を絞ることの得失は何か？
4. 観光客の行動を制御するために、マーケティングをどのように活用することができるだろうか？.

6.11　さらに勉強するための参考文献

Butcher, J（2003）*The Moralisation of Tourism, Sun, Sand... and Saving the World?* London: Routledge.
　本書は、観光客がより「グリーン」になってきているという見解のみならず、観光客と観光産業は観光の消費と開発に対してもっと責任を伴うアプローチを採るべきだと言う見解にも挑戦を試みている。本書は、観光に対する現代の責任を伴うアプローチについての批判であって、魅力的ではあるが論争の的となっている。

Mann, M.（2000）*The Community Tourism Guide,* London; Earthscan.
　本書は、本来、いわゆる「本当の休暇」—real holidays—ないし責任を伴う／持続可能な地域社会に根ざした観光生産物への手引書である。本書は、観光客がなぜ責任を伴う行動をすべきなのかを説明し、また、責任を伴う観光の実践例を多数提供している。

Sharpley, R.（2003）*Tourism, Tourists and Society*（3rd edn）, Huntingdon: Elm Publications.
　本書は、2つの視点から観光客と社会との間の関係を探究している。2つの視点とは、つまり、観光客／観光客の行動に対する社会の影響と社会に対して観光客が与える影響ないし観光客によってもたらされる結果である。本書では観光の需要と行動について深層分析が行われており、ポストモダーンの脈絡の中で観光消費の性質と観光消費に対する影響に特別の注意が払われている。

Swarbooke, J. and Horner, S. (1999) *Consumer Behaviour in Tourism*, Oxford: Butterworth-Heinemann.

本書は観光の消費に関するする細部にわたって行き届いた一般的な入門書である。観光の消費に関連する主要な理論と概念を紹介しつつ、本書は、現代の主要な問題と論争を検討し、広範囲にわたる文献に言及している。

6.11.1　ウエブサイト

観光における責任を伴う慣行を促進、支援する個人、団体および観光産業代表のグローバルなネットワークである「国際エコツーリズム協会」(The International Ecotourism Society, TIES) のウエブサイトは www.ecotourism.org.

ECPAT は、児童の搾取—観光を通ずるものをも含む—を防止しようとする指導的な児童の権利擁護団体：www.ecpat.org.uk.

「責任をを伴う観光における提携者」(Partners in Responsible Tourism, PIRT) は、文化的に、また環境上の責任を伴う観光を促進する地方ネットワークの一例：www.pirt.org.

「責任を伴う旅行」(Responsible Travel) は、「責任を伴う」旅行と休暇を専門とするオンラインの旅行代理店：www.responsibletravel.com.

「ツーリズムコンサーン」(Tourism Concern　観光への懸念) は、英国に本拠を置くグループで、観光のもたらすマイナスの社会的、文化的、環境上および経済的な帰結についての意識向上とこのような結末に対する解決策を求める：www.tourismconcern.org.uk,

7 観光の影響評価

7.1　学習の目標

本章を読み終えると、諸君は以下のことができるようになるはずである：
● 観光の影響が生ずるより広範な社会的、政治的および経済的な状況をよく理解する；
● 観光の社会・文化面、環境面および経済面の影響の中で主要なものを確認する；
● 観光の影響に地元住民がどのように反応するかを理解する；
● 観光のマイナスの影響を、どのような手段によって最小のものにできるかを認識する。

　本書の中心的なテーマは、観光目的地、特に発展途上世界の観光目的地がディレンマに直面しているということである。一方において、観光は開発を達成するための効果的な手段であるとの見方が広くなされている。つまり、観光は所得や雇用の貴重な源泉となる潜在力を有していることを示しており、またより広範な経済的分野、インフラおよび社会・文化的な分野において、開発を牽引する役割を体現している。

　他方、そのような開発はコストを払うこと無しには達成できない。観光は資源に基礎を置く産業として、その資源が自然資源であろうと、人工の資源であろうと、あるいは人的な資源であろうと、観光がそれを搾取することもあれば、「使い果たしてしまう」ことも避けられない。そればかりでなく、観光客の活動自体が、観光目的地やその環境および地元社会に甚大な影響を与える可能性がある。そうしたコストは、十分にチェックされ管理されない場合、観光開発の利益を上回るものとなって、長期的には観光客に対する観光目的地の魅力を減じてしまうかも知れない。

　従って、観光目的地が直面するディレンマは、観光による貢献を最適なものとすることと同時に、観光開発のコストまたはマイナスとなる結果を最小限に押え続けることによって、いかにしてそれぞれの観光目的地のより広範な開発目的を達成するか、ということである。言い換えれば、観光目的地にとっての難しい問題は、観光部門の

7 観光の影響評価

持続可能性を達成することであり、その根本はより広範な開発目標の文脈の中で、観光のプラスの影響とマイナスの影響のバランスをはかる必要があるということである。

本章の全体的な目的は、以上のような影響がどのような性質を持っているかを考えてみたり、また持続可能な開発という文脈の中で、それらの影響が効果的に計画に織り込まれ、管理され得るような方法を探ってみることである。

しかし、第一に、観光による影響はそれだけを切り離して考えることはできないし、そうすべきでもないという点を強調しておくのが大切である。言い換えれば、観光の影響、あるいは Wall と Mathieson（2006）が示唆するように、観光の「結果」（consequences）は—「影響」（impacts）という用語はしばしば否定的なニュアンスを持っていると見られているが— 観光の文献の中では、よくある典型的な影響が単純にリストアップされたり表現されたりして、一般的な形で捉えられることが多い。

しかしながら、そうした影響がどのような形で認識されるか、それらがどの程度感知されるか、そしてそれに対する反応がどのような形をとるのかといったことは、観光目的地によって著しく違ってくる。換言すれば、観光の影響は観光目的地、観光産業および観光客との間の複雑な相互関係の中から生ずるのであり、またそうした影響が生ずるより広いダイナミックな経済的、社会的また政治的文脈から考えられなければならない。そのような影響の結果は全体として、観光が開発に対してどのような貢献をするかを左右するであろう。従って、本章の第1項（7.2）は、観光の影響を評価するための枠組みを提示することになる。

7.2 観光の影響：枠組み

観光の影響は観光システム全体を通じて感知されるが、それ以上に、そのような影響は有益である可能性もあれば、有害である可能性もある。例えば観光を増進している地域では、地域外への観光は、旅行代理店、旅行業者、空港、運輸業者などの間では重要な雇用創出源である。逆に、航空輸送 —つまり「輸送の領域」（Leiper 1979）— は、温室効果ガスの主要な発生源と見られ、それ故、甚大なマイナスの影響と見なされている。それにもかかわらず、観光の影響は、観光目的地の文脈で考えられるのが普通である。それは観光目的地が観光開発の行われる場であり、観光客が地元住民やその環境と接触する場であって、また依然として議論はあるものの、そうした影響 —有益なものであろうと有害なものであろうと—を確認し、それを測定し、そして管理する必要性が最も大きな場だからである。観光の影響を評価する場合に有益な

出発点は、観光目的地を観光環境の全体として考えることである。「環境」は観光目的地において、単なる（自然のおよび人工の）物質的属性の観点から考えられることが多い。しかし、観光客は魅力に溢れ、独自性があり、または本物の観光環境や観光目的地を求めているのであり、それには Holden（2000: 24）が述べているように、物質的な側面だけでなく、社会的、文化的、経済的および政治的側面も備わっている。言い換えれば、観光環境は次のように定義できるかも知れない；

> 観光リゾートの外部経済（ないし不経済）を表す膨大な要素のつらなり：すなわち、自然的……人類学的、経済的、社会的、文化的、歴史的、建築的、そしてインフラ的な要素であって、それらは観光活動が移植され、またそれゆえ、観光ビジネスが実施されることにより経済的に十分利用され、変化がもたらされる人間の居住地を表す（EC 1993: 4）。

このように、観光客の見方からすれば、観光目的地を全体として体験するという観点に立つと、通常、観光目的地の社会的ないし文化的側面を、その物質的な側面から切り離すことはできない。しかしながら、重要な点として、観光環境をどう「認識」するかは、かなり変わってくる可能性がある。つまり、グループが異なれば、観光環境を認識したり、その価値を測ったりする仕方も異なってくるだろう。第6章で見たように、観光目的地に対する観光客の態度は、途方もなく異なり得るのであり、それは彼らが休暇を過ごしている間に引き続いて見せる振る舞い方と同じかも知れない。同様に、第5章で説明されたように、地元社会と観光客が観光目的地の環境を認識する仕方についても、地元の文化的・環境的な価値や経済的なニーズなどを反映して、差異があると思われる。例えば、観光客は手つかずの環境とか未開発の環境に価値を置くかも知れないが、地元では、自分たちの生活様式を高め、または社会的、経済的な開発を達成しようとするので、環境を経済的に利用すべき正当な資源とみなすかも知れない。逆に、地元社会は特定の場所や環境に大きな価値を置いたり、またはそれを神聖視して、観光による経済的利用や開発から守ろうとするかも知れない。オーストラリアの Uluru（Ayers Rock）は後者のよく知られた例であり（Brown 1999）、また一方、ブータンの当局は、文化的、環境的に意味のある場所を、観光による経済的利用から守ろうと努めてきた（Dorji 2001）。また同時に明らかにされてきたのは、ヨーロッパ南部、特にギリシャ、スペインおよびポルトガルにおける草の根レベルの活動家グループが、環境破壊をもたらす観光開発に対して、デモ、その他の形により抗議活動を活発化するようになってきたことである（Kousis 2000）。言

い換えれば、本質的に重要なのは、観光の影響を評価するときは、観光目的地における観光を超えたより広い社会的、政治的および経済的な文脈で考えることであり、また観光開発に関する企画の立案や管理面の決定が、外部の価値観、それもよくある西側中心の価値観よりは、むしろ地元の諸条件を反映すべきだと認識することである。これは勿論、特に低開発国の場合の話であり、それらの諸国では、社会・経済的な開発や近代化を進める必要性の方が、観光客に伝統的な、あるいは本物で真正な体験を提供することより大事なことだ、と考えられる可能性がある。シンガポールの例では、1970年代に、伝統的な中国風の店舗や市場が、現代的な建物や体験によって置き換えられたが（Lea 1988）、こうした実例は、他の多くの場所でも繰り返されてきた。

　観光の影響をさらに広範な国家レベルおよびグローバルな文脈で考えることも同様に重要である。観光目的地は孤立して存在しているわけではない。つまり、それらは国際的な観光システムの一部を成しており、そこでは大手の多国籍企業が支配的な役割を果たしていることが多く、その結果、多くの観光目的地においては従属的な状況が生み出されている（第1章参照）。同時に、国際的な観光システムはグローバルな政治的、経済的および社会・文化的な枠組みの一部にもなっている。その結果として、次の2点が銘記されるべきである：

- 特定の観光目的地において観光が及ぼす影響は、しばしばその観光目的地の力を越える要素によって影響が及んでくる可能性がある。例えば、米国が自国民に対して課している対キューバ旅行禁止措置が続いていることは、キューバの観光部門の発展に間違いなく影響を及ぼした。同様に、多くの国際機関や圧力団体が行ってきたミャンマー観光のボイコット運動も、1990年代末以来、同国における外国人観光客の到着数が減少したことに何らかの影響を及ぼしてきた（Henderson 2003）。

- 観光が原因だとされる様々な影響も、より広いグローバルな影響の結果であることが多い（第3章参照）。例えば、後述するように、国際観光は地元の文化を弱体化し、伝統的な社会構造を脅かし、あるいは地元社会に欧米の文化習慣を持ち込むものとして、非難されることが多い。しかしながら、いわゆる欧米文化のグローバル化と言われるものは（Held 2000）、情報と通信技術の劇的な進歩によって支えられており、多くの低開発国における社会・文化的変化に対しては、その方がさらに強い影響力を及ぼしていると見られている。

図 7.1 は、観光目的地のレベルで観光の影響を評価するための簡単な枠組みを提示している。ここで明らかにされているのは、観光の影響の性質、その認識のされ方であり、さらに、それに続いて実施される企画と管理がそれにどのように対応していくかは、観光目的地と観光開発という2つの要素の相関関係で決まるということである。このモデルが暗黙の内に示しているのは、観光の影響を認識したり、それに反応

観光目的地　　　　　　　　　　　　　　　観光客

開発ニーズ
社会的
経済的
政治的
インフラ的

国際観光産業
投資
権力

観光開発
段階
規模
タイプ
機会

観光客
数
タイプ
活動

経済構造
産業
サービス
つながり
資源

観光の影響

観光客の態度
観光目的地の環境への態度

社会・政治的要素
構造
価値
制度

観光ビジネス
滞在期間
季節性
支出レベル

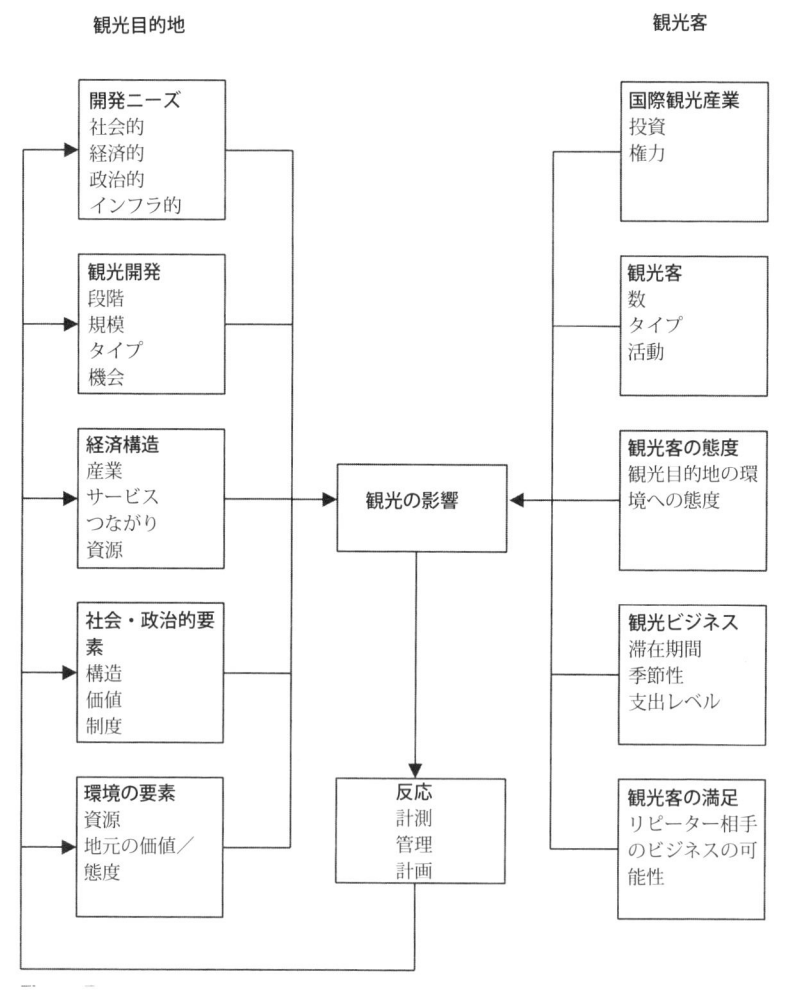

反応
計測
管理
計画

環境の要素
資源
地元の価値／態度

観光客の満足
リピーター相手のビジネスの可能性

図 7.1　観光の影響：分析のための枠組み

する場合に、地元のニーズや価値観がいかに影響するかであるが、この影響については前述した通りである。但し、そうした影響が及ぶ範囲に対しては、地元の政治構造や社会構造が反映することになるであろう。しかし、図7.1 は、観光目的地域における観光の影響がどのような性質を持ち、どの程度のものになるかを決定し得る明確で具体的な要素についても説明している。これらの要素は2つの大項目の中に含まれる；つまり観光客、そして観光目的地に関する諸要因と特徴であり、これらは以下の通り要約される。

7.2.1 観光客

　観光客の人数とその影響の大きさとの間にはかならずしも因果関係はない。つまり、場合によって、文化的、環境的に破壊されやすい地域の場合には、極めて少数の観光客が甚大なマイナスの影響を及ぼす可能性もあり、他方で、別の地域では、多数の観光客が、比較的限られたマイナスの影響を及ぼすだけで、むしろ経済的ないし開発の面で、大きな利益をもたらすかも知れない。それにもかかわらず、通常の場合は、より大きなマイナスの影響は、量的に大きな観光に結びついている。特にそのように大きな観光が、国際的な観光ビジネスにより圧倒的に支配された観光の供給に関連していたり、その結果として生ずる従属的な状況に結びついたりしている場合には、それが妥当する（第1章参照）。さらに明らかなのは、前章で詳述したように、観光客の

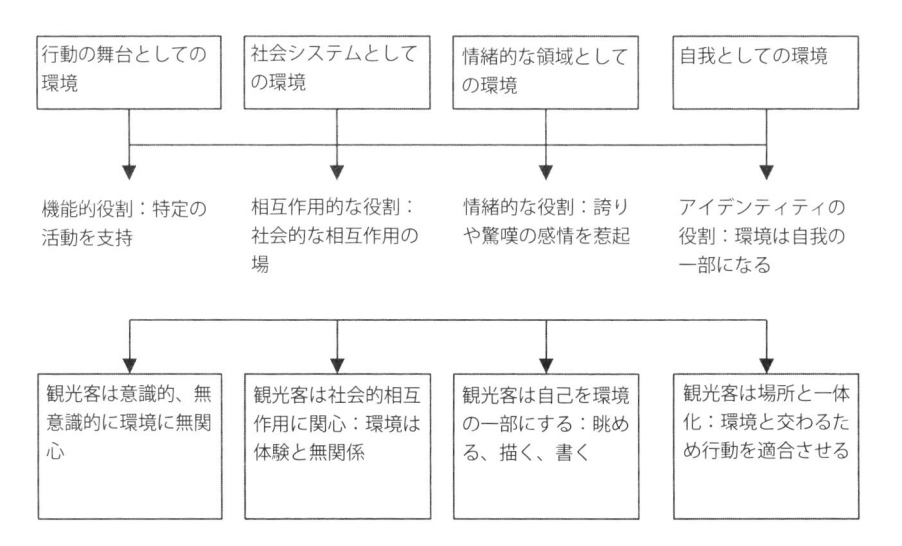

図7.2　観光客による観光目的地の環境体験
出所：Holden（2000: 49-50）に拠る

タイプ、彼らの態度、そして彼らのその後の活動は、観光目的地に対する影響の性格や大きさを直接左右するという事実である。図 7.2 は 観光客の環境に関する価値観と、彼らのその後の行動または影響との間の関係を要約したものである。

7.2.2 観光目的地の諸要因と特徴

　観光目的地には様々な特徴があり、それによって観光の影響がプラスになるかマイナスになるかが決まる。そのような特徴については別の研究もなされているが(Burns and Holden 1995; Wall and Mathieson 2006)、以下の諸点が特徴として含まれている：

- **環境の特質と敏感さ**　環境あるいはエコシステムによっては、一部のものは、他のものに比べて、より脆弱で、丈夫さの点で劣り、あるいは変化に対してより敏感であったり、物理的損傷から回復するのにより長期間を要する可能性がある。

- **経済構造と発展段階**　地元経済の多様さ、投資資金の入手可能性、輸出入バランス、および観光部門の要請に応えられる能力は、経済開発が全体的にどの程度達成されているかということと並んで、享受される経済的利益の大きさを決定することとなろう。

- **政治的な構造と諸過程**　観光開発に影響を与えるのは、地元や国家の政治構造、観光の企画立案と運営に対する政治的な関与または影響の度合い、および観光を直接、間接に左右する政策の性質である。

- **観光開発の性質、規模、およびその成長率**　観光開発の性質や規模と、観光がその後観光目的地に対してどのような影響を及ぼすかとの間には、明らかなつながりが存在する。しかし、もし観光開発が下水道システム等のような、設置されるべき適切なインフラの開発を上回る早さで行われる場合には、有害な影響が強まるかも知れない。

- **社会的な構造**　地元社会の規模や構造、その文化的な慣習、倫理規範、宗教上の帰属、言語等は（特に観光客の慣習との比較において）、観光目的地で観光の影響がどの程度「感知されるか」という点に関して基本的な重要

性を有する。

　こうして、観光目的地がプラスとマイナスの両面で、観光によってどの程度影響されるかを左右するものは数多くあり、またそうした影響が地元社会によってだけでなく、来訪客によっても、どのような形で認識され、反応が示されるか、という認識や反応のされ方を左右するものも数多ある。次の課題は、観光の「典型的な」影響とはどのようなものかを、現実に確認することである。

7.3　観光の影響：概観

　観光の影響について詳細な議論を行うことは、本章が扱う領域を大きく超えてしまう。従って、読者は文献によりこの問題のより詳細な説明に当たるべきである。観光に関する概説的な教科書の多くがこの問題について十分過ぎるくらいに触れているし（例えば、Holloway 2002; Cooper 他 2005; Page and Connell 2006 を参照）、他方、数え切れないほどの書籍や論文が特にこの問題を取り上げている（特に、Wall and Mathieson 2006）。

　しかしながら、観光の主な影響がどのようなものかをプラス面、マイナス面ともに、よく把握するまでは、観光と開発の関係について十分に理解したとは言えない。正に、もし「開発」が（つまり本書の最初に定義された意味の「開発」が）、観光から生ずる意図した成果や影響の全体像であるとするならば、難しいのは、開発に対する観光の貢献が最適なものとなるために、さらに具体的な個々の影響をいかに効果的に管理するかということである。本項の目標は、従って、観光の主たる影響を説明することである。典型的な形としては、観光の影響は次の3つの大きな表題の下で評価される。即ち、経済的影響、物質的（環境面の）影響、および社会・文化的影響である。便宜上、本項も同じやり方を採用することとする。

7.3.1　経済的影響

　観光開発を背後で推進している力は、観光目的地の経済に対し、観光開発がどのような貢献を行い得るかという潜在性である。これが特に当てはまるのは、低開発国においてであり、そこでは観光は、経済成長およびさらに広範な社会・経済開発のための効果的な（また時には唯一の）触媒と見られている。開発途上世界全体を通じて、観光は多くの低開発国にとって経済的な生命線を意味しており、その貢献度は、通常は、観光からの収益（観光収入）、輸出収入（国際収支）、および GNP や雇用創出に

対しどの程度貢献するかによって測られる。

　多くの国が採用してきたのは、観光関連の統計に連結させるために国連観光機関（WTO）が推奨してきた「ツーリズム部門会計」（Tourism Satellite Account, TSA）制度である。

（訳者注：TSA 制度は国民経済計算体系（SNA）の周辺に位置づけられたサテライト〈部門〉計算の一つとされ、環境、観光、家事等の特定の経済活動を体系付けるサブシステムで、国内総生産〈GDP〉などの中心的統計との整合性や比較可能性を維持しながら、新しい経済概念に対応するため作られた枠組みのこと。）

　場合によっては、メキシコ、タイ、セイシェルおよびフィジーに見られるように、観光は観光部門としてだけではなく、開発の推進役として経済的成功を納めたことが実証されている。しかしながら他の国々では、観光は、外貨獲得や雇用の重要な源泉であるにもかかわらず、開発上の潜在力を発揮することがなかった。第 2 章で述べられたように、ガンビアでは、同国の経済に対する観光の相対的な重要性にもかかわらず、過去 10 年間、観光はほとんど発展してこなかった。他方、トルコの場合は、国家開発の牽引役として観光部門の開発を推し進め、限られた範囲内ではあったが、成功を収めた国のもう一つの例である（Tosun 1999）。

　言い換えれば、観光は疑いもなく観光目的地の経済に対し測定可能な貢献をするが、観光の経済的影響の強さも、より広い社会・経済的開発を刺激するその役割についても、いずれも当然視することはできない。観光開発に関連する経済コストには様々なものがあり、実際問題として、このコストはネットの経済的利益を制約するものとなるが、そればかりでなく、より広範な開発の面での貢献を減じてしまう可能性を持った多くの要因が存在する（図 7.3 参照）。これらの結果として、観光の経済的影響を評価する際は慎重を期さなければならない（Wall and Mathieson 2006: 79）。短期の経済的利益は、経済的（および非経済的な）コストおよび開発に対する観光の長期的な貢献の大きさに照らして測られなければならない。観光の主要な経済的影響は次の通りである。

経済的利益
国際収支および外貨獲得に対する貢献
　2004 年には、国際観光の総収入は 6,230 億米ドルに達し、世界の財とサービスの輸出の 6％に相当しており（国際的な運賃収入も含めれば 8％）、世界のサービス輸出

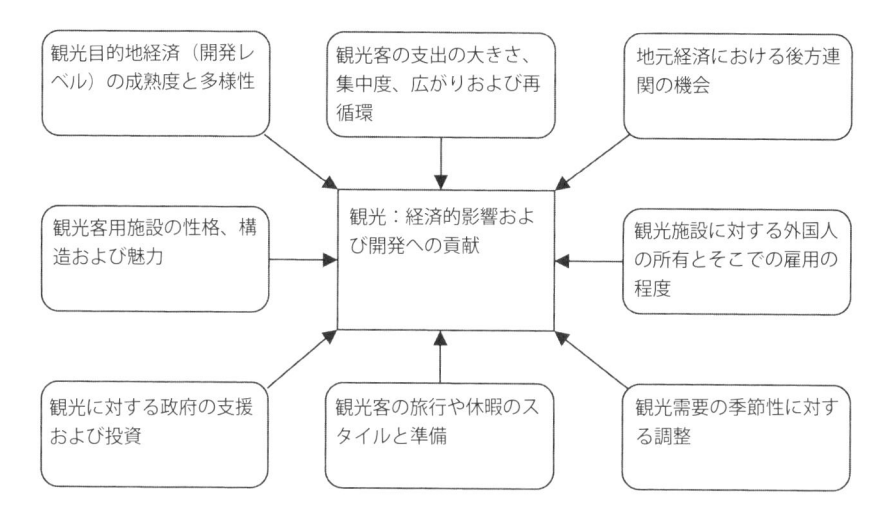

```
┌─────────────────┐  ┌─────────────────┐  ┌─────────────────┐
│観光目的地経済(開発レ│  │観光客の支出の大きさ、│  │地元経済における後方連│
│ベル)の成熟度と多様性│  │集中度、広がりおよび再│  │関の機会         │
│                 │  │循環             │  │                 │
└────────┬────────┘  └────────┬────────┘  └────────┬────────┘
         │                    │                    │
         └──────────┐         │         ┌──────────┘
                    ▼         ▼         ▼
┌─────────────────┐  ┌─────────────────┐  ┌─────────────────┐
│観光客用施設の性格、構│  │観光:経済的影響およ │  │観光施設に対する外国人│
│造および魅力     │──▶│び開発への貢献    │◀─│の所有とそこでの雇用の│
│                 │  │                 │  │程度             │
└─────────────────┘  └─────────────────┘  └─────────────────┘
                    ▲         ▲         ▲
         ┌──────────┘         │         └──────────┐
         │                    │                    │
┌────────┴────────┐  ┌────────┴────────┐  ┌────────┴────────┐
│観光に対する政府の支援│  │観光客の旅行や休暇のス│  │観光需要の季節性に対す│
│および投資       │  │タイルと準備     │  │る調整           │
└─────────────────┘  └─────────────────┘  └─────────────────┘
```

図 7.3 観光の経済的影響を左右する要因
出所:Lea(1988)から作成。Wall and Mathieson(2006: 90)

だけで見ると、その32%以上になっている。それ故、観光は貴重な外貨の獲得源であり、特に交換可能通貨の獲得源となっている。例えば、1990年代はじめ以降のキューバにおける観光開発のほぼ全ては、国家が交換可能通貨を必要としているために推進されてきた。

しかしながら、次の3点は特筆すべきである。第一として、観光を通ずる(西側の)富の再配分が不公平であることを反映して、発展途上国は全体として国際的収入の40%以下の収入しか得ていない。第二に、一国の国際観光の収入はその国が海外旅行に費やす支出との比較で測られねばならない。多くの発展途上国にとっては、「旅行収支」は健全なプラスの状態を示している。しかし、途上国が裕福になるにつれて、国民はより頻繁に海外へ旅行し、このプラスは減少する可能性がある。最後に、以下に説明されているように、考慮されるべき点は、国際収支への「ネット」の貢献である―というのは、多くの国はかなり多額の輸入コストを払って観光客のニーズに対応しているからだ。

所得創出

観光は、国際観光であっても国内観光であっても、観光客に物品やサービスを提供する企業や個人にとって一つの収入源である。そのような収入の主たる源泉は、宿泊、

輸送、娯楽、飲食物および買い物を含め、観光客による物品やサービスに対する直接の支出である。しかし、観光支出の間接的な（二次的な）、また誘発的に生ずる（三次的な）結果もある。間接的な結果は、地元経済において観光ビジネスが物品やサービスを消費することに関連する。例えば、ホテルは食料、飲み物、設備、電力や水の供給等を購入し、またそれと共に、建築産業のサービスも購入する。これらの供給者は、地元の経済の中でさらに物品とサービスを購入する必要があり、かくして支出の過程は次々と繰り返し続いていく。最終的には、これらの支出が継続的に続いていくことにより地元の人々が得る収入は、誘発された支出という形で地元経済において費やされる。言い換えれば、観光客が消費した最初の金額は、その後に続く経済活動の大きさを反映する特定の数値によって乗ぜられるのであり、そうした経済活動の大きさ自体も地元経済の特徴によって決定される。この「乗数効果」（multiplier effect）は観光の総合的な経済的利益を計算する際の重要な手段であり、一国の観光収入との対比で、当該国の「観光経済」の全体的な貢献の価値を明らかにする。この過程は図7.4で要約されている。

観光は政府の非常に重要な歳入源である可能性がある。例えば、地元の観光従事者によって払われる所得税に加え、売上税が観光関連の施設で販売される物品やサー

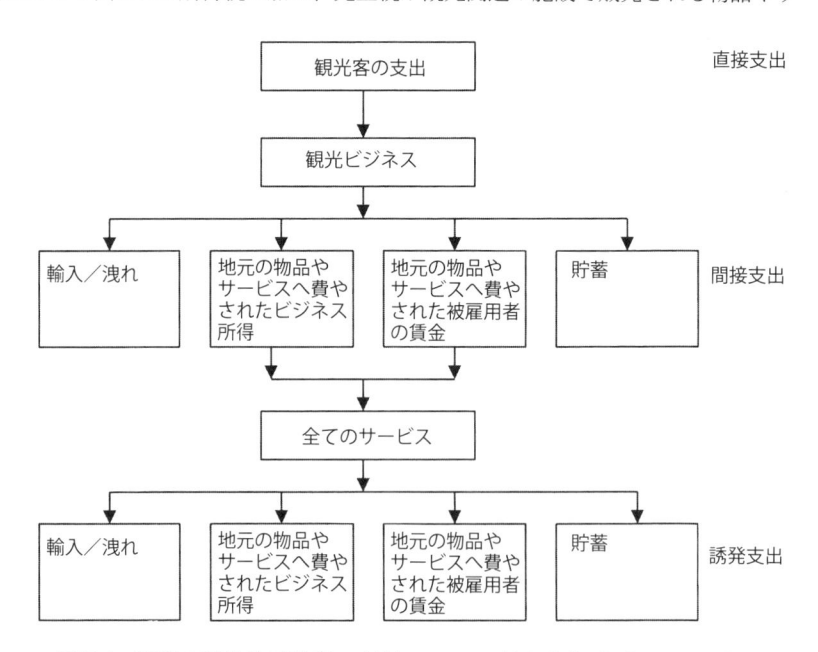

図7.4　観光の乗数効果過程　出所：Cooper他から作成（2005: 165）

ビスに課されることはよくあることであり、あるいは輸入品には輸入税が課される可能性がある。そうした歳入は観光の一層の開発、または推進のための資金手当として利用されることが多い。政府は観光開発の建設に関連して、開発料を徴収する可能性もある。

重要なことは、観光により創出される所得と認められるデータは（GDPに対する貢献度の観点から表現されることが多いが）、経済の中でその所得がどのように波及するかを明らかにしない。言い換えれば、観光からの所得が地元住民の間でどの程度分配されるかを示さない。例えば、観光経済のフォーマルセクターから除外された人々は、観光から利益を得ることはできないかも知れない。

そのために、観光部門の中で、正式に雇用されていない人々の収入の機会を高める目的で貧しい人々のためになる観光計画が企画されても、その潜在的な貢献は小さくなってしまう（例えば、Bah and Goodwin 2003 参照）。

雇用の創出

観光は労働集約的産業であり、それ故フォーマル、インフォーマルの両セクターにおいて雇用機会を効果的に創出するものと広く考えられてきた。発展途上国によっては、観光産業の中の賃金が他の部門に比べかなり高い可能性があり、それために他の部門から労働者を引きつける可能性がある。Cukier（2002）の観察によれば、インドネシアのバリ島では、観光におけるインフォーマルセクターの雇用が非常に重要であり、同セクターは政府の政策の中で支援されるべきである、というのが彼女の推奨するところである。

観光による雇用への全体的な影響は、上述した乗数と類似する「雇用乗数」（employment multiplier）により表されるかも知れない。しかし、雇用に対する観光の貢献を評価する際は、注意が必要である。それは以下のような多くの理由による：

- 創出された職の数は観光開発の性格や規模に依るものである。つまり、観光の形態の中には、他の形態に比べより労働集約的なものがある。
- 観光における職業に要求される技能や訓練は、比較的低い水準のものである傾向があり、他方で、昇進の機会は限られている可能性がある。
- 観光雇用もその特徴として、他の産業に比べより低賃金で不定期、またはパートタイムの仕事となる傾向がある。多くの観光目的地では、それもかなり季節に影響される。かくして、フルタイムかつ正規の雇用の創出にどの程度貢献しているか、という点では、観光雇用は見かけ以上に限定的である可

能性があり、特に、多くの数の職が、公式には労働力というカテゴリーに属さない人々によって占められている可能性もある（例：学生、退職者または「インフォーマル」労働者）。
- 同様に、観光は、農業のように、他のもっと伝統的な経済部門に従事する労働者を単に吸収するだけで、全体の失業水準にはほとんど影響を及ぼさないだけでなく、それら伝統部門における労働不足につながる可能性がある。
- 観光におけるフォーマルセクターの雇用は、そこで正式な契約を結んでいない労働者にとっては極めて不安定なものである可能性がある。ツーリズム・コンサーン（Tourism Concern）は、発展途上国における観光分野での雇用問題を提起するためにキャンペーンを行っている（詳細は、同団体のウェブサイトを参照）。

企業家活動 / 後方連関

　開発の担い手として観光が行う非常に重要な貢献は、地元経済を通じて、後方連関、あるいは起業家活動を刺激する潜在力にある。これは時にはインフォーマルな旅行ガイドとか、あるいは観光客にお土産として手工芸品を売る芸術家といった形態をとるかも知れない（写真7.1参照）。観光開発には、観光部門をきちんと確立し、同時に観光客のニーズに対応するために、様々な物品とサービスが必要となる。事実、そうしたつながりは、持続可能な観光開発の基本的な要素であり（Telfer and Wall 1996)、それは次のような諸点を含む数多くの要因に依存している。すなわち、

- 必要とされる物品やサービスのタイプと、それに対する地元の生産者 / 供給者の質と量の両面での提供能力。
- 観光開発の規模と速さ；急速で大規模な開発は、地元による物品やサービスの限られた供給量を上回ってしまう傾向がある。
- 観光目的地における観光のタイプ、つまりそれに応じて必要とされる物品とサービス。

経済コスト

　観光の経済的利益には関心が集中する傾向があるものの、同じように重要なことは、観光開発は様々な経済的コストに関係があり、そのため開発に対する観光の貢献が減殺されるという点を認識することである。

写真7.1 インドネシア、バリ島：地元の企業家が観光客に土産品として販売する染物を作っている。染物は、染色過程を終えて乾燥するために川岸に広げられている。

漏れ（leakages）／輸入性向

　国際収支に対する観光の貢献に関連して、明らかなコストは、観光部門のニーズに対応するため物品やサービスを輸入すること、あるいはいわゆる「漏れ」である。そうした漏れは、地元の経済部門の規模が限定されている比較的小さな発展途上国では極めて重要なことかも知れない。仮に観光客が海外の旅行会社の手配で旅行し、そして（または）外国企業が所有するホテルに宿泊する場合には、そうした漏れは、より大きなものとなる。

　Torres（2003）の観察によれば、例えば、Cancún において政府が企画した観光開発は、Quintanna Roo の地元の農業開発を刺激することはなかったし、その結果、地元農業は機会を失い、同地域は潜在的な観光利益を失うこととなった。

観光への過度の依存

　観光開発に内在する一つの危険は、地元経済がかつてグローバルな商品価格から影響を受ける単一の一次産品に依存していたせいか、観光に過度に依存するようになっ

表 7.1　ＧＤＰ総額に占める旅行および観光経済の割合

順位	国	GDP比(%)	順位	国	GDP比(%)
1	マカオ	93.6	11	グアデルーペ島	44.1
2	アンティグア・バーブーダ	85.4	12	バージン諸島	42.9
3	アルバ	78	13	バルバドス	41.4
4	アンギラ	74.7	14	アンゴラ	40.5
5	モルディブ	66.6	15	ケイマン諸島	34.4
6	英領バージン諸島	54.7	16	セントビンセント・グレナデーン諸島	33.8
7	セイシェル	54.1	17	フィジー	33.1
8	セントルシア	51	18	ジャマイカ	33.1
9	バハマ	50.1	19	その他オセアニア	31.8
10	バヌアツ	47	20	グレナダ	29.9

出所：WTTC（2006:46）

てしまい、そのため観光需要の変動に極めて影響されやすくなるということである。そうした変動は、観光が自然災害、テロリストの活動、グローバル経済の不況、あるいは単に、流行の変化といった様々な影響に対して脆弱であることを示している。観光への依存度は、GDPへの貢献度によって測られるかも知れないが、その数値は表7.1が示しているように、特に小規模の島嶼国では大きな意味を持っている可能性がある。

　例えば、ガンビアにおいては、1994年に発生した軍事クーデターの結果、観光産業は1994年から1995年のシーズンの間に壊滅状態となり、広い範囲で経済的問題を生じた（Sharpley他　1996）。2006年12月にフィジーで発生したもっと最近のクーデターも、観光部門に直接的な影響を及ぼしている。例えば、クーデターの次の週にホテルの占有率は25％に下落し、同国は観光客支出の面で1日に130万ドル前後の損失を出したと報じられた（TYNZ 2006）。同様に、2002年10月にバリ島で起こったテロリストの爆破によって同島の経済には壊滅的な結果が生じたが、当時、同島の経済は、その収入の約5割および直接雇用の4割を観光に依存していた（Hitchcock and Darma Punta 2005）。

インフレ

　観光開発はインフレにつながるかも知れない。特に、観光シーズン中の小売り物価および人気のある観光地域における不動産／土地の価格に関してそれが言える。

機会コスト

　機会コストとは、観光投資を行った結果、他の経済部門（または他の機会）へ投資をしなかったために失われた潜在的利益と比較し、観光の経済的利益がどれほどあったかを指すものである。機会コストについてはほとんど研究が行われてこなかったが、それでも機会コストを無視すると、想定された観光の経済的利益を過大評価してしまう可能性がある。

外部的負担（Externalities）

　観光開発を行う結果、地元社会が負担すべき外部的負担や偶発的なコストが生ずるのは不可避である。これらに含まれるのは、観光シーズン中の追加的な量のゴミの収集、治安維持、交通管理および医療サービスなどのコストである。

7.3.2　物的影響

　物的な面で、または環境分野で、観光の影響が生ずるのは避けられない。観光のためのインフラ、施設および名所が開発されることによって自然環境に変更が加えられる。また他方で、観光客の存在や彼らの様々な活動が、自然環境や構築環境（built environment, 訳者注：人為的に構築された環境の全体）の双方に対して、さらに大きく、また永続的な影響を与える。

　こうした理由により、観光による物的な影響が長い間認識されてきただけでなく、文献類でもきわめて強い関心が、この影響に対して向けられてきたが、それは驚くに値しない（例えば、Hunter and Green 1995; Mieczkowski 1995; Holden 2000; Wall and Mathieson 2006 参照）。その上、観光が物的な影響を及ぼしていることに対する懸念は、持続可能な観光開発についての論争の核心となっている。つまり、観光の持続可能性にとって根本的に重要なのは、物的資源の基盤を維持することであり、またそれが健全なものか否かということである。

　典型的な例としては、観光の物的な影響についての研究では、有害な影響、あるいは環境面でのコストに焦点が当てられる。同時に、そうした分析は観光による特定の影響に関連して行われることが多い。例えば、汚染ないし侵食、または自然環境ないし構築環境の構成要素に関連しており、しかも分析は観光目的地のより広範な政治的あるいは社会・経済的な背景から切り離された形で行われる。しかし、以下のような多くの諸点は指摘しておく価値がある。

写真 7.2 アルゼンチン、イグアスの滝：アルゼンチンとブラジルの国境上に存在する世界遺産。この公園は滝の両側にある密林のエコシステムを保護している。公園は資源保護の面で重要な役割を果たすことができる。

- 観光開発は、現実には公園の設置と同様に、環境面で保存や改善を促進するかも知れない。つまり観光は環境面で有益な結果をもたらすかも知れないのだ（写真 7.2 参照）。
- 観光開発に起因する環境面の変化を測定したりモニターするための基準、特に「受け入れ可能な」変化ないし損害について地元社会がどう認識するかといった点と照らし合わせて作った基準は存在しない。
- 観光開発は、環境に対して直接的な影響のみならず、二次的な影響を及ぼすかも知れない。つまり、影響のタイプを一つひとつ区分することが、時には困難なこともある。
- 観光目的地域における環境面の変化は、実際には、観光開発によって引き起こされるのではなく、他の人的な、あるいは経済的な活動によるのかも知れない。

それ故に、特定のタイプの影響を単に切り離して説明するよりも、むしろ観光目的

7 観光の影響評価　　*259*

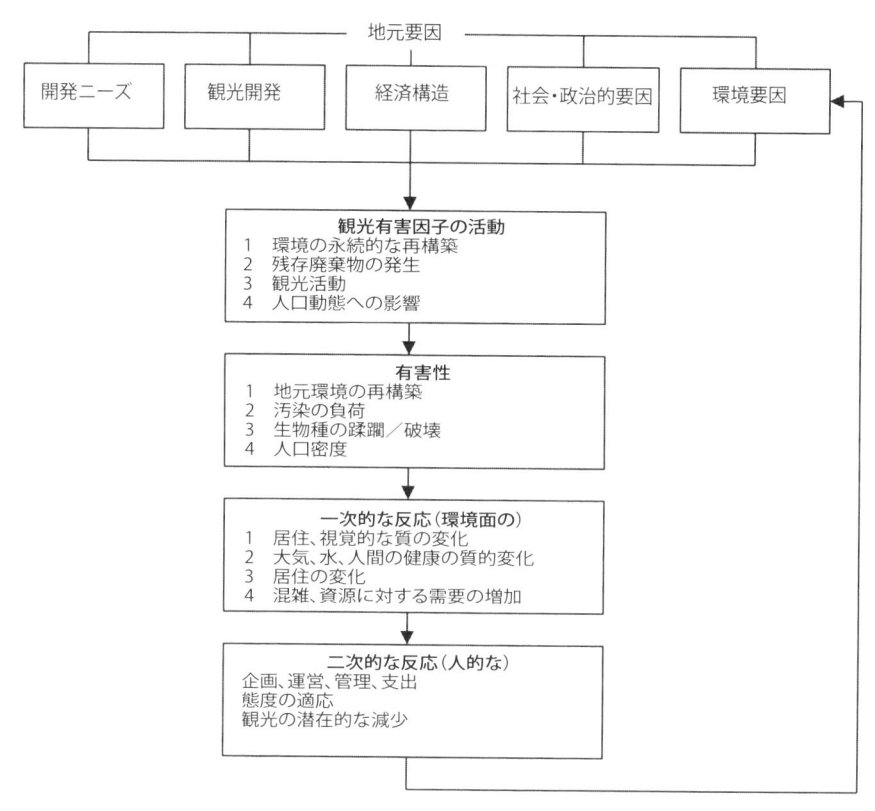

```
                        地元要因
┌─────┬─────┬─────┬──────┬─────┐
│開発ニーズ│観光開発 │経済構造 │社会・政治的要因│環境要因 │←──┐
└─────┴─────┴──┬──┴──────┴─────┘   │
                        ↓                              │
              ┌──────────────────┐           │
              │     観光有害因子の活動     │           │
              │  1  環境の永続的な再構築    │           │
              │  2  残存廃棄物の発生       │           │
              │  3  観光活動            │           │
              │  4  人口動態への影響       │           │
              └─────────┬────────┘           │
                        ↓                              │
              ┌──────────────────┐           │
              │         有害性             │           │
              │  1  地元環境の再構築       │           │
              │  2  汚染の負荷            │           │
              │  3  生物種の蹂躙／破壊     │           │
              │  4  人口密度             │           │
              └─────────┬────────┘           │
                        ↓                              │
              ┌──────────────────┐           │
              │   一次的な反応（環境面の）   │           │
              │  1  居住、視覚的な質の変化   │           │
              │  2  大気、水、人間の健康の質的変化 │      │
              │  3  居住の変化           │           │
              │  4  混雑、資源に対する需要の増加 │       │
              └─────────┬────────┘           │
                        ↓                              │
              ┌──────────────────┐           │
              │    二次的な反応（人的な）    │           │
              │  企画、運営、管理、支出     │           │
              │  態度の適応             │           │
              │  観光の潜在的な減少        │           │
              └──────────────────┘──────┘
```

図 7.5　観光の物的影響を評価するモデル
出所：OECD（1981）から作成

地における観光開発の全体的な背景の中で、観光事業による物的な影響の研究に対し全体論的なアプローチをとる方がより有益である。そうしたアプローチをとるための一つの枠組みが 1970 年代末に OECD によって開発された。これは恐らく、観光の物的影響を評価するための最も網羅的で一体的な内容のモデルとして用いられている（Lea 1988; Pearce 1989）。

このモデルにとっての極めて重要な点は、観光が生み出した多くの有害因子となる活動（例えば、リゾート建設、廃棄物の発生および観光客の活動）や、有害性そのものの性質、および環境にもたらす有害性に対し、一次的な（環境面での）反応がどうであったか、および二次的な（人的な）反応がどうであったか、を確認することである。

図 7.5 は OECD の枠組みの改訂版を提示しているが、それは本章で既に議論され

た観光目的地への影響をも包含したものである。観光の物的な影響の中の主要なものは、図7.5で強調されている4つの「有害因子の活動」のもとで要約されていると言えるかも知れない。

環境の永続的な再構築

観光目的地を開発するに当たっては、様々な施設や観光客を引きつけるもの（ホテル、リゾート、レストラン）を建設したり、道路、鉄道、空港ターミナルや滑走路、港湾、ヨット等の小型船舶用の港等、関連するインフラが必要である。そのような開発は、当然のことながら、構築環境を拡大させていくのに従い地域の物的な構造を永続的に変容させる結果となり、自然のエコシステムを「残すところ無く使い尽くしたり」、あるいは第一次（農業）生産から広大な土地を奪ってしまう。

その直接の結果として生ずるのは、一つには、視覚的な面での地域の質的変化の発生である（時にそれは「建築による汚染」と称される）。だがもっと長期的には物理的な建設、またはそれに関連して生ずる環境汚染などの影響によって、野生生物の生息地が脅威にさらされたり、エコシステムが損傷を受けて、そのために著しい変化が自然環境の内部で生まれるかも知れないのである。例えば、珊瑚礁のように毀損されやすい海洋環境は、観光開発の周辺の沿岸海域で沈殿物が堆積していくために深刻な損傷を受ける可能性がある（Mowl 2002）。対応策として、より一層の環境悪化を防ぐために、環境保全用の手段、環境面での改善スキーム、あるいは来訪客の管理計画が必要とされるかも知れない。

廃棄物や汚染の発生

観光からは大量の廃棄物質が生じ、それは主に地上、大気および水資源の汚染となって表れている。定義上、観光は輸送を含むものであり、観光分野の輸送は形態こそ様々に異なっても、全体としては大気汚染や騒音公害の大きな源泉となっているが、これは驚くに値しない。

近年では、特に航空機の排気ガスによる環境面の影響にますます注意が向けられてきたために、温室効果ガスの発生源として世界で最も急速に拡大しているのは航空機旅行である、と多くの人が考えている。現在では、全世界の商業ジェット機は全体で、主要な温室効果ガスである二酸化炭素を年間7億トン以上排出している（www.greenskies.org）。但し、これに対して航空産業が直ちに指摘するのは、地球温暖化との関係で商業的航空輸送に起因する温暖化の割合はわずか5%を占めるにすぎないということである。しかし、航空旅行が引き続き成長しているので、地球温暖化への影

響の割合は、2050年までに15%に達するであろうと見積もられている。

航空輸送との比較で、自動車の場合は現在のところ世界の温室効果ガス排出量の10%を発生させている。もっとも、世界の自動車による排ガスの半分は米国のみで生じてはいる（Borger 2006）。それにもかかわらず、より長期的には、観光に関連する輸送が大気汚染に対し、またそのために気候変動に対して、極めて大きな影響を及ぼす可能性があるのは明らかである（『持続可能な観光』誌（*Journal of Sustainable Tourism*）vol. 14, no.4（2006）の特集号、および Hall and Higham 2005による編書を参照）。観光関連の輸送の結果として、水質汚染も生じている。例えば、これまで見積もられてきたところによれば、カリブ海地域は年間に総数63,000回のクルーズ船の寄港を受け入れており、その結果、約82,000トンのゴミが生じている（Campbell 1999）。

リゾート地や観光に関連する他の構築環境も、廃棄物や汚染を発生させている。例えば、海洋および淡水の汚染は、リゾート地域における下水処理施設が不十分である結果生ずるありふれた問題であり、それは生ゴミや未処理の下水が湖または海に流し込まれることに他ならない。Lea（1988）が指摘しているように、これは海洋のエコシステムに有害な影響を及ぼすだけでなく、不潔な水で水泳をする観光客には健康障害をもたらすかも知れない。それ以上に観光が作り出すのは、もし適切に処理されなければ地質汚染も起こしかねないような大量の固形廃棄物であり、魅力を失ったり、または劣化した環境、そして人間と野生生物の双方にとっての健康障害である。例えば、Holden（2000）が観察したところでは、ケニヤのマサイマラ野生動物公園の象は、観光客用ロッジの外のゴミ捨て場に捨てられた鉛電池を食べて、中毒を起こしてきたと報じられている。

観光客の活動

観光による物的な影響に関して、恐らく影響が最も広範に広がり、また最も多くの記録が残っているのは、観光客自身の活動の結果生ずる影響であろう。そうした影響のうちいくつかは、故意または無知のいずれかによって生まれる。例えば、観光客が珊瑚礁の上を歩いたり、それを盗んだりするのは、多くの国で大きな問題になっている。実際に、報道によれば、珊瑚礁を保有している109カ国のうち90カ国で、クルーズ船の錨によって、また特に珊瑚礁の固まりを切り取る観光客によって珊瑚礁が損傷を受けている（UNEP 2002）。また一方、Goudie と Viles（1997）によれば、エジプトの沖合にある珊瑚礁の73%は、観光客の行動により悪影響を受けてきた。

より一般的に見られるのは、観光客の行動の影響は意図的になされたものではなく、

地域が受け入れることのできる「収容能力」を越える数の観光客が、ただ「そこにいる」というだけの結果として生じている（下記参照）。自然環境も構築環境も共に、観光客の存在によって悪影響を蒙り、またウオーキング、トレッキング、サイクリング、またはその他の活動により、環境面で脆弱な地域が侵食され、破壊されるのが極めて一般的な問題となっている。いくつかの例を見ると、特定の活動が様々な環境面の影響を及ぼす。つまり、人里離れた山岳地域で行われるトレッキングは、通り道や小径に物理的な損傷を与える結果を生むだけでなく、ゴミの散乱も深刻な問題である。例えば、ペルーのアンデスにあるトレッキング用の数本の道には、道順に沿って捨てられた飲み物の空瓶の量を反映して「コカコーラ小径」とあだ名が付けられてきた。同時に、ネパールのヒマラヤの例が示しているように（コラム 7.1）、観光は深刻な森林破壊の問題につながっていく可能性もあり、それはより長期的には、さらに大きな社会的および環境面の結果をもたらす。

勿論、その他にも、捨てられたタバコが引き起こす山火事または歴史的建造物への落書きといったものから始まり、サファリパークにおける野生動物の繁殖や飼育の仕方を台無しにしてしまうものに至るまで、観光客の活動から生じた結果が環境面で数多く存在している（Shackley 1996）。しかし、ほとんどの観光目的地にとって難しい問題は、第一義的には観光を抑制したり妨げたりすることなく、環境面で損傷を与えるような観光客の活動を、いかにして管理するかということである。

コラム 7.1　ネパールのヒマラヤにおけるトレッキングの影響

ヒマラヤの小さな王国であるネパールは、南部のインドと北部のチベットに挟まれた内陸に位置している。世界の最貧国の一つで、一人当たり所得はわずか 250 米ドルであり、低開発からくる多くの問題に直面している。例えば、平均余命は 60 歳、乳幼児死亡率は 1,000 人当たり 61 人、および識字率は（15 歳以上の成年で）44%である。天然資源はほとんど無く、同国は国際的援助に大きく依存しており、その額は 2004 年には 4 億 2,000 万米ドルに達した。しかしながら、ネパールは Terai の亜熱帯ジャングルからヒマラヤの高峰に至るまで、多様で他には見られない地質学上の構造を誇っている。つまり、エベレストを含めて、世界で最も高い山 10 のうち 8 つをこの国で目にすることができる。

その文化も同様に多様性に富んでいる。主要な宗教はヒンドゥー教と仏教であり、国民は 12 の主要な民族グループから成る。それ故に、ネパールは 1950 年代にはじ

めて外国人に対して国境を開いてからこの方、その環境や文化を体験したいと望む熱心な来訪客を引きつけてやまなかっただけでなく、観光が国家経済のますます重要な要素になってきたが、それは特に驚くに値しない。2004 年には、例えば、観光は 2,300 万米ドルを稼ぎ出し、この額は同国の外貨獲得の 15%、GDP の 3.5%を占めるものとなった。

当初、ネパールを訪問できた観光客はほとんどおらず、1961 年にはわずか 4,000 人の観光客の来訪が記録されたにすぎなかった。山岳トレッキングが組織されたのは 1966 年が最初であり、1970 年代半ばまでには、来訪者の数は年間 10 万以上に達していた。それ以来、この国における現在の政治的不安定性による変動はあるものの、観光は継続的に成長してきた。1999 年にピークに達し、その年はほぼ 50 万人の観光客がネパールを訪れた。だが 2004 年には、この数字は 38 万 5,000 人に低下している。さらに指摘すべき重要なことは、全ての観光客のうち約 3 分の 2 が、インド、バングラデシュという、この周辺地域からの来訪客であることだ。

ネパールの魅力として主なものの一つは、当然ながら、山岳トレッキングの機会があるということであり、観光客のうちおよそ 25%が単独ないしグループ編成に加わってトレッキングに参加している。トレッキングとしては 4 つの主要な地域があり、そのうち最も人気があるのは、Annapurna Circuit 地区で、全トレッカーの半分以上を引きつけている。また、エベレスト・ベースキャンプルートは、約 20%のトレッカーを招き寄せる。残りのトレッキングは、Kanchenjunga ルートと、さらに最近オープンされた Mustang 地域で行われる。これら地域の全ては、ある程度の保護と統制の恩恵に浴している。例えば、「エベレスト山（Sagarmatha）国立公園」は 1976 年に創設され、他方、「Annapurna 保護区」は 1984 年に保護区に指定されて、地元に根ざした保護プロジェクトとして、その後引き続き成功を納めて大いなる好評を博した。しかし、これらの指定によって施された保護にもかかわらず、全てのトレッキング地区は、観光関連の影響を数多く蒙っている。

前向きの視点に立てば、観光は所得と雇用の重要な源泉となっているが、トレッカーには宿泊施設と食料が必要となっているため、人気のあるルート沿いの地元社会には、特にそのことが当てはまる。それにもかかわらず、観光支出から利益を得ている地元社会は比較的少なく（例えば、ネパールにおける遠隔の西部地域には観光は及んでいない）、その結果、富の分配の面では深刻な不平等が生じている。その上、観光において雇用機会が生じたことにより、他の分野や部門、特に伝統農業の部門において労働力が不足することになってしまった。しかし、主要なトレッキング地域の全てが似たような問題に悩まされていたネパール・ヒマラヤにおいては、観光がもたら

した物質的な（有害な）影響に一層強い関心が寄せられてきた。そうした問題とは、例えば、

- **森林破壊**　観光関連の調理や暖房用のニーズを満たすため、たき木の需要があり、森林や植物に甚大な影響があった。他方、トレッキング・ルートに沿ってロッジが建てられ、木材に対する需要が大幅に増加した（例えば、Annapurna 地区だけで 700 以上のロッジと茶店がある）。国立公園の中やその他の規制地域内で、樹木を切り倒すことは厳しく規制されている。しかし、このために保護地域の外部で広範な森林破壊が行われることになってしまった。
- **ゴミ**　山道沿いのゴミ、山道に沿った人気のある休息地周辺やキャンプサイト周辺におけるゴミの堆積は大きな問題である。多くの研究が膨大なゴミの量に関して注意喚起をしている。その多くが焼却不可能であるか、あるいは生物分解が困難なもので、トレッカーや山岳隊によって残されたものである。
- **山道の損傷**　山道が侵食を受けていることは、トレッキング地域全体に共通する問題である。この問題は、過去 20 年の間にトレッカーが急速に増加したことにより悪化してきたが、特に Annapurna 地域でそれが著しい。
- **汚染**　川や細流近くのトイレ、細流の中での水浴または衣類や食器の洗浄のために、石鹸や洗剤を使用することが水質汚染を引き起こす大きな原因となっている。これは、処理されていない排泄物を川や細流に廃棄することによりさらに悪化している。

ネパール・ヒマラヤのトレッキング地域全体で、こうした影響に対処するため様々な努力がなされている。森林破壊の規制、ゴミ収集の管理、山道の修復、そして調理や暖房用として代替エネルギー源を導入するために、数多くの計画がある。「Annapurna 保護地域」は、特に、トレッカー全てから徴収する料金からの収入によって利益を得ており、この収入は、保護プロジェクトや地元の他のプロジェクトに直接充当されている。しかし、脆弱な山の生態に対するさらなる損傷を避けるため、観光の経済的利益と、環境の効果的な管理の間の均衡を図る必要性は依然として残されている。特に、効果的な政策と規制が必要である。例えば、調理用に灯油を使用することを求める規則があるにもかかわらず、Mustang 地域では森林破壊が依然として問

題となっている。こうした政策や規制がなければ、長期的には地域の環境面および社会的な構造は、取り返しがつかないほどに損害を受けるかも知れない。
出所：Nepal（2000）；MacLellan 他（2000）

人口動態への影響

　環境に対する究極的な負荷として OECD が認めたのは、人口動態に関するものである。より具体的に言えば、観光客の地理的な流れは、それに影響を与える様々な要因によって左右され（第6章参照）、また観光目的地における人口密度の大幅な季節的増加に表れるものであるが、そうした観光客の地理的な流れが環境に対し多くの影響を生み出す可能性がある。この流れの中で最も顕著なものは、重要な観光サイトまたは名所および一般的なリゾート地で経験される混雑や過密状態であり、またその事後的なものとして、より大きな物的損傷、汚染の増加等の結果が生ずる可能性がある。

　しかし、それ以上とは言わないまでも、それと同様に重要なのは、自然資源に対する需要の増加である。すなわち、観光産業は土地や水のように希少な天然資源を巡って他の部門と競合する。また、観光シーズンの最中には、観光はそうした資源に対して過重な負担を及ぼす可能性がある。特殊な問題となるのは水に対する需要である。観光客は自宅に居るときよりも休暇の間にかなり大量の水を消費する傾向があるが、それは例えば、いつもの習慣となっているシャワーや入浴によって水を消費するという直接的な消費の場合もあれば、シーツやタオルは毎日洗濯されるだろうという想定から、水が間接的に消費される場合もある。結果的に、よく見られるのは、観光部門が地元の他の産業に比べ、極めて大量の水を消費するということだ。実際に、ある研究が示しているが、低開発国によっては、100 の豪華ホテルの滞在客が 55 日間に消費する水の量は、都市部にある 100 家族が 2 年間に消費する量と同じであるという（Salem 1994）。電力に対しても同じような需要があるかも知れない。すなわち、リゾート地によっては発電能力が限られていて、停電が珍しくないので、ホテルとしては自家発電機を稼働させる必要がある。

　上述の通り、観光の物的な影響は常に否定的なものとは限らない。言い換えれば、観光開発は環境の保全と改善にとって触媒的効果を持ち得るのであり、その点を認識することは重要である。特に、自然保護区、国立公園、野生生物保護区、およびその他の保護区域や景観の指定は、常にとは言わないまでも、多くの場合に観光開発に直接結びつく。他方で、荒廃地域の「緑化」、構築環境を清掃したり修復したりすること、あるいは水質改善計画のように、環境改善に対して出費するのは全て観光客に対して

地域の魅力を高める必要があるとの理由であり、積極的に推進される可能性がある。
　同様に、特定の歴史サイトは、観光から利益を得ることが多い。例えば、カンボジアのアンコールワットは、1992年からユネスコ世界遺産となってきたが、年間100万人の来訪客を引き付けてきており、チケット収入のほぼ3分の1は修復工事に使われている。世界遺産委員会は、「世界遺産持続可能観光計画」（World Heritage Sustainable Tourism Programme）を開始した。それにもかかわらず、観光は依然として双刃の剣であって、訪問者が急速に増加しつつあるために、長期的には寺院全体の物理的な構造は潜在的な脅威にさらされている（MacKenzie 2006）。

7.3.3　社会・文化的影響

　観光が観光目的地の社会と文化に影響を及ぼすことは、長い間認識されてきた。実際問題として、観光客による影響に関してこれまでなされた研究の中には、特にこのテーマに焦点を向けたものもあった（例：Smith 1977）。また長い間受け入れられてきた見方として、そうした影響は発展途上国における観光目的地において、一層はっきりと、また強く感知されているが、そういう場こそ、地元の人々と、主に比較的富裕な西側観光客とを比較したときの文化的、経済的な特徴の違いが最も大きくなる可能性がある（WTO 1981）。同時に、観光が観光目的地に対して社会・文化的な影響を幾分なりとも及ぼさないとなると、ある意味では、それは不幸なことと考えられるであろう。開発の触媒として、観光は、通常では、経済的および社会的な向上という目的の下に促進される。

　その上、観光は一部の人々によって、国際的な融和と理解を増進する手段と見られている（WTO 1980）。だが、避け得ないのだろうが、観光が人々の関心を最も引くのは、むしろその否定的（また、しばしば感情的）な社会・文化面の影響である。つまり、「観光は物質主義、俗物主義および文化的同質化の化身のように見えるのであり、この化身は、一つの方向に向かって収斂しつつある世界の中で、目の前に存在するもの全てを押し流してしまうのである」（Macnaught 1982）

　観光開発の結果として観光目的地が社会的、文化的な変化を経験するということは、不可避ではないにせよ、あり勝ちなことである。だが、その変化がどの程度になるかは、多くの要因に依っている。観光客と地元社会との間の社会・経済的な「狭間」（gulf）については、既に説明されたが、これに加えて、社会・文化的にどの程度の変化が生ずるかは、次の諸点によって影響される。

・　　**観光客のタイプと数／観光客の振る舞い**　　人が通常信じているのは、比較

的多数の大衆観光客の方がより少数の独立した、または責任感のある旅行者より、彼らを受け入れる社会により大きな影響を与えるということである。但し、どちらかと言うと観光客の接触を受けない場所においては、比較的少数の観光客でも甚大な影響を与える可能性はある。
- **観光産業の規模と構造**　地元社会との関係において、観光産業が大きければ大きいほど、その社会的・文化的影響が大きくなり勝ちである。
- **観光産業の相対的重要性**　観光がもたらす結果は、観光に大きく依存している観光目的地ほどより強く感じられるが、老舗のリゾート地では、そのような結果を抑制する様々な規制手段を機能させている可能性がある。
- **観光開発の早さ**　これまでの研究で明らかにされてきたのは、社会・文化的な影響を比較的多く経験する可能性が高いのは、観光開発が急速に、また野放しのまま進められる時である。

　全ての社会および文化は動態的である、ということを銘記しておくことも、もちろん重要である。社会と文化は恒常的に変化する状態にあり、どのような社会も外部からの影響から無縁であるということはない（第5章参照）。観光は疑いもなくそうした影響の一つであるが、観光は社会・文化的な影響や変化を引き起こす原因とならないまでも、それを引き起こす一助となることが頻繁にある。それにもかかわらず、観光開発は、観光目的地の社会において好ましくないと思われる変化を作りだしたとして批判されることが多く、それゆえに、社会・文化的な変化の正確な構成要素は何かを決める際は注意が必要である。

観光客と受け入れ側の出会い

　観光による社会・文化的な影響の基本的な背景となるのは、いわゆる「観光客と受け入れ側の出会い」である。言い換えれば、観光客が観光目的地の地域において地元の人々（受け入れ側）と接触することは避けられない。また、そうした出会いが通常は短時間であるにもかかわらず、様々な社会的なプロセスが作用して、その出会いの性格が決まってくる（写真7.3参照）。このことによって今度は、観光による潜在的影響が社会・文化的にどのようなものになるかが決定されたり、あるいはそれを説明するような方向に向かう。なぜなら、一般論として、両者の出会いまたは関係が均衡のとれないものであったり、または不平等だったりすればするほど、それによるマイナスの影響が生ずる見込みが大きいからだ。

　Lea（1998）が著作で述べているように、潜在的には、観光客および受け入れ側の

数と同じくらい、出会いのタイプの数も多い。それにもかかわらず、観光客と受け入れ側の出会いには共通する特徴が数多く確認できる。その最も代表的なものは、地元住民、特に発展途上国の地元住民の富と比較した観光客が有する富である。これは地元住民の側に憤りまたは劣等感を引き起こす可能性がある。この他に4つの特徴が強調されるのが普通である（Wall and Mathieson 2006:223）。

- ほとんどの出会いが一時的であるか、または束の間のものであり、その結果生まれる関係は薄く、表面的である。
- ほとんどの出会いは、一時的（2週間の休暇または観光シーズン）という時間的制約があったり、空間的な制約（観光施設の場所またはそれが隔離されていること）がある。
- 歓迎体制が商業化されているので、ほとんどの出会いは予め計画されているか、または偶発性の要素を欠いている。
- 観光客と受け入れ側の出会いは、均衡を失している傾向があり、地元の人々は恐らく観光客に対し劣等感を持ったり、屈従するような感情を持っている。

　以上のリストにさらに追加できると思われる特徴として、多くの観光客が、見たところ、観光目的地の地域文化ないし慣習に対して、知識、理解または十分な配慮をする繊細さを欠いたまま旅行しているように見えるいうことである。このことは、観光客と受け入れ側の間で釣り合いの取れた、または意味のある出会いの実現に対しもう一つの障害になる可能性を示しており、観光客の側がより責任感を持った態度をとるよう求める議論の論拠となるものである。

　また、カテゴリーの異なる観光客が、休暇以外の関連で地元社会と接触を持つことがあるが、この点をを指摘しておくのも重要である。言い換えれば、（観光客も含め）移動する人口が、「静態的な」社会との間で相互に影響し合う仕方には様々な形があり（Hannam 他 2006）、その結果、長期滞在型の観光客、別荘の所有者、および観光目的地の地域で新しい観光客住民のニーズのために働く移住労働者に対して、ますます大きな関心が集まっている。例えば、スペイン南部では英国人の移住者と地元社会との間でいざこざが生じており（O'Reilly 2003）、他方でより一般的に、地元の人々と、様々なタイプの観光移住をする人々（訳者注；観光にきてその地を気に入り、そこに移住して観光を楽しむ「定住観光客」の意味）との間には複雑な関係が存在する（Williams and Hall 2000）。しかし、ここで我々が関心を持っているのは、観光がもたらす、もっと「伝統的な」社会・文化的な結果である。

写真 7.3 アルゼンチンのブエノスアイレス近郊での Estancia Santa Susana：歴史的な大牧場における文化的な出し物。出所：Tom and Hazel Telfer.

　以上概説した様々な特徴に対して、また、まさに観光の影響一般に対して、地元社会がどのように反応するかについては、まもなく議論することになるが、まず最初に、観光開発がもたらす社会的影響の主要なものを吟味することが重要である。よくある典型的な例では、社会的および文化的な影響は一体として取り上げられるが、社会的影響と文化的影響を、やや人為的ではあるが、切り離して考えることも有益である。そうすると、社会的影響は、地元の人々や彼らの生活様式に対して観光が及ぼす、より直接的な影響と考えて良いかも知れない。他方、文化的影響はもっと長期的な変化

であって、社会的な価値観、態度および振る舞いといった文脈で生ずると共に、文化芸術の様式を生み出したり、その意味付けをしたり、またその実践の中にも表れてくる。

社会的影響

　今後の展望に対して前向きの見方をすれば、観光は観光目的地にとって色々と有益な結果をもたらすかも知れない。この中には、インフラの開発、物的環境の改善、観光客と地元社会に同じように被益する諸設備の提供といったものが入っている。もっと具体的に言えば、観光によって雇用の機会が提供されるが、それは国によっては、多くの女性に対して新たな自由と独立を、また社会的条件の改善を実現した。その他にも潜在的な利益がある。ガンビアでは、例えば、多くの学校が観光客による慈善寄付によって利益を受けている。実際に、多くの来訪者は帰国後に、学校の校舎や教材に使用するための募金目的で、ささやかな慈善事業を創設し、ガンビアの多くの子供たちに教育の機会を与えている（www.friendsofgovi.org.uk）。

　逆に、観光客を受け入れる側の社会にとり、観光の影響がそれほど有益ではないことも数多くある。一般的にも、例えば、観光産業で働く若い人たちが、内陸の農村地域から沿岸部や都市に引き寄せられるのにつれて、伝統的な社会構造が変容する可能性もある。そのような移動パターンにより、結果として農村地域に人口の不均衡が生じたり、若くて比較的富裕な集団と、年輩で、伝統を守る世代との間の二極化が生ずることが多い。さらに具体的には、観光客の存在と彼らの行動は、地元の人々に次のように多くの形で影響を与える。

- **示威（demonstration）効果**　観光によって、新しい、または異国の価値観ないし生活様式が観光目的地の地域にもたらされる。地元の人々は、観光客の態度とか服装のスタイルを真似ようとしたり、または観光客が示した富の水準に達しようと努める可能性がある。
- **犯罪**　犯罪の増加と観光開発とを直接結びつける証拠はほとんど無いが、かなり多数の観光客が存在する所では、明らかに犯罪活動も存在するということは、ほぼ疑いがない。その結果生じてくるのは、法の執行のための経費の増加、賭博や闇取引といった活動の拡大、居住者に対する犯罪の増加であり、さらに潜在的には観光が縮小してしまうこともあろう。
- **宗教**　多くの観光目的地において、宗教的な建造物、聖堂、しきたりが商品化されてきた。つまり、そういったものは、観光客によって観られ、「収

集対象」となって、呼び物となったり観光生産物の一部と化した。結果として、宗教的儀式や信仰の場所が観光客によって邪魔されるので、地元社会、そこを訪れる信仰心の篤い参拝者、および観光客の間で、いざこざが起こることが多い。

- **売春／セックス観光**　この問題で、観光にどの程度の責めを負わせるべきかを判断するときは注意が必要であるが、タイ、キューバ、スリランカおよびフィリピンのような多くの観光目的地においては、観光が売春の増加につながったことには疑いがない。このことの社会的な影響としては、特に児童売春や性感染症が蔓延する場合に壊滅的なものとなることがあり得る（Ryan and Hall 2001; Bauer and McKercher 2003）。

文化的影響

時間の経過とともに、観光客を受け入れる社会の文化は、観光の結果として、直接的または間接的に変化し、順応してゆく可能性がある。多くの文献で触れられているのは、特に、美術工芸、またはカーニバル、お祭りおよび宗教行事といった文化的な形態が、観光客による消費のために、いかに順応させられ、矮小化させられて、またパッケージにされ、商品化させられるようになるか、ということである。また、このようなことが大きな規模で起こっていることには、全く疑いの余地がない。多くの形態の美術品が土産品として大量生産されるようになり（例：「空港の美術品」）、他方で文化的な儀式は、しばしば観光客のために形を変えて舞台で演じられ、それに参加している人たちには全く意味を持たないものとなる。例えば、スリランカにおけるヤクシャ舞踊用の仮面が持つスタイル、その生産および文化的な意義は、仮面が土産品用として生産されるようになった結果、著しく変化してしまった（コラム 7.2）。

コラム 7.2　スリランカにおける舞踊用仮面の商品化

スリランカにおいて最も人気があり、広い範囲で入手できる観光土産品は、色彩豊かな「ヤクシャ」（raksa）または「悪魔舞踊」の舞踊用仮面である。同時にそれは、文化的な工芸品が観光に順応させられ、商品化され得るということを示す顕著な事例でもある。舞踊用の仮面は、スリランカにおいては、多くの形態の祭式や儀式で重要な役割を演じている。実際に、様々な神や悪魔のイメージを象徴することにより、それらの仮面は、民俗劇、お祭り、悪魔払いや治療のための祭式など、様々な背景のも

とで長いこと用いられてきた。そうした祭式を挙行する中で、仮面には根源的な意味と意義が込められており、同時に、仮面を作ることもまた、地元社会の中では、それなりに認められ、また社会的重要性をもった活動である。

　しかし、1970年末から1980年初頭にかけて、スリランカへの観光の急速な成長により、この仮面が、観光客の市場において、シンハラ人の文化を代表するものとして魅力を持ち、また商業的にも関心を呼ぶものであると認められ、使われるようになった。仮面が大量生産されるにつれて、伝統的な製造法や上演の方式から切り離された。その結果、仮面は文化的な真正性を失っただけでなく、仮面の製作自体もその社会的なステータスを低下させてしまったのである。より具体的には、観光客の消費のために作られた舞踊用仮面は、もっと伝統的または本物の形で作られたものよりは、むしろ観光客の趣向に合うようにされ、様々な大きさ、装飾および色彩で作られ始めた。同時に、仮面の作者は（普通は小さな家内工業だが）、商業的な利益のために、次第に、複雑な生産とか上演の祭式における彼らの伝統的な社会的役割を犠牲にして、本物でない舞踊用仮面を大量に生産し始めたのである。

出所：Simpson（1993）

　しかしながら、観光によって伝統のある文化的慣習に対する関心が再活性化され、または再び息を吹き返すことが促がされるのも事実である。また伝統的な芸術形態や生産技術の再開発が、観光によっていかに支えられているかを示す事例が数多く存在する、ということもまた真実である。例えば、インド南部の町 Mahabalipuram におけるグリーンストーン彫刻の伝統工芸は、土産品としての需要によって復活した。この生産品は、観光客へ販売する意図で作られてはいるが、数百年前に類似の技術によって作られたものに比べても、真正度において決して劣らない。

　目に付くことは比較的少ないが、観光は観光目的地の社会における文化的な変容が、より広く、より深くなるようにも影響する。これらは社会の価値観、倫理規範、行動様式の中で起こる変容であり、また服装や言葉のように相手を識別するための特徴に現れる変化である。本章と第3章のグローバル化に関する部分でも既に述べたとおり、観光の影響と、文化的な変化を誘発する他の要因とを区別することは難しい。しかしそれにもかかわらず、一般的に受け入れられているのは、観光は専ら文化的変容（cultural acculturation）なるものを通じて、この変化の過程を推進させることができるということである。

　　文化的変容とは2つの文化が（例えば、観光客とその受け入れ側との出会いを通

写真 7.4　インドネシア、バリ島：バリ島は重要な観光目的地の一つであるが、そこでは伝統的な文化的儀式が極めて重要なものとして残っている。

じて）接触するプロセスであり、時間の経過とともに、その2つの文化が相互に相手のものを借用し、そのプロセスを通じて、互いに似たものとなる過程である。何を意味するかといえば、一つの文化がもう一つの文化より強いものであったり、またはより優勢であれば、この借用は一方通行の過程となる可能性がより強い。観光が文化的変容の過程に寄与する度合いは　観光客とその受け入れ側との間の文化的な隔たりとか、他の様々な力の影響力など、種々の要因に応じて色々と異なってくる。場合によっては、文化には比較的強靭性を持ったものもあるが（写真 7.4 参照）、多くの場合は、文化的な変化の直接的な原因を観光に帰することは可能である。

観光客への影響

　観光客が地元社会にどのような影響を与えるかということに関心のほとんどが向けられるが、「逆方向の」社会的影響も多々あるのであって、それに注意を向けることも重要である。つまり、観光客自身が観光目的地を訪問する結果、彼らが影響を受ける体験をするということである。最も基本的なレベルでそうした影響が生ずるのは、観光客が犯罪の犠牲になったり、健康上の問題に見舞われたりするときである。実際

問題として、この 2 つは、常に旅行と観光に直結するリスクと見なされてきた。

　しかしもっと最近になって、さらに遠距離の、または異国情緒のある場所が大衆観光用に開拓され、その結果、観光客がマラリアのような深刻な病気にかかる事例が増えてきている。同様に、ジフテリアのように、西側社会では事実上撲滅されてしまった「古来の」病気や性感染症の事例が増加している。これは、かつては比較的行きにくかった地域、特に東ヨーロッパの体制移行経済の国々への観光が伸びたことに、その直接的な原因が結びつけられてきた。しかし、「逆方向の」社会・文化的影響として認められるものには、次のように他にも様々なものがある。

- 衣服のファッションや趣向、音楽、芸術様式、料理などの国際化。
- 愛国主義的な外国人嫌いが減少した結果、異なる文化をいっそう強く意識し受け入れ、それ故に観光を平和のための力として意識して理解すること。
- 異なる場所、人々および文化についての観光客の認識を確認したり変えたりすること；観光客は自分自身の社会や文化に対して、積極的な姿勢をさらに強めて自国に帰る例が少なくなく、それは諸研究により示されてきた。
- 新しい文化的な習慣を、観光客が一時的にまたは永続的に身につけること。

7.3.4　観光の影響：地元社会の反応

　観光および観光客が、観光目的地の環境や社会に対してどのような影響を及ぼすかという点に焦点が置かれるのが普通である。だが、地元社会は、当然のことながら、これらの影響を観光開発がもたらす不可避の結果として受動的に受け入れる訳ではない。この点は第 5 章で説明された通りである。同様に、地元社会の方も、観光の影響に対して、西側中心の見方から予測できるような形で常に反応するとは限らない。例えば、キプロスでは、観光開発の結果、重大な環境劣化を生じてしまったが、このことは多くのキプロス人にとって問題にはならなかった。それは、企業家精神や彼らの家族のための財産作りの方が、環境に対する懸念以上に強い文化的な価値を有するものであったからである（Sharpley 2001）。言い換えれば、地元社会は、観光開発やそれに付随する影響に様々な形で反応するが、これらの反応は、今度は地元の文化や価値観を、また同時に次の諸点のような、もっと具体的な要因を反映する可能性がある。

- 観光開発の性質と規模；
- 地元における観光産業の構造 / 所有体制；

Dogan（1989）	AP と Crompton（1993）
取り込み：受け入れ側の伝統的な社会構造を観光客の文化を取り込むことにより置換えること	**受容**：観光客を熱心に歓迎
再活性化：観光は、観光客に見せるための地元文化を保存し、推進し、あるいは再活性化するために用いられる	**忍耐**：観光の利益を認め、その結果を受け入れること
境界の維持：物的／社会的境界が観光客と地元社会の間に設置される	**調整**：観光の結果生ずる不都合さ避けるための態度変更
隠遁主義：地元社会は観光客との接触を避ける／より強い文化的意識を醸成する	**離脱**：観光および観光客から肉体的、心理的に距離を置くこと
抵抗：観光客／観光産業に対する敵意と攻撃	

図 7.6　観光の影響に対する地元社会の反応

- 観光部門の開発／成熟の段階；
- 各段階における観光への関与と観光から得る利益の程度。

　観光開発に対する地元社会の反応や態度を研究した多くのモデルが開発されてきた。これらのモデルは、観光の影響に対処する方法を探求する有用な枠組みとなっており、Wall と Mathieson（2006: 227-235）の中である程度詳細に検討されている。しかし、これらのモデルには共通の要素があり、それらは次のように要約されるであろう。つまりそれらモデルは、その典型的な形として、観光開発に対する態度や行動に現れる反応を、否定的なものから肯定的なものまで、一連の連続的なつながりとして表している。例えば、広く引用されている Doxey（1975）の枠組みの中で示されているのは、観光目的地における地元住民は、彼らの生活が観光によってどの程度阻害されるかによって、様々な強さのいらだちを感じているということである。
　いらだちの程度は、強い幸福感から、無関心、いらだちといったものを経て、敵対心に至り、そして最後には観光の影響をあきらめて受け入れるところまで進んで行く。Doxey がさらに示しているところによれば、観光目的地は、Butler（1980）のリゾートの生活サイクルと似たような形で発展していくにつれて、いらだちの程度が強くなって行くであろう。つまり換言すれば、観光開発がどの段階にあるかを反映して、いらだちは、一定の方向性をもって強まる。但し、この点については、かならずしもそうはならない場合もあるかも知れない。
　例えば、諸研究によりこれまで明らかにされてきたところでは、観光の影響に対す

る社会の反応は、その行動的な背景こそ異なっていても、歓迎から拒絶に至るまでの一連の連続的な線に沿った形となる可能性がある（図 7.6）。Dongan（1989）および Ap と Crompton（1993）の研究では、好意的な反応から反感的なものまで、様々な反応が確認されており、それは概ね、観光がもたらす不都合さ、または影響が、観光から得られる利益によってどの程度バランスされるかに掛かっている。

　同様に他の諸研究によって、観光に対する地域社会の中の様々な態度が取り上げられてきた。それらの研究の目的は、観光目的地の地域社会における様々な構成員が、ある特定の時点で（または観光開発の特定の段階で）、なぜ異なった反応の仕方をするのかを説明する要因を見極めることだった。それらの研究の結果現れた極めて一般的な事実は、恐らく何ら意外なことではないであろうが、地元社会の中で観光に比較的深く関与していたり、経済的により大きく依存している人達は、観光をより好意的に見るか、または観光開発を一層前向きに受け入れるであろう、ということである。逆に、観光への依存度がより少ないにもかかわらず、観光の影響を受けている人達は、否定的な反応を示すだろう、とされた。キプロスにおける調査ではこのようなことが確認されている。だがそうは言っても、観光部門に関与している人々についても、観光客に対する地元の我慢が限度を超えると、観光客への敵意が露わになってくる。

　これらの研究および観光の影響に関する分析が正に一般に明らかにしている事実は、観光開発の結果は、余りに単純化した視点や、または描写的で暗に欧米中心を思わせるような視点からでは考察できないということである。観光が持続可能な開発に役に立つためには、地元の価値観、政治的影響を受けた地元経済および地元の開発ニーズを反映するようなやり方により、地元の資源が扱われる必要がある。これが本章の最終項での中心となる点である。

7.3.5　観光の影響と持続可能な開発

　観光が開発のための潜在力を最適な形で発揮するためには、当然のことだが、観光の効果的な企画と管理が行われなければならない。Wall と Mathieson（2006: 293）が論じているように、観光の企画は、「将来の望ましい状態は何か、またそうした状態をいかに達成するかについて決定を下す過程」に関連するものである。その中心的な課題は、長期的なものになる傾向があり、多くの発展途上国の場合、その課題は、観光目的地全体の広範な開発ビジョンを示す全体的な観光のマスタープランの中で具体的に示されている。多くの著書が、それぞれ異なった視点に立ちながら、観光の企画立案の過程を正面から取り上げている（例；Murphy 1985; Inskeep 1991; Hall

2000)。

それとは対照的に、観光の管理は、はるかに短期のものであり、観光客と観光開発を取り扱い、同時に、それらのマイナスの結果が生ずるのを最小限に押さえようと意図する過程と技術に関係している。典型的な形としては、そうした過程と技術は2つの表題の下にまとめられる。すなわち、第一は、物的な資源を管理することであり、それには土地の指定、空間的な企画についての戦略および観光サイトの管理が含まれる（Newsome 他 2000）。そしてもう一つは、来訪客の管理である。これら2つの場合の双方で、通常は様々な管理と規制手段が提案される。

観光の企画と管理について概説することは本章の扱う枠をこえる。しかし、重要な点は、もし観光を通じて持続可能な開発の達成に向けて進歩することが可能とすれば、そのような進歩が実際になされているか否かを評価し、あるいは測定するための効果的な手段が必要となる。言い換えれば、適切な企画や管理を行うことは、当然のことながら、観光開発の過程における不可欠な要素であるが、観光開発が地元の持続可能性というニーズと目的をどの程度達成しつつあるのかを測定し、モニターすることは重要である。その結果、今やますます関心が向いているのは、観光企画へのシステム的なアプローチであり（例えば、Tribe 他 2000 参照）、そのアプローチとは、地元の開発ニーズや資源の制約を踏まえながら観光政策を立案し、実施し、モニターし、そして適応させるダイナミックな過程である。そうしたシステム的なアプローチに固有の要請は、持続可能性の指標を確立することである。

7.3.6　持続可能性の指標

持続可能性の指標は、観光目的地における持続可能な開発問題の中で、特に重要な問題がどの程度対処されているかをモニターし、測定するための基礎となっている。そうした例に含まれるのは、経済的および社会的利益、特別な資源の利用、あるいは観光客の満足または季節変動性といった観光に特有の目標である。これらの指標は目標を明確にするのに役立つだけでなく、環境に対する負荷を確認し評価するための、また観光の影響と管理行為の効果を測るための焦点にもなっている。もっと広く見れば、持続可能性の指標は、企画立案の過程において次の目的を満たす可能性がある（UNEP/WTO 2005: 73）：
この指標は；
- 資源の状態の変化を測る基準や地元社会のニーズをどの程度満足させたかという進捗具合を評価する基準となる。
- 観光開発の政策や行動の基礎となる一連の目標を示す。

基準項目	基準指標
観光客への地元の満足	・地元住民の満足レベル
観光による地元社会への影響	・異なる時期における観光客対地元住民の比率 ・地元社会にとっての観光の利益の確認(サービス/インフラ)
観光客の満足	・観光客の満足度 ・来訪リピーターの数／割合
季節変動性	・時期毎の到着数 ・時期毎の宿泊占有率の水準 ・常勤／フルタイムでの観光関連雇用の割合
観光の経済的利益	・観光に雇用されている人の数／割合 ・観光の経済的純利益(所得)
エネルギー消費	・一人当たりのエネルギー消費 ・再生可能資源からのエネルギーの割合
水利用	・観光客／施設当たりの水の消費 ・水の節約／リサイクル
飲料水の質	・飲料可能な水を提供する施設の割合 ・観光客の中の水に関連した病気の数
下水処理	・下水処理を行っている観光関連の施設の数 ・施設当たりの下水処理の割合
固形廃棄物管理	・廃棄物の排出量 ・リサイクルされている廃棄物の量
開発規制	・土地の利用／開発政策の存在 ・開発規制の下にある土地の割合
来訪者の管理	・観光客の到着総数 ・特定の場所における観光客数の密度

図7.7　持続可能な観光開発のための基準項目と指標
出所：UNEP/WTO (2005) から作成。

- 行動の有効性を評価する枠組みとなる。
- 観光開発の企画と政策の評価、見直し、および修正を可能とする。

　この過程において重要な鍵は、勿論、適切な指標を確認し選び出すことであり、理想的には、それは地元との協議や地元の参加の過程に組み込まれるべき作業である。WTO (2004b) では、そのような指標が数多く確認されている。しかし、これら指標

は地元の状況に合ったものであるべきで、簡単に測定が可能で、また明確で信頼できる情報となるべきである。最近の出版物（UNEP/WTO 2005）では、基準となる12の項目とそれに対応する基準指標が提案されている。この要点は、図7.7にまとめられている。

　観光の影響を測り、管理するという背景の中で、基本的に必要とされるのは環境的または社会・文化的な変化に対し、その変化の限界を設定することである。問題は、そうした限界をいかに設定できるかであり、2つの概念が考慮に値する。

収容能力

　収容能力は、極めて単純に言えば、観光目的地または観光サイトが、地元の環境または社会にマイナスの影響を及ぼすことなく、あるいは、観光客の体験の質的な低下をもたらすことなく、何人の観光客の受け入れ（または「収容」）が可能かということを示す。計測され得る収容能力としては、次のように多くの異なった内容のものがある：

- **物理的収容能力**　　一定の場所で物理的に収容できる観光客の実際の数。
- **生態学的収容能力**　　地元の生態環境が観光の影響を持ちこたえ得る程度。
- **社会・文化的収容能力**　　地元社会が受け入れる社会的または文化的な影響と変化の限度。
- **心理的収容能力**　　観光客が自分たちの体験が損なわれたと感じるまでの我慢できる混雑の度合い。

　収容能力は、依然として、観光に関する文献において密度の濃い議論の対象になっている。引き続き特に問題とされているのは、特定の収容能力としてどのようなものを設定するのか、どのように測定され、モニターされるのか、それらは観光客の体験にどのように影響するのか、また損害とか変化の受け入れ可能な限界は何か、それらはどのような根拠に基づいて設定されるのか、といった点である。それにもかかわらず、収容能力は、特定の状況の下では、適切な尺度または指標の手段となっている。例えば、1990年代末に、マルタ島は宿泊施設の供給に関連する収容能力の評価に基づいて観光開発政策を修正した。その際決定されたのは、観光開発は、宿泊部門の拡大よりは、むしろ当時存在していた在庫ベッドの供給数を基礎とすべきだということだった。

受け入れられる変化の限界

　環境面の変化や社会・文化的な変化の限界を設定する代替的なアプローチは、「受け入れられる変化の限界」(Limits of Acceptable Change, LAC) の概念である。観光客の数や活動の規模に焦点を当てるよりは、問題はむしろ変化がもたらす影響または変化の程度である、というのが LAC により確認されている。従って LAC は、観光目的地の環境や社会に対して観光が及ぼす影響の限界を設定する。つまりこの限界とは、地元との協議に基づき、また様々な指標で測定された上で決定されるべきものである。この意味で、LAC は持続可能性指標の過程に先行するもの、あるいは、その過程に本来内在するものである。

　要するに、観光開発には観光目的地の環境や社会に対する影響が付きものであり、それは不可避である。国際的な観光との関係では、影響の中には、観光目的地の国外の当事者が支配する力によって生みだされるものもある。それらの影響の性質と程度は様々な要因によって決定されるが、観光が観光目的地の持続可能な地域開発に役立つためには、有害な影響は地元の環境面および社会的な忍耐の限界レベル内になるよう管理され、抑えられるべきであり、他方、プラスの影響は、最大限に活かされるべきである。この難しい問題に対する現代のアプローチは、持続可能性指標のアプローチに傾いているが、本書の最終章で検討しているように、観光開発のディレンマに対する解決策は一つだけとは限らない。

7.4　議論のための設問

1　観光の経済的影響を最大のものとするためには、大衆観光は、開発の上で最善の選択か？
2　有害な影響をできるだけ抑えるために、収容能力や持続可能性指標のような様々な手段を用いるが、その際、何が難しい問題か？
3　仮に遠隔地において観光開発を行うという提案によって多数の新たな雇用を創出できる場合に、有害な社会的および環境面の影響があっても推進されるべきであろうか？
4　もし地元文化の文化財を観光客用に展示することによって保存できるとしたら、それらは観光市場用に利用されるべきだろうか？

7.5 さらに勉強するための参考文献

Holden, A.（2000）*Environment and Tourism*, London: Routledge.
　本書は、特に観光の環境面への影響に焦点を当てて、観光による物的環境への影響の性質や程度、およびそれに対する解決の可能性について、深い分析を行っている。関連する数多くの事例研究が本書の特徴である。

Wall, G. and Mathieson, A.（2006）*Tourism: Change, Impacts and Opportunities*, Harlow: Pearson Education.
　本書は、Mathieson and Wall の共著　*Tourism: Economic, Physical and Social Impacts*（1982）の最新の情報に基づく改訂版である。最初の版で観光の影響に関する詳細な分析を取り上げ、これに追加して、現代の諸問題や挑戦を取り上げた項目が一体化されている。本書は依然として、観光の影響というテーマに関する最も包括的な書物である。

7.5.1　ウエブサイト

世界観光機関（World Tourism Organization）のウエブサイトには、観光サテライト勘定に関連する情報が含まれている :www.unwto.org/statistics/references/tsa_references.htm

国連環境計画（United Nations Environment Programme）のウエブサイトは、気候変動に焦点を当てている。開発と気候に関する計画へのリンクなど、様々な有益なリンクもある。本計画では、多くの発展途上国にとっての緊急の問題、例えば、2、3 の例ではあるが、貧困、食料安全保障といった問題が緊急に取り組むべきものと確認されている。しかし、プロジェクトの目的とされているのは、気候変動の面でプラスの成果につながるような開発の道筋を確認することであり、同時に国内的および国際的な利害関係者との間の対話と意志決定を促進することである：　www.unep.org/ themes/climatechange/.

8 結論：観光開発のディレンマ

8.1 学習の目標

本章を読み終えると、諸君は以下のことができるようになるはずである：
- **開発のための選択肢として観光を推進することの長所と短所に気づく；**
- **観光開発の様々なパラダイムに関する討論に馴染む；**
- **グローバルな市場経済は、観光を通ずる開発を妨げたり、または助長したりする可能性を有しているが、そのような支配的な外部の力がどこまで及ぶかという範囲をよく理解する；**
- **観光開発における潜在的な対立ならびに多国籍企業、地元のエリート、そして地元の住民が共働できる方法として、どのようなものが可能かを確認する。**

観光は、多くの発展途上国において、開発のための手段として、ますます好まれるようになってきた。観光市場への参入が比較的容易であることと、外貨の獲得力や雇用創出力があるとされているため、現在のように観光が推進されていることに不思議はない。しかし、開発上のいかなる選択肢にも、または経済的な企画に用いるどのような手段にもコストがつきものであるように、観光にもコストがかかるのである。つまり、これこそが観光開発のディレンマの核心である。一部の発展途上国にとっては、観光は経済的および社会的開発を刺激する魅力にあふれた、また恐らく唯一の手段を意味している。しかし、そうした開発は実現され得ずに、単に地元のエリートまたは多国籍企業に利益をもたらすか、あるいは社会的、環境的、または経済的に極めて高価なコストを払ってやっと達成される、というのがよく見られる例である。

発展途上世界においては、観光は通常、上意下達型による企画のアプローチを通じて実施される。また意志決定には、「政府機関や大規模な観光企業の介入に基づくものが他を圧することとなり、その結果生ずるのは、地元の外の、多くは外国資本による支配であり、また地元の人々の疎外である」（Liu and Wall 2006）。観光産業に参入することを選んだ発展途上国は、地球規模でしのぎを削っているこの産業がもたら

すプラス、マイナス双方の結果に立ち向かうことになろう。また観光の長期的かつ潜在的な利益を獲得するという願望を抱きつつも、いかにして様々なマイナスの結果を受け入れていくか、またはそうした結果にどのように対処していくかが難しい問題である。

　観光を開発の手段として用いることの複雑性と、観光がもたらす不確実性に対応する際、多くの国が直面するディレンマが、これまで本書の中心的な課題であった。観光開発の過程は、観光目的地における経済的、政治的、環境的、および社会的な側面の諸条件と相互に関連していると同時に、それは政治的影響を受けたグローバル経済の枠組みの中に組み込まれている。

　第1項（8.2）では、至上命令たる開発と観光との関係に焦点が当てられ、観光が行われている発展途上世界の全体像と現実を調べることになろう。第2項（8.3）は、開発の議論の最先端に台頭してきた持続可能性という至上命令に焦点を当てることになろう。その上で、観光開発のディレンマが、一つの枠組みの提案を通して研究されるであろう。この枠組みには、観光に対する現在の影響、開発されている観光の形態、および観光への反応が含まれている。さらにこの枠組みでは、観光開発の過程において結果として生じ、時に競合もすれば衝突もする種々のトレードオフに焦点が当てられる。これらのトレードオフによって、持続可能な開発の理想像を掲げる発展途上国において、観光の企画とその管理との間の違いがどのようなものかが明らかにされる。

8.2　至上命令としての開発と観光

　コラム1.1には、国連ミレニアム開発目標が含まれている。これらのグローバルな目標は、もし2015年までにそれが達成されれば、5億人の人々が貧困の状態から引き上げられ、さらに2億5千万人がこれ以上飢餓にさらされなくなる、というものである。こうした目標は野心的なもので、目指すべき一つの挑戦であるが、それでも必要な目標ではある。

　Sachs（2005）は、世界の人々がどんな状況にあるかを説明しており、その中で、人々を「経済開発の梯子」の上に位置づけて、上の段になればなるほど経済的な幸福度の道が高まっていくことを示した。世界中でおよそ10億人の人々、つまり人類の6分の1が、あまりにひどい病気、空腹および極貧の状態にあるために、彼らは開発の階段の一番下の段にすら足をかけることができないでいる。彼らは世界の「極貧の人々」であり、生き延びるために闘っている。それらの人々がもし自然災害（干ばつないし洪水）や深刻な病気の犠牲になり、または彼らの農業の換金作物が世界市場で

起こる値崩れの犠牲になった場合、その結果として彼らはこの上ない打撃を蒙り、恐らく死に見舞われることになろう（Sachs 2005）。

梯子を数段上がると、そこには約 15 億人の人々がおり、彼らは低所得世界の上限にいる人々である。Sachs（2005）は、これらの人々を「貧困者」と表現した。彼らは正に最低限度とされる生活のすぐ上にあるレベルの生活を送っている。一方、彼らは、日常的な生存は実質的に保証されているものの、都市や農村地帯では生計を立てるのに四苦八苦している。彼らが直面している金銭的な苦労は慢性的であり、また安全な飲料水や使用できるトイレなど、生活の基本的な快適さが欠けている。「貧困者」と「極貧の」人々を合計すると、人類の約 4 割に達する。

梯子をもっと上ると、さらに 25 億人の人々がいて、年間 2 千～3 千ドルを稼ぐ中所得層に属している。しかし、彼らを富裕国における中所得層と混同してはならない。彼らの大部分は都市部に住み、満足できる衣類を持ち、そして彼らの子供たちは学校へ通っている。彼らは家の中では、上下水道のようにある程度の快適さを有しているかも知れず、また何らかの移動手段、例えばスクーターや、もう少し年月が経てば多分自動車を購入することができるかも知れない（Sachs 2005）。彼らの中には、ファーストフードを食べる先進国の傾向を真似る者もいるが、食糧は足りている。

残りの 10 億人、つまり人類の 6 分の 1 の人々は、開発梯子のもっと上の方にいて高所得層の中に入る。高所得世帯の人々には富裕国における約 10 億人の人々が含まれるが、それだけではなく増大しつつある中所得国の富裕人口もこれに含まれる。上海、サンパウロまたはメキシコシティといった都市には、高所得層である数千万人の人々が住んでいる（Sachs 2005）。プラスの面として Sachs（2005）が述べているところによれば、所得の増加、平均寿命、教育、水と衛生設備へのアクセス、乳幼児死亡率の低下などの経済的な福利といった手段によって、世界人口の半分以上が開発の梯子を登りつつある。しかし、人類の 6 分の 1 は、開発の梯子に乗ってさえもおらず、貧困の罠につかまっている。

基本的なニーズの視点からすれば、国連食糧農業機関（Food and Agricultural Organization of the United Nations; FAO）は、2006 年 10 月に「世界の食糧不安の現状」（The State of Food Insecurity in the World）と題する年次報告書を発表した。この報告書が述べているが、発展途上国では、8 億 2,000 万人の人々が現在空腹の状態にあり、この数は 1996 年のそれを越える。Chok 他（2007）は、貧しい人々のためになる観光を調査した中で、スラムに関する国連 HABITAT（2003）報告書に触れている。その報告書が示すところによれば、発展途上国における都市部の人口は 30 年間で 40 億人へと倍増することが予測されており、現在、世界で 30 の後発発展途上国

における都市部の人口のうち、ほぼ8割がスラムに住んでいる。裕福な内外の観光客が触れあうのは、発展途上国のそうした貧しい人々である。それ故、発展途上国の地元の市場で、土産物の値段を巡って単に値切り交渉するだけでも、苦労して生計をやりくりしている者にとっては、それが大きな意味をもっているということは容易に理解できる。

さらに認識しておくべきことは、労働市場において不利な立場に置かれている人々が、彼らの宿命を受動的に受け入れている人たちだと考えてはならないということだ (Potter 他 1999)。低所得の世帯は、幅広い対処の仕方を見せるものである (Potter 他 1995 が引用している Rakodi 1995)。Rakodi (1995) は、都市部の世帯が貧困の悪化に対処する戦略として、3つの主なカテゴリーを確認している。まず、世帯の構成を変化させるというカテゴリーの中でこの戦略に含まれているのは、移住する、収入の機会を最大限に増やすため世帯の大きさを拡大する、または産児制限を行うことにより世帯の規模を大きくしない、といったことである。消費を制限するというカテゴリーの中で、Rakodi (1995) が掲げているリストは、消費の削減、より安い商品の購入、子供を退学させる、病気治療の先延ばし、所有物の修理を遅らせる、そして村への訪問を含む社会的な付き合いを控えめにする、である。戦略の最後のカテゴリーは、資産の増加に関係している。この戦略には、労働力として投入する家族をもっと増やす、できる事業を始める、食糧の栽培または燃料集めといった自給自足活動を増やす、ゴミあさりをもっとやる、部屋および（または）小屋を又貸しする等が含まれる。

Rakodi (1995) は、これら戦略の全てがあらゆる世帯にとって実行可能ということではないが、政策面の反応にはつながっていくはずだと述べている。このような戦略の一環として、不利な状況に置かれた世帯の家族は、都市部の観光開発にどのような反応をするであろうか。観光に関連した選択肢としてほんの数例挙げるだけでも、土産物売り、認可のないツアーガイドをする、あるいは新しい観光地域へ移動する等がある。Cukier (2002) は、インドネシアのバリ島における観光関連の雇用に関して研究したが、彼がその中で見いだしたものとして述べているのは、インフォーマルセクターの労働者の大部分は、社会のはみ出し者になっている訳ではなく、むしろ最低賃金以上の稼ぎを手にしており、きちんとした正規の接客の仕事をする従業員以上の収入を得ている場合も多い。Rakodi (1995) が掲げた以上のような戦略は、Cukier の結論と並んで、小規模の事業、インフォーマルセクターおよび地元の企業家的な活動が重要であることを表している。

観光による貢献は、観光だけでなく、どんな国でも直面している可能性があるもっ

と広範な開発問題の中で考察される必要がある。Preston-Whyte と Watson（2005）は、南部アフリカにおける自然観光と気候変動のテーマに関する記述の中で、次のコメントを行って開発の複雑性を明らかにした：

> 現在、南部アフリカの諸政府が直面している大きな問題は、土地にからむ植民地的な遺産や HIV/エイズ、および関連する貧困にいかに対処するかということであり、そうした対処ができれば、気候の変化によって自然観光に好ましい影響があり得るので、この地域の住民は、それから現実的な利益を得られるようになるであろう。

8.2.1　開発理論の進化と観光

　発展途上世界にとっての課題は複雑であり、発展途上国の状態を改善し、障壁を克服して開発の梯子を登っていくために、発展途上世界の内外から戦略、計画およびイニシアティブを求めて模索が続いている。第 1 章で説明されたように、開発の概念は時を追うにつれて変化してきており、論争の種となってきた。このアプローチは上意下達式の経済モデルから下意上達式のやり方に移行し、その焦点も基本的なニーズと持続可能性の概念を充たすことに向けられ、より広範な基盤に立ったアプローチへと変わってきた。開発の測定の仕方も、一人当たり GNP といった単なる経済指標ではなく、UNDP の人間開発指数（UNDP Human Development Index）のような、より広範な基盤を持った指標を使用するように変わってきた。コラム 8.1 には観光と人権の間の関係についての議論が取り上げられているが、このような議論は開発のより広範な領域の中で扱われてきた。

　Telfer（2002a. 印刷中）は、時の経過とともに開発思想に生じたこれらの変化を要約し、また近代化、従属、経済新自由主義、代替的な開発、そして「行き詰まりを越えて、新たなパラダイムの探求か？」（第 1 章参照）といった観点に立って、開発思想に生じたそれらの変化が観光開発に対しいかに影響を及ぼしたかを要約した。当初、1960 年代には、近代化の中で観光の中心的な課題は、観光が外貨を増加させ、雇用を産み出し、地元の経済を刺激して大きな乗数効果を産み出すという信念の下に、専ら経済に向けられた。時が経つにつれて、高い比率の（経済的な）洩れと予想を下回る乗数効果のために、観光の利点が疑問視されてきた。発展途上国における観光のマイナスの影響を実証する文書が作成され、それと併行して近代化に対する従属理論的な批判が行われた。1980 年代と 1990 年代には、国際市場とグローバル化を中心テーマとした経済的新自由主義のパラダイムが主流となった。多国籍観光企業は、魅力

的な観光目的地と生産コストがより低い場所を求めて、世界中に経営を広げて行った。従来のものに代わった開発パラダイムの中で、持続可能な観光開発が世間の注目を浴びるようになった (Telfer 2002)。1980年代もまた、それ以前の開発パラダイムによって発展途上国が直面していた困難な問題の全てをかならずしも説明できなかったが、そのために、開発思想の行き詰まりの始まりとなった (Shuurman 1996)。これまでのグローバル化を批判する一つの例として、Saul (2005: 3) は次のような主張をしている。

今やグローバル化について非常に明確な考え方は消え去りつつある。また既に消えてしまったものも多い。一部は恐らく残るだろうが、この分野は、他の対立する考え方やイデオロギーで満ちあふれており、その中味も肯定的なものから破滅を予測するものまで幅が広い。このように混乱の雰囲気の中で、次に何が来るかは分らない。しかし、われわれはほぼ確実にその結果に影響を及ぼすことはできる。

コラム 8.1　観光開発と人権

人権の概念は、観光および開発問題と多くの様々な面で交錯しているので、観光を「世界人権宣言」(Universal Declaration of Human Rights) の文脈の中で研究してみることは有益である (Hashimoto 2004)。ツーリズムコンサーン (Tourism Concern) は、例えば、ビルマが人権侵害を行っていることを一つの理由として、同国への旅行のボイコットを推進している。国連 (2007) は世界人権宣言を1948年12月に採択した。他にも、もっと特定分野の人権条約が作成されてきた。例えば、1966年の「経済的、社会的および文化的諸権利に関する国際規約」および1989年の「子供の権利に関する条約」(Freeman 2005) がある。

開発の観念が、経済を中心とするものからより「人間開発」アプローチに広がりを見せるにつれて、人権と開発は概念的に重複すると見られる可能性もある (Freeman 2005)。この一例として、国連開発計画 (United Nations Development Programme) は、その政策の中に人権保護についての項目を取り入れている (Freeman 2005)。Sen (1999) は「自由としての開発」の視点から議論を展開し、一個人の一般的能力を高めるのに役立ち得る5つの権利と機会について記述している。この5つの権利と機会に含まれるのは、政治的自由、経済的便宜、社会的機会、透明性の保証および保護的な保障である。

世界人権宣言の文脈で観光を検討したときに生じてくる特定の問題がいくつかここでの焦点となるが、これは Atsuko Hashimoto（2004）によって提案されたものである。この宣言は 30 条から成り、全ての条文を観光の文脈で検討することが可能である。30 条全てについて詳述することは本書の範囲を超えるが、議論の目的のために数例が以下に掲載されている。選択されている条文は、選ばれていない他の条文よりも重要性が高いという意味合いはない。

第 1 条
　全ての人間は、生まれながらにして自由であり、かつ、尊厳と権利とについて平等である。人間は、理性と良心とを授けられており、互いに同胞の精神をもって行動しなければならない。

- 観光は異なる文化（cultures）を理解するための機会を提供する。

第 4 条
　何人も、奴隷にされ、又は苦役に服することはない。奴隷制度及び奴隷売買は、いかなる形においても禁止する。

- セックス観光産業は、結果として奴隷および奴隷売買の一形態となり得る。
- 観光における児童の労働を含む強制労働。
- 奴隷の自由を買うために旅行する観光客。

第 13 条、第 1 項および第 2 項
　全て人は、各国の境界内において自由に移転及び居住する権利を有する；全て人は、自国その他いずれの国をも立ち去り、及び自国に帰る権利を有する。

- 一部の国では、国民と観光客の移動が制限されている。
- 地域によっては、地元住民はリゾートが作られたビーチなど、一定の場所に立ち入ることを許されていない。
- 地域社会によっては、観光開発の推進のために立ち退きさせられ、その後そこに戻ることを許されない。

第 17 条、第 1 項および第 2 項

8 結論：観光開発のディレンマ　　　289

　全て人は、単独で又は他の者と共同して財産を所有する権利を有する；　何人も、ほしいままに自己の財産を奪われることはない。

- 観光はホテル、ゴルフコースおよび観光に関連するインフラを進めるために、住民を立ち退かせることになるかも知れない。

第22条
　全て人は、社会の一員として、社会保障を受ける権利を有し、かつ、国家的努力及び国際的協力により、また、各国の組織及び資源に応じて、自己の尊厳と自己の人格の自由な発展とに欠くことのできない経済的、社会的及び文化的権利を実現する権利を有する。

- 観光は土着の文化（indigenous cultures）を観光生産物として売るために商品化することができる。
- 文化観光の推進は、地元の文化を高め、また強めるかも知れない。

第23条、第1項
　全て人は、勤労し、職業を自由に選択し、公正かつ有利な勤労条件を確保し、及び失業に対する保護を受ける権利を有する。

- 観光は雇用を創出するが、労働の質も同様に検討される必要がある。

　以上、選択された幾つかの事例によって、観光がいかに世界人権宣言の文脈で議論できるかが明らかにされている。AndreassenおよびMarks（2006）によって編纂された著作では、「人権に根ざした開発へのアプローチ」および「開発への人権」の概念がさらに探求されている。

出所：Hashimoto（2004、個人情報、Human Rights and Tourism Lecture, Brock University）；Sen（1999）；UN（2007）
（訳者注：人権宣言の各条文は外務省訳に拠る。）

　一つには、過去の開発パラダイムに対する批判が行われたことにより、多様なアプローチが提示されてきた。これらのアプローチを理念化したもののいくつかが図

1.4 で確認されている。その多様なアプローチに含まれるものとして、「開発」を止めるべきだという呼びかけ、国家の新たな役割と市民社会の重要性、社会資本、国境を越えた社会運動、文化研究、そして開発と安全といったアプローチが挙げられるが、それらに尽きるものではない。これらのアプローチは、観光との関連で提起されてきたが、それは様々な領域を通じて見られる。その領域には観光政策における国家の関与および観光への地元の参加の重要性、観光でいろいろ異なる世界観を理解したいという欲求、そして観光を成功裏に運営するために必要とされる安全性といったものが含まれている。

　貧困と不平等が依然として存在しているために、開発の過程とグローバル化に対しては懸念が生ずる（Sachs 1996; Saul 2005）。壮大な理論を構築しようとの試みに対して抱かれた幻滅は、様々な視点から生じているが、この視点にはポスト構造主義が含まれており、それは言語学と哲学に端を発している：すなわち、「ポスト構造主義者は、自由主義、マルクス主義または正に"近代化"といった偉大な理論的アプローチまたは"壮大な物語"の認識論的な基礎と主張に対し疑問を投げかける。」（Randall 2005）．McMichael（2004）は、開発とその欠陥をめぐる論争に焦点を当てている。多くの国が開発に関連する約束を実現し損ねていて、環境面の制約をますます認識するようになってきたため、開発に関して再評価をする動きが出てきた。McMichael（2004）は、2つの主要な反応が示されたことを明らかにしている。一つの反応は、貿易を拡大し富を広める完全なグローバル市場を支持する立場であり、もう一つは、経済的観点からの重点を見直し、文化的共同体という感覚を復活するために運動する見方である。

　このような2つの流れがあるのは、観光産業のグローバル化によって影響を受けている観光自体を見れば明らかであり、それはスペクトルの一方の端に多国籍のホテルチェインがあり、もう一方の端には地元社会が管理し、その社会に根ざした観光があるといった事実によって示されている。しかし、開発に対する批判者の中には、より急進的な見方をする者もいて、Sachs（1996）のように開発の破綻を唱えて、「開発は知的風景の中で廃墟のように立ちつくし、開発には常に幻想と落胆、失敗と犯罪が付きまとってきた。すなわち語られる内容はいつも同じような話だ：つまり、うまくいかなかったというのだ」と述べている。これに対する反論として Thomas（2000）が主張するのは、急進的な立場に立つ批判派によって開発に関する重要な論点が提起されてきたが、彼らも開発の概念を放棄するということは述べていない、ということである。開発という用語を使わないと決めたところで、貧困や無力さ、環境の悪化および社会的な無秩序といった課題が持つ問題点が解決されることにはならないだろう

（Thomas 2000）。ポスト開発論者は変化の必要性を否定してはいない、と Thomas（2000）は述べている。彼らが何のために議論しているかというと、変化が仮に異なった形でもたらされていれば、それは文字通り異なった用語の文脈の中で考える必要があるということである。Thomas（2000）は、彼の結論として Sachs の上述の一連のコメントに反応した Robert Chambers（1997:9）の次の言葉を引用している：「悲観論の主張には根拠はない。多くのものが廃墟の上に育ち、その中から成長していく。過去に実現された業績と同じ様に、過ちも現在の学習に役立つ。」

　本書が扱うのは次の設問である：すなわち、人々、集団、地元社会、地域、あるいは国家が経済開発の梯子を登っていくために、観光はどのような貢献ができるだろうか（写真 8.1 参照）。第 1 章において、観光の定義は、「人間的なあり方の経済的、社会的、政治的および文化的な側面における継続的で能動的な変化であり、そうしたあり方は、選択の自由の原則によって導かれ、そのような変化を持続させる環境の収容力によって制約を受けるもの」であった。

　観光は単に一つの産業であり、しかも本書の中心課題ではあるが、そもそも発展途上国の難しい諸問題に対して唯一の解決策とはなり得ない。もし観光が開発の手段として選ばれるのであれば、それは他の経済活動とも連携して、開発に向けたより広い基礎に立つアプローチの一環と考えられる必要がある。国連ミレニアム開発目標に沿って、国別の開発目標も存在しており、規模をどんどん小さくしていけば、地域から都市、町、村、地元社会、そして最後は個人にまで至る。

　観光経済に直接または間接に関与するためには、一人の人間として、どのような機会に参画すべきであろうか（その人がそれを望めばの話しであるが）。そういう人たちは、スリランカにおけるビーチリゾートで、フロントデスクのようなフォーマルセクターの職に就くとか、または、インフォーマルセクターに入って、カイロの街の通りで、ことによると土産物を売ったりすることもあり得るのだろうか。地元社会のレベルでは、個人は他の人と一緒になって、恐らく NGO か地元政府の支援を受けて、インドネシアの中部ジャワにおける Kasongan 陶器村のような村落観光のイニシアティブを立ち上げる可能性がある。地域または国家レベルでは、目標によって観光は軌道に乗り、ある程度の数の訪問者を惹きつけ、開発の手数料と税金を得ることかも知れない。その場合こうした収入の全てを、国家が開発の梯子をさらに高く登れるように、より広範な開発目標のために用いることができるかも知れない。

　観光は複雑で、進化するものであり、ダイナミックかつ不安定な産業であって、この後の事例に示されるように、開発における観光の役割を判断することは容易ではない。1994 年にインドネシアにおけるロンボク島の北西岸を最初に訪れた時、そこに

写真8.1　インドネシアのロンボク島：Sengiggi ビーチの主要な観光リゾート地域に極めて近い地元の村

は観光開発がなされていない、ただ一面に開けた浜辺があるだけだった。1年後にそこを再訪すると、同じビーチの目の前の土地は、建築中の新しいホテルの広告が掲げられた大きな塀に囲まれていた。またそこへの立ち入りは既に禁止されていた。その後歳月が過ぎ、今や塀に代わって新しいホテルが建っている。他にも同じような例があった。地元はどのように変わったであろうか。地元の住民はホテルによって利益を得ているのだろうか。このホテル自体は島の開発に貢献しているだろうか。ホテルはわずかながらも、インドネシアが開発の梯子を登る助けになっているのだろうか。このホテルは、国連ミレニアム開発目標に貢献するもっと大きな枠の中の一コマになっているだろうか。

こうした質問の全てに回答することは困難であるが、それでも、それらについて考えることは、観光と開発との間にある複雑な関係を探求するための門戸を開くことになる。

開発目標はいくつかの難しい設問の中で組み立てられる必要がある―すなわち、誰のための、また誰による開発なのか。政府、NGO、民間企業（大企業および小企業共に）、地域社会および個人のそれぞれの優先度が考慮される必要がある。彼らの目標はより

広範な開発目標とどのように関係しているのか。彼らの優先度は、グローバルな市場や外部の政治勢力、ならびに観光目的地の状況に、いかに適合しているのか。第5章で触れたように、fakalakalaka は、現代的になるにはどうしたら良いか、またいかに開発を行うか、ということに関するトンガの考え方であり（Horan 2002）、西側の国際融資機関が用いているマクロ経済的な指標とはかならずしも一致しない。Iliau（1997）の研究を基礎に、Horan（2002:216）はこれについて次のように述べている。

> fakalakalaka は、観光客に織物を売ってカネを手にするといった単純な行為は別として、ただ単に物質的な財産を自分個人のものにする以上に、もっと包摂的で、深い概念である。この開発の概念は一人の人間としてのトータルな開発……つまり肉体的、霊的、知的な開発……についてのものである。従って開発は、人間関係、家族の活動力および地域社会の開発を含んだ生活の全ての分野に及んでいる。

先住民社会については、貧困問題に対処するだけではなくて、それ以外にも、Sachs（2005）が確認した前記の開発の梯子とは実際問題として異なる見方があるのかも知れず、それはトンガで見いだされた事例が示すとおりである。観光が異なる開発パラダイムまたは学派のどれに沿っているかによって、その重点は明らかに異なっており、また第3章および第4章で述べられているように、これらのパラダイムの価値観、イデオロギーおよび戦略を理解し、またさらに誰がそれらを実践し、および（または）強制する権力と支配力を有しているかを理解することは重要である。

8.3　持続可能性という至上命令と観光

前項においては、開発の至上命令と、観光が開発のパラダイムの文脈の中で、開発手段としてどのように利用されるかといった点に重点が置かれた。観光を超えたより広範な開発の至上命令および発展途上国の国内全般にわたって改善が必要であるという状況の中で、さらに持続可能性という至上命令もある。資源が有限であり、将来の使用のために保護される必要があるという認識により、持続可能性は開発の指針を示す枠組みになった。経済成長というただ一点に焦点を絞るというやり方は挑戦を受け、つまり環境、社会および経済の各分野の関心事を包含した持続可能性の概念によって理論化され、もっと全体論的アプローチによって挑戦されてきた。また、地元社会を観光の企画過程に取り込む必要があるとの認識がますます強まっている。

しかし、Rogerson（2006）が論じているように、これまで持続可能性の焦点は、環境の持続可能性に向けられてきており、その焦点が国連ミレニアム開発目標で概説されているような貧困の削減に移ったのはほんの最近のことである。持続可能性の考え方の進化とその用語に関連する難しい問題は、第 2 章で既に探求された。Liu と Wall（2006:160）は次のように述べている：

> 観光は、政府の全てのレベルにおいて社会的、経済的課題の中で注目を集めるようになってきており、学者達も地元住民を関与させることが必要だという点を引き続き支持している。しかし、地元の人々が観光から与えられる機会に対応できるような能力を向上する手段に対しては、関心が十分に払われるということは無いに等しい。

Redclift（2000）は環境活動に関する 5 つの領域について概説し、その中で持続可能性を分析した。これらの領域は、観光開発の観点から考察されるべき一連の設問と併せて、表 8.1 に提示されている。領域は全て相互に密接に関連しているが、掲げられた設問は観光と持続可能な開発との間の相互関係にかかわるものである。

Proops と Wilkinson（2006）は、持続可能性、知識、倫理および法律の間の関係を探求している。両氏は、持続可能性のために政策を適切に策定するのに必要な知識と理解に関係する分野として、4 分野の概要を示している。持続可能性のためのこれら 4 分野は観光にも適応され、ここでは観光開発のディレンマに関する注意書も付されている。

第一の分野は、自然の世界を理解し、また生産と消費の活動がそれにどのような影響を及ぼすかを理解することである。発展途上世界の観点からは、観光目的地として国際観光産業の権力構造がどのようなものかを理解することは重要である。外国人が支配する企業を観光目的地に誘致して事業させることは、その受け入れ国を非常に従属的な立場に置く可能性がある。海浜リゾートを始めるのと、地域社会に根ざした村落観光を始めるのでは、その結果生まれる環境の形態も異なれば、その場所に引きつけられる観光消費者のタイプも異なる。観光目的地において、構築された環境の形態と消費者との間にどのような相互作用が働いているかを理解し、その相互作用の結果、環境にどのような影響が生ずるかを、長期にわたって理解することは、なかなか難しいかも知れない。

第二の問題は、人間の認識と動機について理解することであり、それによって人間がなぜ、欲するままに自然に対して破壊的な行為を行うかを知ることができる。観光

8 結論：観光開発のディレンマ　　　295

表 8.1　環境活動の領域と持続可能な観光開発のための設問

生産領域	・観光の生産による環境面への影響は何か。
	・観光における雇用が健康、福祉および社会生活に及ぼす影響は何か。
	・観光は所得水準にどのように貢献するか。
	・観光産業に関連するリスクは何か。
	・廃棄物、毒物および汚染など、観光の生産活動による間接的な結果は何か。
消費領域	・観光客が異なると観光を消費する仕方はどのように変わるか。
	・観光の消費にはどのようなリスク（例；健康、食品）があるか。
	・観光の消費の間接的な結果は何か。例えば、食料の生産地・消費地間の距離、遊休地、エコロジカル・フットプリント（下記訳者注参照）、デモンストレーション効果および文化の商品化。
	・観光客の要求に対応するため、またそれに対応して廃棄物の梱包処理に対応するためにどのようなエネルギーが作り出されるか。
社会資本／インフラ領域	・観光にとって構築環境とは何か。
	・観光用にどのような公共施設が必要か（エネルギー、水および廃棄物処理）。
	・輸送と結びついた諸活動はどのような状態にあるか。
	・観光客によってどのような公共サービスが利用されているか（公園、広場、レクレーション施設）。
自然領域	・田舎、森林および風景は観光客によりどのように利用されているか。
	・観光客と地元住民は自然の地域に立ち入れるか（浜辺、荒野）。
	・観光において動物の権利や福祉は守られているか。
物質的な持続可能性領域	・観光客と居住者の双方にとって、物的環境の質とは何か。
	・観光客と居住者にとって、気候変動、大気汚染、オゾンの枯渇、森林破壊、および人間活動を原因として発生した滞水流域といった環境の質を決める背景的なプロセスは何か。

出所：Redclift（2000）に拠る。
（訳者注；エコロジカル・フットプリントとは、ある特定の地域で、経済活動や一定の物質的な水準の生活を行う人々の消費活動を永続的に支える為に、どの程度の土地と水域が必要とされるかを示す指標のこと。環境への負荷が特に大きい国は必要な土地、水域が現実の国土面積を上回り、「オーバーシュート」していると称される。）

客自身は消費者として自国の文化を持ち込むだけでなく、観光客文化といった領域にも入って行く。観光客が異なれば、その価値観、行動および可処分所得も異なる。観光客によっては、環境により優しい行動形態を積極的に取るかも知れない。しかし、多くの人たちにとっては、旅行は休暇であって、彼らの関心はいろいろ規制のある行動規範に従うよりは、リラックスすることかも知れない。

持続可能性のための政策を適切に策定するのに必要な知識と理解の分野として、そ

の三番目のものは、倫理的な体系を理解することであり、これによって自然に対して破壊的な人間の動機が道徳的に抑制できるかどうかを立論できるだろう。図6.3 に提示されたように、観光客用の行動規範を作成する試みが様々な組織によって行われてきた。しかし、Pearce (2005) が議論しているように、行動規範に提案された行動の全てが、結果として持続可能な成果をもたらすかどうかということは、証拠に基づく視点から見ると明らかではない。その一例として（Pearce 2005）、人権問題に関して好ましくない記録がある場所を、観光客がボイコットするよう奨励することが適当か否かということがある。Pearce は、観光客とそれら観光客を代表する政府に対して、観光でない何か代替案を示唆すれば、その地域社会における社会的な変化を促す力になるかもし知れない、と論じている。

　行動規範に関して Pearce（2005）が確認した2つ目の問題は、何か所定の役割が決まっていても、その中には、必要な判断を下すのがなかなか難しいものがある、ということである。つまりこの場合の一例としては、取り引きのボイコットを提案するケースがある。ある企業が低賃金で労働者を搾取しており、そのため行動規範の上からは、どうしてもボイコットを呼びかけるべきケースに思われるかも知れない。しかし、支払われている金額は、先進国の規準ではわずかな額に見えるかも知れないが、「インドネシアではかなりの額である。またインドまたは中国のように人口稠密の観光目的地では、先進国の人々の目からは些末でほとんど意味のないように見える仕事も、貧困がはびこる地域にとっては尊重すべきもので、なにがしかの意味のある所得を生み出すものかも知れない」(Pearce 2005: 23)

　最後の分野として、Proops と Wilkinson（2000）は、人間の行為を奨励したり制限したりする様々な制度があるが、それがどのような効果を有しているかを理解することが必要だとして、それによって適切な手段が法律化できるようになる、と述べている。政府は観光産業を規制するために、政策を策定したり法律を制定するかも知れない。それに代わる策として、政府は開発業者を引き寄せるために、積極的に投資奨励策を提供するかも知れない。グローバル化した経済において、開発業者が進出先として選ぶのは、より高い水準の奨励策があって、環境や社会的な規制がより少ないところかも知れない。

　これら4つの説明を提示した上で、Proops と Wilkinson（2000）がそこで論じているのは、これらの説明が非常に問題を含むものであり、持続可能な世界を打ち立てようとすると、かなりの困難が降り懸かってくる、ということだ。これら説明の全てに関連している困難な問題は、人間と環境との間の相互作用の複雑さ、ならびに環境を対象とする人間の行動を理解することの難しさに関係している。これら4つの説

明の中で、上に提示された観光に関する事例が、持続可能な観光開発に関して難しい問題を浮き彫りにしている。持続可能性そのものも、それが欧米的な開発の観念という点も含めて、様々な批判にさらされてきており、それに留意することも重要である。観光は完全に持続可能ではあり得ないかも知れないが、観光の全ての形態をより持続可能なものとするのも決して容易ではない。本章はここで、観光開発のディレンマを理解する枠組みの探求に移ることとする。

8.4　観光開発のディレンマの枠組み

　観光開発のディレンマをより正確に把握するために、一つの枠組みが図8.1（312ページ参照）に提示されている。この枠組みは、カリブ海の小さな島嶼国における都市化に関するPotter（1995）の研究に基づいている。枠組みの構成部分をより詳細に説明する前に、その概要を手短に説明する。枠組みの中央には、観光目的地がある。元々の枠組みがカリブ海の架空の島を基礎にしたものであるので、それは島の形に基づいている。しかし、中心的な概念を他の場所や異なる規模の場所に移し変えることは可能である。観光の開発過程に及ぼされる主要な影響にはいくつかあって、それには、現代化、グローバル化、生産、従属、ポストモダニズム、消費および持続可能な開発が含まれており、こうした問題は本書全体を通じて探求されてきた。これらの影響によって、観光が観光目的地においてどのように発展するかが大きく左右され得る。そうした影響は観光目的地の外部から来るかも知れず、内部から来るかも知れないし、あるいはその両方から来るかも知れない。重要なのは、この影響のリストが網羅的ではなく、また観光目的地が違えばその内容も異なるかも知れない、という点を認識することである。こうした影響はこの後一つひとつ議論されるが、それらは孤立しているものではなく、かなりの程度互いに関連し合っている。というのは、それらの影響は観光目的地において相互に作用し合ったり重複したりしているからである。そういった影響を背景として、地元や外部の観光開発の担い手は、観光が、構築環境の形態として結実するように観光開発を進める機会を利用し、また、個人や団体、地元社会、地域および政府の反応を利用するのである。大衆ビーチ観光または人里離れた村落観光で見られるように、構築された環境の形態やタイプがどのようなものかによって、観光が開発に対しどういう貢献をするかが左右されるであろう。

　観光は、観光より広範な基盤に立った開発目標に貢献する潜在性を有しているだけでなく、図8.1に説明されているように、観光の結果生ずる作用には、地理的な性格を持った動的な力がある。バルバドス、セントルシアおよびグレナダのようなカリブ

諸島との関係においても、観光の焦点は、明らかに海岸地帯における開発と変化であったし、観光産業の一層の発展は、海辺に既に存在している市街地に沿って行われてきた（Potter 1995）。主要な観光地帯が発展し、拡大していく間に、図8.1に示されるように、然るべき交通の便があれば、村落観光またはエコツーリズムのように、それらに付随するリゾートや観光名所が開設されていくであろう。エコツーリズムのリゾートの場合、最初の中心的なリゾート地域より、周辺地域の方がもっと重要なものになるかも知れない。構築環境の形態が地理的にどういう場所にあるかによって、観光がどの程度開発に貢献するかも違ってくるだろう。観光が集中してくると、その結果、移住も生まれてくるであろう。

　図8.1の最後の項は、観光開発のディレンマの核心にあるトレードオフについてである。分類結果は、経済、環境、社会／文化および政治の4つの見出しの下に掲げられている。しかし、トレードオフは、これらのカテゴリーの各々の中においても、またカテゴリー間でも生ずる可能性がある。当然ながら、持続可能な開発の下では、目標はマイナスの影響を最小限にするということである。しかし理想的な世界においても、トレードオフは生じ得るかも知れない。図8.1によっては、観光開発のディレンマが深く研究されているが、それだけでなく、これまでの章で提示された研究材料も集めている。

　図8.1を研究する際に、権力と支配の問題に留意することが大切である。第4章において、観光開発の過程が検討されたが、探求された最初の項目は、観光開発の担い手の価値観、イデオロギー、目標、優先度、戦略および資源であった。観光には互いに競合しあう様々な力があって、権力を持った人たちの価値観は、観光の開発全般に強い影響を及ぼし、またそれ故に、彼らの価値観によって観光目的地における開発概念がさらに広がり得るかどうかという可能性にも影響を及ぼすであろう。多国籍企業、国際的資金供与機関、政府、NGO、地域社会および国内の民間部門といったものは、観光開発に影響を及ぼす、数多くの組織の中のほんの数例である。Bianchi（2002: 268）は次のように論じている：

> 市場に関与している様々な当事者や利害関係者のイデオロギーないし価値観は、「比較優位」の自由市場概念に反映されているが、市場の動きを、そうしたイデオロギーや価値観から切り離して考えようとすると、それは市場の政治的性質を無視することになってしまう。しかし市場の政治的性質を利用して、国家は歴史的に経済的諸階級の活動を調整してきたのであり、その上、市場の動きをそのように切り離してしまう考え方は、

市場の際限ない競争から結果として生ずる不均等な状態も無視してしまうことになる。

　Bianchi（2002: 268）は、政治的影響を受けた観光経済に焦点を当てているが、この言葉の概念は、「人々、場所および歴史を観光の対象に変えていくという状況の中で、権力の制度的な源泉とは何かを研究するものであり、その源泉は資源をめぐる競争や欠乏をいかにうまく操作するかという点を映し出し、また同時にそういったものを内容にしている」と要約されている。図 8.1 を研究する際に不可欠なことは、観光開発の過程において様々な集団や個人が持つ権力の影響や支配力についてよく考えることである。

8.4.1 影響
　観光開発に対するいくつかの主要な影響が図 8.1 に掲載されている。ここでの狙いは、観光開発のディレンマの観点から、これらの影響について調べることであり、さらにそのような影響が、開発全体にとり一つの力となっている観光にどのような結果をもたらす可能性があるかを調べることである。発展途上国は、信じ難いほどの困難な問題や影響力に直面しており、それらは国境の外と中の双方からもたらされる。下記に掲載されている影響は、分析上の目的から個別に検討されているが、その多くのものは密接につながり、また直接、間接に互いに影響し合っている。それらの影響がここに提示されている理由は、極めて躍動的でグローバルな環境の中で、観光および観光目的地と相互に作用し合っているこれらの影響が、どのような範囲まで及んでいるかを議論し探求することである。

近代化
　近代化とは、伝統社会から西欧または北米に見られるような近代的な社会への進化の道をたどる社会・経済的な発展である（Schmidt 1989）。例えば、Rostow（1967）の議論によれば、発展が生まれるためには、伝統社会から高度の大衆消費の時代へと一連の段階を通らなければならない。人によっては、それなら発展の行き着くところは近代国家になることだ、と主張するだろう。発展途上国には、経済開発の梯子を登らなくてはならないという圧力がある（Sachs 2005）。そうすれば観光は、その方向に向かって資源を生み出していくのを助ける一つの手段になる。もし金銭的な利益を最大限にすることが、この目標に達するための具体的目的であるならば、大規模な大衆観光が利用されるかも知れない。第 1 章で示されたように、近代化と地域的な経

済開発理論の間にはつながりがある。そしてそのような理論の一つの中では、成長を支える支柱が強調されている。メキシコの Cancún やインドネシアのバリ島における Nusa Dua のような大規模な総合リゾート施設は、経済の成長を支える柱としての役割を果たしていると主張され得るだろう。大規模開発のための地域を確定し、次いで開発業者を引きつけるためにサービス提供の目的で、政府は観光開発会社を設立するかも知れない。

　近代化には、それが観光に関連しているということにより、興味深いディレンマも存在する。観光によって相互に相反するような圧力がもたらされる。スペクトルの一方の端では、観光客が求める全ての贅沢を提供するよう前進することが重要だと強調されるし、他方の端では、一部の地域社会には、観光客が過去の状態を見ることができるようにとか、あるいは未開発の世界を体験できるように、現在あるがままの状態に止まっている必要がある、という要求がある。観光は一部の観光目的地に対し、観光客を引きつけるためという理由で、非現代の国家の状態に止まっている必要があると指図することができるだろうか。

グローバル化

　第3章で概説されたように、グローバル化のために、モノ、人、情報、価値観および資金が、政治的な境界を越えて移動するのが容易になってきた。自由貿易、グローバルな市場および経済的新自由主義が普及するこの時代には、観光目的地に対して、観光も含め貿易に対して国境を開くように極めて強い圧力がある。このことは時折、国家権力の弱体化という結果を招き、そのためかなりの程度、多国籍企業が観光に関する意志決定の過程で極めて強い発言権を持つということになる。グローバル化の中では、ガバナンスが様々なレベルで重なり合うという状態が生ずるが、それによって、主権の性質が変わってしまった。例えば、国家はその国境を開くのに際して、国内問題の手当をするだけでなく、国際的貿易機関、国際的資金供与機関または、場合によって地域的な貿易ブロックも相手にしなければならない。

　多国籍観光企業は、事業を開設するために、好ましい貿易政策や低廉な生産コストが存在する良好な場所を物色している。発展途上国はその際、競い合って観光開発業者を引きつけようとすることが多い。Rodrik（2005）は、「グローバル経済の政治的トリレンマ」（Political Trilemma of the Global Economy）を確認している。彼が意味しているのは、(1) 国民国家制度、(2) 高度の経済統合、そして (3) 民主主義（大衆政治）、の3つが同時に成立し得ない、ということである。この3つのうち2つだけを両立させられるのが精々だろう。つまり、仮にある国がグローバルな経済統合を

押し進めたい望む場合、一つ選択しなければならないのは、国民国家の権力に見切りをつけるか、あるいは民主主義（大衆政治）を諦めるかである。民主政治は後退させられるだろう。なぜなら、国家が一度グローバル経済に参入すれば、グローバル市場が決めた金融のルールに従わねばならず、その場合、国家の経済政策の策定をめぐって行われる民主的な議論の余地は極めてわずかなものになってしまうからだ。

観光の場合、グローバル経済に参加するということは、結果として、権力が多国籍企業に移ることにより国家権力が弱体化するか、または民主主義（大衆政治）が後退するかも知れない。一度国境が開かれ、規制が撤廃されれば、ホテル、航空会社または旅行会社のような多国籍企業が活動することとなり、それにより高水準の経済的漏れが生ずるだろう、という批判がある。

グローバル化のもう一つの側面は、国際的な資金源である。もし発展途上国が観光を導入したいと望み、しかもそれに必要な（例えば、インフラ用の）資金がない場合、どこに向かえばいいのだろうか。Easterly（2005）は、発展途上国が援助資金を得るに当たって経なければならない複雑な手続きを研究した。この手続きには、世銀に送られ評価対象となる「貧困削減戦略ペーパー」を準備したりするのも含まれていた。次の説明でも明らかな通り、Easterly（2005: 187-188）は、外国援助を獲得したり、受領したりする際に関連してくる官僚主義に極めて批判的である：

> 援助機関の最前線で働いている職員たちは、洪水のように寄せられてくる指令、政治的な圧力、および援助資金の流れを滞らせないための所定の手続きや必要な許認可といったものを前にして、それらにほとんど対応し切れていない。被援助国の政府内では、処理能力が乏しいこと、党派化した社会にある極端な政治的圧力、お役所的手続きや腐敗の蔓延のために、事務処理にかかる相対的な負担は、むしろもっと大きい。

Easterlyはさらに、富裕国では外国援助に対する支持が引き続き失われつつあるが、全く同様に貧困国においても、自由な政治的、経済的な理念に対する支持が失われつつある、と主張している。もし発展途上国が、観光を開発のための戦略の一つとして外国援助を求める申請の中に含めるとすれば、Easterly（2005）による上記コメントは、そのとき生ずる難しい問題を浮き彫りにしている。国際的な融資もこれまで批判されてきたが、それは融資に伴って被援助国の国内政策に対して変更が要求され、厳しい影響が及ぼされてきたためである。

グローバル化は、発展途上国にとって、多くのプラス面も有している。例えば、多

国籍企業は、資本、知識の移転、事業の経営システムおよび科学技術をもたらし、それと共に、企業家的な開発を刺激する。多国籍企業の第二世代が、発展途上国に基盤を置いて、その国境を越えて拡大しながら台頭しつつある。グローバル化の中で急速に顕著になりつつある特徴は、科学技術の変革と情報技術である。インターネットによって、発展途上国における小規模の業者が、彼らの生産物をオンラインで宣伝できるようになった。それによって、その手段を活用できる者にとっては、新たな市場への門戸が開かれ、発展途上国において観光に対して力を振るうもう一つの道が開けた。科学技術によって、会社にとってはオンライン予約が容易になったが、他方で、携帯電話や手のひらサイズの携帯用翻訳器といった補助手段を通じて、個人の能力も向上することになった。インフォーマルセクターの観光ガイドと一緒にインドネシアのレストランで席を同じくし、そのガイドが携帯用翻訳器を使いながら、観光案内をしている人たちと英語、インドネシア語および日本語で意志疎通しているのを見かけることがあろう。そうした光景は、科学技術を手に入れる資金さえあれば、いかに新しい機会が生まれてくるかということを示している。このことは文化の分野におけるグローバル化の進展を明らかにしている。

生産

　観光における生産の諸要素がどのようなものかは、開発される観光のタイプに拠って異なるであろうし、また観光開発の過程を誰が支配しているかという観点からも異なってくる。インドネシアの Bangunkerto（中部ジャワ）における農業観光の総合施設のように、地域社会に根ざした観光では、そのプロジェクトへ投入される主な要素は、地域社会の参加と政府による何がしかの支援である。地元の村をツアーバスが通過できるように、そこの道路を舗装するために村全体が総出で仕事をした。男たちは、新しい路盤の一部に使用するため、火山が噴火した地帯から岩を集めてきて、女たちは、岩そのものを並べて路盤を造った（Telfer 2000）。

　大規模な観光開発の観点から批判が向けられるのは、生産の諸要素が輸入され、利益は国外に送られてしまうという問題である。しかし、大規模ホテルが地元の生産物を用いる方針にすれば、地元の乗数効果を大きくすることが可能で、それを示す証拠がある（Telfer and Wall 2000）。

　Potter（1995: 334）は、「グローバル化によって画一的な世界がもたらされているということはなく、むしろ地方や地域が新しく、また高度に分化することにつながる」と論じている。彼は発散の概念（concept of divergence）の一環として、このことに触れている。

(訳者注；「発散の概念」とは数列などで、極限に近づくにつれて有限の値に収束せず、正あるいは負の無限大に拡散していくという概念。)

　カリブ地域の都市化の歴史を観ながら Potter（1995）が述べているところによれば、開発は、以前から存在し核となっている都市部に集中する傾向があり、そこにはインフラも既に整備されている。第二に、開発は上意下達方式で、中心から外に向かうやり方で進んできた。Potter（1995）が示しているのは、海岸に沿った既存の都市部のさらなる開発と併行して、観光が海岸地域に引き続き集中してきたということである。時がたつにつれて、沿岸の開発に加えて Montego Bay や Ocho Rios といった所にさらに開発が広がってきた。このように集中することによって地理的な影響が生ずることは、図8.1 に反映されている通りである。より大きなリゾートが海岸に沿って徐々に展開し続け、さらに時の経過とともに新しいリゾート地が開かれていく。リゾートが密集すると、観光客だけでなく、仕事を探す移住者も引きつけ、結果としてその国の地域的な不均衡が生ずる。Potter（1995）がさらにコメントを加えているのは、観光部門に労働者が流れることによって、農業に必要な労働力が思うように入手できなくなり、それが遊休地の発生に直接つながる可能性がある、ということだ。

　生産に関連する最後のコメントは、持続可能性の分野に関するものである。企業に対しては、もっと持続可能な方法で経営するようにとの圧力がますます強まっている。企業が、社会的責任を負っているとの宣言を発表したり、または環境計画を作成する例がますます増えている。一部の旅行業者は、このような行動を彼らのマーケッティング戦略の一部と見なしてきており、これまで以上に業者自らが責任を負う旅行を提供している。「緑の地球」(Green Globe) や 浜辺を保護するための「ヨーロッパ青い旗」(European Blue Flag) のようなプログラムは、全てこのような趨勢を反映している。もしこれらの政策や計画がきちんと推進されれば、環境保護と同じように開発に対しても、観光がより大きな貢献を行い得る好機ともなる。

従属

　従属の問題は、観光産業に対する外部からの支配と共に、観光への過度の依存に関連している。発展途上国は、観光部門に大きく依存する以外に代替策を有していない可能性があり、また国家の優先度は、多国籍企業の優先度のために後回しにされる可能性がある。例えば、旅行業者は極めて強い権力を有しており、その年の観光目的地を変えることを突然決定する可能性があって、その結果、ホテル業者は客室を埋めるため四苦八苦させられることがあろう。発展途上国の中には、自国に本拠地を持った

ホテルチェインを開設し、それにより対外的な従属度を減らした国もある。

　一つの産業に過度に依存するという問題は、単に観光だけでなく他のどのような産業にも当てはまる。もし市場が下降に転ずるとか、または競争が激化したりすれば、その産業は被害を受けるだろう。例えば、仮にカナダの観光客が寒い冬から逃れるために、カリブ地域に行きたいと望めば、彼らにとっては、カリブ地域の中でどの観光目的地を訪れるかについて、幅広い選択の余地がある。政治的安定性、安全性および健康上の懸念は全て観光目的地のイメージにとり決定的に重要である。否定的なでき事はどのようなものであっても、観光目的地の地域における観光に大きな影響を与えるだろう。英国に本拠地を置くNGOの「ツーリズムコンサーン」は、現在「太陽、砂、海そしてスエットショップ（sweatshop 訳者注；従業員が低賃金で汗水たらして働いている店」と称するキャンペーンを展開しているが、そこで明らかにされているのは、発展途上国におけるホテル従業員の中には、悲惨な労働条件を通じて貧困に落ち込んでいる例が余りに多いということである。契約無しの労働、何カ月もの間続く賃金不払い、あるいはその日仕事があるかどうか知るために、朝、ホテルの門に姿を見せなければならない、といったことは、ツーリズムコンサーンが見い出した中のほんの数例であり、それらの事例は観光に依存している人々が、かなり危うい状況に直面しているのではないかという可能性を示している（Tourism Concern 日付無し）。

ポストモダニズム

　ポストモダニズムの概念は観光の様々な側面に影響を及ぼしている。ポストモダニズムは一つには、発想や経営方法に関し、より伝統的で支配的なやり方を拒否するものと考えられ、新たな生産物をもたらす道を開いてきたし、観光客はその中で新しくて、感動するような体験を求めている。人によってはこれを、フォーディズム（Fordism）からポストフォーディズムへの移行に結びつけ、その移行によって、大衆用の統一規格によるパック旅行から離脱する動きがあるとする。発展途上国が競争力を維持しておくためには、新しい生産物を提供し、また自国のもっと広い地域を観光のために開かなければならない。冒険ツアーまたはエコツーリズムに対する要求に応ずると、それまで観光用として開かれてなかった地域に人々を連れていくことになる。図8.1に示されるように、島の内部に向かって展開するリゾート地域が存在する。遺産（heritage）観光への需要も同様に強まりつつあり、そこでは観光客は文化を消費したり、知識を身につけたりするのを望んでいる。第4章で述べられたように、遺産や文化の観光は、商品化の問題や、歴史記念物への立ち入りおよびそれらに対する規制の問題を生じさせる。開発の観点からは、これらの新しいタイプの生産物によ

って、地元の人々が観光産業に参加する機会が増えることもあるだろう。観光客をリゾート地の塀の中から引き出すようなイニシアティブが発揮されるなら、それがどのようなものであっても、地元の企業家精神に基づく活動には好機となる。しかし機会は同時に（経済的、環境的、社会的そして政治的な）関連コストも伴う可能性があるので、ここでもまた開発のディレンマの問題が出てくる。

市場が変化すればそれに合わせて、既存のリゾート総合施設も変っていくが、その際、自らの生産要素を変化させるように圧力がかかってくる。ホテルは、例えば、もっと多種多様な活動を提供する必要があり、そのためには設備を増やさなければならない。観光客を連れてくる旅行代理店は、価格変化に極めて敏感な環境の中で競争している。旅行代理店側は、リゾート地に対してより多くの活動ないし生産物を要求するかも知れないが、その費用を消費者に負わせることは望まない。従って、観光目的地にあるリゾートは、旅行代理店や観光客の拡大した要求に対処するため、新たな費用を負担しなければならないかも知れない。

消費

観光の消費は、第6章で研究されたように、開発の過程で観光がどの程度意味のある役割を果たせるか、という点に多くの面で重要な係わりを持っている。図4.1において、観光客は観光開発の担い手と確認された。いかに多くの観光客が訪れるか、彼らは何を望んでいるか、彼らはどのように振る舞うか、そして特に彼らはどの程度のカネを使うか、といったことは開発の過程において全て重要な要素である。発展途上国に魅力を感じるように、その市場に目を向けさせるのは重要である。観光に関する議論の中でよくあるのは、議論の中心が発展途上国を訪れる先進国からの観光客に置かれることである。忘れてならないのは、途上国自身の観光客が開発の過程で果たし得る役割である。例えば、国内の観光客はより積極的に地元にある交通を利用し、地元のレストランで食事をし、そして地元が経営している宿泊施設に泊まるかも知れない。仮に中国のような国を考え、そして将来の国内の観光客数の観点からその潜在性を考えれば、自国の国内市場の方が国際的な市場よりもっと重要になってもおかしくないだろう。2006年6月14日付けの世界観光機関（WTO）のニュースリリースでは、アジアにおける国外観光の研究から得られた結論が強調されていた（WTO 2006b）。この研究の結論では、国内市場だけでなく、その国を含む地域市場の重要性も明らかにされている。研究で示されているのは、全ての国際的な観光客のうち78%がアジアの他の国からきていることだった。中国人は2005年に3,100万回の海外旅行を行い、91%の人がアジアの観光目的地を選んだ。この地域市場では、グル

ープ旅行の人気が衰え、単独旅行の人気が上がっている。香港の人々にとって最も人気が高い観光目的地には、タイ、日本およびシンガポールが含まれており、他方で、タイの旅行者にとって最も人気が高い5つの観光目的地は、マレーシア、シンガポール、中国、香港および日本である。最後の例はインド人の旅行者であり、2004年に610万回の外国旅行を行っており、また1回の旅行の中で複数の国々を訪問するのが好まれている（WTO 2006b）。この研究で明らかにされているのは、近隣の発展途上国の国民の中のより富裕な層をターゲットとすることも、途上国にとっては重要だということである。

　観光の消費は、前項のポストモダニズムの議論にもつながっている。新しい生産物に対する新たな需要には、機会の創出だけでなく、関連コストも伴うものである。観光客がより経験を積むに従って、彼らの要求内容も変化し得る。文献の中には、観光客は旅行から受ける影響をよりはっきり認識するようになり、また環境に一層やさしくなっているとの主張もある。図6.3には倫理基準が提示されている。しかし、本章で示されているように、そうした規準の有効性については論争がある。新聞では新しい形態の旅行に最も強い関心が注がれる傾向にあり、また学者の間でもその形態がより多く研究されている。だが重要なことは、伝統的な大衆観光の生産物を忘れないことである。理由はそれが観光の主流であって、また今後ともそうであると思われるからだ。大衆観光にはマーケッティングを通じて、違うラベルが貼られるかも知れないし、あるいはこうした旅行に関連する選択の余地が広がったと認められるかも知れない。しかし大衆観光は依然として観光産業の「稼ぎ頭」（workhorse）を代表している。またより新しく、より小規模な形態の観光が全て持続可能とは限らず、実際に、先頭にたって環境面のイニシアティブを展開しているのは、いくつかの比較的大きな企業であることを明記することも大切である。そうなると難しい問題は、観光客を受け入れる側の観光目的地にとって一層の利益が上がるように、いかに全ての観光を持続可能にするかということになる。

　消費という観点から探求すべき最後の問題は、Potter（1995）が「収斂」（convergence）と称したものである。彼の議論によれば、西側の消費モデルや消費形態では、ますます収斂が進んでいる。経済的従属は、文化的および心理的従属と密接にからんでいる（Potter 1995）。観光との関連で、デモンストレーション効果（第6章参照）およびそれが地元の人々の行動や消費のパターンに与える影響について、極めて多くのことが書かれてきた。観光客に合わせて祭りや土産物も変ってきた。観光生産物の中でも、あるものは消費が増加していくだろうが、他の伝統的な生産物は姿を消していくかも知れない。こうしたトレードオフの形態は、図8.1に確認されて

おり、この後、本章で検討される。

持続可能な開発

　持続可能な開発については、第2章において詳細に研究されており、本章においては「持続可能な開発という至上命令」について研究することが求められていた。この用語は相当程度論争の的になっており、またほぼ間違いなく、欧米に基礎を置いた概念であって、発展途上国には押しつけられたものである。さらに持続可能な開発がどのように実施され、測定されるかといった点については論争があるが、それでもこの概念は引き続き、観光を推進する力をもった枠組みとして関心を集めている。

　本書の中で用いられている開発の定義によって、進歩は環境面の制限の中で行われる必要がある、という点が強調されている。ここで明記しておいた方が良いのは、持続可能性には、単に環境面の懸念だけでなく、社会的、文化的、政治的および経済的な懸念をカバーする全体論的なアプローチが要求されている、とうことだ。われわれの文明を長期の持続可能な開発の方向に向けていく上で何が必要か、という疑問に答えるため、Wright（2008）は、議論を構築する上で2組のテーマに焦点を当てている。

　まず戦略的テーマには、持続可能性、世話役的精神（stewardship）（自然界や自分以外の人たちの利益になるような行為の指針となる倫理）、および科学が含まれる。こうしたテーマは、社会を持続可能な将来に導くことができる概念または考え方と同じものと考えられる。他方、統合的テーマに含まれるのは、エコシステムの資本（エコシステムが提供するモノとサービス）、政策と政治、そしてグローバル化であり、これら3つのカテゴリーにおいては、自然界の仕組みと人間社会との間にある相互作用の現状が論じられている。開発の手段としての観光は、これら両テーマと相互に作用し合って、実業界、観光客および観光目的地がもっと持続可能的になるようにと説得する措置がとられつつある。観光の企画と観光産業の運営には、より一層の地元の関与が求められている（第4章および第5章）。しかしながら、MoworthとMunt（1998）が強調しているように、持続可能性は権力関係の脈略の中で理解される必要がある。

　Jamal他（2006）が興味深い研究の中で述べているのは、持続可能な観光とエコツーリズムは、個人的／社会的な福利、および環境面での福利の考え方に根ざしているが、様々な相容れない価値観ともぶつかることになった。Jamal他が見出したところでは、エコツーリズムに関連する当事者や諸計画によって、現代風の、商品化されたパラダイムが制度化された。本章の後の方で、持続可能性を実際に実施する能力に焦点を当てる問題が考察されている。もし持続可能性が一つの枠組みとして採用される

なら、観光目的地の開発全体に対する貢献の面で、どのような影響が出るだろうか。全ての形態の観光は、より持続可能になる必要があるが、図8.1においては、観光目的地において生じ得るトレードオフが研究されている。ここまで発展途上国における観光に対するいくつかの主要な影響について概説したが、本章はこの後、観光目的地についての検討に入っていく。

8.4.2　観光目的地：形態、機能および反応

　前項で説明された種々の影響は、第4章で概説された観光開発の過程と相互に影響し合っており、その結果として、観光にいくつかの形態が生まれる。図8.1の中央にある島はその最終的な所産を表している。ここで示されているのは、高度に開発の進んだリゾート地であり、これは単なる浜辺の開発だけではなく、遺産（heritage）観光、エコツーリズムまたは自然に根ざした観光といった、ある種の随伴的な観光開発も示している。この図は一つの島に関するものだが、この図にある多くの原則は、他の形態や異なる規模の観光にも適用される。

　市場が確認されると、個人、地域社会、企業、NGO、そして政府は、それに反応して生産物または生産物に必要な資金を提供する。これら開発の担い手は、観光目的地の中から出てくるかも知れず、または外部の者かも知れない。だが、そのことが支配と権力の問題に注意を引きつける。いったん発展途上国が開発上の選択肢として観光を選べば、政府は観光のマスタープランを自ら作成し実施するか、またはほとんど政府が関与せず観光産業が自ら発展するのに任せるかを決定する必要がある。もし観光の企画が作成される場合には、重要なことは、地元の人々が企画立案の過程にどの程度関与するか、また彼らが抱えている様々な制約（例；経済的、社会的、政治的制約、知識の欠如）を前提として、そうした関与が実際に可能か否かを、よく検討することである。

　図8.1の中央には、観光がどのように開発されるかを映し出した一連の要素が検討されている。開発の全ての担い手は政策、企画、および種々の規制がある状況と向き合う（図4.1参照）。多くの関係者によって、何を建設するか、誰がその資金を出すか、誰がそれを運営するか、仮に奨励措置を与える場合、どのような措置を開発業者に与えるか、といった点について決定が下されるであろう。全ての重要な利害関係者としては、観光開発の選択肢の内、どれが最善のものか、そしてこの観光産業がグローバルな環境の中でいかに競争していくかという点について、きちんと評価する必要がある。どんな形態の観光を開発するかという点については、国によって様々な決定が下されるであろう。観光に対して、地元からの反応もあるだろう。地域社会の複雑な性

格を前提とすれば、その中で、グループによっては、観光が作り出す機会に積極的に対応するかも知れず、あるいは変化をただ受動的に受け入れる人たちもあろう。また他方では、より声の大きい人たちがいたり、または新しい開発に抵抗を試みる人たちがいるかも知れない。

　観光のタイプが異なれば、それが表す形態も果たす機能も異なるだろう。また、そういう様々なタイプの観光がどのように管理されているかによって、観光が開発に寄与する程度にも影響するだろう。どういうリゾートないし観光名所（例：海浜リゾート、村落観光、エコツーリズムロッジ）が建設されても、それはさらなる開発をもたらす磁石の役を果たすだろう。海浜リゾートの場合には、都会的な観光リゾート地へ発展するようなことに結びつくかも知れない。時がたつにつれて、図8.1で示されたように、付随的な観光地域が開設されるかも知れない。これらの観光名所を訪れる小旅行用の道路に沿って休憩所ないし工芸村が存在し、そこでは、起業家が観光客向けに生産物を売るということになり、そうした道路自体、開発へつながるパイプ役となるであろう。観光は観光地域のまわりで発達していくので、全体としての影響は、空間的に見ると、地域的な不均衡を生ずる結果となってもおかしくはないだろう。雇用構造は変化するだろうし、特に観光が大規模に発展していく場合はそうなるだろう。このことはさらに移住につながり、ついで住居、健康管理および学校教育といった移住者の要望に対し、対処する必要性が出てくるだろう。どんな政府にとっても難しい問題となるのは、観光部門で働いていない人々や、観光地域の付近で生活していない人々が、観光産業から利益を得られる状態を確保するために、どのようにして不均衡を再配分するか、ということでもある。図8.1の中央に掲載された最後の点は、グローバルと地元との相互作用である。こうした相互作用は、以下で探求される観光開発のトレードオフの一部である。

観光開発のトレードオフ

　第7章で概説されたように、観光開発が行われれば、結果として、観光目的地には常に様々な影響が及ぶであろう。観光開発のディレンマの一部として、観光開発が行われたために、その典型的な結果として何らかの形のトレードオフも生じてくる。図8.1には、潜在的なトレードオフの事例が幅広く示されているが、それらのリストは網羅的にしたつもりはなく、むしろ議論を誘発するための枠組みとしての意味を持っている。これらの事例は、経済的、環境的、社会・文化的および政治的というカテゴリーの下にリストアップされている。各々のカテゴリーの内部およびカテゴリーの相互間にトレードオフがあり得る。トレードオフは、（政府、団体または業界の中の

特定のレベルによる)意識的な企画立案または政策決定の結果生ずるかも知れないし、または個人、企業、団体または政府が、進展するビジネス環境に反応することによって、時の経過に伴い次第に姿を現してきたかも知れない。観光産業は徐々に進化し、またこの産業に対する（肯定的なおよび否定的な）反応も生じるので、トレードオフは静態的なものではなくて、動態的である。

　トレードオフには、空間と時間を含んだ重要な地理的側面がある（Adams 2005）。空間の観点からは、観光はある場所の環境を犠牲にしながら、別の場所で持続可能な形に発展していくかも知れない。Adams（2005）は、政治的および生態的な境界の双方の重要性について記述している。時間の観点から持続可能性が伝えているのは、将来の世代のための資源と現在の世代のニーズの均衡を図ることであり、同時に将来の予測が難しいということである。一つの方向性あるいは一つの分野での企画の決定が、思いもかけず、観光目的地の別の側面に（経済的、環境的、社会・文化的および政治的な）変化を生じさせる原因になるかも知れないので、意図せざるトレードオフも起こり得る。最後に、トレードオフは、それに目を向ける団体や時期が異なれば、違った見方がなされるであろう。一部の人たちは、トレードオフを積極的に支持するであろうが、他の人たちはこれに反対するだろう。

　例えば、経済のカテゴリーの下では、観光は観光産業に参加できる人たちにとっては、経済の成長をもたらすものとなるかも知れないが、同時にそこでは、結果として経済的な洩れ（leakages）が生ずるかも知れない。仮に大規模な大衆観光が多国籍企業によって開発された場合、観光客数、開発の諸手数料および税金の増加を通じて、かならずや経済成長がなされるであろう。しかし、もし多国籍企業が、利益は本国に送金する一方で、様々な必需品や管理職員を国外から調達した場合、乗数効果は減少するだろう。仮に発展途上国がグローバルな観光市場に対し、外部の支援無しには効果的な形で参入できない場合、こうしたトレードオフは、受け入れる価値はあるかも知れない。Liu と Wall（2006）が主張しているのは、発展途上国における多くの、恐らくほとんどの地域社会では、観光に対する関心を刺激するために外部の触媒が必要だとしており、また地域社会が持つ潜在的な機会を十二分に活かすためにも外部の専門的な知見を必要としている、ということだ。

　Page と Connell（2006: 348）は、観光の経済的なコストと利益について概説している。経済的利益に含まれるのは、国際収支、所得および雇用であり、他方、経済的コストには、インフレ、機会コスト（訳者注；ある選択をしないで別の選択をしたと仮定したときに想定される収益を意味）、従属、季節変動および漏れが含まれる。賃金の面でより良い職に地元民が就けなかったり、また所得が創出されても、それを最

も必要としている人たちの手に渡らなかった場合は(例:経済から漏れてしまうため)、所得と雇用はコストにもなり得る。社会・文化のカテゴリーの下でのトレードオフでは、地元に根ざした観光プロジェクトによって、地元社会の能力強化が促進されることが示されるであろう。しかし、土産物がそれを求める観光客のニーズに最も合うように改造されるため、地元文化の商品化につながってしまうかも知れない。

　トレードオフは、図8.1に掲げられた主要なカテゴリーの間でも多く生じ得る。経済成長は環境を犠牲にし、また地元の支配を喪失する形で追求されるかも知れない。また代案として、エコツーリズムが持続可能な形態の観光として開発されるかも知れない。しかし、典型的な例としては、エコツーリズムは、来訪客の数を規制するような要請があるために、経済成長を犠牲にして行われる可能性もある。大きなコストを払い、厳格な環境政策を行えば、全体として観光の経済的影響は削減される可能性がある、との議論はあり得よう。社会・文化と経済のトレードオフの一つの例は、金銭的な利益のために観光客をより多く受け入れるか、あるいは、それを我慢するかということかも知れない。つまり、伝統的で聖なる儀式も、観光客のための世俗の楽しみともなり得るのだ(写真8.2参照)。以上がトレードオフとして生じ得る数多くの例の中のほんの数例である。

　トレードオフの性格を決めるのは誰かという質問への答は、観光開発の過程の周辺にできている権力関係を調べることによって概ね得られる。国家的なレベルでは、国は特定のタイプのトレードオフの基礎となるような、様々な規制のある環境を打ち出すかも知れない(例:観光客がリゾートの外でより多くのカネを使うように、全費用込みのリゾートを制限する政策を推進する—その場合のトレードオフは、旅行業者が敬遠するということ)。あるいはそれとは逆に、強力な多国籍企業が地元政府に条件を押し付けて、異なるタイプのトレードオフを設定するかも知れない(例:大量の食糧を輸入できるよう要求する—その場合のトレードオフは、多国籍企業であるが故に観光客の数が増加するかも知れない:しかし、かなりの額の洩れも生ずるであろう)。権力は国際資金供給機関の手にも握られている。それらの機関は何らかのタイプの観光開発が行われるように押し付けることができるだろう。また権力は国際金融市場にも存在し、この市場は為替レートに影響を及ぼすことができて、それによって特定の国が投資の対象として魅力があるかどうかの判断を左右できる。

　次の諸点を認識することは重要である。すなわち、観光産業は非常にダイナミックな産業であるということ、カテゴリーの内部およびカテゴリー同士の間で生ずる相互作用は、同時発生的である点、そして観光における相互作用は原因と結果の関係が常に明白で単純というわけではないといった点である。最善の形で立案された企画も

図 8.1

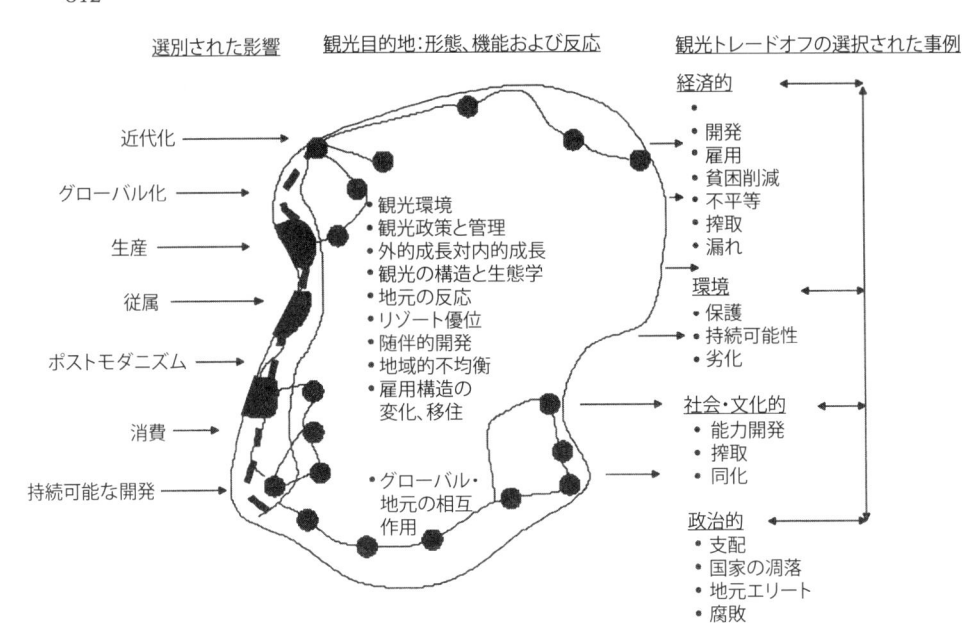

選別された影響	観光目的地：形態、機能および反応	観光トレードオフの選択された事例
近代化 グローバル化 生産 従属 ポストモダニズム 消費 持続可能な開発	観光環境 ・観光政策と管理 ・外的成長対内的成長 ・観光の構造と生態学 ・地元の反応 ・リゾート優位 ・随伴的開発 ・地域的不均衡 ・雇用構造の変化、移住 ・グローバル・地元の相互作用	経済的 ・開発 ・雇用 ・貧困削減 ・不平等 ・搾取 ・漏れ 環境 ・保護 ・持続可能性 ・劣化 社会・文化的 ・能力開発 ・搾取 ・同化 政治的 ・支配 ・国家の凋落 ・地元エリート ・腐敗

図 8.1　観光開発のディレンマの枠組み　出所：Potter（1995）に拠る。

うまくいかない可能性があり、また将来は事情も変わるかも知れない。図 8.1 に示されているように、様々な力や当事者が同時に思い思いの動きを見せている。そして観光は、観光目的地において最大の産業と言うことができても、唯一の産業というわけではないことは確かである。持続可能性の枠組みの中で、戦略に期待されているのはマイナスのトレードオフを最小レベルに抑えることである。ここで検討する最後のトレードオフは機会コストのトレードオフである。資金を観光に投ずるということは、結果としてその資金は、経済の他の分野への投資には使えないということである。つまり、その分野は、状況次第では、観光以上に発展を生み出し得るという意味だ。

持続可能性の理想を実践する難しさ

　図 8.1 に掲載された観光のトレードオフによって、しばしば暗示されるのは、一つの部門または要素が、他の部門ないし要素を犠牲にして利益を得る可能性があるということである。意思決定をするということは、競合するニーズや価値観を十分に検討しなければならないことを意味しており、そうすれば、うんざりするほど複雑な需要や状況の中で、最善の結論が得られるのだ（Wright 2008）。Wright（2008）は、持

8 結論：観光開発のディレンマ　　　*313*

写真 8.2　インドネシア、バリ島の Kuta ビーチ：観光客がいるところでバリの人々による伝統的な儀式が続いている。

続的開発とは、たとえ完全に達成するのが困難だったとしても、全ての人間社会が目指すべき理想であり、目標であるとのいい方をしている。持続可能な解決は、社会学者（社会的に望ましく）、経済学者（経済的に実行可能な）そして生態学者（生態学的に許容し得る）の懸念が相互に交差するところで得られる（Wright 2008）。持続可能な解決という考え方によって、3つの領域（環境、社会および経済）の全てが利益を得るように、図 8.1 のトレードオフを乗り越えて進むことが可能かどうか、という問題が提起される。

　観光の場合、例えば、魅力のある環境がなければ観光客は訪れて来ないし、また観光目的地にとって経済的利益は生じない。仮に地元の人々が観光の企画立案、実施およびその利益に関与できず、商品化の単なる対象でしかない場合は、観光客に対する地元住民の憤まんがわき起こるかも知れない。この架空の事例の中にある最終目標は、3つの分野（環境、社会および経済）の全てがかならず利益を受けるような方向に進むことかも知れないが、他方で、重要なのは、観光が極めて競争の激しいグローバルな産業であって、企業、政府、様々な団体や個人の全てが、その行動や結果の指針となる価値観やイデオロギーを持っているという点を認識することである。例えば、

Wright（2008）が述べているように、環境保護に反対の特別利益団体とつながっている政府が権力の座にあると、環境は、持続可能性と共に、敗北を喫することになりかねない。今や Adams（2005: 425）が指摘しているように、「持続可能性を追求するということは、空間と時間の中で、コストと利益をどのように振り分けるかという問題について、色々と選択を迫られるということである」。そうなると、難しい問題は、全ての形態の観光をより持続可能なものにするには、どうしたら良いか、ということになる。

　持続可能な開発の弱点は第 2 章において探求されたが、一連の重要な設問は表 8.1（295 ページ）に提示されている。それを実践する際の難しい問題は、政策過程にも関係している。発展途上国は、持続的開発のようなグローバルな環境の課題に直面していると共に、途上国自身の特有の環境問題や開発上のニーズにも立ち向かっている（Newell 2005）。発展途上国の環境政策を調査すると、開発上のニーズと長期的な環境面の目標を調和させるという観点から、各国に共通する問題とそうでない問題が明らかになる（Newell 2005）。このような問題を調整するのは難問であるが、そこにはその国の政治制度、経済の性質および市民参加の度合いの違いに応じて、国により異なる反応が見られた。発展途上世界の国々は様々であり、その有する政策遂行能力も異なっている。

　Newell（2005）はインドの例を取り上げているが、同国は、世界でも最も印象に残る環境法をいくつか有している。しかしながら、研修費用の不足や地方の環境汚染を担当する官僚の腐敗といったものがあり、それら全てが、その実施の制約要因となっている。それとは異なり、国家が政策をしっかり遵守することに対して、経済的にも、また開発の面でも強い関心を持っているような状況では、例えばケニヤのように、特別の措置がとられている。ケニヤでは野生生物のサファリから得られる収入が重要であるために、象牙を目当てにした象の違法密猟を役人がとことん追跡し、その熱心さの余りにやり方が論議の的になるほどだった。それと共に、同国は「種族グループがたとえ先祖代々の土地であっても、食料のために動物を処分することを禁止する」といった措置をとった（Newell 2005; 228）。持続可能な開発の一部に地元の関与がある。これについては、インドやメキシコのような国々は、市民社会の関与の面で、活動的でしっかりした伝統を持っているが、他方、中国またはシンガポールのような国では、地元の関与という選択肢は限られたものになっている（Newell 2005）。

　Newell（2005）の記述によれば、産業を全体として「環境志向にする」ことは行われてきているが、その実態には色々と差異がある。また、政府の奨励策、消費者や投資家による圧力、そして市民社会の監視機関のように、企業による環境分野の責任を

強めさせる力となるものは、発展途上世界の多くの地域では、現在のところ未発達である。国によってかなり大きな違いがあるのは珍しくないが、一方で、国家レベルでの執行の段階では似たような問題も存在してきた。執行上の似たような問題は、貿易、援助および債務といった経済関係から生ずる制約とか、北側の諸国によって決められることが多い環境面の優先度と地元レベルでもっと緊急性があると見られる問題との間の不一致にも関連している（Newell 2005）。

持続可能な開発は貧困の軽減とますます結びついており、また本書では、ミレニアム開発目標とも関連づけられてきた。実施上の難問を示す他の実例の中で、HawkinsとMann（2007: 360）が次のコメントをしている：

> ミレニアム開発目標に盛られた至上命令は、個々の国の開発戦略を推進してはいるものの、これらの指標には、各政府の指導者ないし閣僚達の政治課題と無関係なものが多い。今やどのような国の観光大臣でも、幅広い成果を出すことを求められており、それには経験的には貧困削減戦略に関係があると考えられる経済成長も含まれている。

HawkinsとMann（2007: 360）はさらに、経済成長はかならずしも貧困削減につながらないという、Ravallion（2004）のコメントにも言及している。

上記の実例は、発展途上国における観光の企画と管理を行う上で、目標ないし着想を実践していくことと、現実の間の難しさを物語っている。しかしWright（2008）が論じているが、「旧態依然」（business as usual）のやり方は持続可能ではなく、新たな思考と事業のやり方が求められており、そのことは、様々な背景の中で、多種多様な団体や個人によってますます強く認識されている。実業界、政府、諸団体および個人の双方が、その思考方法、行動の仕方を変えるようにすることの難しさは、まさしく現実的なものであるが、それでも多くのイニシアティブがとられており、それは第2章と第5章に概説された通りである。それらのイニシアティブは観光客をより持続可能な方向へ導くと共に、観光を貧困削減にも結びつけている。

8.5　むすび

開発については、理論と実際の双方の面で、色々と異なる見方があって、極めて論争の多い言葉である。様々なパラダイムが開発の実践の仕方に影響しながら、生まれては衰えていきつつ（完全に消滅した訳ではないが）、開発理論は変遷をたどってきた。

開発の概念は、経済成長にもっぱら焦点を向けるものから、さらに経済、環境および社会を取り込んだ、より全体論的な開発概念に変化してきた。開発が、持続可能な開発と貧困の削減にますます結びついてきたことは、ミレニアム開発目標に明らかにされている通りである。発展途上国にとっては、観光は引き続き開発戦略として好まれる戦略の一つであり、観光をより持続可能なものとし、または貧困の削減にもっと直接的に関係付けるよう努力が払われてきた。観光を開発の一つの担い手として活用することを考える際に、観光を超えたより広範な開発問題を分析の枠組みとすることも必要である。というのは、開発の問題は権力や支配に関係しているからである。

現在のグローバル化の時代にあっては、広範囲の当事者が観光開発の過程に直接、間接に関与しており、それら当事者としては、ほんの数例を挙げるだけでも、国際機関、国家、民間部門、市民グループ、NGOそして観光客がある。これらの当事者は全て、自分達の行動に影響を及ぼすそれぞれの価値観や目標を持っている。またこれらの当事者の各々は、何がしかの資源や技術、権力そして支配力を有しており、開発の成果に影響を及ぼすために、それらを利用することが可能かも知れない。Unerhill (2006:19) の主張によれば、政治的影響を受けた国際経済における権力の行使は、国内および国際的なレベルにおいて、国家やその社会および経済構造の間での複雑な相互依存関係を特徴とする舞台で行われる。自由市場、国家または市民社会が、観光開発の過程にどのような影響を及ぼすべきかについては議論が闘わされている。本書は、全体的な開発過程において観光が果たし得る役割について研究してきたが、さらに、Addison (2005: 219) は、次のような考え方を提示している。

> 開発政策を適正なものとすれば、数百万の人々を貧困と悲惨さから引き上げる潜在力が備わる。正しい政策の選択を行うことは、単に技術的な問題ではない。成功の見込みが最も高いような方法で、経済的および社会的な変化をどのように推進するかということについては、慎重な政策的判断が要求される。

観光を推進しようという決定は観光開発のディレンマにつながり、それは本書のこれまでの中心課題であった。発展途上国は極めて難しい問題に直面している。つまり、観光は利益をもたらすだけでなく、コストも作り出す上に、トレードオフも生まれる。トレードオフは、観光目的地だけでなく国境を越え、また時間を超えて生ずる。本章は開発の至上命令と持続可能性の至上命令に目を向けることから始まった。持続可能性は開発議論の前面に登場し、全ての形態の観光はもっと持続可能であることが必要

だと主張されている。この問題は、本章では環境上の懸念だけでなく、社会的および経済的考慮を含んだ要請として提示されている。地元社会は企画と開発の過程にもっと深く参加する必要がある。図8.1の文脈では、持続可能性の狙いは、観光開発のディレンマの中で、マイナスのトレードオフを最小にすることであろう。この概念については、極めて多くの論争がなされているが、多くの様々な領域で、観光をより持続可能なものとするような努力がなされている。

　グローバル化への移行に伴って、多国籍企業が良好な投資奨励策や低廉な生産コストを提供できる観光目的地を探すので、それに関連して持続可能性という分野で懸念が生じている。より低廉な生産コストは、環境分野の規則や労働法が他より厳しくないところを中心に行き渡っている可能性がある。観光におけるグローバル化についての議論によって、従属および支配の喪失という問題が提起された。仮にグローバルな観光市場に参入したいと望んでいる国家が、多国籍企業のために国境を開くよう圧力を受けた場合、国家権力は減少するかも知れない。グローバル化が進展すると、それによって経済的、政治的および環境的な面で様々な結果が生ずるが、発展途上国の場合は文化的な面でも影響が生ずる。

　観光目的地の政府は、その国の観光の政策的な枠組みを策定し、それと共に、グローバル企業と相互に作用し合い、またそれによって引き続き重要な役割を果たす。国際機関の多くはグッドガバナンスを強調する。数多くの優遇策を伴った開放的な観光政策は、開発業者を引きつけるだろうが、企業の優先度が国家の優先度と合わなくなった時は、注意が必要である。このように観光開発において競合する利害は、Burns（199a）が作成した観光企画に対する一連の助言集大成（continuum for advice）を通じて明らかにすることができる。助言集大成の一方の端には、「観光第一」と記されており、観光産業が企画の中心となっている。他方の端には、「開発第一」があり、そこでは企画は国家的な開発ニーズに沿って作られる。「開発第一」に企画の焦点をより強く当てると、それはミレニアム開発目標の観点からの貧困の削減に、一層直接的に結びつくかも知れない。仮に国家が、外国からの投資を伴った大規模プロジェクトに対し支援する政策を採用する場合は、国家としては同時に、インフォーマルセクターがより大きい役割を果たし得るように、小規模かつ地元が支配するプロジェクトに対しても、マイクロクレジットのようなものによって、確実に支援を与える必要がある。地域社会は観光がもたらす機会に反応するものであり、またより多くの人々を効果的に観光の受益者とするためには、地域社会の意見には耳を傾けなければならない。観光における公平な取引および貧しい人々のためになる観光のように、多くの興味深い計画が、特に貧困に的を絞った形で提起されてきた。しかし、これらには克服

しなければならない極めて難しい問題もある。開発は他の経済分野から切り離して企画されるものではない、という点も重要である。なぜなら、開発は複数の部門と一体化される必要があり、そうすればより多くの利益が発生する可能性が生ずるからだ。

　観光開発は、政府、企画者、企業、地域社会およびNGOを中心に行われることが多いが、開発過程における観光客の役割を忘れないことが大切だ。どのような市場を求めていくかについて決定がなされるが、観光客のタイプが異なれば、彼らが示す行動のタイプも異なるだろうし、消費パターンも異なってくるだろう。国によっては、大規模な大衆観光を選択し、他の国はもっと少数でより高額支出の観光客に的を絞り、さらに別の国は、これらのタイプをもっと混ぜ合わせたアプローチを依然として追求することにより、様々な市場を引きつけようとしてきた。国家が自国をどのようにマーケッティングし、どんなブランドイメージにするかといった選択の仕方は、観光目的地を訪れる観光客のタイプに影響するのと同様に、全体的な開発のタイプに対しても影響を及ぼすであろう。

　全ての観光開発は影響力を持っており、地域社会や環境の中には、これらの影響に対し、より巧みに対処できるものがあるかも知れない。観光客がもたらす機会に対し地域社会や個人が反応する際に、こうした影響を常にマイナスだと考える必要もない（Wall and Mathieson 2006）。多くの発展途上国にとって、開発ための選択肢という観点からは選らべる範囲は限られている。また実際には途上国は、観光サービスを提供するに当たって、グローバルなレベルにおいても、競争上の真の優位性を有しているかも知れない。事実、Lickorish（1991: 162）が論じているように、「希少な外国からの投資を利用して、一層の繁栄を作り出すためには、（観光は）第一次産業ないし製造業における代替策よりは、より費用対効果がある」ということにもなり得る。

　観光は多くの国が積極的に追求している開発の中の一つの要素に過ぎず、ある発展途上国でうまくいくように見えることが、他の途上国ではそうはならない可能性がある。観光と開発の関係は多面的なものであるが、それは理論、価値観、関係者、権力、戦略、政治、政策、企画、地域社会そして環境が全て、ダイナミックでグローバルな体系の中で相互に作用し合うからである。これらの概念や問題の間の相互作用を掘り下げて研究すれば、発展途上国にとっての観光開発のディレンマの本質をさらに深く理解するための一助となるだろう。

8.6　議論のための設問

1　観光は、開発をどの程度促進し、地元の人々の生活水準をどの程度向上させるか。

2 持続可能性は、観光を開発の促進に向けて導く前向きの方向性を示すものか、あるいは開発を阻害する働きをしているか。
3 観光との関係で、開発はどのように測定されるか。
4 どのような観光開発の過程または目標が、今後25年間にわたり観光の指針となるべきか。

8.7 さらに勉強するための参考文献

Harrison, D. (編) (2001) *Tourism and the Less Developed World and Issues and Case Studies,* New York: CABI.
    本書には、発展途上国における観光開発に関連する諸問題について、入門的な章が設けられており、それに続いて、様々なテーマ・事例研究を扱った13の章が含まれている。

Huybers, T. (編) (2007) *Tourism in Developing Countries*, Cheltenham: Edward Elgar.
    編集されたこの文献には、1974年から2004年に至る34の論文が収録されており、発展途上国における観光について一連の問題を探求している。本書は観光開発に関連したプラスとマイナスの—経済的、社会・文化的および環境的な—側面を調査している。

Johnson, R., Taylor P. and Watts, M. (eds) (2005) *Geographies of Global Change Remapping the World,* Oxford: Blackwell.
    本書では、グローバルな変化の性質が28章にわたって探求されている。両著者は変化の経済的、政治的、社会的、文化的そして生態学的側面を研究している。

8.7.1 ウエブサイト

英国の国際開発庁 (Department for International Development, DFID) のウエブページ。DFIDの業績に焦点が向けられ、*Eliminating World poverty - Making Globalisation Work for the Poor* と題する「2000年版白書」が、www.dfid.gov.uk のサイトから入手可能である。

カナダ国際開発庁 (Canadian International Development Agency, CIDA) のウエブペ

ージ。このサイトは、CIDA が支援してきた様々な計画にリンクしている。例えば、CIDA は、「東部カリブ海諸国機構 (Organisation of Eastern Caribbean States, OECS)」に対し、貿易交渉の分野や中小企業がグローバルな市場に対応する際の支援の分野、ならびに自然環境の保全を行いつつ観光産業の保護を行うといった諸分野で、援助を供与している : WWW.acdicida.gc.ca/index.htm.

9 参考文献

Accor (2006) Accor, www.accor.com, accessed 8 August 2006.
Adams, W. (2005) Sustainable development?, in R. Johnston, P. Taylor and M. Watts (eds) *Geographies of Global Change Remapping the World*, Oxford: Blackwell, pp. 412–426.
Addison, T. (2005) Development, in P. Burnell and V. Randall (eds) *Politics in the Developing World*, Oxford: Oxford University Press, pp. 205–230.
Aguiló, E., Alegre, J. and Sard, M. (2005) The persistence of the *sun and sand* tourism model, *Tourism Management* 26: 219–231.
Akis, S., Peristianis, N. and Warner, J. (1996) Resident attitudes to tourism development: the case of Cyprus, *Tourism Management* 17(7): 481–494.
Allen, J. (1995) Global worlds, in J. Allen and D. Massey (eds) *Geographical Worlds*, Oxford: Oxford University Press, pp 105–144.
Andersen, V. (1991) *Alternative Economic Indicators*, London: Routledge.
Andreassen, B. and Marks, S. (2006) *Development as a Human Right*, London: Harvard School of Public Health.
Ap, J. and Crompton, J. (1993) Residents' strategies for responding to tourism impacts, *Journal of Travel Research* 31(3): 47–50.
Arai, S. (1996) Benefits of citizen participation in a healthy community initiative: linking community development and empowerment, *Journal of Applied Recreation Research* 21: 25–44.
Archabald, K. and Naughton-Treves, L. (2001) Tourism revenue-sharing around national parks in Western Uganda: early efforts to identify and reward communities, *Environmental Conservation* 28(2): 135–140.
Arnstein, S. (1969) A ladder of citizen participation, *American Institute of Planners Journal* July: 216–224.
Ashley, C., Boyd, C. and Goodwin, H. (2000) Putting poverty at the heart of the tourism agenda, *Natural Resource Perspectives* No. 51, London: Overseas Development Institute.
Ashley, C., Goodwin, H., McNab, D., Scott, M. and Chaves, L. (2006) *Making Tourism Count for the Local Economy in the Caribbean*: www.propoortourism.org.uk/caribbean/caribbean-brief-whole.pdf.
Associated Press (2006) New law worries India's young workers, *The Standard*, 11 October: B8.

Atlantica Hotels (2006) Atlantica Hotels, www.atlanticahotels.com.br, accessed 27 September 2006.

Azarya, V. (2004) Globalisation and international tourism in developing countries: marginality as a commercial commodity, *Current Sociology* 52(6): 949–967.

Bah, A. and Goodwin, H. (2003) *Improving Access to the Informal Sector to Tourism in The Gambia*, PPT Working Paper No. 15, London: Pro-poor Tourism Partnership.

Baker, S. (2006) *Sustainable Development*, London: Routledge.

Barkin, D. and Bouchez, C. (2002) NGO–Community collaboration for ecotourism: a strategy for sustainable regional development, *Current Issues in Tourism* 5(3 and 4): 245–253.

Barratt Brown, M. (1993) *Fair Trade: Reform and Realities in the International Trading System*, London: Zed Books.

Bastin, R. (1984) Small island tourism: development or dependency?, *Development Policy Review* 2(1): 79–90.

Baud-Bovy, M. and Lawson, F. (1998) *Tourism and Recreation Handbook of Planning and Design*, Oxford: Architectural Press.

Bauer, T. and McKercher, B. (2003) *Sex and Tourism: Journeys of Romance, Love and Lust*, New York: Haworth Hospitality Press.

Becken, S. and Simmons, D. (2005) Tourism, fossil fuel consumption and the impact on the global climate, in C. M. Hall and J. Higham (eds) *Tourism, Recreation and Climate Change*, Clevedon: Channel View Publications, pp. 192–206.

Bell, C. and Newby, H. (1976) Communion, communalism, class and community action: the sources of new urban politics, in D. Herbert and R. Johnston (eds) *Social Areas in Cities Volume 2*, Chichester: Wiley.

Berno, T. and Bricker, K. (2001) Sustainable tourism development: the long road from theory to practice, *International Journal of Economic Development* 3(3): 1–18.

Bianchi, R. (2002) Towards a new political economy of global tourism, in R. Sharpley and D. J. Telfer (eds) *Tourism and Development: Concepts and Issues*, Clevedon: Channel View Publications, pp. 265–299.

Bigano, A., Hamilton, J., Lau, M, Tol, R. and Zhou, Y. (2004) *A Global Database of Domestic and International Tourist Numbers at National and Subnational Level*, www.uni-hamburg.de/Wiss/FB/15/Sustainability/tourismdata.pdf.

Bintan Resorts (2006) Investing in Bintan Resorts, www.bintan-resort.com, accessed 11 August 2006.

Bjorklund, E. M. and Philbrick, A. K. (1972) *Spatial configurations of mental processes*, unpublished paper, Department of Geography, University of Western Ontario, London, Ontario.

Blackstock, K. (2005) A critical look at community based tourism, *Community Development Journal* 40(1): 39–49.

Boissevan, J. (1996) Introduction, in J. Boissevan (ed.) *Coping with Tourists, European Reactions to Mass Tourism*, Oxford: Berghan Books, pp.1–26.

Bookman M. (2006) *Tourists, Migrants and Refugees, Population Movements in Third World Development*, London: Lynne Rienner.

Borger, J. (2006) Half of global car exhaust produced by US vehicles, *Guardian*, 29 June.

Boulding, K. (1992) The economics of the coming spaceship earth, in A. Markandya

and J. Richardson (eds) *The Earthscan Reader in Environmental Economics*, London: Earthscan, pp. 27–35.
Bramwell, B. and Lane, B. (1993) Sustainable tourism: an evolving global approach, *Journal of Sustainable Tourism* 1(1): 1–5.
Bramwell, B. and Lane, B. (2000) *Tourism Collaboration and Partnership Politics, Practice and Sustainability*, Clevedon Hall: Channel View Publications.
Brinkerhoff, D. W. and Ingle, M. D. (1989) Integrating blueprint and process: a structured flexibility approach to development management, *Public Administration And Development* 9: 487–503.
Britton, S. (1982) The political economy of tourism in the Third World, *Annals of Tourism Research* 9(3): 331–58.
Britton, S. (1991) Tourism, capital and place: towards a critical geography of tourism, *Environment and Planning D: Society and Space* 9: 451–478.
Brohman, J. (1996a) New directions for tourism in Third World development, *Annals of Tourism Research* 23(1): 48–70.
Brohman, J. (1996b) *Popular Development: Rethinking the Theory and Practice of Development*, Oxford: Blackwell.
Brown, D. (2006) Gap year projects slammed as out-dated, Eturbonews, retrieved 18 August from www.travelwirenews.com/cgi-script/csArticles/articles/00009432-p.htm.
Brown, F. (1998) *Tourism Reassessed: Blight or Blessing?*, Oxford: Butterworth-Heinemann.
Brown, T. (1999) Antecedents of culturally significant tourist behaviour, *Annals of Tourism Research* 26(3): 676–700.
Brunet, S., Bauer, J., De Lacy, T. and Tshering, K. (2001) Tourism development in Bhutan: tensions between tradition and modernity, *Journal of Sustainable Tourism* 9(3): 243–263.
Buckley, R. (2003) *Case Studies in Ecotourism*, Wallingford: CABI Publishing.
Buhalis, D. (2000) Marketing the competitive destination of the future, *Tourism Management* 21(1): 97–116.
Buhalis, D. and Ujma, D. (2006) Intermediaries: travel agencies and tour operators, in C. Costa ad D. Buhalis (eds) *Tourism Management Dynamics, Trends, Management and Tools*, London: Elsevier Butterworth Heinemann, pp. 172–180.
Burns, P. (1999a) Paradoxes in planning, tourism elitism or brutalism, *Annals of Tourism Research* 26(2): 329–348.
Burns, P. (1999b) Editorial – Tourism NGOs, *Tourism Recreation Research* 24(2): 3–6.
Burns, P. and Holden, A. (1995) *Tourism: A New Perspective*, Hemel Hempstead: Prentice Hall International.
Butcher, J. (2002) *The Moralisation of Tourism: Sun, Sand . . . and Saving the World?*, London: Routledge.
Butler, R. W. (1975) Tourism as an agent of social change, in F. Helleiner (ed.) *Tourism as a Factor in National and Regional Development*, Occasional Paper No. 4, Department of Geography, Trent University, Peterborough, Ontario, pp. 85–90.
Butler, R. W. (1980) The concept of the tourist area cycle of evolution: implications for managers of resources, *Canadian Geographer* 24(1): 5–12.
Butler, R. W. (1990) Alternative tourism: pious hope or Trojan horse?, *Journal of Travel*

Research 28(3): 40–45.
Butler, R. W. (1993) Tourism – an evolutionary perspective, in J. Nelson, R. Butler and G. Wall (eds) *Tourism and Sustainable Development: Monitoring, Planning, Managing*, University of Waterloo: Department of Geography, pp. 27–43.
Butler, R. W. (1994) Alternative tourism: the thin edge of the wedge, in V. Smith and W. Eadington (eds) *Tourism Alternatives, Potential and Problems in the Development of Tourism*, Chichester: John Wiley & Sons, pp. 31–46.
Campbell, F. (1999) Whispers and waste, *Our Planet* 10(3) ('Small Islands'), www.ourplanet.com.
Campbell, L. and Smith, C. (2006) What makes them pay? Values of volunteer tourists working for sea turtle conservation, *Environmental Management* 38(1): 84–98.
Carson, R. (1962) *Silent Spring*, Boston, MA: Houghton Mifflin.
Cater, E. (1993) Ecotourism in the Third World: problems for sustainable tourism development, *Tourism Management* 14(2): 85–93.
Cater, E. (1994) Ecotourism in the Third World – problems and prospects for sustainability, in E. Cater and G. Lowman (eds) *Ecotourism A Sustainable Option?*, Chichester: John Wiley & Sons, pp. 69–86.
Cater, E. (2004) Ecotourism: theory and practice, in A. Lew, C. M. Hall and A. Williams (eds) *A Companion to Tourism*, Oxford: Blackwell, pp. 484–497.
Cerviño, J. and Cubillo, M. (2005) Hotel and tourism development in Cuba, *Cornell Hotel and Restaurant Administration Quarterly* 46(2): 223–246.
Chambers, D. and Airey, D. (2001) Tourism policy in Jamaica: A Tale of Two Governments, *Current Issues in Tourism* 4(2–4): 94–120.
Chambers, R. (1997) *Whose Reality Counts? Putting the First Last*, London: Intermediate Technology Publications.
Chandler, P. (1999) Fair trade in tourism – the independent tour operator, in Tourism Concern, Voluntary Service Overseas, University of North London, *Achieving Fairly Traded Tourism Conference*, Twickenham: London and Association of Independent Tour Operators.
Choi, H. and Sirakaya, E. (2006) Sustainability indicators for managing community tourism, *Tourism Management* 27: 1274–1289.
Chok, S., Macbeth, J. and Warren, C. (2007) Tourism as a tool for poverty alleviation: a critical analysis of 'pro-poor tourism' and implications for sustainability, *Current Issues in Tourism* 10(2 and 3): 144–165.
Clancy, M. (1999) Tourism and development: evidence from Mexico, *Annals of Tourism Research* 26(1): 1–20.
Cleverdon, R. (2001) Introduction: Fair trade in tourism – applications and experience, *International Journal of Tourism Research* 3: 347–349.
Cleverdon, R. and Kalisch, A. (2000) Fair trade in tourism, *International Journal of Tourism Research* 2: 171–187.
Cohen, E. (1972) Towards a sociology of international tourism, *Social Research* 39(1): 64–82.
Cohen, E. (1979) A phenomenonology of tourist experiences, *Sociology* 13: 179–201.
Cohen, E. (1982) Marginal paradises: bungalow tourism on the islands of southern

Thailand, *Annals of Tourism Research* 9(2): 189–228.
Colantonio, A. and Potter, R. (2006) The rise of urban tourism in Havana since 1989, *Geography* 91(1): 23–33.
Coles, T. and Church, A. (2007) Tourism, politics and the forgotten entanglements of power, in A. Church and T. Coles (eds) *Tourism, Power and Space*, London: Routledge, pp.1–42.
Cooper, C., Fletcher, J., Fyall, A., Gilbert, D. and Wanhill, S. (2005) *Tourism: Principles and Practice* (3rd edn), Harlow: Pearson Education.
Cooper, M. (2003) The real Cancún: behind globalization's glitz, *The Nation*, 22 September.
Cooperative Bank (2005) *The Ethical Consumerism Report 2005*, Manchester: The Cooperative Bank.
Costa, C. (2006) Tourism planning, development and territory, in D. Buhalis and C. Costa (eds) *Tourism Management Dynamics, Trends, Management and Tools*, London: Elsevier Butterworth Heinemann, pp. 236–243.
Costa, C. and Buhalis, D. (2006) Introduction, in C. Costa and D. Buhalis (eds) *Tourism Management Dynamics, Trends, Management and Tools*, London: Elsevier Butterworth Heinemann, pp. 1–5.
Countryside Commission (1995) *Sustainable Rural Tourism: Opportunities for Local Action*, CCP 483, Cheltenham: Countryside Commission.
Cowe, R. and Williams, S. (2000) *Who is the Ethical Consumer?*, Manchester: The Cooperative Bank.
Cowen, M. and Shenton, R. (1996) *Doctrines of Development*, London: Routledge.
Croall, J. (1995) *Preserve or Destroy: Tourism and the Environment*, London: Calouste Gulbenkian Foundation.
Crompton, J. (1979) Motivations for pleasure vacation, *Annals of Tourism Research* 6(4): 408–424.
Cronin, L. (1990) A strategy for tourism and sustainable developments, *World Leisure and Recreation* 32(3): 12–18.
Cukier, J. (2002) Tourism employment issues in developing countries: examples from Indonesia, in R. Sharpley and D. J. Telfer (eds) *Tourism and Development Concepts and Issues*, Clevedon: Channel View Publications, pp. 165–201.
Cukier, J. and Wall, G. (1994) Informal tourism employment: vendors in Bali, Indonesia, *Tourism Management* 15(6): 464–467.
Daher, R. (2005) Urban regeneration/heritage tourism endeavours: the case of Salt, Jordan, local actors, international donors and the state, *International Journal of Heritage Studies* 11(4): 289–308.
D'Amico, B. (2005) *A Touch of Africa, Part II on to the Amazon*, Bloomington: Authorhouse.
Dann, G. (1981) Tourist motivation: an appraisal, *Annals of Tourism Research* 8(2): 187–219.
Dasgupta, P. and Weale, M. (1992) On measuring the quality of life, *World Development* 20(1): 119–131.
Davis, H. D. and Simmons, J.A. (1982) World Bank experience with tourism projects, *Tourism Management* 3(4): 212–217.
de Araujo, L. and Bramwell, B. (1999) Stakeholder assessment and collaborative tourism

planning: the case of Brazil's Costa Dourada Project, *Journal of Sustainable Tourism* 7(3 and 4): 356–378.
de Holan, P. and Phillips, N. (1997) Sun, sand and hard currency: tourism in Cuba, *Annals of Tourism Research* 24(4): 777–795.
de Kadt, E. (1979) *Tourism: Passport to Development?*, New York: Oxford University Press.
de Rivero, O. (2001) *The Myth of Development: Non-viable Economies of the 21st Century*, London: Zed Books.
Desai. V. and Potter, R. (2002) *The Companion to Development Studies*, London: Arnold.
Diamantis, D. (1999) Green strategies for tourism worldwide, *Travel & Tourism Analyst* 4: 9–112.
Diamantis, D. (2004) Ecotourism management an overview, in D. Diamantis (ed.) *Ecotourism: Management and Assessment*, London: Thomson, pp. 1–26.
Diamond, J. (1997) Tourism's role in economic development: the case re-examined, *Economic Development and Cultural Change* 25(3): 539–553.
Din, K. (1982) Tourism in Malaysia: competing needs in a plural society, *Annals of Tourism Research* 16(4): 453–480.
Dogan, H. (1989) Forms of adjustment: sociocultural impacts of tourism, *Annals of Tourism Research* 16(2): 216–236.
Dollar, D. (2005) Globalization, poverty and inequality, in M. Weinstein (ed.) *Globalization What's New?*, New York: Columbia University Press, pp. 96–128.
Dorji, T. (2001) Sustainability of tourism in Bhutan, *Journal of Bhutan Studies* 3(1): 84–104.
Dowling, R. (1992) Tourism and environmental integration; the journey from idealism to realism, in C. Cooper and A. Lockwood (eds) *Progress in Tourism, Recreation and Hospitality Management*, Vol. 4, London: Bellhaven Press, pp. 33–46.
Doxey, G. (1975) A causation theory of visitor–resident irritants: methodology and research inferences, *Proceedings of the Travel Research Association*, 6th Annual Conference, San Diego, pp. 195–198.
Doxey, G. (1976) When enough's enough: the natives are restless in Old Niagara, *Heritage Canada* 2(2): 26–27.
Dresner, S. (2002) *The Principles of Sustainability*, London: Earthscan Publications.
Duffy, R. (2000) Shadow players: ecotourism development, corruption and state politics in Belize, *Third World Quarterly* 21(3): 549–565.
Duffy, R. (2002) *A Trip Too Far*, London: Earthscan.
Duffy, R. (2006) The politics of ecotourism and the developing world, *Journal of Ecotourism* 5(1 and 2): 1–6.
Easterly, W. (2005) The rich have markets, the poor the bureaucrats, in M. Weinstein (ed.) *Globalization What's New?*, New York: Columbia University Press, pp. 170–195.
Eber, S. (1992) *Beyond The Green Horizon: Principles for Sustainable Tourism*, Godalming: WWF.
EC (1993) *Taking Account of Environment in Tourism Development*, DG XXIII Tourism Unit, Luxembourg: Commission of the European Communities.
Echtner, C. and Prasad, P. (2003) The context of Third World tourism marketing, *Annals of Tourism Research* 30(3): 660–682.
Elegant, S. (2006) Rooms to grow, service can't be knocked off, one reason Western hotels

are betting big on China, *Time* 168(21): A13–14.
Elliott, J. (1997) *Tourism and Public Policy*, London: Routledge.
ETB (1991) *The Green Light: A Guide to Sustainable Tourism*, London: English Tourist Board.
Evans, G. (2005) Mundo Maya: from Cancún to city of culture. World heritage in postcolonial Mesoamerica, in D. Harrison and M. Hitchcock (eds) *The Politics of World Heritage Negotiating Tourism and Conservation*, Clevedon: Channel View Publications, pp. 35–49.
Evans, G. and Cleverdon, R. (2000) Fair trade in tourism – community development or marketing tool, in D. Hall and G. Richards (eds) *Tourism and Sustainable Community Development*, London: Routledge, pp. 137–153.
FAO (2006) *The State of Food Insecurity in the World*, FAO United Nations, www.fao.org, accessed 1 November.
Farver, J. (1984) Tourism and employment in The Gambia, *Annals of Tourism Research* 11(2): 249–265.
Fennell, D. (1999) *Ecotourism: An Introduction*, London: Routledge.
Fennell, D. (2006) *Tourism Ethics*, Clevedon: Channel View Publications.
Fonatur (2006) About Fonatur, http://www.fonatur.gob.mx, accessed 21 September 2006.
Foo, J., McGuiggan, R. and Yiannakis, A. (2004) Roles tourists play: an Australian perspective, *Annals of Tourism Research* 31(2): 408–427.
Forsyth, T. (1995) Business attitudes to sustainable tourism: self-regulation in the UK outgoing tourism industry, *Journal of Sustainable Tourism* 3(4): 210–231.
Freeman, M. (2005) Human rights, in P. Burnell and V. Randall (eds) *Politics in the Developing World*, Oxford: Oxford University Press, pp. 237–252.
Galtung, J. (1986) Towards a new economics: on the theory and practice of self-reliance, in P. Ekins (ed.) *The Living Economy: A New Economy in the Making*, London: Routledge, pp. 97–109.
Garrod, B. and Fennell, D. (2004) An analysis of whalewatching codes of conduct, *Annals of Tourism Research* 31(2): 334–352.
Gartner, W. (2004) Factors affecting small firms in tourism: a Ghanaina perspective, in R. Thomas (ed.) *Small Firms in Tourism: International Perspectives*, Oxford: Elsevier, pp. 35–70.
Getz, D. (1987) Tourism planning and research: traditions, models and futures, paper presented at the Australian Travel Research Workshop, Bunbury, Western Australia, 5–6 November.
Ghimire, K. (2001) The growth of national and regional tourism in developing countries: an overview, in K. Ghimire (ed.) *The Native Tourist: Mass Tourism within Developing Countries*, London: Earthscan, pp. 1–29.
Global Travel Industry News (2007) Asian low-cost carriers go international, Global Travel Industry News, www.trevelindustryreview.com/news/5423, accessed 16 May 2007.
Go, F. and Pine, R. (1995) *Globalisation Strategy in the Hotel Industry*, London: Routledge.
Godfrey, K. (1996) Towards sustainability? Tourism in the republic of Cyprus, in L. Harrison and W. Husbands (eds) *Practising Responsible Tourism: International Case Studies in Tourism Planning, Policy and Development*, Chichester: John Wiley & Sons,

pp. 58–79.
Gold, J. (1980) *An Introduction to Behavioural Geography*, Oxford: Oxford University Press.
Goldsworthy, D. (1988) Thinking politically about development, *Development and Change* 19(3): 505–530.
Goodland, R. (1992) The case that the world has reached its limits, in R. Goodland, H. Daly, S. Serafy and B. von Droste (eds) *Environmentally Sustainable Economic Development: Building on Brundtland*, Paris: UNESCO, pp. 15–27.
Gössling, S. and Schultz, U. (2005) Tourism-related migration in Zanzibar, Tanzania, *Tourism Geographies* 7(1): 43–62.
Goudie, A. and Viles, H. (1997) *The Earth Transformed: An Introduction to Human Impacts on the Environment*, Oxford: Blackwell.
Goulet, D. (1992) Participation in development: new avenues, *World Development* 17(2): 165–178.
Graham, A. (2006) Transport and transit: air, land and sea, in C. Costa and D. Buhalis (eds) *Tourism Management Dynamics, Trends, Management and Tools*, London: Elsevier Butterworth Heinemann, pp. 181–190.
Gray, H. (1970) *International Travel – International Trade*, Lexington: DC Heath.
Gunn, C. with Var, T. (2002) *Tourism Planning Basics, Concepts, Cases* (4th edn), New York: Routledge.
Hall, C. M. (1994) *Tourism and Politics: Policy, Power and Place*, Chichester: John Wiley & Sons.
Hall, C. M. (2000) *Tourism Planning: Policies, Processes and Relationships*, Harlow: Prentice Hall.
Hall, C. M. (2002) Local initiatives for local regional development: the role of food, wine and tourism, in E. Arola, J. Kärkkäinen and M. Siltari (eds) *Tourism and Well Being: The 2nd Tourism Industry and Education Symposium May 16–18, Jyväskla, Finland Symposium Proceedings*, Jyväskla Polytechnic, pp. 47–63.
Hall, C. M. (2005) *Tourism Rethinking The Social Science of Mobility*, London: Pearson Prentice Hall.
Hall, C. M. (2007a) Tourism, governance and the (mis-) location of power, in A. Church and T. Coles (eds) *Tourism, Power and Space*, London: Routledge, pp. 247–268.
Hall, C. M. (2007b) Editorial, Pro-poor tourism: do tourism exchanges benefit primarily the countries of the south?, *Current Issues in Tourism* 10(2 and 3): 111–118.
Hall, C. M. and Higham, J. (eds) (2005) *Tourism, Recreation and Climate Change*, Clevedon: Channel View Publications.
Hall, C. M. and Jenkins, J. (1998) The policy dimensions of rural tourism and recreation, in R. Butler, C. M. Hall and J. Jenkins (eds) *Tourism and Recreation in Rural Areas*, Chichester: Wiley, pp. 19–42.
Hall, C. M. and Jenkins, J. (2004) Tourism and public policy, in A. Lew, C. M. Hall and A. M. Williams (eds) *A Companion to Tourism*, Oxford: Blackwell, pp. 525–540.
Hall, C. M. and Page, S. (2006) *The Geography of Tourism and Recreation* (3rd edn), London: Routledge.
Hall, D. (2000) Identity, community and sustainability prospects for rural tourism in

Albania, in D. Hall and G. Richards (eds) *Tourism and Sustainable Community Development*, London: Routledge, pp. 48–59.

Hannam, K., Sheller, M. and Urry, J. (2006) Editorial: Mobilities, immobilities and moorings, *Mobilities* 1(1): 1–22.

Hard Rock Café (2006) Hard Rock Café advertisement *in easyJet inflight magazine*, July.

Hardin, G. (1968) The tragedy of the commons, *Science* 162: 1243–1248.

Harrigan, J. and Mosley, P. (1991) Evaluating the impact of World Bank structural adjustment lending, *Journal of Development Studies* 27(3): 63–94.

Harrison, D. (1988) *The Sociology of Modernisation and Development*, London: Routledge.

Harrison, D. and Price, M. (1996) Fragile environments, fragile communities? An introduction, in M. Price and V. Smith (eds) *People and Tourism in Fragile Environments*, Chichester: John Wiley & Sons, pp. 1–18.

Harrison, D. and Schipani, S. (2007) Lao tourism and poverty alleviation: community-based tourism and the private sector, *Current Issues in Tourism* 10(2 and 3): 194–230.

Harvey, D. (1989) The *Condition of Postmodernity*, Oxford: Blackwell.

Hashimoto, A. (2002) Tourism and sociocultural development issues, in R. Sharpley and D. J. Telfer (eds.) *Tourism and Development Concepts and Issues*, Clevedon: Channel View Publications, pp. 202–230.

Hashimoto, A. and Telfer, D. J. (2007) Geographic representations embedded within souvenirs in Niagara: the case of geographically displaced authenticity, *Tourism Geographies* 9(2): 191–217.

Hatton, M. (1999) *Community-based Tourism in the Asia-Pacific*, Toronto: Canadian Tourism Commission, Asia-Pacific Economic Cooperation and Canadian International Development Agency.

Hawkins, D. and Mann, S. (2007) The World Bank's role in tourism development, *Annals of Tourism Research* 34(2): 348–363.

Hazbun, W. (2004) Globalisation, reterritorialisation and the political economy of tourism development in the Middle East, *Geopolitics* 9(2): 310–341.

Hecho En GeoCuba (1997) Las Terrazas Complejo Turistico Tourist Map.

Held, D. (ed.) (2000) *A Globalizing World?: Culture, Economics, Policy*, London: Routledge.

Helleiner, E. (2006) Alternatives to neoliberalism? Towards a more heterogeneous global political economy, in R. Stubbs and G. Underhill (eds) *Political Economy and the Changing Global Order* (3rd edn), Don Mills, Ontario: Oxford University Press. pp. 77–87.

Henderson, J. (2003) The politics of tourism in Myanmar, *Current Issues in Tourism* 6(2): 97–118.

Henderson, J. (2006) Tourism in Dubai: overcoming barriers to destination development, *International Journal of Tourism Research* 8(2): 87–99.

Hettne, B. (1995) *Development Theory and the Three Worlds*, New York: Longman.

Hettne, B. (2002) Current trends and future options in development studies, in V. Desai and R. B. Potter (eds) *The Companion to Development Studies*, New York: Oxford University Press. pp. 7–12.

Hiernaux-Nicolas, D. (1999) Cancún bliss, in D. Judd and S. Fainstein (eds) *The Tourist City*, New Haven, CT: Yale University Press, pp. 124–139.

Hinch, T. and Butler, R. (1996) Indigenous tourism: a common ground for discussion, in R. Butler and T. Hinch (eds) *Tourism and Indigenous Peoples*, London: International Thomson Business Press, pp. 3–19.
Hitchcock, M. and Darma Putra, I. (2005) The Bali bombings: tourism crisis management and conflict avoidance, *Current Issues in Tourism* 8(1): 62–76.
Høivik, T. and Heiberg, T. (1980) Centre–periphery tourism and self-reliance, *International Social Science Journal* 32(1): 69–98.
Holden, A. (2000) *Environment and Tourism*, London: Routledge.
Holloway, J. (2002) *The Business of Tourism* (6th edn), Harlow: Pearson Education.
Holt, D. (1995) How consumers consume: a typology of consumption practices, *Journal of Consumer Research* 22 (June): 1–16.
Hoogvelt, A. (1997) *Globalisation and the Postcolonial World*, London: Macmillan.
Horan, J. (2002) Indigenous wealth and development: micro-credit schemes in Tonga, *Asia Pacific Viewpoint* 43(2): 205–221.
Howie, F. (2003) *Managing the Tourist Destination*, London: Thomson.
Høyer, K. (2000) Sustainable tourism or sustainable mobility? The Norwegian case, *Journal of Sustainable Tourism* 8(2): 147–160.
Hughes, G. (1995) Authenticity in tourism, *Annals of Tourism Research* 22(4): 781–803.
Hunter, C. (1995) On the need to re-conceptualise sustainable tourism development, *Journal of Sustainable Tourism* 3(3): 155–165.
Hunter, C. and Green, H. (1995) *Tourism and the Environment: A Sustainable Relationship?*, London: Routledge.
Huybers, T. (ed.) (2007) *Tourism in Developing Countries*, Cheltenham: Edward Elgar.
IFTO (1994) *Planning for Sustainable Tourism: The ECOMOST Project*, Lewes: International Federation of Tour Operators.
Iliau, R. (1997) *The Changing Role of Women in Tonga*, unpublished MA Dissertation, University of Auckland.
IMF (2006) Poverty Reduction Strategy Papers. www.imf.org, accessed 1 August 2006.
India eNews (2006) Bengal to woo foreign investment in tourism, www.indiaenews.com, accessed 17 August 2006.
Inskeep, E. (1991) *Tourism Planning: An Integrated and Sustainable Development Approach*, New York: Van Nostrand Reinhold.
Inskeep, E. and Kallenberger, M. (1992) *An Integrated Approach to Resort Development: Six Case Studies*, Madrid: World Tourism Organisation.
InterContinental (2006) *Group at a Glance Fact Sheet*, http://www.ihgplc.com, accessed 27 September 2006.
Ioannides, D. and Debbage, K. (1998) Neo-Fordism and flexible specialisation, in D. Ioannides and K. Debbage (eds) *The Economic Geography of the Tourist Industry*, London: Routledge, pp. 99–122.
IRN (2002) *Current Developments in the UK Outbound Travel Industry*, Hampton: IRN Research.
Issa, J. and Jayawardena, C. (2003) The 'all-inclusive' concept in the Caribbean, *International Journal of Contemporary Hospitality Management* 15(3): 167–171.

IUCN (1980) *World Conservation Strategy: Living Resources Conservation for Sustainable Development*, Gland, Switzerland: World Conservation Union.
IUCN (1991) *Caring for the Earth: A Strategy for Sustainable Living*, Gland, Switzerland: World Conservation Union.
Jackson, G. and Morpeth, N. (1999) Local Agenda 21 and community participation in tourism policy and planning: future or fallacy, *Current Issues in Tourism* 2(1): 1–38.
Jafari, J. (1989) Sociocultural dimensions of tourism: an English language literature review, in J. Bystrzanowski (ed.) *Tourism as a Factor of Change: A Sociocultural Study*, Vienna: Vienna Centre, pp. 17–60.
Jamal, T. and Getz, D. (1995) Collaboration theory and community tourism planning, *Annals of Tourism Research* 22(1): 186–204.
Jamal, T. and Jamrozy, U. (2006) Collaborative networks and partnerships for integrated destination management, in D. Buhalis and C. Costa (eds) *Tourism Management, Dynamics, Trends, Management and Tools*, London: Elsevier Butterworth Heinemann, pp. 164–172.
Jamal, T., Borgers, M. and Stronza, A. (2006) The institutionalisation of ecotourism: Certification, cultural equity and praxis, *Journal of Ecotourism* 5(3): 145–175.
James, P. (2006) *Globalism, Nationalism and Tribalism, Bringing Theory Back In*, London: Sage.
JCP Inc (1987) *Nusa Tenggara, Tourism Development Plan for Lombok*, Tokyo: JCP Inc. Planners, Architects and Consulting Engineers.
Jenkins, C. (1980) Tourism policies in developing countries: a critique, *International Journal of Tourism Management* 1(1): 22–29.
Jenkins, C. (1991) Development strategies, in L. Lickorish, A. Jefferson, J. Bodlender and C. Jenkins (eds) *Developing Tourist Destinations*, London: Longman, pp. 59–118.
Johansson, Y. and Diamantis, D. (2004) Ecotourism in Thailand and Kenya: a private sector perspective, in D. Diamantis (ed.) *Ecotourism Management and Assessment*, London: Thomson, pp. 298–312.
Jones, S. (2005) Community-based ecotourism: the significance of social capital, *Annals of Tourism Research* 32(2): 303–324.
Kepp, M. (2005) Beach blanket Brazil: global hotel chains see tourism on the rise in Brazil and are spending big bucks now, *Latin Trade*, March, http://findarticles.com/p/articles/mi_m0BEK/is_3_13/ai_n13619929, accessed 28 September 2006.
Kimball, A. (2006) *Risky Trade, Infections Disease in the Era of Global Trade*, Aldershot: Ashgate Publishing.
Knowles, T., Diamantis, D. and El-Mourabi, J. (2001) *The Globalisation of Tourism: A Strategic Perspective*, London: Continuum.
Knox, P., Agnew, J. and McCarthy, L. (2003) T*he Geography of the World Economy* (4th edn), London: Edward Arnold.
Koch, E. and Massyn, P. (2001) South Africa's domestic tourism sector: promises and problems, in K. Ghimire (ed.) *The Native Tourist: Mass Tourism within Developing Countries*, London: Earthscan, pp. 142–171.
Kousis, M. (2000) Tourism and the environment: a social movements perspective, *Annals of Tourism Research* 27(2): 468–489.
Krippendorf, J. (1986) Tourism in the system of industrial society, *Annals of Tourism*

Research 13(4): 517–532.
Krippendorf, J. (1987) *The Holiday Makers*, Oxford: Heinemann.
Kusluvan, S. and Karamustafa, K. (2001) Multinational hotel development in developing countries: an exploratory analysis of critical policy issues, *International Journal of Tourism Research* 3: 179–197.
Lai, K., Li, Y. and Feng, X. (2006) Gap between tourism planning and implementation: a case of China, *Tourism Management* 27: 1171–1180.
Lane, B. (1990) Sustaining host areas, holiday makers and operators alike, in *Conference Proceedings, Sustainable Tourism Development Conference*, Queen Margaret College, Edinburgh, November.
Lane, J. (2005) *Globalization and Politics*, Aldershot: Ashgate Publishing.
Lea, J. (1988) *Tourism and Development in the Third World*, London: Routledge.
Leinbach, T. and Bowen, J. (2004) Airspaces: air transport, technology and society, in S. Brunn, S. Cutter and J. Harrington (eds) *Geography and Technology*, London: Kluwer Academic, pp. 285–313.
Leiper, N. (1979) The framework of tourism, *Annals of Tourism Research* 6(1): 390–407.
Leisen, B. (2001) Image segmentation: the case of a tourism destination, *Journal of Services Marketing* 15(1): 49–66.
Lett, J. (1989) Epilogue to touristic studies in anthropological perspective, in V. Smith (ed.) *Hosts and Guests: The Anthropology of Tourism* (2nd edn), Philadelphia: University of Pennsylvania Press, pp. 265–279.
Li, Y. (2004) Exploring community tourism in China: the case of Nanshan Cultural Tourism Zone, *Journal of Sustainable Tourism* 12(3): 175–193.
Lickorish, L. (1991) International agencies, in L. Lickorish, A. Jefferson, J. Bodlender and C. Jenkins (eds) *Developing Tourism Destinations: Policies and Perspectives*, Harlow: Longman, pp. 147–165.
Lipscomb, A. (1998) Village-based tourism in the Solomon Islands: impediments and impacts, in E. Laws, B. Faulkner and G. Moscardo (eds) *Embracing and Managing Change in Tourism*, London: Routledge, pp. 185–201.
Liu, A. and Wall, G. (2006) Planning tourism employment: a developing country perspective, *Tourism Management* 27: 159–170.
Lloyd, K. (2004) Tourism and transitional geographies: mismatched expectations of tourism investment in Vietnam, *Asia Pacific Viewpoint* 45(2): 197–215.
Long, V. (1993) Techniques for socially sustainable tourism development: lessons from Mexico, in J. Nelson, R. Butler and G. Wall (eds) *Tourism and Sustainable Development: Monitoring, Planning, Managing*, Waterloo: Heritage Resources Centre Joint Publication No. 1, University of Waterloo, pp. 201–219.
Ludwig, D., Hilborn, R. and Walters, C. (1993) Uncertainty, resource exploitation, and conservation: lessons from history, *Science* 269(5104):17, 36.
Lury, C. (1996) *Consumer Culture*, Cambridge: Polity Press.
Mabogunje, A. (1980) *The Development Process: A Spatial Perspective*, London: Hutchinson.
MacCannell, D. (1989) The *Tourist: A New Theory of the Leisure Class* (2nd edn), New York: Shocken Books.

McCool, S. and Lime, D. (2001) Tourism carrying capacity: tempting fantasy or useful reality?, *Journal of Sustainable Tourism* 9(5): 372–388.
McCormick, J. (1995) *The Global Environmental Movement*, Chichester: John Wiley & Sons.
McElroy, J. and de Albuquerque, K. (2002) Problems for managing sustainable tourism in small islands, in Y. Apostlolpoulos and D. Gayle (eds) *Island Tourism and Sustainable Development: Caribbean, Pacific and Mediterranean Experiences*, Westport: Praeger, pp. 15–34.
McGehee, N. and Andereck, L. (2004) Factors predicting rural residents' support of tourism, *Journal of Travel Research* 43: 131–140.
MacKenzie, M. (2006) Temples doomed by tourism, *Independent Online*, http://travel.independent.co.uk/news_and_advice/article1090291.ece.
McKercher, B. (1993) Some fundamental truths about tourism: understanding tourism's social and environmental impacts, *Journal of Sustainable Tourism* 1(1): 6–16.
MacLellan, R., Dieke, P. and Thopo, B. (2000) Mountain tourism and public policy in Nepal, in P. Godde, M. Price and F. Zimmerman (eds) *Tourism and Development in Mountain Regions*, Wallingford: CABI, pp. 173–197.
Macleod, D. (2004) *Tourism, Globalisation and Cultural Change: An Island Community Perspective*, Clevedon: Channel View Publications.
McMichael, P. (2004) *Development and Social Change: A Global Perspective* (3rd edn), London: Pine Forge Press.
Macnaught, T. (1982) Mass tourism and the dilemmas of modernization in Pacific island communities, *Annals of Tourism Research* 9(3): 359–381.
Madrigal, R. and Kahle, L. (1994) Predicting vacation activity preferences on the basis of value-system segmentation, *Journal of Travel Research* 32(3): 22–28.
Malta Tourism Authority (2006) Malta Tourism Authority Strategic Plan 2006–2009, http://www.mta.com.mt/index.pl/mta_news, accessed 2 October 2006.
Mann, M. (1986) *The Sources of Social Power, Volume 1: A History of Power from the Beginning to A.D. 1760*, Cambridge: Cambridge University Press.
Mann, M. (2000) *The Community Tourism Guide*, London: Earthscan.
Martell, L. (1994) *Ecology and Society*, Cambridge: Polity Press.
Martin de Holan, P. and Phillips, N. (1997) Sun, sand and hard currency: tourism in Cuba, *Annals of Tourism Research* 24(4): 777–795.
Marwick, M. (2000) Golf tourism development, stakeholders, differing discourses and alternative agendas: the case of Malta, *Tourism Management* 21(5): 515–524.
Mason, P. and Mowforth, M. (1995) *Codes of Conduct in Tourism*, Occasional Papers in Geography No. 1, University of Plymouth: Department of Geographical Sciences.
Mason, P. and Mowforth, M. (1996) Codes of conduct in tourism, *Progress in Tourism and Hospitality Research* 2(2): 151–164.
Mathieson, A. and Wall, G. (1982) *Tourism: Economic, Physical and Social Impacts*, Harlow: Longman.
Mbaiwa, J. (2005) Enclave tourism and its socio-economic impacts in the Okavango Delta, Botswana, *Tourism Management* 26: 157–172.
Mieczkowski, Z. (1995) *Environmental Issues of Tourism and Recreation*, Lanham, MD:

University Press of America.
MIGA (2006) MIGA: Supporting Tourism and Hospitality Investments, Tourism and Hospitality Brief, www.miga.org/documents/touris0.6pdf, accessed 22 September.
Milne, S. and Ewing, G. (2004) Community participation in Caribbean tourism: problems and prospects, in D. Duval (ed.) *Tourism in the Caribbean: Trends, Development, Prospects*, London: Routledge, pp. 205–217.
Milne, S. and Gill, K. (1998) Distribution technologies and destination development: myths and realities, in D. Ioannides and K. Debbage (eds) *The Economic Geography of the Tourist Industry*, London: Routledge, pp.123–138.
Milner, H. (1991) The assumption of anarchy in international relations: a critique, *Review of International Studies* 17(1): 67.
Mintel (1994) *The Green Consumer I: The Green Conscience*, London: Mintel International.
Mintel (2007) *Green and Ethical Consumers*, London: Mintel International.
Mishan, E. (1969) *The Costs of Economic Growth*, Harmondsworth: Penguin.
Mitchell, B. (1997) *Resource and Environmental Management*, Harlow: Addison Wesley Longman.
Mitchell, D. (2000) *Cultural Geography a Critical Introduction*, Oxford: Blackwell.
Miossec, J. M. (1976) Elements pour une theorie de l'éspace touristique. *Les Cahiers du Tourisme* C-36. CHET, Aix-en-Provence: Mintel.
Momsen, J. (2004) *Gender and Development*, London: Routledge.
Mosley, P. and Toye, J. (1988) The design of Structural Adjustment Programmes, *Development Policy Review* 6(4): 395–413.
Mowforth, M. and Munt, I. (1998) *Tourism and Sustainability: New Tourism in the Third World*, London: Routledge.
Mowforth, M. and Munt, I. (2003) *Tourism and Sustainability: Development and New Tourism in the Third World* (2nd edn), London: Routledge.
Mowl, G. (2002) Tourism and the environment, in R. Sharpley (ed.) *The Tourism Business: An Introduction*, Sunderland: Business Education Publishers, pp. 219–242.
Murphy, P. (1985) *Tourism: A Community Approach*, New York: Routledge.
Nash, D. (1989) Tourism as a form of imperialism, in V. Smith (ed.) *Hosts and Guests: The Anthropology of Tourism* (2nd edn), Philadelphia: University of Pennsylvania Press, pp. 37–52.
Nepal, S. (2000) Tourism in protected areas: the Nepalese Himalaya, *Annals of Tourism Research* 27(3): 661–681.
Newell, P. (2005) Environment, in P. Burnell and V. Randall (eds) *Politics in the Developing World*, Oxford: Oxford University Press, pp. 221–236.
Newsome, D., Moore, S. and Dowling, R. (2000) *Natural Area Tourism: Ecology, Impacts and Management*, Clevedon: Channel View Publications.
Noronha, L., Siqueira, A., Sreekesh, S., Qureshy, L. and Kazi, S. (2002) Goa: tourism migrations and ecosystem transformations, *Ambio* 31(4): 295–302.
Nozick, M. (1993) Five principles of sustainable community development, in E. Shragge (ed.) *Community Economic Development: In Search of Empowerment and Alteration*, Montreal: Black Rose Books, pp. 18–43.
O'Connor, P., Buhalis, D. and Frew, A. (2001) The transformation of tourism distribution

参考文献 335

channels through information technology, in D. Buhalis and E. Laws (eds) *Tourism Distribution: Channels Practices, Issues and Transformations*, London: Continuum, pp. 315–331.

OECD (1981) *The Impact of Tourism on the Environment*, Paris: Organisation for Economic Co-operation and Development.

OECD (2001) *Review of the National Tourism Policy in Mexico – Conclusions*, www.oecd.org/dataoecd/44/30/33650504.pdf, accessed 19 September 2006.

O' Grady, R. (1980) *Third World Stopover*, Geneva: World Council of Churches.

Olesen, A. (2006) Train route opens travel to remote Tibet, *Baltimoresun.com*, www.baltimoresun.com, accessed 14 August 2006.

Oneworld (2006) www.oneworld.com, accessed 8 August 2006.

Opperman, M. and Chon, K. (1997) *Tourism in Developing Countries*, London: International Thomson Business Press.

O'Reilly, K. (2003) When is a tourist? The articulation of tourism and migration in Spain's Costa del Sol, *Tourist Studies* 3(3): 301–317.

Ottaway, M. (2005) Civil society, in P. Burnell and V. Randall (eds) *Politics in the Developing World*, Oxford: Oxford University Press, pp. 120–135.

Page, S. and Connell, J. (2006) *Tourism: A Modern Synthesis* (2nd edn), London: Thomson.

Pal, M. (1994) Constraints facing the small-scale informal sectors in developing economies, *Ecodecision*, (autumn): 79–81.

Palma, G. (1995) Underdevelopment and Marxism: from Marx to the theories of imperialism and dependency, in R. Ayers (ed.) *Development Studies: An Introduction Through Selected Readings*, Dartford: Greenwich University Press, pp. 161–210.

Palmer, N. (2006) Economic transition and the struggle for local control in ecotourism development: the case of Kyrgyzstan, *Journal of Ecotourism* 5(1 and 2): 40–61.

Papatheodorou, A. (2006) Liberalisation and deregulation for tourism: implications for competition, in C. Costa and D. Buhalis (eds) *Tourism Management Dynamics, Trends, Management and Tools*, London: Elsevier Butterworth Heinemann, pp. 68–77.

Parinello, G. (1993) Motivation and anticipation in post-industrial tourism, *Annals of Tourism Research* 20(2): 233–249.

Pattulo, P. with Minelli, O. (2006) *Ethical Travel Guide*, London: Earthscan.

Pearce, D. (1989) *Tourist Development* (2nd edn), Harlow: Longman.

Pearce, D., Markandya, A. and Barbier, E. (1989) *Blueprint for a Green Economy*, London: Earthscan.

Pearce, P. (1992) Fundamentals of tourist motivation, in D. Pearce and R. Butler (eds) *Tourism Research: Critiques and Challenges*, London: Routledge, pp. 113–134.

Pearce, P. (2005) *Tourist Behaviour Themes and Conceptual Schemes*, Clevedon: Channel View Publications.

Peet, R. with Hartwick, E. (1999) *Theories of Development*, London: Guilford Press.

Perkins, J. (2004) *Confessions of an Economic Hit Man*, London: Penguin Books.

Peterson, R. (1979) Revitalizing the culture concept, *Ann. Rev. Sociol.* 5: 137–166.

Pigram, J. (1990) Sustainable tourism – policy considerations, *Journal of Tourism Studies* 1(2): 2–9.

Pike, S. (2002) Destination image analysis – a review of 142 papers from 1973 to 2000,

Tourism Management 23(4): 541–549.

Plog, S. (1977) Why destinations rise and fall in popularity, in E. Kelly (ed.) *Domestic and International Tourism*, Wellesley, MA.: Institute of Certified Travel Agents.

Plummer, R. and Fitzgibbon, J. (2004) Some observations on the terminology in co-operative environmental management, *Journal of Environmental Management* 70(1): 63–72.

Poon, A. (1989) Competitive strategies for a 'new tourism', in C. Cooper (ed.) *Progress in Tourism, Recreation and Hospitality Management, Vol 1*, London: Belhaven Press.

Poon, A. (1993) *Tourism, Technology and Competitive Strategies*, Wallingford: CAB International.

Potter, D. (2000) Democratisation, 'good governance' and development in T. Allen and A. Thomas (eds) *Poverty and Development into the 21st Century*, Oxford: Oxford University Press, pp. 365–382.

Potter, R. B. (1995) Urbanisation and development in the Caribbean, *Geography* 80: 334–341.

Potter, R. B. (2002) Theories, strategies and ideologies of development, in V. Desai and R. B. Potter (eds) *The Companion to Development Studies*, New York: Oxford University Press, pp. 61–65.

Potter, R., Binns, T., Elliot, J. and Smith, D. (1999) *Geographies of Development*, Harlow: Prentice Hall.

PPT (2004) Pro-poor tourism info-sheets, sheet No. 9: Tourism in Poverty Reduction Strategy Papers (PRSPs), www.propoortourism.org.uk, accessed 8 August 2006.

Prasad, E., Rogoff, K., Wei, S. and Kose, A. (2003) *Effects of Financial Globalisation on Developing Countries, Some Empirical Evidence*, International Monetary Fund Occasional Paper 220, 9 September, International Monetary Fund, www.imf.org/external/pubs/nft/op/220/index.htm, accessed 8 May 2007.

Preston, P. (1996) *Development Theory: An Introduction*, Oxford: Blackwell.

Preston-Whyte, R. and Watson, H. (2005) Nature tourism and climate change in Southern Africa, in C. M. Hall and J. Higham, (eds) *Tourism, Recreation and Climate Change*, Clevedon: Channel View Publications, pp. 130–142.

Proops, J. and Wilkinson, D. (2000) Sustainability, knowledge, ethics and the law, in M. Redclift (ed.) *Sustainability, Life Chances and Livelihoods*, London: Routledge, pp. 17–34.

Rahnema, M. and Bawtree, V. (eds) (1997) *The Post-development Reader*, London: Zed Books.

Rain, D. and Brooker-Gross, S. (2004) A world on demand: geography of the 24-hour global TV news, in S. Brunn, S. Cutter and J. Harrington (eds) *Geography and Technology*, London: Kluwer Academic, pp. 315–337.

Rakodi, C. (1995) Poverty lines or household strategies?, *Habitat International* 19(4): 407–426.

Randall, V. (2005) Analytical approaches to the study of politics in the developing world, in P. Burnell and V. Randall (eds) *Politics in the Developing World*, Oxford: Oxford University Press, pp. 9–23.

Rapley, J. (2002) *Understanding Development Theory and Practice in the Third World*, London: Lynne Reinner.

Ravallion, M. (2004) *Pro-poor Growth: A Primer*, Washington, DC: World Bank.

Ray, C. (1998) Culture, intellectual property and territorial rural development, *Sociologia Ruralis* 38: 3–20.
Redclift, M. (1987) *Sustainable Development: Exploring the Contradictions*, London: Routledge.
Redclift, M. (2000) Introduction, in M. Redclift (ed.) *Sustainability, Life Chances and Livelihoods*, London: Routledge, pp. 1–13.
Reid, D. (1995) *Sustainable Development: An Introductory Guide*, London: Earthscan.
Reid, D. (2003) *Tourism, Globalization and Development: Responsible Tourism Planning*, London: Pluto Press.
Reisinger, Y. and Turner, L. (2003) *Cross-cultural Behaviour in Tourism Concepts and Analysis*, Oxford: Butterworth-Heinemann.
Richards, G. and Hall, D. (2000a) The community: a sustainable concept in tourism development?, in D. Hall and G. Richards (eds) *Tourism and Sustainable Community Development*, London: Routledge, pp. 1–13.
Richards, G. and Hall, D. (2000b) Conclusions, in D. Hall and G. Richards (eds) *Tourism and Sustainable Community Development*, London: Routledge, pp. 297–306.
Robbins, P. (2001) *Greening the Corporation: Management Strategies and the Environmental Challenge*, London: Earthscan.
Roberts, S. (2002) Global regulation and trans-state organisation, in R. Johnston, P. Taylor and M. Watts (eds) *Geographies of Global Change: Remapping the World*, Oxford: Blackwell, pp. 143–157.
Robins, K. (1997) What in the world is going on?, in P. du Gay (ed.) *Production of Culture/Cultures of Production*, London: Sage, pp. 11–66.
Rodrik, D. (2005) Feasible globalisations, in M. Weinstein (ed.) *Globalization: What's New?*, New York: Columbia University Press, pp. 196–213.
Rogerson, C. (2006) Pro-poor local economic development in South Africa: the role of pro-poor tourism, *Local Environment* 11(1): 37–60.
Rokeach (1973) *The Open and Closed Mind*, New York: Basic Books.
Rostow, W. (1967) *The Stages of Economic Growth: A Non-Communist Manifesto* (2nd edn), Cambridge: Cambridge University Press.
Rothman, J., Erlich, M. and Tropman, J. E. (1995) *Strategies of Community Intervention* (5th edn), Itasca, IL: F. E. Peacock.
Routledge, P. (2001) 'Selling the rain', resisting the sale: resistant identities and the conflict over tourism in Goa, *Social and Cultural Geography* 2(2): 221–240.
Ryan, C. (1991) *Recreational Tourism: A Social Science Perspective*, London: Routledge.
Ryan, C. (1997) The chase of a dream, the end of a play, in C. Ryan (ed.) *Tourist Experience: A New Introduction*, London: Cassell, pp. 1–24.
Ryan, C. (2005) Introduction: tourist–host nexus – research considerations, in C. Ryan and M. Aicken (eds) *Indigenous Tourism; The Commodification and Management of Culture*, London: Elsevier, pp. 1–11.
Ryan, C. and Hall, C. M. (2001) *Sex Tourism: Marginal People and Liminalities*, London: Routledge.
Sachs, J. (2005) *The End of Poverty: Economic Possibilities for Our Time*, New York: Penguin Books.

Sachs, W. (1996) Introduction, in W. Sachs (ed.) *The Development Dictionary: A Guide to Knowledge and Power*, London: Zed Books, pp. 2–5.

Said, E. (1978) *Orientalism*, London: Routledge.

Salem, N. (1994) Water rights, *Tourism in Focus* (Tourism Concern) 17: 4–5.

Saul, J. R. (2005) *The Collapse of Globalism and the Reinvention of the World*, Toronto: Viking Canada.

Schemo, J. (1995) Galapagos Island Journal: Homo sapiens at war on Darwin's peaceful island, *New York Times*, 15 August, retrieved from www.nytimes.com.

Scheyvens, R. (2002) *Tourism for Development: Empowering Communities*, London: Prentice Hall.

Scheyvens, R. (2003) Local involvement in managing tourism, in S. Singh, D. Timothy and R. Dowling (eds) *Tourism in Destination Communities*, Wallingford: CABI, pp. 229–252.

Schilcher, D. (2007) Growth versus equity: the continuum of pro-poor tourism and neoliberal governance, *Current Issues in Tourism* 10(2 and 3): 166–193.

Schmidt, H. (1989) What makes development?, *Development and Cooperation* 6:19–26.

Scholte, J. (2005) *Globalisation: A Critical Introduction*, New York: Palgrave.

Schumacher, E. (1974) *Small is Beautiful: A Study of Economics as if People Mattered*, London: Abacus.

Schuurman, F. (1996) Introduction: development theory in the 1990s, in F. Schuurman (ed.) *Beyond the Impasse: New Direction in Development Theory*, London: Zed Books, pp. 1–48.

Seckelman, A. (2002) Domestic tourism – a chance for regional development in Turkey?, *Tourism Management* 23(1): 85–92.

Seers, D. (1969) The meaning of development, *International Development Review* 11(4): 2–6.

Sen, A. (1999) *Development as Freedom*, New York: Anchor Books.

Shackley, M. (1996) *Wildlife Tourism*, London: International Thomson Business Press.

Shah, K. (2000) *Tourism, the Poor and Other Stakeholders: Asian Experience, ODI Fair-Trade Tourism Paper*, London: ODI.

Sharpley, R. (1994) *Tourism, Tourists and Society*, Huntingdon, Cambridgeshire: Elm Publications.

Sharpley, R. (2000) Tourism and sustainable development: exploring the theoretical divide, *Journal of Sustainable Tourism* 8(1): 1–19.

Sharpley, R. (2001) Tourism in Cyprus: challenges and opportunities, *Tourism Geographies* 3(1): 64–86.

Sharpley, R. (2002) *The Tourism Business: An Introduction*, Sunderland: Business Education Publishers.

Sharpley, R. (2003) *Tourism, Tourists and Society* (3rd edn), Huntingdon: Elm Publications.

Sharpley, R. (2005) The tsunami and tourism: a comment, *Current Issues in Tourism* 8(4), 344–349.

Sharpley, R. (2006a) Tourism in The Gambia: 10 years on, Paper presented at the Cutting Edge in Tourism Research Conference, University of Surrey, June.

Sharpley, R. (2006b) Ecotourism: a consumption perspective, *Journal of Ecotourism* 5(1 and 2): 7–22.

Sharpley, R. and Telfer, D. J. (eds) (2002) *Tourism and Development Concepts and Issues*, Clevedon: Channel View Publications.

Sharpley, R., Sharpley, J. and Adams, J. (1996) Travel advice or trade embargo: the impacts and implications of official travel advice, *Tourism Management* 17(1): 1–7.
Shaw, B. and Shaw, G. (1999) 'Sun, sand and sales': enclave tourism and local entrepreneurship in Indonesia, *Current Issues in Tourism* 2(1): 68–81.
Silver, I. (1993) Marketing authenticity in Third World countries, *Annals of Tourism Research* 20(2): 302–318.
Simpson, B. (1993) Tourism and tradition: from healing to heritage, *Annals of Tourism Research* 20(2): 164–181.
Simpson, K. (2004) 'Doing development': the gap year volunteer-tourists and a popular practice of development, *Journal of International Development* 16: 681–692.
Singh, S. (2001) Indian tourism: policy, performance and pitfalls, in D. Harrison (ed.) *Tourism and the Less Developed World: Issues and Case Studies*, Wallingford: CABI, pp. 137–149.
Singh, S., Timothy, D. and Dowling, R. (2003) Tourism and destination communities, in S. Singh, D. Timothy and R. Dowling (eds) *Tourism in Destination Communities*, Wallingford: CABI, pp. 3–18.
Sklair, L. (1995) *Sociology of the Global System*. Baltimore, MD: The Johns Hopkins University Press.
Sky Team (2006) Sky Team, www.skyteam.com/skyteam, accessed 8 August 2006.
Smith, M. (2007) Cultural tourism in a changing world, *Tourism: The Journal for the Tourism Industry* 1(1): 18–19.
Smith, S. (1994) The tourism product, *Annals of Tourism Research* 21(3): 582–595.
Smith, V. (ed.) (1977) *Hosts and Guests: The Anthropology of Tourism* (1st edn), Philadelphia: University of Pennsylvania Press.
Smith, V. (ed.) (1989) *Hosts and Guests: The Anthropology of Tourism* (2nd edn), Philadelphia: University of Pennsylvania Press.
Smith, V. (1996) Indigenous tourism; the four Hs, in R. Butler and T. Hinch (eds) *Tourism and Indigenous Peoples*, London: International Thomson Business Press, pp. 283–307.
Smith, V. and Eadington, W. (eds) (1992) *Tourism Alternatives: Potentials and Problems in the Development of Tourism*, Philadelphia: University of Pennsylvania Press.
Sofreavia in association with PT. Asana Wirasta Setia and PT. Desigras (1993) *Feasibility Study for Airport Development in Lombok, Master Plan Executive Summary*.
Solomon, M. (1994) *Consumer Behaviour: Buying, Having, Being* (2nd edn), Needham Heights, MA: Allyn & Bacon
Southgate, C. (2006) Ecotourism in Kenya: the vulnerability of communities, *Journal of Ecotourism* 5(1 and 2): 80–96.
Southgate, C. and Sharpley, R. (2002) Tourism, development and the environment, in R. Sharpley and D. Telfer (eds) *Tourism and Development: Concepts and Issues*, Clevedon: Channel View publication, pp. 231–262.
Spenceley, A. (2004) Responsible nature-based tourism planning in South Africa and the commercialisation of Kruger National Park, in D. Diamantis (ed.) *Ecotourism Management and Assessment*, London: Thomson, pp. 267–280.
Star Alliance (2006) Star Alliance facts and figures, www.staralliance.com, accessed 8 August 2006.

Starmer-Smith, C. (2004) Eco-friendly tourism on the rise. *Daily Telegraph Travel*, 6 November, p. 4.

Steer, A. and Wade-Gery, W. (1993) Sustainable development: theory and practice for a sustainable future, *Sustainable Development* 1(3): 23–35.

Stoddart, H. and Rogerson, C. (2004) Volunteer tourism: the case of Habitat for Humanity South Africa, *GeoJournal* 60: 311–318.

Streeten, P. (1977) The basic features of a basic needs approach to development, *International Development Review* 3: 8–16.

Stubbs, R. and Underhill, G. (eds) (2006) *Political Economy and the Changing Global Order* (3rd edn), Don Mills, Ontario: Oxford University Press.

Taylor, P., Watts, M. and Johnston, R. (2002) Geography/globalisation, in R. Johnston, P. Taylor and M. Watts (eds) *Geographies of Global Change: Remapping the World*, Oxford: Blackwell, pp. 1–17.

Tearfund (2000) *Tourism – An Ethical Issue. Market Research Report*, Teddington: Tearfund.

Telfer, D. J. (1996) Food purchases in a five-star hotel: a case study of the Aquila Prambanan Hotel, Yogyakarta, Indonesia, *Tourism Economics* 2(4): 321–338.

Telfer, D. J. (2000) Agritourism – a path to community development? The case of Bangunkerto, Indonesia, in D. Hall and G. Richards (eds) *Tourism and Sustainable Community Development*, London: Routledge, pp. 242–257.

Telfer, D. J. (2001) Tourism and Community Development in a Biosphere: Sierra Del Rosario, Cuba, unpublished paper.

Telfer, D. J. (2002a) The evolution of tourism and development theory, in R. Sharpley and D. J. Telfer (eds) *Tourism and Development: Concepts and Issues*, Clevedon: Channel View Publications, pp. 35–78.

Telfer, D. J. (2002b) Tourism and regional development issues, in R. Sharpley and D. J. Telfer (eds) *Tourism and Development: Concepts and Issues*, Clevedon: Channel View Publications, pp. 112–148.

Telfer, D. J. (in press) Development studies and tourism, in M. Robinson and T. Jamal (eds) *Handbook of Tourism Studies*, London: Sage.

Telfer, D. J. and Wall, G. (1996) Linkages between tourism and food production, *Annals of Tourism Research* 23(3): 635–653.

Telfer, D. J. and Wall, G. (2000) Strengthening backward economic linkages: local food purchasing by three Indonesian hotels, *Tourism Geographies* 2(4): 421–447.

Teo, P. (2002) Striking a balance for sustainable tourism: implications of the discourse on globalisation, *Journal of Sustainable Tourism* 10(6): 459–474.

The Economist (2007) Globalisation's offspring, *The Economist* 383(8523): 11.

Thomas, A. (2000) Poverty and the 'end of development', in T. Allen and A. Thomas (eds) *Poverty and Development into the 21st Century*, Oxford: Oxford University Press, pp. 3–22.

Timothy, D. (1998) Cooperative tourism planning in a developing destination, *Journal of Sustainable Tourism* 6(1): 52–68.

Timothy, D. (1999) Participatory planning: a view of tourism in Indonesia, *Annals of Tourism Research* 26(2): 371–391.

Timothy, D. (2000) Tourism planning in Southeast Asia: bringing down borders through cooperation, in K. Chon (ed.) *Tourism in Southeast Asia: A New Direction*. New York: The

Haworth Hospitality Press, pp. 21–38.
Timothy, D. (2004) Tourism and supranatioanlism in the Caribbean, in D. Duval (ed.) *Tourism in the Caribbean Trends, Development, Prospects*, London: Routledge, pp. 119–135.
Timothy, D. (2005) *Shopping Tourism, Retailing and Leisure*, Clevedon: Channel View Publications.
Timothy, D. and Boyd, S. (2003) *Heritage Tourism*, London: Prentice Hall.
Todaro, M. (1997) *Economic Development* (6th edn), Harlow: Addison-Wesley.
Todaro, M. (2000) *Economic Development* (7th edn), Harlow: Addison-Wesley.
Torres, R. (2002) Cancún's tourism development from a Fordist spectrum of analysis, *Tourist Studies* 2(1): 87–116.
Torres, R. (2003) Linkages between tourism and agriculture in Mexico, *Annals of Tourism Research* 30(3): 546–566.
Torres, R. and Momsen, J. H., (2004) Challenges and potential of linking tourism and agriculture to achieve pro-poor tourism objectives, *Progress in Development Studies* 4(4): 294–318.
Tosun, C. (1999) An analysis of the economic contribution of inbound international tourism in Turkey, *Tourism Economics* 5(3): 217–250.
Tosun, C. (2000) Limits to community participation in the tourism development process in developing countries, *Tourism Management* 21: 613–633.
Tourism Concern (2006) Global hotel chain's claims of responsible development are a 'greenwash' says pressure group, Tourism Concern Press Release, 25 July, from www.tourismconcern.org.uk/media/2006/Hilton%20and%20CSR%20July%2006.htm, accessed November 2006.
Tourism Concern (n.d.) *Behind the Smile The Tsunami of Tourism*, London: Tourism Concern.
Tourism Thailand (2006) *About TAT*, http://www.tourismthailand.org/about/abouttat.aspx, accessed 14 September.
Transat (2006) Profile, www.airtransit.ca, accessed 11 August 2006.
Tribe, J., Font, X., Griffiths, N., Vickery, R. and Yale, K. (2000) *Environmental Management for Rural Tourism and Recreation*, London: Cassell.
Turner, L. and Ash, J. (1975) *The Golden Hordes: International Tourism and the Pleasure Periphery*, London: Constable.
TVNZ (2006) Coup costing Fiji tourism millions, http://tvnz.co.nz/view/page/411419/930768, accessed 15 February 2007.
United Nations (UN) (1955) *Social Progress Through Community Development*, New York: United Nations.
UN (2003) *Poverty Alleviation Through Sustainable Tourism Development*, New York: United Nations.
UN (2007) Universal Declaration of Human Rights, United Nations, retrieved from www.unhchr.ch/udhr/ 4 July 2007.
UNCTAD (2001) Tourism and development in the Least Developed Countries, *Third UN Conference on the Least Developed Countries*, Las Palmas, CI.
Underhill, G. (2006) Conceptualising the changing global order, in R. Stubbs and G. Underhill (eds) *Political Economy and the Changing Global Order Third Edition*, Don

Mills, Ontario: Oxford University Press, pp. 3–23.

UNDP (1992) *Tourism Sector Programming and Policy Development, Output 1, National Tourism Strategy*, New York: United Nations Development Programme.

UNDP (2004) *Human Development Report 2004*, New York: United Nations Development Programme.

UNEP (2002) *Tourism's Three Main Impact Areas*, www.uneptie.org/pc/tourism/sust-tourism/env-3main.htm.

UNEP (2005) *Integrating Sustainability into Business: A Management Guide for Responsible Tour Operations*, Paris: United Nations Environment Programme.

UNEP/WTO (2005) *Making Tourism More Sustainable: A Guide for Policy Makers*, Paris/Madrid: United Nations Environment Programme/World Tourism Organization.

UN-Habitat (2003) *The Challenges of Slums: Global Report on Human Settlements 2003*, London: Earthscan.

UNWTO (2006) *Technical Cooperation, An Effective Tool for Development Assistance*, http://www.world-tourism.org/techcoop/eng/objectives.htm, accessed 24 August.

Uriely, N. (1997) Theories of modern and postmodern tourism, *Annals of Tourism Research* 24(4): 982–985.

Urry, J. (1990) *The Tourist Gaze*, London: Sage.

Urry, J. (1995) *Consuming Places*, London: Routledge.

Urry, J. (2001) *The Tourist Gaze* (2nd edn), London: Sage.

Vargas, C. (2000) Community development and micro-enterprises: fostering sustainable development, *Sustainable Development*, 8: 11–26.

Visit Mexico Press (2006a) Private Investment in Mexico's Tourism Sector Booming, Sectur expects year-end total to surpass US$12 billion, www.visitmexicopress.com?press_release02.ap?pressID=179, accessed 21 September 2006.

Visit Mexico Press (2006b) Fonatur outlines accomplishments and future development strategy at Tiangus, www.visitmexicopress.com?press_release02.ap?pressID=162, accessed 21 September 2006.

Wade, R. (2004) *Governing the Market*, (2nd edn), Princeton, NJ: Princeton University Press.

Wahab, S. and Cooper, C. (eds) (2001) *Tourism in the Age of Globalization*, London: Routledge.

Wall, G. (1993) Towards a tourism typology, in J. G. Nelson, R. W. Butler and G. Wall (eds) *Tourism and Sustainable Development: Monitoring, Planning, Managing*, University of Waterloo; Heritage Resources Centre Joint Publication, pp. 45–58.

Wall, G. and Mathieson, A. (2006) *Tourism Change, Impacts and Opportunities*, Toronto: Pearson Prentice Hall.

Wall, G. and Xie, P. (2005) Authenticating ethnic tourism: Li Dancers' perspectives, *Asia Pacific Journal of Tourism Research* 10(1): 1–21.

Wang, Y. and Wall, G. (2005) Resorts and residents: stress and conservatism in a displaced community, *Tourism Analysis* 10(1): 37–53.

WCED (1987) *Our Common Future*, Oxford: Oxford University Press.

Wearing, S. (2001) *Volunteer Tourism: Experiences that Make a Difference*, New York: CABI.

Weaver, D. (2004) Manifestations of ecotourism in the Caribbean, in D. Duval (ed.) *Tourism in the Caribbean: Trends, Development, Prospects*, London: Routledge, pp. 172–186.

Weinstein, M. (2005) Introduction, in M. Weinstein (ed.) *Globalization What's New?*, New York: Columbia University Press, pp 1–18.
Wheeller, B. (1992) Eco or ego tourism: new wave tourism, *Insights*, Vol III, London: English Tourist Board, D41–44.
Wiarda, H. J. (1988) Toward a nonethnocentric theory of development: alternative conceptions from the Third World. *Journal of Developing Areas* 17, reprinted in C. K. Wilber (ed.) *The Political Economy of Development and Underdevelopment* (4th edn), Toronto: McGraw-Hill, pp. 59–82.
Wilbanks, T. (2004) Geography and technology, in S. Brunn, S. Cutter and J. Harrington (eds) *Geography and Technology*, London: Kluwer Academic, pp.1–16.
Williams, A. and Hall, C. M. (2000) Tourism and migration: new relationships between production and consumption, *Tourism Geographies* 2(1): 5–27.
Wood, K. and House, S. (1991) *The Good Tourist: A Worldwide Guide for the Green Traveller*, London: Mandarin.
Wood, R. (1997) Tourism and the state: ethnic options and constructions of otherness, in M. Picard and R. Woods, *Tourism, Ethnicity and the State in Asian and Pacific Countries*, Honolulu: University of Hawaii Press, pp.1–34.
Wood, R. (2004) Global currents: cruise ships in the Caribbean, in D. Duval (ed.) *Tourism in the Caribbean: Trends, Development, Prospects*, London: Routledge, pp. 152–171.
World Bank (2005) Classification of economies, www.worldbank.org/data/aboutdata/errata03/ Class.htm, accessed April 2005.
World Trade Organisation (2001) Dhoa WTO Ministerial Declaration. www.wto.org, retrieved 31 July 2006.
Wright, R. (2008) *Environmental Science: Toward a Sustainable Future (10th edn), Instructors' Edition*, Upper Saddle River, NJ: Pearson Prentice Hall.
WTO (1980) *Manila Declaration on World Tourism*, Madrid: World Tourism Organization.
WTO (1981) *The Social and Cultural Dimension of Tourism*, Madrid: World Tourism Organization.
WTO (1986) *Village Tourism Development Programme for Nusa Tenggara*, Madrid: World Tourism Organization, UNDP.
WTO (1993) *Sustainable Tourism Development: A Guide for Local Planners*, Madrid: World Tourism Organization.
WTO (1996) *Agenda 21 for the Travel and Tourism Industry: Towards Environmentally Sustainable Development*, Madrid: World Tourism Organization.
WTO (1998) *Tourism – 2020 Vision: Influences, Directional Flows and Key Influences*, Madrid: World Tourism Organization.
WTO (1999) *Sustainable Tourism Development: An Annotated Bibliography*, Madrid: World Tourism Organization.
WTO (2000) *Tourism Highlights 2000* (2nd edn), Madrid: World Tourism Organization.
WTO (2002) *Tourism and Poverty Alleviation*, Madrid: World Tourism Organization.
WTO (2004a) *Tourism Highlights Edition 2004*, Madrid: World Tourism Organization.
WTO (2004b) *Indicators of Sustainable Development for Tourism Destinations: A Guidebook*, Madrid: World Tourism Organization.
WTO (2005a) News Release: International tourism obtains its best results in 20 years, World

Tourism Organization, www.world-tourism.org/newsroom/Releases/2005/january/2004numbers.htm, accessed April 2005.

WTO (2005b) *A Historical Perspective of World Tourism*, World Tourism Organization, www.world-tourism.org/facts/trends/historical.htm, accessed 25 May 2006.

WTO (2005c) *World Tourism Barometer 3(2)*, Madrid: World Tourism Organization.

WTO (2006a) *UNWTO World Tourism Barometer* 4(1), World Tourism Organization, www.world-tourism.org/facts/menu.htm, accessed 18 October 2006.

WTO (2006b) Asian outbound tourism takes off, World Tourism News Release, 14 June, retrieved 28 October 2006 from www.world-tourism.org/newsroom/Release/2006/june/asianoutbound.html.

WTO/UNSTAT (1994) *Recommendations on Tourism Statistics*, Madrid: World Tourism Organization.

WTO/WTTC (1996) *Agenda 21 for the Travel and Tourism Industry: Towards Environmentally Sustainable Development*, Madrid: World Tourism Organization/World Travel and Tourism Council.

WTTC (2003) *Blueprint for a New Tourism*, London: World Travel and Tourism Council.

WTTC (2004) *Country League Tables*, London: World Travel and Tourism Council

WTTC (2006b) *Country League Tables*, London: World Travel and Tourism Council, www.wttc.org/frameset2.htm.

Yamamura, T. (2005) Donga Art in Lijinag, China: indigenous culture, local community and tourism, in C. Ryan and M. Aicken (eds) *Indigenous Tourism; The Commodification and Management of Culture*, London: Elsevier, pp. 181–199.

Yiannakis, A. and Gibson, H. (1992) Roles tourists play, *Annals of Tourism Research* 19(3): 287–303.

Young, G. (1973) *Tourism: Blessing or Blight?*, Harmondsworth: Penguin.

Zhang, H., Chong, K. and Ap, J. (1999) An analysis of tourism development policy in modern China, *Tourism Management* 20(4): 471–485.

Zhang, H., Pine, R. and Lam, T. (2005) *Tourism and Hotel Development in China*, New York: The Haworth Hospitality Press.

10 訳者あとがき

　この訳書は、カナダ・オンタリオ州のBrock大学David J. Telfer准教授と英国のCentral Lancashire大学Richard Sharpley教授による共著である「発展途上世界における観光と開発」(*Tourism and Development in the Developing World*；Routlege 2008) を全訳したものである。両教授とも観光分野を専門とし、観光に関して多くの著書を出版しており、特にSharpley教授は、観光が社会、環境、ビジネスおよび開発など様々な分野といかなる関係を有しているかについて多数の著書を出版している。

　本書は、発展途上国が観光開発を進める過程で直面する広範な問題を取り上げ、その本質的な側面にまで迫りつつ、分析し解説している。本書が取り上げている観光産業は、近年、グローバル化の流れの中で飛躍的な発展を見せており、観光客の数は世界全体で年間約8億～9億人に達するといわれている。その経済規模は世界貿易の1割に達する勢いを示し、国連専門機関の「世界観光機関」（UNWTO）は、観光が今後とも当分の間、年平均4％程度で拡大していくと予測している。こうした観光の世界的な発展は、各国が、自国にある観光資源を積極的に開発し観光産業として活用することによって、国家の収入源として活かそうとする実利的な意図があると共に、自国の文化や資産を海外に知ってもらいたいとの基本的な欲求に根ざすものであろう。特に最近の情報革命の進展によって、インターネットが最も多用される分野の一つとして観光が挙げられるほどであり、こうした近代的な変化も観光分野のすそ野を広げる大きな役割を果たしている。

　観光に対するこのような各国の姿勢は、先進国に限られるものではなく、見るべき産業をほとんど持たない発展途上国の中でも、観光分野の開発に目を向けて、政府や地元レベルがその開発に熱意を見せている国は珍しくない。このように観光産業の発展は、いまやグローバルな動きとなっており、増えつつあるユネスコ世界遺産もその一つの象徴的な表れと言えよう。

　わが国の歴史をふり返っても明治維新の元勲伊藤博文は、自らの海外経験に基づき、発展途上国であったわが国にとって国際観光の有する重要性を説いた最初の要人であ

った。彼は、主として国際観光のもたらす経済的利益に注目しながら、環境保護にも配慮していた。不平等条約改正発効による治外法権の撤廃が実現される直前（1899年）に彼は次のように述べている。

> 「（前略）大きな風景は、欧羅巴にも亜米利加にもその他の大陸にもずいぶんあるが、日本の風景とは大いに異なっている。日本の風景は小さい区域において多いのであって、小さい区域において風致をなしているものは誠に美しい。その美しい風景を見るのを楽しみ、清潔なる場所を好んで、外国人は日本を比類なき名所として見物に出かけてくるのである。
> 　例えば、厳島のごときも、自然に資本を持っているようなものである。ここに目をつけて、風致を保存するとともに、その地の繁栄を図る工夫をしなければならない。その土地が繁栄すれば、従って風致もますますその美を加えていく。また保存にも力を致すことが出来る。いかにいい風致があっても、掃除や多少の人工を加えなければ、その秀麗を保つことができない。（後略）」
> （新人物往来社編『伊藤博文直話』、新人物往来社、2010年刊）

　このような大先覚者がいたにもかかわらず、2003年の「ビジット・ジャパン・キャンペーン」、2006年の「観光立国推進基本法」制定、2008年の観光庁発足に至るまで、わが国では観光が政治、行政、社会、経済面で相対的に重視されてきたとは言い難い。地方開発の有効な手段として観光開発が各地で叫ばれているが、人材の育成が遅れていることから必ずしもうまくいっている訳ではない。このような中で、環境保護に関する国民意識はとみに向上しているのであるから、本書に言う「観光開発のディレンマ」はまさにわが国の地方開発にも多かれ少なかれ結びついてくる問題でもある。

　すなわち、本書が随所で強調しているのは、観光産業の開発や発展は様々な利益をもたらすものの、経済的、社会的にプラスの成果だけをもたらすものではないという点である。観光産業の導入や発展によって、国民所得の増加、雇用の創出、地元経済の活性化といった魅力的な成果がもたらされる面は確かに認められる。だが同時に観光開発の発展によって深刻な負の結果が生ずるのも不可避である。しかも、それは文化的、経済的に十分な強靱性を備えていない発展途上国においてより顕著であり、時に取り返しのつかない現象として浮上してくる場合が少なくない。

　国際観光は、本書が指摘するように、極めて競争の激しい分野であり、その中で勝者となるために途上国の多くは多国籍観光企業を招き入れ、開発の道を探る。だが、

それら企業の多くは、専ら自己の利潤拡大を基本的な行動原理にすえて、観光資源の一方的な利用に専心する。そうした多国籍企業と途上国の地元エリートが手を組んで、リゾート開発などを推し進める例は少なくないが、本書は、それによって生まれる利益配分が決して受け入れ国の国民に広く均霑する訳ではなく、開発全般に寄与するとは限らない点なども詳しく分析している。本書が指摘するように、観光の開発によって、むしろ地元住民は経済的利益から疎外され、環境破壊や、場合によっては、地元の伝統文化の変容ないし破壊といった負の結果を押し付けられることもある。

こうしたマイナスの要素を最小限に抑え、「持続可能な観光開発」といった側面に注意を向けることが基本的に重要である点も、本書が強調するところである。持続可能な開発は、今日、環境保全との関係などを中心に、広く開発一般について注目されてきた概念であり、決して珍しいアプローチではないが、本書は、ユニークな性格を有する観光分野においても、特に留意すべき概念としてそれを位置づけている。

以上の諸点を含め、本書は発展途上国における観光産業について、環境問題、行政的な管理・運営の問題、社会的・文化的保全など、様々な角度から分析を展開し、観光産業の開発への取り組み方を論じている。

今や世の中は、遠い視野の中ではあるが、大気圏外に飛び出す宇宙観光までが話題に上る時代に入っており、観光はまだ見ぬ未来の世界から、人類がかつてたどってきた古代の遺産まで、その領域を大きく広げている。こうした観光領域の広がりは、知的な視野をどこまでも広げていきたいとする人間の本質的な欲求と直結するものであり、その時々の経済情勢に影響はされても、将来にわたって観光に対する人々の熱意が衰えて行くことはないであろう。

発展途上国の開発全般について書かれた著書は多数に上るが、本書はその中で特に観光という特徴ある分野を取り上げ、以上のように幅広い視点に立って、重要な問題を分かりやすく解説している。また、各章ごとに議論のための問題や参考になる文献やウエブサイトも掲載している。入門書としても有益な文献であろうし、特に地域開発や開発経済学を学ぶ人あるいは最近増加している観光学部ないし観光学科の学生にとって、教科書としても大いに役立つであろう。

本書の訳出に当たっては、阿曽村が、「まえがき（日本語版へのまえがきも含む）」、第１章、第２章、第５章および第６章を訳し、鏡が、第３章、第４章、第７章および第８章を訳した上で、双方の訳文に関して議論を重ね調整した。また原文の中で、解釈に迷う箇所、意味が必ずしも明確でない箇所などについて何度も原著者に照会し、できる限り正確性を期する努力を重ねた。しかし、最終的な文責は、それぞれの章を担当した訳者にあることを念のためお断りしておきたい。

また、本書の作成に当たっては、古今書院の関田伸雄氏に大変にお世話になったことをお礼の言葉と共に、ここに書き添えておきたい。

　最後に、原著者であるTelfer，Sharpley両博士には、われわれの再三にわたる照会に対し、丁寧かつ根気よく回答を寄せて頂いたことに心から御礼申し上げると共に、カナダBrock大学のAtsuko Hashimoto准教授にも訳文作成に当たり貴重なご助言を頂いたことに感謝の意を表したい。

阿曽村邦昭、鏡　武

訳者紹介

阿曽村邦昭　あそむら　くにあき

1935年秋田市生まれ。東京大学農業経済学科および米国Amherst大学政治学科卒業。駐ベネズエラ、チェコスロバキア、ベトナム各大使を歴任後、富士銀行顧問、麗澤大学客員教授、吉備国際大学大学院国際協力研究科科長を経て、現在秋田市にあるノースアジア大学法学部教授兼岡山県の公設国際貢献大学校教授。
専門は政治学、開発経済学。主著に、『アジアの開発をめぐるメカニズム』（共著、アジア経済研究所）『西欧の農業』（共訳、農業調査会）『文化観光論』（共訳、古今書院）『宗教と開発』（共訳、麗澤大学出版会）

鏡　武　かがみ　たけし
1943年生まれ。一橋大学法学部卒業、外務省へ入省。その後英国ケンブリッジ大学経済学部を卒業し、JICA企画部長、駐シリアおよび駐アイルランド大使などを歴任。現在、帝京大学経済学部教授、綜合警備保障（ALSOK）（株）顧問。
専門は国際関係論、中東情勢、開発経済論。著書に、『中東紛争—その百年の相剋』（有斐閣）がある。

書　名	発展途上世界の観光と開発
コード	ISBN978-4-7722-7109-7　C3036
発行日	2011（平成23）年5月20日　初版第1刷発行
訳　者	阿曽村邦昭・鏡　武 　Copyright ©2011 Kuniaki ASOMURA and Takeshi KAGAMI
発行者	株式会社古今書院　橋本寿資
印刷所	三美印刷株式会社
製本所	三美印刷株式会社
発行所	**古今書院** 〒101-0062　東京都千代田区神田駿河台2-10
電　話	03-3291-2757
ＦＡＸ	03-3233-0303
振　替	00100-8-35340
ホームページ	http://www.kokon.co.jp/

検印省略・Printed in Japan

古今書院の関連図書　ご案内

文化観光論 —理論と事例研究—上巻
M.K.スミス・M.ロビンソン編　阿曽村邦昭・阿曽村智子訳

A5判
224頁
定価3780円
2009年発行

★観光学科のある大学43校で、学びたい講義内容
　創られたイメージが発信されて観光客を呼び寄せた結果、観光客の抱くイメージや期待が現地の人々の意識や文化に影響を与える…文化のさまざまな局面で、観光がどのような機能を果たしているか、事例研究と理論で明らかにする。原題 Cultural Tourism in a Changing World—Politics Participation and Representation—。
[主な内容] 1 政治、権力、遊び　2 文化政策、文化観光　3 遺産観光とアイルランドの政治問題　4 ノルウェー貴族的生活の復活　5 ポーランド文化観光　6 文化観光・地域社会の参加、能力開発　7 アフリカ地域社会　8 黒人町を観光する　9 地域社会の能力開発　10 ラップ人地域社会
ISBN978-4-7722-7105-9　C3036

文化観光論 —理論と事例研究—下巻
M.K.スミス・M.ロビンソン編　阿曽村邦昭・阿曽村智子訳

A5判
180頁
定価3780円
2009年発行

★土産品、観光美術、博物館、遺産・・・文化観光の問題は
　伝統・民俗習慣・食事のステレオタイプ化した観光用イメージ、本物かどうか、土産品をつくる側の論理など、具体事例研究は興味深い。文化観光研究を欧州で中心に活動している拠点は英国のリーズ・メトロポリタン大学の観光と文化変容センターであり、そこの叢書の7番目が本書だ。下巻には後半9章と訳者による解題を収める。
[主な内容] 11 真正性と商品化の諸相　12 土産品に品質証明が付される過程　13 Pataxo族の観光美術と文化的真正性　14 バリ舞踊の真正性と商品化　15 文化観光における解説　16 ブダペストの「恐怖の館」における解説　17 英国の博物館政策と解説　18 ベルギーの洞窟　19 遺産都市の解放
ISBN978-4-7722-7106-6　C3036

古今書院の関連図書　ご案内

国際観光論 ―平和構築のためのグローバル戦略―

高寺奎一郎著

★欧米の旅行業界の再編と格安航空会社の構図がすごい

　国際ツーリスト到着数は、一位フランス、二位スペイン、三位米国、四位中国、五位イタリア。最新データは興味深いが、国際観光統計をどう読むか、そもそも国際ツーリズム産業は平和な国際コミュニティの形成に役立つし、国際公共財としても価値が高いし、地域の振興にもなるし、経済のグローバル化にはもちろんだし、よく理解できればとても大事なことがわかる。国際観光についてよく知りたいそんな人々への、役立つ入門書。

　前著『貧困克服のためのツーリズム』と同様に著者の意図は、グローバリゼーション研究です。「国境を越える」このことが観光でも、国内と国際では大きな違いを生みます。
ISBN978-4-7722-3056-8　C3033

A5判
234頁
定価2730円
2006年発行

観光学 ―基本と実践―

溝尾良隆著　帝京大学教授

★示唆に富んだ地理学を実践する観光学テキスト

　観光学の基本と実践を地域振興から述べる。著者は地理学を学んで（株）日本交通公社へ、（財）日本交通公社に移籍し地域調査および観光基本計画の策定に取組み、立教大学社会学部観光学科へ。観光学部の設置に関わり現在、観光学部長を務めつつ、大学における観光学の発展を願う。

[主な内容]　1「観光」の基本を理解し、マーケティング力を高める　2 観光産業の特性をいかし、地域の経済・社会効果を大きくする　3 国内観光の課題を把握し、観光の動向を読む　4 四タイプ観光地の課題の解決を図る　5 長期休暇時代における観光地の望ましい整備方向　6 観光政策と観光研究を高め、強化する
ISBN978-4-7722-3032-2　C3036

A5判
160頁
定価2730円
2003年発行

古今書院の関連図書　ご案内

持続可能な開発

ジェニファー・エリオット著　古賀正則訳
英国ブライトン大学准教授　一橋大学名誉教授

★開発途上世界の貧困と負債、環境悪化をどうするか。20世紀最後の数十年間の進歩を読む
英国は開発教育を地理教師が担当して第三世界理解に力を注いでいる。本書はそのテキスト。
[主な目次内容] 1章　持続可能な開発とは　概念　開発についての考え方の変化　90年代のグローバル化と債務／2章　持続可能な開発の課題　資源の中心性　過去の開発のどこがまちがっていたのか？　対応力　国家主権の問題／3章　持続可能な開発へ向けての活動　援助と貿易と環境　国の行動　NGO／4章　持続可能な農村生活　農村地域で生活する　民衆の優先事項第一主義／5章　持続可能な都市生活　都市の変化／6章　開発途上世界における持続可能な開発：一つの評価　共通の未来？　成長と貧困　融資
ISBN4-7722-4043-8　C3025

A5判
280頁
定価3360円
2003年発行

村落開発と環境保全 —住民の目線で考える—

草野孝久編　JICA地球ひろば初代所長

★緒方貞子、福留功男、黒田太三郎氏推薦。持続可能な開発を実現するための取組み
先進国あるいは都市住民の目線ではなく、村落住民の目線を強調して国際協力全般を論じた好評の『村落開発と国際協力』に続く第二弾。テーマは環境保全。世界各地の村落での住民生活の向上と豊かな自然環境の保全の両立に向けた取組みを紹介する。
[主な目次] 村の暮らし（バングラ）森林破壊（タンザニア）生物多様性（インドネシア）保護区での協働（ケニア）自然保護区の村落（マラウイ）世界自然遺産の環境保全（ガラパゴス）外国人労働者（サウジ）森林再生事業（フィリピン）環境教育（タイ・カンボジア）環境保全型農業と地域活性化（山形県遊佐）森林を奪われる（ボルネオ）
ISBN978-4-7722-4126-7　C3033

A5判
224頁
定価2940円
2008年発行

古今書院の関連図書　ご案内

開発人類学 —基本と実践—

リオール・ノラン著　関根久雄・玉置泰明・鈴木紀・角田宇子訳
パデュー大学教授　　筑波大学教授　　静岡県立大学教授　　民族学博物館准教授　　亜細亜大学教授

菊判
320頁
定価3990円
2007年発行

★開発問題に関わる人類学の基本と実践を解説
　途上国の開発問題に関与する人類学の実践的な開発・援助プロジェクトを紹介する。
[目次] 第一部人類学と開発　第二部開発プロジェクトの検証　第三部さらなる前進へ向けて　11章構成以下節名抜粋　人類学者はどのように行動するのか、今日の開発業界、人類学と過去の植民地主義、開発プロジェクトの実際、情報収集の管理、現地住民の参加、意思決定、交渉と紛争解決、技術援助とカウンターパート関係、学界の変革、新しい開発パラダイム、開発援助機関の思考様式を変える

ネイティブ・アメリカンの世界
—歴史を糧に未来を拓くアメリカインディアン—

青柳清孝著　国際基督教大学名誉教授

四六判
254頁
定価3150円
2006年発行

★開発問ネイティブアメリカンを知っていますか？
ネイティブ・アメリカンのイメージはこれまでどのようにつくられてきたか、部族の歴史がいかに現代に生かされているか、そしてネイティブ・アメリカンが直面している現代的課題とは何か。
[目次] ポカホンタスの命乞い、チェロキーの歩んだ道、オクラホマ・インディアン、バッファローとともに生きた人々、マカの選択、博物館の展示とアメリカ・インディアン、保留地カジノと部族主権、都市に響くドラム、ネイティブアメリカン基本データ、略年表